커뮤니케이션의 이해와 활용

커뮤니케이션의 이해와 활용

2013년 8월 30일 초판 1쇄 펴냄
2020년 4월 20일 초판 3쇄 펴냄

펴낸곳 (주)도서출판 삼인

글쓴이 이상훈 김요한
펴낸이 신길순

등록 1996.9.16 제25100-2012-000046호
주소 03716 서울시 서대문구 성산로 312 북산빌딩 1층
전화 (02) 322-1845
팩스 (02) 322-1846
전자우편 saminbooks@naver.com

ISBN 978-89-6436-067-5 93300

값 18,000원

커뮤니케이션의 이해와 활용

Understanding and Utilization of Communication

이상훈 · 김요한 지음

삼인

서문

어떠한 이유로 커뮤니케이션이 현대 사회에서 이토록 중요한 자리를 차지하게 됐을까. 텔레비전을 비롯한 다양한 미디어 혹은 커뮤니케이션 장치가 놀라운 발전을 이루고 일상화됐기 때문인가?

커뮤니케이션은 인간의 거의 모든 사회적 활동을 포괄하며, 크고 작은 '소통'의 문제 또한 끊임없이 발생한다. 일상 속에서 이루어지는 나와 타인 간의 커뮤니케이션은 내가 일방적으로 말하는 과정이 아니라, 내 생각을 솔직히 말하고 상대방의 말을 제대로 들으면서 서로를 이해하고 신뢰를 쌓아가는 과정이다. 사람들은 자신이 진정으로 이해받을 때 가장 행복하다고 한다. 그러나 현대 사회의 모든 상호 관계 속에서 소통은 언제나 안개에 둘러싸여 있다. 서로를 오가는 소통은 수많은 장애물과 난관으로 가로막혀 있기 때문이다.

텔레비전이나 신문을 비롯한 모든 미디어는 이러한 사회적 관계를 이루는 개인과 공동체 간의 의사소통 및 외부와의 커뮤니케이션을 활성화하고, 이를 활발히 이용하는 다양한 정치·경제·문화의 주체를 만들어낸다.

물론 기존의 미디어 또한 계속해서 큰 영향력을 발휘하겠지만, 그 역할과 영향력은 축소될 수밖에 없다. 인터넷과 같은 새로운 미디어를 이용하는 변화는 문화의 다양성이 증대되고 표현의 영역이 확대되는 양상과 궤를 같이한다. 이제는 전통적인 의미의 규제가 불가능하고, 기술적인 발전으로 인해 표현의 한계 역시 거의 사라진 상황이다.

새로운 정치와 문화 공간의 출현은 매스미디어 시대에 정치와 문화의 주체가 아닌 소비의 주체로 전락했던 일반 대중이 다시 정치와 문화의 주체가 될 수 있는 기회를 제공한다. 이 같은 경향은 새로운 주체들의 다양한 정치적·문화적 실천이 일어나는 새로운 공공 영역을 활성화한다.

그럼에도 디지털 미디어 사회, 즉 정보사회에서 인터넷을 비롯한 다양한 스마트 플랫폼 통해 이루어지는 커뮤니케이션의 모습은 사회적 기능뿐 아니라 그 역기능까지 양 극단을 너무나도 뚜렷하게 보여준다. 투명하고 개방적이며 열린 토론 사회의 모습과 동시에 정반대로 자유로운 의사소통과 창조적인 사회에 위험하고 위협이 되는 모습이 공존한다. 이러한 미디어 그 자체가 만들어내는, 혹은 미디어를 둘러싼 환경은 기존의 매체와 인터넷 등 새로운 매체가 가까운 장래에 처하게 될 상황을 미리 보여준다.

커뮤니케이션 행위의 중요성이 점점 더 강조됨에 따라 미디어에서는 커뮤니케이션에 대한 지식과 학문의 중요성을 더욱더 강조한다. 따라서 이 책의 목적은 대학 교양 수업을 듣는 학생들이 커뮤니케이션 영역에서 일반적 지식에 좀 더 손쉽게 접근할 수 있도록 하는 데 있다.

제1장 「커뮤니케이션의 이해」에서는 자주 사용하는 말이긴 하지만, 정확하게 정의하기 어려운 커뮤니케이션의 의미를 살펴본다. 제2장 「커뮤니케이션의 잡음」에서는 커뮤니케이션의 한 요소인 잡음을 구체적 사례를 통해 알아보고, 잡음을 해소해 커뮤니케이션의 효율성을 증진시키는 방법을 모색했다.

사회를 변화시킬 만한 새로운 기술의 도입이나 기술 개혁은 다른 분야보다 커뮤니케이션 과정에 먼저 적용된다. 또한 커뮤니케이션 과정의 변화는 궁극적으로 사회 발전을 이끈다. 제3장 「커뮤니케이션 미디어의 진화」에서는 이러한 미디어 진화사에 따른 시대별 커뮤니케이션의 특징을 살펴보았다.

제4장 「언론의 역할과 중요성」에서는 언론의 구체적인 역할, 그 역할을 수행하는 데 필요한 기본 요건, 표현의 자유에 대한 내용을 담았다. 언론 및 표현의 자유가 제한됐던 과거의 사례, 언론 자유 수호를 위한 언론의 노력을 알아봄으로써 민주 사회를 구축하는 데 언론이 얼마나 중요한지 설명한다. 언론의 역할과 기능은 정치체제나 사회의 발전 단계에 따라 근본적인 차이가 있다. 제5장 「언론과 사회체제」에서는 이러한 사회 및 정치 체제 유형에 따른 언론의 역할과 기능을 살펴본다.

언론을 비롯한 매스미디어가 사회 구성원들에게 끼치는 영향력이 얼마나 되는지를 아는 것은 중요하다. 특히 매스미디어 종사자나 커뮤니케이션 연구자가 매스미디어를 통한 커뮤니케이션 효과의 종류와 그 영향력 크기를 파악하지 못한다면 매스미디어 연구의 의미가 퇴색될지도 모른다. 제6장 「매스미디어 효과 이론」에서는 이처럼 언론을 비롯한 매스미디어의 영향력, 또는 매스 커뮤니케이션의 효과에 관한 주요 이론들을 살펴보고, 그 의의를 논의해보고자 한다.

흔히 매스미디어를 메시지가 전달되는 형태에 따라 인쇄 매체, 영상 매체, 전자 매체 등으로 구분한다. 제7장 「인쇄 미디어」에서는 대표적인 인쇄 매체인 신문과 잡지의 성격과 미래, 제8장 「방송 미디어」에서는 대표적인 영상 매체인 방송에 대해 알아보았다. 특히 현대인의 생활에 막대한 영향을 미치는 방송의 발달과 역사, 방송의 영향력, 방송사 조직의 구성 및 제작, 다양한 방송 유형에 대해 구체적으로 설명했다.

제9장 「정보사회와 뉴미디어」에서는 정보사회의 개념을 알아보고, 정보사회의 대표적인 미디어라 할 수 있는 인터넷과 모바일을 검토한다. 또한 정보사회가 직면한 여러 문제점을 파악함으로써 정보사회를 올바로 이해하는 데 도움을 주고자 했다.

현재 우리 사회가 지닌 커다란 문제점 가운데 하나로 기존의 미디어가 정치권력과 경제권력으로부터 자유롭지 못해 사회의 감시견으로서 독립적인 언론의 역할을 다하지 못한다는 점을 들 수 있다. 이러한 차원에서 제10장 「대안 미디어」에서는 특히 우리 사회 주류의 권력과 지배적 가치에 가려진 사회적 소수의 현실을 제대로 전달하지 못하는 제도권 미디어의 한계를 넘어선 언론 조직체로서의 대안 미디어를 살펴본다. 이와 함께, 제11장 「정치와 미디어」에서는 현대 사회에서 결코 서로 분리될 수 없는 매스미디어 영역과 정치 영역의 관계를 다룬다.

제12장 「설득 커뮤니케이션」에서는 커뮤니케이션의 활용이라는 측면에서 설득 커뮤니케이션과 광고를 다루었다. 우선, 설득 커뮤니케이션의 효시라 할 수 있는 수사학에 대해서 살펴보고, 다음으로 대표적인 설득 커뮤니케이션 유형인 선전과 광고, PR에 대해 설명했다.

마지막으로 제13장 「언론 미디어 제도」에서는 한국의 대표적인 미디어 제도와 정책 다섯 가지를 선정했다. 우선 방송 제도의 유형과 우리나라의 방송 제도를 설명했다. 다음으로 미디어렙 제도, 신문 지원제도, 신문과 방송의 겸영과 관련한 논쟁, 이명박 정부와 박근혜 정부의 주요 미디어 정책에 대해 살펴보았다.

이 책을 출간하는 데 많은 분들이 도움을 주었다. 누구보다도 책의 출간을 허락해주신 도서출판 삼인의 신길순 대표에게 깊은 감사의 말을 올린다. 그 어느 해보다 유독 심했던 더위 속에서 꼼꼼한 편집으로 이 책을 만들어준 출판사 편집진에게도 감사의 마음을 전한다. 또한 대학원 진학과 취업 준비에 여념이 없는 중에도 많은 자료를 분류하고 정리하는 데 힘을 보태준 박소영, 이상진에게도 고마움을 표하고 싶다.

2013년 8월
저자 일동

커뮤니케이션의
이해

커뮤니케이션(communication)이란 말은 이미 일상용어가 됐다. 많은 사람들이 일상생활에서 다양한 용도로 커뮤니케이션이란 말을 사용하며, 심지어 초등학생들도 이 단어를 쓴다. 일례로 사람들은 "정말 너하고는 커뮤니케이션이 안 돼"라는 말을 스스럼없이 쓴다. 이는 "정말 너하고는 말이 안 통해"라는 뜻이며, 이때 커뮤니케이션의 의미는 아마도 '대화' 또는 '소통'일 것이다.

그렇다면 구체적인 학술 용어로서 커뮤니케이션은 무엇을 의미하는가? 제1장에서는 자주 사용하는 말이긴 하지만 그 의미를 정확하게 정의하기 어려운 커뮤니케이션에 대해 알아본다. 구체적으로 커뮤니케이션 모형(SMCR)을 통해 각 구성 요소를 중심으로 커뮤니케이션에 대한 정의를 내리고, 커뮤니케이션 유형과 그 특징에 대해 설명한다.

1. 커뮤니케이션의 어원과 정의

커뮤니케이션은 간단히 말해 의사소통(意思疏通)이다. 특정 개념이나 용어를 정의할 때, 가장 좋은 방법은 어원과 그 의미를 찾아보는 것이다. 먼저 의사소통을 보자. 의사(意思)라는 단어는 무엇을 하고자 하는 생각, 즉 뜻이나 의견을 말한다. 소통(疏通)이라는 한자는 트이고 통한다는 의미이다. 다시 말해 의사소통은 사람들 간의 생각이나 뜻이 서로 통한다는 뜻이다.

다음으로 영어 'communication'은 라틴어로 '나누다'를 의미하는 'communicare'에서 나왔다. 신(神)이 자신의 덕(德)을 인간에게 나누어준다거나 열(熱)이 어떤 물체로부터 다른 물체로 전해지는 것과 같이 넓은 의미에서는 분여(分與), 전도(傳導), 전위(轉位) 등을 뜻하는 말이다. 따라서 '나누다'라는 단어로부터 파생된 'communication'은 어떤 사실을 타인에게 전하고 알리는 뜻으로 쓰인다. 한자어의 뜻과 영어의 어원을 종합해보면, 커뮤니케이션은 '누군가가 다른 사람에게 의견이나 생각을 전달하는 것'을 말한다.

여기서 한 가지 유의할 점은 의사소통 또는 커뮤니케이션이 이루어지기 위해서는 최소 두 사람이 필요하다는 것이다. 커뮤니케이션은 누군가가 자신의 의견이나 생각을 또 다른 누군가에게 전달하는 행위이기 때문이다. 미국의 학자인 해럴드 라스웰(Harold Lasswell)은 커뮤니케이션을 '누가(who), 어떤 생각을(says what), 특정 수단을 이용해(in which channel), 또 다른 누군가에게(to whom), 어떤 의도를 갖고(with what effect)' 전달하는 행위로 정의했다.

즉 커뮤니케이션은 어떤 생각이나 의견(says what)을 전달하는 것인데, 이를 위해선 애초에 특정 생각이나 의견을 갖고 있는 사람(who)과 그것을 전달받는 사람(to whom)이 있어야 한다. 또한 전달하려는 사람의 의견이나 생각을 전달하는 수단(in which channel)도 필요하다. 물론 이 네 가지 요소만으로도 커뮤니케이션이라 할 수 있지만, 라스웰은 한 발 더 나아가 커뮤니케이션은 단순한

그림 1-1 ☞ 라스웰의 커뮤니케이션 정의

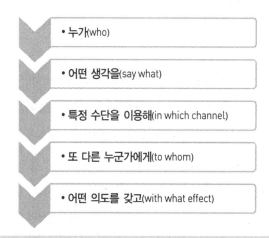

- 누가(who)
- 어떤 생각을(say what)
- 특정 수단을 이용해(in which channel)
- 또 다른 누군가에게(to whom)
- 어떤 의도를 갖고(with what effect)

의사소통이 아니라 그 안에는 메시지 전달자가 메시지를 받는 사람에게 어떤 효과(가령 그 사람의 생각이나 행동의 변화)를 유발하기 위한 의도가 담겨 있다고 본다.

이러한 라스웰의 정의는 그의 전공 분야를 생각해보면 일면 자명한 일이다. 그는 원래 정치학자이다. 제11장 「정치와 미디어」에서 자세히 살펴보겠지만, 정치 행위의 당사자인 정당이나 정치인의 목적은 선거의 승리 혹은 정권의 획득에 있다. 선거에서 승리하지 못하는 정당은 그 존재 의미가 희미해질 수밖에 없다. 따라서 정당이나 정치인(who)은 선거에서 승리하기 위해 자신들의 정책(what)을 대변인 논평, 길거리 유세, 상호 토론, 정치광고, 신문 기사나 텔레비전 뉴스 등의 미디어(channel)를 통해 유권자(whom)에게 전달하는 정치 커뮤니케이션을 한다. 그러한 정치 커뮤니케이션의 궁극적인 목적은 선거에서의 승리에 있다. 그들은 그 목적을 달성하기 위해(with what effect) 유권자와 의사소통을 한다. 따라서 라스웰은 커뮤니케이션을 당사자들 간의 단순한 생각이나 의견 전달이 아닌 특정 효과를 얻기 위한 의견 전달로 본다.

다시 말해 커뮤니케이션은 의사소통이라 할 수 있으며, 이를 위해선 사람이 최소 둘 이상 참가해야 한다. 나아가 때로는, 혹은 특정 상황에서는 상대방으로부터 어떤 효과를 얻기 위한 전달자의 의도가 포함되기도 한다.

요약하면, 커뮤니케이션이란 '둘 이상의 당사자(송신자와 수신자)가 특정 수단(채널)을 통해 마음속 생각이나 의견, 즉 메시지(message)를 기호화(encoding)해 전달하고 그 의미를 해석(decoding)함으로써 어떤 공통된 의미(effect)를 공유하는 과정'이라 할 수 있다.

2. 커뮤니케이션 모형

커뮤니케이션 현상을 한눈에 볼 수 있게 그림으로 표현한 것이 바로 커뮤니케이션 모형(model)이다. 앞서 우리는 커뮤니케이션을 둘 이상의 당사자가 어떤 매개체를 통해 메시지를 전달하고 그 의미를 해석해 공통된 의미를 공유하는 과정이라 정의했다. 이 과정을 그림으로 표현하면 〔그림 1-2〕와 같다.

1) 송신자와 수신자

의사소통의 두 당사자로서 송신자(sender)는 메시지를 전달하는 유기체(organism)이며, 수신자(receiver)는 메시지를 받는 유기체이다. 송신자와 유사한 용어로는 정보원(source)과 커뮤니케이터(communicator)가 있다. 여기서 사람이라는 용어 대신 유기체라는 말을 쓴 이유는 커뮤니케이션이 사람만의 전유물은 아니기 때문이다. 물론 인간만이 문법이 있는 말을 사용하고 문자를 사용한다. 언어는 인간과 동물을 구별 짓는 가장 큰 특징이다. 그러나 동물에게도 나름의 언어가 있다. 동물도 감정에 따라 다른 소리를 내며, 얼굴 표정까지 달라진다.

그림 1-2 ☞ 커뮤니케이션 모형

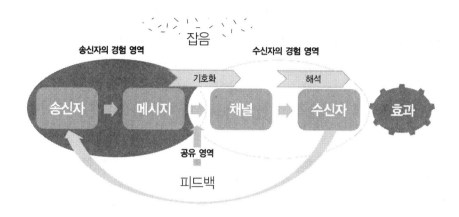

흔히 고양이를 영물이라 하는데, 그 이유 가운데 하나는 인간에게 보은(報恩)을 하기 때문이다. 예를 들어 배고프고 추위에 떠는 길고양이를 집으로 데려와 보살펴주면, 고양이는 그 사람에게 은혜를 갚기 위해 쥐나 뱀을 죽인 후 물어 와서 사람 앞에 둔다. 이는 자신의 먹이를 바쳐 사람에게 감사를 표시하는 행동이다. 즉 이들은 인간의 호의적 메시지에 대해 보은함으로써 커뮤니케이션을 한 셈이다.

에디 머피(Eddie Murphy)가 주연을 맡은 영화 〈닥터 두리틀(DR. Dolittle)〉에서 주인공 존 두리틀은 어렸을 때부터 동물과 말할 수 있는 능력을 터득했다. 영국의 작가 휴 로프팅(Hugh Lofting)의 인기 동화를 현대적으로 각색해서 만든 이 영화는 동물들도 나름대로 언어를 가졌다는 것을 보여준다. 여기에서 두리틀은 동물의 언어를 이해함으로써 동물들과 커뮤니케이션을 한다.

동화나 영화 속 이야기만이 아니다. 실제로 동물들과 의사소통이 가능한 애니멀 커뮤니케이터(animal communicator)가 있다. SBS 인기 프로그램 〈TV 동물농장〉을 보면, 자기 집에만 틀어박혀 도통 밖으로 나오지 않는 삽살개, 신청자의 어머니만 보면 잔뜩 경계하고 심지어 할퀴기까지 하는 고양이, 병들어 버려졌다가 구조됐지만 치료도 거부하고 사람에게 등을 돌린 늙은 개, 어느 날 갑자기 사람을 태우기 거부한 말 등이 나온다. 이 동물들은 모두 사람에게 상처를 받아서 마음을 닫았는데, 애니멀 커뮤니케이터 하이디는 이들과 교감을 하며 마음의 상처를 치유해준다.

그 이후 억지로 끌어내도 다시 자기 집으로 도망가던 개는 스스로 바깥으로 나왔고, 고양이는 더 이상 신청자 어머니에게 신경질적으로 반응하지 않았으며, 치료를 거부하던 늙은 개도 건강을 되찾아 함께 산책을 다닐 정도가 됐고, 말은 다시 사람을 등에 태우기 시작했다.

요약하면 커뮤니케이션, 즉 의사소통을 위해서는 최소 둘 이상의 당사자가 있어야 하는데, 당사자는 반드시 인간만을 의미하는 것은 아니다. 때로는 인간과 동물도 의사소통을 할 수 있다.

2) 메시지

그다음 요소로는 송신자가 수신자에게 전달하고자 하는 메시지(message)가 있다. 메시지란 송신자가 자신의 목적을 달성하기 위해 고안한 내용과 기호 또는 자극의 집합이라 할 수 있다. 중요한 점은 메시지가 수신자에게 전달되기 전에는 송신자의 생각 또는 마음 속에 있다는 것이다. 따라서 마음속 메시지 내용을 수신자에게 전달하기 위해서는 전달할 수 있는 형태, 즉 기호로 바꾸어야 한다. 기호(symbol)란 어떤 객관적 사물, 사상, 상황을 대신하는 문자, 언어, 그림, 도식, 행동 등을 의미하며, 이는 송신자가 머릿속에 가진 생각 그 자체와는 구별된다. 즉 메시지는 송신자의 머릿속에 있는 생각이 기호로 바뀌어 겉으로 표출된 상태를 의미한다.

이처럼 송신자의 마음속에 있는 내용을 전달할 수 있는 기호로 바꾸는 것을 기호화 또는 부호화(encoding)라 한다. 전술한 바와 같이 기호에는 문자, 언어, 그림, 도식, 행동 등 여러 형태가 있지만, 많은 사람들은 커뮤니케이션 메시지라 하면 주로 언어만을 떠올리는 경우가 많다. 그러나 행동심리학자들의 연구에 따르면, 인간의 의사소통에서 언어가 차지하는 비중은 놀랍게도 겨우 19퍼센트에 지나지 않으며, 몸짓이나 다른 비언어적 행동의 비율이 80퍼센트가 넘는다. 송신자의 몸짓이나 행동이 들려주는 메시지가 우리가 생각하는 것보다 훨씬 많다는 이야기이다.

　다음으로 송신자가 보낸 메시지 기호를 수신자가 해석해야 하는데, 이를 해독화 또는 해석(decoding)이라 한다. 이는 수신자가 송신자가 보낸 메시지 기호에 의미를 부여하고 그 뜻을 파악하는 것을 말한다. 예를 들어 남자(송신자)가 여자(수신자)에게 자신의 마음속에 있는 '사랑한다'는 메시지를 전할 때 "사랑해"라고 말할 수도 있으나, 장미꽃을 선물할 수도 있고, 손으로 하트 모양을 만들거나, 입으로 키스하면서 눈을 찡긋거릴 수도 있다. 즉 동일한 메시지에 대해 남자는 다양하게 상징적으로 표현할 수 있다. 그리고 여자는 그러한 메시지 기호(말, 꽃, 행동)를 접하고 "이 남자가 나를 사랑하는구나"라고 해석할 수 있다.

그림 1-3
1904년 미국 백악관
전신실

　가장 간단한 기호화 및 해독화의 사례로는 전신(電信, telegraph)을 들 수 있다. 전신은 메시지를 전기신호로 바꿔 서로 떨어진 곳에 있는 사람들끼리 메시지를 유선이나 무선으로 전하는 통신이다. 가령 무선전신의 경우, '사랑해'라는 메시지를 '뚜 뚜 뚜우---뚜'라는 식으로 기호화해 송신자가 전달하면 수신자는 이 기호를 받고 '사랑해'라고 해석할 수 있다.

3) 채널

채널(channel)은 메시지를 전달하는 매개체, 즉 운반 수단(vehicle)이다. 송신자가 아무리 마음속 어떤 메시지 내용을 적절한 기호로 전환해 전달하려고 해도, 채널이 없다면 수신자에게 전달되지 않는다. 수업이라는 커뮤니케이션을 예로 들어보자. 수업을 진행하기 위해서는 우선 송신자인 교사와 수신자인 학생이 있어야 한다. 다음으로 그날 수업 내용인 메시지가 있어야 하는데, 수업 내용은 교사의 마음속에 존재한다. 교사는 그 내용을 학생들에게 기호화해 전달할 수 있다. 이때 기호화된 수업 내용을 전달할 수 있는 매개체가 있어야 한다. 가령 칠판과 분필, 화이트보드와 펜, 컴퓨터, PPT, 빔 프로젝트 등이 모두 교사의 마음속 수업 내용을 전달하는 수단인 채널이다.

이전에는 채널을 단순하게 메시지를 전달하는 수단으로만 간주했다. 그러나 현대 사회에서 커뮤니케이션 채널은 단순한 메시지 전달 수단을 넘어 메시지 자체를 규정하기도 한다. 저명한 커뮤니케이션 학자이자 미래학자인 마셜 매클루언(Marshall McLuhan)은 "미디어가 곧 메시지이다(medium is message)"라고 주장했다. 즉 어떤 채널을 이용하느냐에 따라 메시지의 내용이나 형식도 다르게 구성되어야 한다는 의미이다.

예컨대 청와대 대변인이 기자회견(채널: 소리, 마이크)을 하는 경우와 각 언론사에 보도자료(채널: 팩스, 이메일)를 배포하는 경우를 생각해보자. 두 채널에 모두 동일한 메시지 "야당의 행태는 국민들을 기만하는 행위이다"를 전송했다고 가정하자. 이때 보도자료를 바탕으로 기사가 나간다면, 다른 추가적인 메시지가 없는 이상 해당 메시지는 때로 오해를 일으킬 수 있다. 단순하게 야당을 비난하는 메시지로 받아들여질 수 있다는 의미이다. 그러나 기자회견을 통해 이 메시지를 전할 때, 기자들은 추가 질문을 통해 그 메시지의 의미가 무엇인지 파악할 수 있다. 예컨대 대변인이 "정부 정책에 대한 야당의 현재 비판은 뚜렷한 대안을 제시하지 못하고 있다. 무조건적인 정부 비판으로 여겨진다. 차라리 타당한 대안을 제시해야 국민들도 납득할 수 있을 것이다"라고 추가적인 설명을 할 수 있다. 이럴 경우 기자는 관련 내용을 충분히 반영해 기사로 보도할 수 있다.

이처럼 채널은 단순한 메시지 전달 수단이 아니며, 어떤 채널이냐에 따라 메시지 내용도 영향을 받는다. 현대 사회에서는 기술의 발달에 따라 새로운 미디어들이 속속 등장하고 있다. 따라서 커뮤니케이션 송신자는 커뮤니케이션의 효율성을 제고하기 위해 각 미디어의 특성을 정확히 파악하고 수신자와의 조화를 고려해야 한다.

4) 피드백

피드백(feedback)이란 송신자가 보낸 메시지에 대한 수신자의 반응(response)을 말한다. 남자가 여자에게 사랑한다고 말을 했을 때, 여자가 자신도 그를 사랑한다고 대답하는 것이 일종의 피드백이다. 피드백 상황에서는 수신자가 송신자가 되며, 송신자는 수신자의 역할을 한다.

피드백이 커뮤니케이션의 필수 요소는 아니다. 즉 모든 커뮤니케이션 상황에서 피드백이 반드시 발생하는 것은 아니며, 피드백이 없는 커뮤니케이션도 많다. 또한 피드백이 발생하더라도 애초에 송신자가 원하지 않는 반응이 나타날 수도 있다. 예를 들어 수업이라는 커뮤니케이션 상황에서 교사나 교수(송신자)가 학생들(수신자)에게 그날의 학습 내용(메시지)을 설명한 후, "다 이해가 되나요?"라고 질문을 했다고 가정해보자. 이 질문을 했을 때 교사나 교수는 학생들로부터 "네"라는 대답이나 알았다는 의미의 눈빛 혹은 고개를 끄덕이는 행동을 원했을 것이다. 하지만 학생들이 "아니오"라고 대답하거나 또는 모르겠다는 의미로 고개를 가로젓는다면 피드백 자체는 발생했으나 그것은 교사나 교수가 원하지 않는 반응이다.

만약 피드백, 그중에서도 송신자가 원하지 않는 피드백이 나타났다면, 송신자는 수신자의 피드백을 받고 원하는 피드백이 발생하도록 다시 커뮤니케이션을 진행한다. 피드백에 대한 피드백을 하는 것이다. 즉 피드백은 송신자가 보낸 메시지에 대한 단순한 반응을 넘어, 이후 커뮤니케이션 상황을 원활하게 진행하도록 하는 윤활유 역할을 한다.

결국 커뮤니케이션이 활성화되기 위해서는 피드백이 많이, 그리고 자주 발생되어야 한다. 그렇다면 어떻게 해야 피드백의 양을 늘리고 그 빈도와 속도를 증가시킬 수 있을까? 피드백의 양, 빈도, 속도를 증가시키기 위해서는 송신자와 수신자 사이에 경험 영역의 교집합인 공유 영역이 넓어야 한다. 경험 영역(field of experience)이란 해당 메시지와 관련해 송신자와 수신자가 각각 갖고 있는 사전 경험, 지식, 정보 등을 의미한다. 예를 들어 두 친구가 대통령 선거에 대해 대화를 나눌 때, A라는 친구는 정치나 선거 또는 후보들에 대해 많이 알고 있지만, B라는 친구는 정치에 관심이 없고 후보들도 전혀 모르는 상태라고 가정하자. 이때 A는 대통령 선거에 대한 경험 영역이 넓으며, B는 이에 대한 경험 영역이 좁거나 거의 없다고 할 수 있다. 그러면 두 친구의 대통령 선거에 대한 공유 영역(common field)도 매우 좁거나 없을 것이다. 이러한 상황에서 두 친구가 대통령 선거에 대한 대화를 나눈다면, 대화는 더 이상 진행하기 어려운 상태가 된다.

이러한 과정을 이해했다면, 누구나 다른 사람들과 커뮤니케이션을 잘하고 대인 관계를 잘 맺는 방법을 찾을 수 있다. 원활하고 효과적인 커뮤니케이션을 나누고 좋은 대인 관계를 형성하기 위해서는 무엇보다 두 당사자가 공유 영역이 넓은 소재를 대화의 주제로 삼으면 된다. 좀 더 쉽게 표현하면, 송신자와 수신자가 공감대를 형성할 수 있는 이야기를 하는 것이다. 자신만 아는 소재보다는 상대방도 잘 아는 소재를 이야기하면 대화는 계속 진행되고, 그 결과 좋은 대인 관계를 맺을 수 있다. 문제는 많은 사람들이 자신만 많이 아는(경험 영역이 넓은) 소재를 이야기하려는 경향이 있다는 점이다. 내가 많이 알더라도 상대방이 잘 모르는 분야라면, 대화는 더 이상 진행되기 힘들다.

다시 말해 송신자는 자신이 많이 아는 분야가 아닌, 수신자가 좋아하거나 많이 아는 소재를 대화의 주제로 선정해야 한다. 여기서 또 하나 중요한 점은 상대방이 많이 아는 소재라도 자신의 경험 영역이 거의 없다면, 대화는 더 이상 진행되기 어렵다는 것이다. 따라서 커뮤니케이션을 잘하고 대인 관계를 잘 맺는 사람들일수록 다양한 분야의 상식과 풍부한 정보를 갖고 있다. 꼭 깊은 지식이 아니어도 된다. 한 분야의 깊은 지식보다는 다양한 분야의 폭넓은 상식이 커뮤니케이션에는 더 많은 도움이 된다. 가령 50대 후반인 회사 CEO가 20대 신입사원들과 원활한 관계를 맺기 위해 그들이 좋아하는 온라인 게임을 배우거나 최신 가요를 듣는 경우가 있다. 이는 모두 특정 분야에 대한 자신의 경험 영역을 넓혀 타인과의 공감대를 형성해 원활한 커뮤니케이션을 하기 위한 노력이다.

5) 효과

커뮤니케이션 과정에서 효과(effect)란 송신자가 의사소통을 함으로써 수신자로부터 얻기를 바라는 사전에 의도한 반응(desired response)이다. 앞서 설명한 사례에서는 수업을 통해 학생들이 수업 내용을 완벽하게 이해했을 때, 교사나 교수는 사전에 의도한 반응을 얻은 것이며, 그 수업은 효과적이었다고 할 수

그림 1-4 ☞ 커뮤니케이션 반응

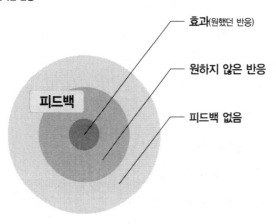

효과(원했던 반응)

원하지 않은 반응

피드백 없음

피드백

있다. 반면 교사가 수업 내용을 전달하고 학생들에게 이해됐냐고 물어봤을 때, 학생들이 이해가 안 된다고 대답하면, 피드백은 있었으나 효과는 발생하지 않은 것이다.

즉 피드백 자체는 효과가 아니다. 그러나 효과가 발생하기 위해서는 먼저 피드백이 나타나야 한다. 전술한 대로 만약 원하지 않았던 반응이라도 수신자의 반응을 파악했다면, 송신자는 원하는 반응을 유도하기 위해 다시 새로운 커뮤니케이션을 시작할 수 있다. 예를 들어 학생들이 수업 내용을 이해하지 못했다고 대답하면, 다시 새로운 사례를 들어 설명함으로써 학생들에게 그 내용을 이해시킬 수 있다. 따라서 송신자가 커뮤니케이션을 통해 효과를 얻기 위해서는 무엇보다 수신자의 피드백을 이끌어내야 한다.

여기서 또 하나 중요한 사항은 피드백과 마찬가지로 효과 역시 커뮤니케이션의 필수 요소는 아니라는 점이다. 효과가 없더라도 의사소통은 발생한 것이다. 따라서 지금 여기서 설명하는 커뮤니케이션 모형을 SMCR 모형이라 한다.

그에 반해 어떤 커뮤니케이션은 반드시 효과가 나타나야만 의미가 있다. 대표적으로 광고, 선전, PR 같은 설득 커뮤니케이션은 효과가 나타나야만 한다. 가령 광고는 송신자인 광고주 기업이 수신자인 타깃 소비자(target consumer)에게 자신이 만든 제품이나 서비스를 구매해달라고 메시지를 전달하는 커뮤니케이션이다. 따라서 기업이 메시지를 전달하는 것으로 끝나서는 의미가 없다. 제품의 매출이 증가하거나, 혹은 사람들이 제품을 알아보고 좋아하는 결과가 나타나야만 한다. 선전 역시 마찬가지이다. 예컨대 적군에 대한 증오심을 키우고 애국심을 고취하려는 대국민 담화는 그러한 결과가 발생해야만 의미가 있다. 그래서 설득 커뮤니케이션에서는 커뮤니케이션 모형으로 SMCR 대신 SMCRE를 사용한다. 이와 관련된 자세한 내용은 제12장 「설득 커뮤니케이션」에서 설명하겠다.

3. 커뮤니케이션 유형

커뮤니케이션에는 여러 유형이 있으나, 대표적으로 두 가지만 꼽으면 '대인 커뮤니케이션(interpersonal communication)'과 '매스 커뮤니케이션(mass communication)'으로 나눌 수 있다. 이 둘은 수신자의 특성에 따라 구분한다. 만약 수신자가 불특정 다수의 사람들이라면 매스 커뮤니케이션이고, 그렇지 않을 경우라면 대인 커뮤니케이션이다.

예를 들어 일대일 대화나 친구들과의 메신저 대화, 또는 수업처럼 수신자가 상대적으로 소수이며 누구인지 확인할 수 있다면 이는 대인 커뮤니케이션이다. 반면 드라마 〈내 딸 서영이〉처럼 수신자인 시청자가 정확히 누구인지 알 수 없고(불특정하고) 매우 많다면 이는 매스 커뮤니케이션이다.

대인 커뮤니케이션과 매스 커뮤니케이션 둘 다 SMCR은 필수 요소이기 때문에 모두 존재한다. 먼저 친구와 전화를 하는 대인 커뮤니케이션에서 송신자는 나, 수신자는 친구, 메시지는 안부, 채널은 전화이다. 다음으로 〈내 딸 서영이〉에서는 송신자가 KBS를 비롯한 제작진과 배우들이고, 수신자는 시청자이며, 메시지는 드라마 내용, 채널은 전파와 텔레비전이다. 이때 매스 커뮤니케이션 상황, 즉 수신자가 불특정 다수일 때, 채널을 매스미디어(mass media)라 한다. 다시 말해 매스미디어는 불특정 다수에게 메시지를 전달하는 수단인 셈이다. 대표적인 매스미디어로는 전통적 4대 미디어인 텔레비전, 라디오, 신문, 잡지를 비롯해 인터넷 등이 있다.

일반적으로 대인 커뮤니케이션은 동시에 많은 사람들에게 메시지를 전달하기가 힘들다. 대부분이 대면(fact to face) 상황에서 의사소통이 발생하기 때문이다. 반면 매스 커뮤니케이션은 매스미디어를 통해 동시에 많은 사람에게 메시지를 전달할 수 있으나, 그 특성상 대인 커뮤니케이션에 비해 피드백이 활발히 발생하기 매우 어렵다. 따라서 상대방을 설득하는 데는 대인 커뮤니케이션이 효과적이고, 정보를 빠르게 많은 사람에게 확산시킬 때는 매스 커뮤니케이션이 효과적이다.

커뮤니케이션의
잡음

커뮤니케이션의 잡음(noise)이란 송신자와 수신자 간 커뮤니케이션 과정에서 의사소통을 방해하는 모든 요소를 말한다. 예를 들어 남녀가 통화를 하는데 남자의 전화 배터리가 다 소진되어 더 이상 통화를 하지 못하는 경우, 배터리 방전은 잡음이 된다.

　제2장에서는 커뮤니케이션 잡음을 물리적 잡음, 신체적 잡음, 의미적 잡음, 심리적 잡음, 사회 문화적 잡음으로 구분했다. 먼저 각 잡음의 정의를 살펴보고, 구체적 사례를 통해 잡음의 의미를 이해하는 데 도움을 주고자 한다. 다음으로 잡음을 어떻게 해소해 커뮤니케이션의 효율성을 증진시킬지 그 방법을 모색한다.

그림 2-1 ☞ 커뮤니케이션 잡음의 유형

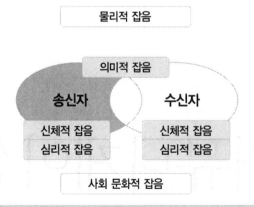

1. 물리적 잡음

물리적 잡음이란 커뮤니케이션의 두 당사자인 송신자나 수신자와 직접 관련이 없는 외부 요인으로 커뮤니케이션이 방해받는 것을 의미한다. 대표적으로는 외부 소음을 들 수 있다. 그 외에 흐려진 활자, 뒷면에 비쳐 보이는 인쇄, 흐린 텔레비전 화면 등도 해당된다.

예를 들어 수업이 진행되는 와중에 교실 밖에서 들리는 시끄러운 소리, 선거 유세 차량의 확성기 소음 등은 송신자와 수신자 사이의 소통을 방해한다. 또한 친구들끼리 인스턴트 메신저를 통해 대화를 나눌 때, 정기 점검으로 메신저 이용이 방해받는 것도 일종의 물리적 잡음이다. 사람들이 텔레비전을 볼 때, 정전으로 인해 시청이 더 이상 불가능해진다면, 정전도 물리적 잡음이 된다.

이처럼 물리적 잡음은 송신자나 수신자가 아닌 외부의 커뮤니케이션 방해 요소를 말하는데, 이 잡음을 해소하는 방법은 그 자체를 제거하는 것이다. 가령 교실 밖의 소음이 없어지도록 하거나, 정기 점검 또는 정전 자체가 끝나야만 물리적 잡음이 사라진다.

2. 신체적 잡음

신체적 잡음이란 송신자나 수신자 내부의 요인으로 그들의 신체적 특성이 커뮤니케이션을 방해할 때 나타난다. 예를 들어 송신자나 수신자 둘 중 하나가 시각 · 청각 · 언어 장애, 기억 상실 등이 있다면 커뮤니케이션은 원활하게 진행되기 어렵다. 또한 두 당사자 가운데 누군가가 독감에 걸렸다면, 그때도 대화가 지속되기는 힘들다.

이와 같이 외부 요인 외에도 커뮤니케이션 당사자들의 신체적 특성이 커뮤니케이션을 방해할 수 있다. 이 경우 질병이 완치되거나, 또는 다른 보조적 수단을 이용해야 신체적 잡음을 제거할 수 있다. 일례로 시각 장애가 있는 경우는 점자 책, 청각 장애나 언어 장애가 있는 경우는 수화 등을 사용함으로써 좀 더 원활한 커뮤니케이션이 가능하다.

3. 의미적 잡음

의미적 잡음은 커뮤니케이션 과정에서 기호화(encoding)와 해석(decoding) 사이의 불일치로 발생한다. 즉 송신자가 마음속 생각이나 느낌을 기호화해 수신자에게 보낼 때 의도했던 의미를 수신자가 해석 과정에서 제대로 추출하지 못할 때 발생하는 잡음이다.

예를 들어 언어가 다른 사람들 사이에서는 기호화와 해석이 일치하지 않는다. 또한 언어가 같더라도 송신자가 전문적인 용어나 기술적인 단어를 사용하면 의미적 잡음이 발생할 수 있다. 언어 외에 문화나 국가별로 동일한 행동도 다르게 해석될 수 있다. 가령 우리나라를 비롯해 대부분의 나라에서는 OK를 의미하는 손동작이 브라질에서는 심한 욕이다. 만약 한국 남성과 브라질 여성이 화상 채팅을 하다가 남성이 여성에게 "OK?"라고 손으로 표현했다면, 여성은 "알았지?"라는 의미로 받아들이지 못하고 남성이 욕을 한다고 해석할 수도 있다. 이러한 문화나 국가별 언어와 행동의 차이는 상대 문화를 이해하거나 사전 학습을 한다면 어느 정도 해소될 수 있다.

그러나 때때로 송신자가 정확한 표현이 아닌 모호한 용어를 사용하거나 그러한 뉘앙스로 말해 상대방이 알아채기 힘든 방법으로 메시지를 전달하는 경우는 오해가 많이 발생한다. 간혹 오랜만에 만나는 친구에게 인사치레로 "얼굴 좋아졌다"라고 마음에 없는 말을 하는 경우가 있는데, 이때 친구는 진의를 파악하지 못할 수도 있다. 또한 유치원이나 초등학교 시절을 생각해보자. 요즘에야 아이들도 많이 바뀌었지만, 예전 남자아이들은 자신이 좋아하는 여자아이에게 좋아한다는 말을 직접 하지 못하고 치마를 들추거나 고무줄을 끊어서 그 마음을 표현했다. 하지만 여자아이는 대부분 울거나 선생님이나 부모님께 남자아이의 행동을 일러바쳤다. 이러한 의미적 잡음을 줄이기 위해서는 무엇보다 송신자가 메시지를 전달할 때, 수신자가 쉽게 해석할 수 있도록 메시지를 기호화해야 한다.

4. 심리적 잡음

심리적 잡음이란 커뮤니케이션을 방해하는 송신자와 수신자의 내적 심리 상태를 말한다. 여기서는 대표적인 심리적 잡음의 유형을 중심으로 설명하겠다.

1) 극단적 감정

감정이란 어떤 일이나 현상, 또는 사물에 대해 일어나는 마음이나 느끼는 기분을 말한다. 이른바 희노애락(喜怒哀樂)이 일종의 감정이다. 이러한 감정이 극단의 상태에 있을 때, 사람들 간 의사소통은 방해를 받는다.

예를 들어 부모님께서 매우 화가 나신 상황을 생각해보자. 극도로 화가 나신 부모님께는 어떤 부탁을 드리는 일이 거의 불가능하다. 나의 생각과 의견을 부모님께서 차분하게 판단하기가 힘들기 때문이다. 또한 2012년 제18대 대선을 보자. 12월 19일 투표 결과가 나온 후 나타난 현상은 뚜렷한 세대 간 갈등이다.

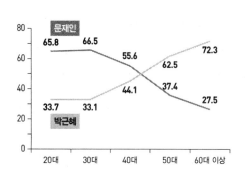

도표 2-1 ☞ 제18대 대선 연령별 예측 득표율: 출구 조사(단위: %)

실제로 투표일 이튿날부터 지지 후보가 패한 세대는 극도의 슬픔을 느끼고 화를 냈으며, 다른 후보를 지지한 세대와 논리적인 커뮤니케이션을 나누기보다는 감정에 치우친 인터넷 댓글을 게재했다. 일례로 낙선한 후보를 지지했던 젊은 세대들은 지하철 무료 승차나 연금 지급 같은 노인 복지 문제에 반감을 표하기도 했다.

> 이용자 A: 전적으로 동감, 노인 복지 결사 반대
> 이용자 B: 난 괜히 오늘 출근길에 노인들에게 뒤에서 눈 흘기게 되더라. 그럼 안 되는데…….

누가 옳고 그르다는 말을 하는 것이 아니다. 극단적으로 감정이 치우친 상황에서는 잠시나마 호흡을 고르고 나중에 커뮤니케이션을 진행하는 것이 낫다.

2) 심리적 편향

또 다른 중요한 심리적 잡음으로 심리적 편향(psychological bias)을 들 수 있다. 우리가 흔히 편견(偏見)이라 부르는 것이다. 사람들을 대개 자기중심적이다. 자기가 정한 기준으로 세상을 보며, 다른 사람들을 판단한다. 그 기준이 반드시 옳아서가 아니다. 자신만의 기준이 바로 세상을 보는 잣대이기 때문이다. 예를 들어 어떤 사람이 한 친구를 굉장히 싫어한다고 가정해보자. 그 사람은 그 친구를 보는 기준이 부정적(-)으로 치우쳐 있기 때문에, 그 친구가 무슨 말이나 행동을 하든 부정적 시각으로 그를 보게 된다. 친구가 선의로 음료수를 주더라도 그 사람은 "뭐야, 얘가 왜이래. 나한테 뭐 부탁하려고 하나?" 하고 의도의 순수성을 의심할 수 있다.

중요한 점은 심리적 편향에는 부정적 편향(negative bias) 외에 긍정적 편향(positive bias)도 있다는 것이다. 가령 특정 연예인을 너무 좋아해서 추종하는 열성 팬이 있다고 하자. 그 팬은 해당 연예인에게 긍정적(+) 편향을 가졌기 때문에 자그마한 행동도 선의로 생각하고 웬만한 실수는 그냥 넘겨버린다. 그 연예인이 음주 운전으로 면허가 정지됐다는 뉴스를 보고도 "분명 마음 아픈 일이 있을 거야"라고 판단할 수 있다. 제3자가 보면 비이성적이고 말도 안 되는 논리이지만, 그 팬의 입장에서는 너무도 당연한 이야기일 뿐이다.

이처럼 특정 인물이나 대상에 대해 긍정적 또는 부정적으로 편향되면, 이후의 커뮤니케이션이나 정보 처리도 편향성에 따라 영향을 받는다. 이른바 경로 의존성(path dependency) 때문이다. 일단 한번 경로가 정해지면 그것이 타당하거나 합리적이지 않아도 인간은 쉽게 바뀌지 않는다. "왜 그렇게 생각하나?"라는 질문을 받아도 그것을 바꾸기보다는 자신을 합리화하는 존재가 바로 인간이다.

우리는 언젠가 한 번쯤 "사람은 첫인상이 중요해"라는 말을 들어봤다. 우리가 다른 사람을 제대로 파악하기 위해서는 상대적으로 오랜 시간이 걸린다. 하지만 실제로는 대개 첫 만남에서 바로 느껴지는 첫인상이 그 사람을 판단하는 준거점이 되어버린다. 첫인상을 판단하는 나름의 기준은 과거의 비슷했던 경험(예전에 저런 사람은 나한테 좋지 못한 행동을 했어), 주변의 이야기(○○ 출신들은 믿지 마, 다 사기꾼이야) 또는 주관적 느낌(그냥 인상이 별로야) 등이다. 물론 첫인상이라는 것은 굉장히 주관적이다. 그리고 그 판단이 잘못됐을 가능성도 매우 높다. 하지만 사람들은 대개 타인에 대한 자신의 주관적인 첫인상을 기준으로 이후 타인의 말이나 행동을 추론해버린다. 따라서 가능하면 사람들이 자신에게 긍정적 편향을 갖도록 노력해야 한다. 외모도 적당히 꾸미고, 목소리도 가볍지 않게 내고, 예의 바른 태도를 갖춰야 한다. 이러한 노력들이 다른 사람들에게 자신에 대한 긍정적 편향을 심어준다. "심성이나 내면이 중요하지 꼭 이렇게까지 겉모습을 꾸며야 하나"라고 불만을 갖지 말자. 다시 한 번 말하지만, 인간은 그렇게 이성적인 존재가 아니다.

3) 심리적 반발

사람들은 자기 자신의 운명에 대한 주체로서 스스로를 통제하고 지배한다고 믿으며 그런 방식으로 행동한다. 그러나 만약 자신의 자유의지를 가로막는 자극이나 메시지를 접하게 되면, 사람들은 대부분 자신의 자유가 침해받았다고 생각하며 자유를 되찾기 위해 해당 자극이나 메시지를 회피하거나 그에 저항하게 된다. 이를 심리적 반발(psychological reactance)이라 한다.

잭 W. 브렘(Jack W. Brehm)을 비롯한 초기 연구자들은 심리적 반발을 특정 조건에서 발생하는 상황 특수적인 요소로 간주했다. 다시 말해 개인의 자유를 위협하는 상황에 따라 상이한 수준의 반발이 발생된다는 이야기이다. 예컨대 위협적인 메시지를 받은 집단(위협적인 상황)이 덜 위협적인 메시지를 받은 집단(위협적이지 않은 상황)보다 메시지가 주장하는 내용에 대해 반대하는 정도가 더 높게 나타난다. 또한 특정인이 다가와 노골적으로 설득하려는 의도를 드러내면 사람들은 반발하게 된다. 위협적인 상황은 아니지만, 자신이 원하지 않았는데 다가와서 설득하려고 하는 행동 그 자체가 자신의 자유를 침해했다고 느끼기 때문이다. 예를 들어 길을 가다가 특정 종교를 선전하려고 누군가 다가오거나, 선거 기간에 자신이 지지하지 않는 후보의 운동원이 다가올 때, 그리고 버스 정류장이나 전철역 앞에서 무조건적으로 전단지를 나누어줄 때, 이를 거부한 경험이 다들 있을 것이다.

이처럼 심리적 반발을 상황적 변인으로 간주했던 초기와 달리, 이후에는 이를 개인의 특성(trait), 즉 상대적으로 일관된 개인차 변인으로 고려하기 시작했다. 말하자면, 애초에 개인의 성격 특성으로서 반발심이 높은 사람과 낮은 사람이 있다는 주장이다. 이러한 개인적 성격 특성으로서의 심리적 반발을 반발 성향(reactance proneness)이라 한다. 기존 연구들을 살펴보면, 반발 성향이 높은 사람은 참을성과 자기 통제력이 부족해 타인의 충고를 듣거나 간섭을 받기 싫어하며, 타인을 돌보거나 타인으로부터 도움을 받기도 꺼린다. 따라서 반발 성향이 높은 사람에게 하기 싫은 일을 억지로 하라고 강요하면 정반대의 행동을 보이는 경우가 많다.

상황적 또는 개인적 요소로서 심리적 반발은 원활한 커뮤니케이션을 방해한다. 상대방의 이야기를 있는 그대로 받아들이지 못하게 하며, 오히려 진의를 왜곡하기도 한다. 다른 한편으로는 심리적 반발을 이용해 원하는 커뮤니케이션 효과를 얻을 수도 있다. 이른바 금단의 열매(forbidden fruit) 효과를 이용하는 방법이다. 에덴동산에서 뱀의 유혹에 속아 이브가 선악과를 먹은 가장 큰 이유는 신(神)이 그 열매를 먹지 말라고 했기 때문이다. 차라리 아무 말도 안했다면 이브는 선악과를 먹지 않았을 것이다. 먹지 말라고 했기 때문에 자신의 자유가 침해받았다고 생각했고, 뱀의 유혹에 쉽게 넘어갔다. 그것이 바로 자신의 자유를 찾는 행동이었기 때문이다.

마찬가지로 만약 여러분이 누군가에게 특정 행동을 이끌어내려면, 설득하려고 노력하기보다는 오히려 상대의 자유를 방해하거나 또는 궁금증과 호기심을 유발하는 방법이 더 효과적이다. 일례로 홈쇼핑에서 사용되는 '마감 임박'이나 '10분 후 마감', '한정 수량' 등의 문구를 떠올려보자. 물론 홈쇼핑에서 제

그림 2-2
선악과를 따 먹고 에덴동산 추방되는 아담과 이브
출처: 시스티나 성당에 있는 미켈란젤로의 〈천지창조〉 가운데 일부.

품 판매량은 품질의 우수성이나 쇼호스트의 화려한 입담에 좌우되는 경우가 많다. 하지만 때로는 평소에 관심이 없던 상품일지라도, 또는 쇼호스트의 소개가 뛰어나지 않을지라도 전술한 제한 문구 때문에 제품 구매를 하는 경우도 많다. 한정 수량이므로 이 제품을 사지 못할 수도 있다는 표현이 구매자의 자유를 제한하고, 그에 대한 반발로 구매자는 제품을 더 사고 싶어진다.

4) 피설득 성향

피설득 성향(persuasibility or persuasible tendency)이란 개인이 지닌 속성으로 타인의 말이나 자극을 잘 받아들여 설득하기 쉬운 성향을 의미한다. 피설득 성향은 개인의 성격이다. 예컨대 피설득 성향이 높은 사람은 타인의 말에 쉽게 설득되지만, 피설득 성향이 낮은 사람은 타인의 말을 쉽게 받아들이지 않고 의심이 많다. 흔히 우리는 피설득 성향이 높은 사람을 '팔랑귀' 또는 '귀가 얇다'고 표현한다.

동일한 내용의 메시지라도 어떤 사람은 그 메시지를 그대로 수용해 태도를 바꾸는 반면, 어떤 사람은 메시지의 의도를 의심하고 믿지 않기도 한다. 예를 들어 '전국에서 두 번째로 핸드폰이 싼 집'이라는 문구가 한 상점에 붙어 있다고 가정하자. 피설득 성향이 높은 사람은 일단 그 문구에 혹한다. 그들은 '야, 진짜 싸겠구나. 그리고 첫 번째가 아니라 두 번째라 한 것도 얼마나 솔직해. 저 가게는 양심적이야. 게다가 가격도 싸니까 나는 저기서 살래'라고 생각한다. 반면 피설득 성향이 낮은 사람은 '말도 안 돼! 저걸 어떻게 믿어. 자기가 전국에 있는 핸드폰 가게를 다 가봤나? 그냥 하나의 상술일 뿐이지'라고 일단 의심부터 한다. 동일한 메시지를 접했지만, 피설득 성향이라는 개인의 성격 차에 따라 메시지의 수용도가 달라진다.

성격(personality)이기 때문에 누가 피설득 성향이 높고 낮은지 겉으로는 드러나지 않는다. 이는 송신자가 커뮤니케이션 상황에서 수신자의 피드백(말, 행동, 눈빛 등)을 보고 주관적으로 판단해야 한다. 유의할 사항은 피설득 성향이 높은 사람은 대부분 타인이나 미디어 등 외부의 메시지를 의심 없이 잘 믿는다는 점이다. 만약 신문이나 텔레비전이 다양한 여론을 전달하는 것이 아니라 모두 어느 한쪽으로 치우쳐 있다고 해도, 피설득 성향이 높은 사람은 미디어가 전하는 메시지를 거부감 없이 그대로 받아들인다. 그만큼 언론과 미디어의 중립성과 다양성이 중요하다.

5) 선별적 노출

선별적 노출(selective exposure)이란 사람들이 자신의 기존 의견이나 관심에 일치하는 메시지에만 스스로를 노출시키려 하고, 관심이 없거나 자신의 의견과 배치되는 메시지는 피하려는 경향을 말한다. 즉 사람들은 자신의 기존 성향과 맞거나 관심이 가는 메시지만 보고 들으려는 경향이 있으며, 중립적이거나 기존 성향과 반대되는 메시지는 보고 듣지 않으려 한다.

선별적 노출 성향은 많은 커뮤니케이션 상황에 적용된다. 먼저 친구들끼리 대통령 선거나 정치에 관한 이야기를 나눌 때, 우리는 자신이 지지하지 않는 정당이나 후보에 대해 친구들이 호의적으로 이야기하면, 화제를 다른 데로 돌리거나 대화에 참여하지 않는다. 다음으로 동 시간대에 시청률이 비슷한 드라마가 각기 다른 방송사에서 방송되더라도, 사람들은 대부분 자신이 계속해서 봐 왔던 드라마를 시청하는 경향이 있다. 이 역시 선별적 노출 성향이 적용되는 경우이다.

[도표 2-2]에서 볼 수 있듯이, 프리미어 소비자의 최근 관심사는 건강, 노후, 자녀 양육, 재산 증식 순으로 나타났고, 비(非)프리미어 소비자*의 최근 관심사는 건강, 자녀 양육, 재산 증식, 학업 성적 순으로 나타났다. 따라서 각 소비자와 커뮤니케이션을 원활히 진행하기 위해서는 그들의 관심사 위주로 대화를 하는 방법이 효과적이다.

> 프리미어 소비자는 대한민국의 정치·경제·사회·문화 등의 각 분야를 이끌어나가는 상위 5퍼센트의 고소득, 높은 사회적 지위를 가진 가구의 구성원이다 (한국방송광고공사, 2010).

마지막으로 사람들이 왜 그렇게 광고를 보기 싫어하는지도 선별적 노출 성향으로 설명이 가능하다. 사람들은 대개 광고가 아닌 텔레비전 프로그램이나

도표 2-2 🖙 **프리미어(premier) 소비자의 최근 관심사(2010년)** [프리미어 소비자 258명, 비(非)프리미어 소비자 5742명], [단위: %]

건강　노후　자녀 양육　재산 증식　결혼　사업　직장 일　외모　친구/이성　학업 성적　가족 관계　진학

출처: 한국방송광고공사, 「2010 소비자행태조사보고서」, 2010, 41쪽.

도표 2-3 🖙 **프리미어 소비자의 광고 집중도 및 호감도(2010년)**

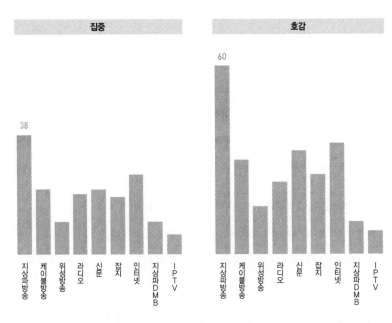

출처: 한국방송광고공사, 「2010 소비자행태조사보고서」, 2010, 39쪽.

신문, 잡지, 인터넷의 기사 등 콘텐츠를 즐기기 위해 미디어를 접한다. 이때 광고는 미디어 콘텐츠 이용을 방해하는 장애물이다. 즉 사람들은 자신이 관심 있는 콘텐츠는 자발적으로 찾아보지만, 광고는 우연하게 노출되는 방해물이기 때문에 광고는 가능한 피하려고 애쓴다. 신문이나 잡지의 경우 광고가 게재된 면은 그냥 넘겨버린다. 텔레비전 광고는 리모컨을 이용해 채널을 돌림으로써(zapping) 피해버린다. 인터넷 팝업 등은 사전에 팝업 제거 장치를 설치하거나 바로 꺼버림으로써 회피한다. 따라서 광고주나 광고대행사는 자신들의 타깃 소비자가 주목하거나 호감을 갖는 광고 매체와 광고 기법이 무엇인지를 사전에 알고 있어야 한다. 거기에 더해 그들이 선호하는 연예인이나 스포츠 스타에 대한 설문 조사를 모델 선정에도 사용할 수 있다.

5. 사회 문화적 잡음

사회 문화적 잡음은 특정 사회나 국가의 사회적 또는 문화적 특수성이 의사소통을 방해하는 것을 뜻한다. 예를 들어 유교 문화가 아직도 남아 있는 한국에서는 장유유서(長幼有序)라 해서 나이가 일종의 지위를 의미한다. 여기서 더 나아가 어린 사람의 이야기를 경시하고 그들을 대화에서 배제시키는 것은 일종의 사회 문화적 잡음이다. 이 절에서는 사회 문화적 잡음으로 권위, 승자독식주의, 연고주의, 중앙집권주의에 대해 자세히 알아보겠다.

1) 권위

부도덕한 대학살은 왜 일어났을까? 누구보다 영리하고 현명했던 나치 지배 하의 장교들은 왜 유대인을 학살하라는 히틀러의 명령에 불복하지 못했을까?

진압군으로 참여했던 영관급·위관급 장교들과 공수부대원들은 왜 민주화를 원하는 광주 시민들에게 발포를 했을까? 합리적이라 여겨지던 인간들이 왜 비이성적인 명령에 복종했을까?

나치 지배하의 장교들과 독일군, 한국의 젊은 장교들과 공수부대원들이 위정자의 부도덕한 명령에 복종한 이유는 바로 권위(authority) 때문이다. 아무리 비이성적이고 도덕적이지 못한 지시라도 그것이 권위가 있는 사람이 내린 명령이라면, 인간은 그것을 따를 수밖에 없다.

광주 민주화운동을 극화한 영화 〈26년〉을 보면, 극중 진압군 역을 맡았던 김갑세(이경영 분)는 1980년 당시 상관의 명령을 따라야만 했다. 그는 광주 민주화운동 당시 위계질서가 생명인 군인의 신분이었기 때문에 자신의 양심에 준한 메시지를 솔직하게 전달할 수 없었다. 하지만 마음의 짐을 안고 살아가던 그는 전두환 전 대통령의 사과를 받기 위해 그를 찾아가 총을 겨눈다. 총을 겨눌 당시에는 더 이상 상관의 명령에 하복(下服)해야 하는 군인이 아니라 기업 사장이었기 때문에 자신의 마음속 메시지를 마음대로 전달할 수 있었다.

이처럼 인간은 자신보다 높은 권위에 복종하는 경향이 있다. 그것이 비록 도덕적이지 못하고 비이성적이라도 말이다. 복종(obedience)이라는 그 자체가 당사자들 간 원활한 의사소통을 방해한다. 지시하는 자와 지시받는 자 사이에서 마음속 진실한 메시지가 상호 교환되지 못하기 때문이다. 이를 처음으로 증명한 학자가 스탠리 밀그램(Stanley Milgram)이다.

예일대학교 심리학과 교수였던 밀그램은 '징계가 기억과 학습에 미치는 영향'에 관한 실험을 위해 참가자를 모집한다는 공고를 냈다. 실험에 참여하기로 결정한 사람 A가 실험실에 도착하자, 두 사람이 기다리고 있었다. 그중 한 사람은 연구의 진행자로서 '하얀색 실험복'을 입은 채 손에는 서류철을 들고 있었다. 나머지 한 사람은 또 다른 참여자 B였다. 서로 간에 인사를 나눈 후, 진행자가 실험에 대해 설명을 했다. 실험 참여자 가운데 한 사람은 '학습자(학생)'의 역할을 맡아 여러 단어 가운데 서로 관계가 깊은 두 단어의 쌍을 기억하고 답해야 하며, 다른 실험 참여자는 '선생'의 역할을 맡아 기억 테스트를 하면서 '학습자'가 실수할 때마다 징계로 전기 충격을 가해야 했다.

A는 다행스럽게도 선생의 역할을 맡았다. B는 옆방으로 이동했는데, 두 방은 벽을 사이에 두고 있어서 A와 B는 직접적인 대면을 하지는 않았다. A의 앞에는 B에게 전기 충격을 가할 수 있는 기계가 있었으며, B의 몸에는 전기 충격기가 설치됐다. 전기 충격기의 버튼은 15볼트 단위로 구성됐다. 이제 일정 시간을 준 후 건너편 방의 B가 단어들을 기억해내다 실수하면, A는 15볼트 버튼부터 시작해 30볼트, 45볼트 버튼을 계속해서 눌러야 했다. 처음에는 B가 찌릿하는 전기 충격에 웃음 섞인 반응을 보이지만, 150볼트를 넘어가자 마침내 소리를 지르고 만다. "그만해요. 나는 더 이상 못하겠어요. 여기서 내보내주세요." A는 어찌할 줄 모른다. 하지만 실험 가운을 입은 연구 진행자는 A에게 계속해서 명령을 내렸다. "인체에는 아무 문제가 없습니다. 계속해서 버튼을 누르세요." A는 165볼트 버튼을 눌렀고, B의 비명 소리는 더 커졌다. 300볼트, 330볼트, 그리고 마지막 450볼트에 이르러 건너편 방에서는 아무 소리도 들리지 않았다.

이 실험과 별개로 밀그램은 다른 사람에게 기절할 수 있을 정도의 전기 충격 (450볼트)을 가할 수 있는지 설문 조사를 했다. 설문 조사 결과 대다수의 사람들은 450볼트까지 버튼을 누르지 못하고, 대개 300볼트 이하에서 멈출 것이라 답했다. 그러나 실제 실험에서는 학습자 역할을 한 사람이 애원하는데도 선생 역할을 맡은 사람들 3분의 2 이상은 450볼트라는 최고 수준의 전기 충격을 가했다. 한편 붉은털원숭이 실험에서는 한 원숭이가 먹이를 택하면, 다른 원숭이가 고통을 받도록 했다. 그러자 그 원숭이는 보름 동안 버튼을 누르지 않았고, 먹이를 먹지 못해도 버텼다.

사실 이것은 징계 및 기억과는 전혀 상관없는 실험이었다. 게다가 이 실험은 실제로 학습자에게 전기 충격을 가하는 것이 아니고, 그 역할을 맡은 배우가 연기를 한 것이었다. 실제 밀그램이 알고 싶었던 것은 '평범한 사람에게 합법적인 명령을 내린다면, 얼마만큼의 고통을 무고한 사람에게 가할 것인가?'였다. 밀그램은 실험이 끝난 후, 이처럼 비이성적이고 비도덕적인 행동의 원인이 인간 마음속 깊이 자리 잡은, 합법적 권위에 복종하려는 의무감 때문이라는 결론을 내렸다. 실험에 참여한 사람들은 동료가 명백한 상해를 입었는데도, 실험복을 입은 연구자의 권위와 명령에 맹목적으로 따른 것이다. 이러한 결과를 바탕으로 그는 『권위에의 복종(*Obedience to Authority*)』라는 책을 저술했다.

성경에도 비슷한 이야기가 나온다. 아브라함은 영문도 모른 채 그저 하느님의 명령에 따라 충실하게 하나밖에 없는 외아들을 제단에 바치고 그의 가슴에 칼을 꽂으려 한다. 이러한 행동의 정당성은 도덕적 기준에 의해 판결되는 것이 아니라, 상부 권위의 명령에 의해 결정된다. 우리는 어려서부터 적절한 권위에 복종하는 것이 옳은 일이며, 불복종하는 것은 잘못된 일이라는 교육을 받고 자랐다. 즉 권위에 대한 복종은 거의 무의식적 차원에서 자동적으로 이루어진다. 그리고 이처럼 복종을 유발하는 권위는 진실한 커뮤니케이션을 방해한다.

이와 유사한 개념 가운데 하나가 '지위 공포(status panic)'이다. 우리는 병원에 가면 의사의 말에 몸이 경직되고 평소처럼 말하는 것이 어렵다. 길에서 제복을 입은 경찰을 보면 괜스레 피하게 된다. 피의자가 검찰청에서 조사를 받을 때 검사의 눈을 피하게 된다. 수업 때 떠들고 까불던 학생도 교무실에 불려가 교사 앞에 서면 위축된다. 심지어 정장 차림의 의상은 낯선 사람일지라도 복종하게 한다는 연구 결과도 있다. 고급 호텔 앞에 차를 타고 가면, 벨보이는 대형차나 외제차의 문은 열어주지만, 일반 중소형차의 문은 열지 않는다. 이는 모두 인간이 지위에 굴복하는 사례들이다. 이를 이용해 사기꾼은 대부분 그럴 듯한 직함을 갖고 있거나 번지르르하게 차려입고 고급 승용차를 탄다. 사기를 당하는 사람들은 사기꾼의 그러한 지위(실제로는 아니지만)에 한 수 접고 들어가게 된다.

이처럼 부도덕하지만 합법적인 명령, 또는 눈에 보이는 상대방의 지위에 사람들은 제대로 된 커뮤니케이션을 하기가 힘들다. 특히 우리나라는 아직까지 유교 문화가 많이 남아 있어 유독 위계질서를 강조한다. 특히 분단이라는 특수 상황으로 인해 의무적으로 군 복무를 해야만 하는 남성들 사이에서는 더욱 위계질서가 강요되는 분위기이다. 그러나 이러한 권위나 위계질서는 커뮤니케이션을 방해한다. 따라서 원활한 의사소통을 진행하려면 이를 제거해야 한다. 자신의 실명이나 지위, 직업 등이 드러나지 않는 인터넷 사이트에서 활발한 토론이 가능한 것도 그 때문이다. 이와 관련된 내용은 제9장 「정보사회와 뉴미디어」에서 자세히 설명하겠다.

2) 승자독식주의

선거만큼 과정이나 결과가 극적인 드라마는 많지 않다. 그러나 선거 이후는 그다지 아름다운 드라마가 아니다. 선거는 가장 극단적인 승자 독식 사례이다. 대통령 선거에서 아주 작은 차이로(51퍼센트 대 49퍼센트) 당선됐다 하더라도, 당선자는 모든 권력을 다 갖는다. 49퍼센트를 얻은 낙선자는 비록 2등이긴 하지만, 국가에서 두 번째로 큰 권력을 갖는 것이 아니다.

현재 한국에서는 대통령이 되면 무소불위의 권력을 행사할 수 있고, 그에 따라 모든 관료나 당료, 여당 의원은 대통령의 눈치를 볼 수밖에 없다. 주변 장관이나 고위직 공무원, 국회의원보다 고급 정보를 독식하고 수많은 정부 부처와 공공기관의 장들을 임명할 권리가 있기 때문에 대통령은 굳이 다른 의견을 청취하려 하지 않는다. 즉 의사소통이 원활히 이루어지지 않는 것이다. 그리고 이러한 불통은 결국 불가피한 사회적 비용을 초래한다.

일례로 2012년 제18대 대선 후 박근혜 대통령이 임명한 장차관급 후보 가운데 한 달 만에 무려 일곱 명이 낙마한 일이 있었다. 대부분 여러 비리 및 위법 사실이 드러났기 때문이다. 이러한 현상은 바로 대통령에게 모든 권력, 그중에서도 인사권이 집중된 데서 기인한 일이다. 이는 이른바 '톱다운(top-down)' 방식의 인사 제도이다. 현 제도하에서는 대통령이 자신이 아는 사람들을 놓고 본인만이 가진 개개인에 대한 인상과 평가로만 인사를 한다. 대통령이 해당 인물을 지명하면, 민정수석실 등에서 검증하는 절차를 거친다. 그러나 모든 권력이 집중된 제왕적 대통령 제도에서 대통령이 특정 후보를 지명하는 것은 사실상 임명과 마찬가지이다. 흠결이 있는 후보라도 검증팀에서 내정 취소를 건의하는 것은 불가능하다. 이를 해소하기 위해서는 인사팀에서 복수로 후보를 검증해서 인사권자에게 올리고 그중에서 적합한 사람을 낙점하는 방식으로 바뀌어야 한다. 또한 임기가 끝나지 않은 공공기관장의 경우 정권이 바뀌었다고 임기를 보장하지도 않은 채 정권 친화적 인물로 교체하는 일은 지양해야 한다.

3) 연고주의

혈연, 지연, 학연. 대한민국은 이른바 연줄 문화가 지배하는 사회이다. 처음 사람을 만나면 성씨(姓氏)는 무엇인지, 본관과 고향은 어디인지, 어느 학교를 나왔는지부터 묻는다. 그리고 하나라도 일치한다면, 마치 오랜 친구를 만난 것처럼 반가워한다. 동창회, 종친회, 향우회의 영향력이 한국만큼 두드러진 나라도 드물다.

물론 이러한 사적 연고나 관계가 항상 커뮤니케이션을 방해하는 것은 아니다. 오히려 원활한 커뮤니케이션을 가능하게 하는 요소가 되기도 하다. 인간은 본능적으로 자신을 중심으로 가까운 주변부터 관심을 보인다. 사돈의 팔촌인 면 친척보다 가까운 이모의 이야기에 귀를 기울이는 것이 인지상정이다. 미국에서 일어난 살인 사건에는 한국에서 일어난 살인 사건보다 관심이 덜 가지만, 그 당사자가 한인 교포라면 상황은 달라진다.

그러나 당사자들 간의 관계가 아닌 사회적 차원에서 본다면, 지나친 연고주의는 파벌을 형성할 뿐 아니라 집단 및 사회적 공공 커뮤니케이션을 방해한다. 교수를 뽑는데 실력이 아닌 총장이나 학과 교수들의 연고에 의존한다면, 많은 피해가 초래된다. '고소영(고려대학교, 소망교회, 영남), 강부자(강남 부자) 내각', '성시경(성균관대학교, 고시, 경기고등학교) 내각'처럼 특정 정부를 지칭하는, 아니 조소하는 듯한 용어가 등장하는 것도 이른바 연고주의 때문이다.

4) 중앙집권주의

한국 사회의 최대 특수성은 두말할 필요 없이 '서울 1극 구조'이다. 이것은 서양 정치 이론으로는 도저히 설명할 수 없는 한국적 현상이다. 전 국토 면적의 11.8퍼센트에 불과한 수도권에 인구의 48.3퍼센트, 지역 총생산의 47.7퍼센트, 금융의 67.8퍼센트, 제조업체의 56.6퍼센트, 대학의 39.3퍼센트가 집중되어 있다. 지역민의 입장에서는 서울로 진학하고 취업해 그곳에 거주하는 것이 입신양명(立身揚名)인 것처럼 여겨진다.

이러한 초강력 중앙집권주의는 결국 지역사회의 황폐화를 초래한다. 일례로 광고업계만 보더라도 유수의 광고대행사는 모두 서울에 집중되어 있다. 전북 지역 전체를 보더라도 이름이 알려진 광고회사는 전무한 실정이다. 유력 미디어 역시 서울에 본사가 있다. 그러다 보니 모든 인재는 서울이나 수도권으로 집중되고, 미디어는 지역의 이야기를 보도하지 않는다. 지역의 현안들을 유력 미디어가 보도하지 않으니 여론이 형성되기도 어렵다. 즉 중앙과 지역의 커뮤니케이션이 원활하지 않으면 지역사회는 상실감을 느낄 수밖에 없다.

03

커뮤니케이션 미디어의 진화

인간의 커뮤니케이션 역사는 어떻게 진화되어왔는가? 커뮤니케이션 역사는 메시지 전달 수단, 즉 미디어의 역사와 그 맥을 같이한다고 볼 수 있다. 새로운 미디어가 등장함에 따라 인간의 커뮤니케이션도 발전을 한 셈이다. 예컨대 예전에는 멀리 떨어진 사람들끼리 편지로 소식을 전했지만 전화가 등장하면서부터는 간단한 방법으로도 의사소통이 가능해졌다. 이로 인해 우리는 편지를 쓰고 우체국에 가서 부치는 데 들었던 시간을 절약하고 다른 활동에 이를 할애한다.

　이와 관련해 해럴드 이니스(Harold A. Innis)는 '커뮤니케이션 미디어의 발전이 사회 변화의 원천'이라는 기술결정론을 제시하기도 했다. 이는 사회를 변화시킬 만한 기술 개혁이나 새로운 기술의 도입이 다른 분야보다 커뮤니케이션 과정에 먼저 적용된다는 주장이다. 그리고 커뮤니케이션 과정의 변화는 궁극적으로 사회 발전을 이끈다. 예를 들어 스마트 기기의 도입으로 나타난 커뮤니케이션 과정의 변화와 사회 변화가 이를 방증한다. 제3장에서는 이러한 미디어 진화사에 따른 시대별 커뮤니케이션의 특징을 살펴본다.

1. 미디어의 진화 단계와 원인

　　미디어 혹은 커뮤니케이션 역사에 대해서 여러 학자들은 다양한 단계를 제시한다. 먼저 윌버 슈람(Wilbur Schramm)은 커뮤니케이션 발전 과정을 '커뮤니케이션의 여명기(the dawn of Communication) → 언어의 발생 → 쓰기의 시작 → 매스미디어의 출현'으로 구분했다. 다음으로 데이비드 리스먼(David Riesman)은 '구두(口頭) 커뮤니케이션 → 인쇄 커뮤니케이션 → 매스 커뮤니케이션'으로 그 발전 과정을 나누었다. 마셜 매클루언(Marshall Mcluhan)은 '문자 이전 시대 → 구텐베르크 시대 → 전파 시대'로 구분했으며, 칼 스미스(Karl Smith)와 마거릿 스미스(Margaret Smith)는 '몸짓 → 울음 → 음성언어 및 상형기호 → 문자언어 → 숫자 및 경제적 커뮤니케이션 → 인쇄 및 기계 → 전파'로 구분했다.

　　이처럼 학자들마다 다양한 정의가 있으나, 종합해보면 크게 '몸짓과 울음 → 음성언어 → 문자 → 인쇄 매체 → 전파 매체'로 그 역사를 구분할 수 있다. 여기에 현대 커뮤니케이션의 대표 미디어라 할 수 있는 인터넷과 모바일을 포함

그림 3-1 　미디어의 진화 단계

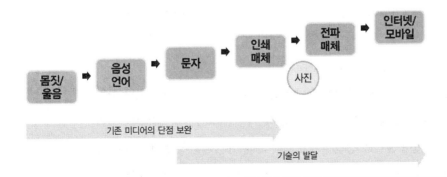

시키는 것이 타당하다고 생각된다. 이를 도식화하면 〔그림 3-1〕과 같다.

커뮤니케이션 미디어의 진화는 크게 두 가지 원인에서 기인한다. 첫 번째 원인은 기존 미디어의 불편함과 단점이다. 최소 두 명만 있어도 의사소통 수단이 있어야 한다. 그래야 원활한 생활이 가능하기 때문이다. 그러나 사회 구성원 수가 증가함에 따라 기존 커뮤니케이션 수단은 여러 문제점을 드러낸다. 이에 따라 인간은 좀 더 원활한 커뮤니케이션을 위해 새로운 미디어를 만든다.

두 번째 원인은 기술의 발달이다. 굳이 현재의 커뮤니케이션이 불편하지 않더라도 기술이 발달함에 따라 새로운 미디어가 등장한다. 새로운 미디어는 인간의 커뮤니케이션을 용이하게 해준다. 불과 2008년까지만 해도 기존 인터넷만으로 인간의 커뮤니케이션은 큰 불편이 없었다. 그럼에도 이동통신 기술의 발전으로 스마트폰과 태블릿 PC가 등장했고, 이로 인해 인간의 커뮤니케이션이 발전했으며, 사회는 큰 변화를 겪고 있다.

2. 몸짓과 울음

원시시대에는 인간에게 언어도 문자도 없었다. 하지만 인간이 점차 가족이나 소규모 집단 단위로 생활하면서 의사소통의 필요성이 커졌다. 만약 커뮤니케이션 수단이 존재하지 않았다면, 군집 생활은 불가능했을 것이다. 즉 자기 자신을 비롯해 다른 사람이나 환경을 통제해야만 군집 생활이 가능하므로 원시 인류에게도 의사소통 방법이 필요했다.

이에 따라 인간이 커뮤니케이션 수단으로 가장 처음 사용하기 시작한 것이 '표현적인 동작과 울음(expressive movements and vocalization)'이었다. 이러한 간단한 동작이나 울음은 침팬지나 고릴라 등의 유인원을 통해서 지금도 볼 수 있다. 비록 이러한 원시적인 커뮤니케이션 수단은 분노나 사랑, 기쁨 등의 욕구를 표현하는 간단한 것이었지만, 원시사회에서는 나름대로 커뮤니케이션의 통제적 기능을 어느 정도 발휘했다. 따라서 그 후 단순한 가족 단위를 넘어서 더 큰 집단의 형성과 유지가 가능해졌으며, 사냥의 기술을 전수하고 도구 제작 방법을 서로 가르쳐줌으로써 도구를 사용하는 동물로 인간이 발전됐다.

그러나 이러한 표현적 몸짓과 울음으로는 감정 표출 같은 간단한 의사 표현만 가능하다. 전달하고자 하는 메시지 내용이 복잡해질수록 커뮤니케이션에 혼란이 오고 오해가 늘어난다. 또한 소수 인원 간 커뮤니케이션에서는 큰 장애가 없으나, 사회 구성원이 증가할수록 의사소통이 어려워진다. 사회가 다원화될수록 메시지의 양도 증가하며, 그만큼 의사소통이 복잡해지기 때문이다. 그래서 인간은 음성언어를 사용하게 됐다.

3. 음성언어

약 8만 년 전 인간의 커뮤니케이션 수단으로 음성언어(speech)가 생겨났다. 이로 인해 가족이나 소규모 집단 단위로 생활해왔던 인간은 서로 모여서 촌락 등 더 큰 집단을 이루고 사회를 형성하게 됐다. 현재도 가장 중요한 커뮤니케이션 수단인 음성언어가 언제 어떻게 생성됐는지에 대해서는 분명하지 않지만, 몇 가지 이론을 통해 그 기원을 알아보도록 하자.

최초로 언어의 과학적인 생성설을 제시한 사람은 19세기 막스 뮐러(Max Muller)였다. 그는 언어 발생의 기원을 사물의 의성(擬聲)에 두었는데, 이것을 딩동설(the ding-dong theory)이라 한다. 뮐러에 의하면, 종소리 등을 흉내 내기 시작한 데서 언어가 생겨났다고 한다. 후에 로백(Roback)은 이 가설을 수정해 언어는 단순히 소리만을 흉내 낸 것이 아니라 사물의 딱딱하고 연한 감각적 속성을 묘사한 데서도 비롯됐다고 주장했다.

반면 물리학자인 조지 패짓 톰슨(George Paget Thomson)에 의하면, 인간은 자극에 대해 제스처(gesture)로 반응하게 되며, 따라서 음성언어의 생성은 동작의 부산물로 나타났다고 한다. 즉 자극에 대한 입의 반응이 곧 언어의 기원이라는 주장이다. 에드워드 리 손다이크(Edward Lee Thorndike)는 아기가 혼자서 웅얼거릴 때 어른들이 이 웅얼거림을 받아주면 점차 언어를 배워 나간다고 주장했다. 따라서 이와 같이 인간의 웅얼거림이 우연한 반응을 가져옴으로써 언어가 생성됐다는 주장이다.

어떤 가설이 정답이라 단정하기는 힘들지만, 어쨌든 고대 인간은 몇몇 언어를 만들어 쓰기 시작했고, 이러한 언어가 점차 분화되어 오늘날처럼 수천 가지 언어로 발전했다. 언어는 단순한 몸짓이나 울음과 달리 인간으로 하여금 구체적인 커뮤니케이션을 가능하게 했다는 장점이 있다. 언어 덕분에 과거에 비해 다양한 구성원들끼리 복잡한 의사소통도 가능해졌다. 그럼으로써 인간은 좀 더 다원화된 사회를 구축할 수 있게 됐다.

하지만 커뮤니케이션 미디어로서 음성언어의 가장 큰 단점은 시공간적 제약이다. 이는 같은 시간, 같은 장소에 있는 사람들만 커뮤니케이션에 참여할 수 있다는 이야기이다. 물론 다른 사람의 메시지를 기억했다가 다른 시간(가령 다음 세대)이나 다른 장소에 있는 사람들에게도 전달할 수 있다. 그러나 인간의 기억은 한계가 있다. 정확하게 메시지를 기억해 타인이나 다음 세대에게 전달하는 것은 사실상 매우 어려운 일이다. 설령 전달한다 해도 정확성이 매우 떨어질 수밖에 없다. 고대의 문학작품(예를 들어 『일리아드』나 『오디세이』, 한국의 판소리 등)이 일반 산문보다는 기억하기 쉬운 운문 형태의 시(詩)로 작성된 것도 이러한 인간 기억의 한계와 무관하지 않은 일이다.

4. 문자

전술한 바와 같이 음성언어가 인간 커뮤니케이션의 주요 수단이 됐으나, 이는 시간과 공간의 제약을 극복하지 못했기 때문에 인간은 새로운 미디어인 문자를 만들어 쓰기 시작했다. 음성언어와 마찬가지로 문자의 기원에 대해서도 여러 학설이 분분하지만, 대체로 약 4~6천 년 전부터 4대 문명의 발상지인 수메르, 이집트, 인도, 중국 등에서 각각 사용되기 시작한 것으로 알려져 있다. 대표적으로 이집트와 수메르 인들의 문자를 살펴보자.

이집트 상류층의 무덤에는 귀한 선물을 들고 외국 사신들이 찾아오거나 왕이 장관들에게 훈장을 수여하는 장면이 그려져 있다. 또한 악사가 하프를 켜며 노래를 부르고 광대가 곡예를 하는 연회 장면도 보인다. 무덤에는 이런 다채로운 그림 외에 작은 형상도 발견할 수 있다. 남자, 깃발, 꽃, 천막, 항아리 같은 대상이 있는가 하면, 그밖에도 상하좌우로 뾰족하거나 구불구불한 선으로 이루어진 형상도 있다. 이것이 바로 '상형문자'라 불리는 이집트인의 문자이다. 고대 이집트의 문자는 원래 그리스어로 '히에로글리프(hieroglyph)'라고 하는데, 이는 '성스러운 기호'라는 뜻이다. 이집트인은 글씨를 쓴다는 이 새로운 기술을 대단히 자랑스러워했기 때문에 서기(書記)가 최고의 직업으로 인정받았으며, 글을 쓰는 작업은 성스러운 것으로 여겨졌다. 여기에 더해 이집트인은 상형문자를 나일 강의 갈대 잎으로 만든 '파피루스(Papyrus)'에 적어 책을 만들기도 했는데, 영어 단어 '페이퍼(paper)'가 바로 파피루스에서 기원한 것이다.

서남아시아 대륙에 위치한 유프라테스와 티그리스 강 사이의 땅, 이를 그리스어로 '메소포타미아(Mesopotamia)'라고 한다. 메소포타미아 문명을 주도한 수메르인은 상형문자와는 다른 문자를 사용했다. 이는 상형문자처럼 형상이 없는 대신 뾰족한 선들로 이루어져서 마치 삼각형이나 쐐기처럼 보였다. 그래서 이를 '쐐기문자(cuneiform)' 또는 '설형문자'라 불렀다.

수메르인은 문자를 파피루스가 아닌 부드러운 점토판에 새겨 넣었고, 그런 다음 그 판을 가마에서 구워 벽돌 같이 단단한 문자판으로 만들었다. 이러한 문자판 중에는 왕이 자신의 업적을 이야기하면서 내세를 위해 어떤 신전을 세웠고, 얼마나 많은 이민족을 굴복시켰는지 자랑하는 비문도 있었다. 그리고 상당히 오래된 것으로 보이는 상인들의 보고서나 계약서, 확약서, 견적표 등이 담긴 흙판도 발견됐다.

기원전 1750년 전에 만들어진 가장 오래된 성문법전인 '함무라비 법전'도 쐐기문자로 작성됐다. 이 법전에 수록된 함무라비 왕의 판결은 재임 말기에 수집되어 바빌로니아의 국신(國神)인 마르두크(Marduk)의 신전(바빌론)에 세워진 섬록암 비석에 새겨졌다. 이러한 282개 판례법에는 경제 관련 규정(가격, 관세, 무역, 통상)·가족법(혼인, 이혼)·형사법(폭행, 절도)·민법(노예제, 채무)이 포함되어 있다. 형벌은 가해자의 신분과 범죄의 정황에 따라 달라졌다. 함무라비 법전의 배경이 된 것은 수 세기 동안 문명사회를 이루고 살아온 수메르인의 법체계였다.

문자의 발명과 보급, 발전은 기술적 문명의 지원이 없으면 불가능하다. 즉 필기도구인 연필, 펜, 잉크, 종이 등이 발명되어야 문자도 보급 및 발전이 가능하다. 앞서 보았듯이 이집트에서는 종이의 일종인 파피루스를 이용해 후대에도 메시지를 전달했다.

문자 커뮤니케이션에서 또 하나의 혁명은 날짐승의 깃털로 만든 펜의 발명이다. 펜이 발명되기 이전에는 갈대를 뾰족하게 깎은 것이나 정, 칼, 돌 등이 필기구로 사용됐다. 막스 베크만(Max Beckmann)은 펜의 기원을 7세기의 거위 깃털 펜으로 그려진 그림에서 찾는다. 그 후 깃털 펜이 계속 사용되다가 18세기 말에 끝이 두 갈래로 갈라진 금속제 펜이 개발됐고, 볼펜은 1940년대에 발명됐다. 한편 연필은 영국 엘리자베스 여왕 시대에 흑연이 발견됨으로써 17세기 초부터 사용됐다.

두 번째 혁명적 사건은 바로 종이의 발명이다. 종이가 발명되기 전, 인간은 문자 커뮤니케이션을 위해 나무껍질, 잎사귀, 양피, 천 등에 문자를 기록했다.

그러나 이러한 재료들은 무거울 뿐 아니라 가격도 비쌌으며 문자를 새기기도 매우 어려웠다. 그러다 서기 105년 중국 후한시대에 채륜(蔡倫)이 값싸고 다루기 쉬운 종이를 발명함으로써 문자 커뮤니케이션은 새로운 전기를 마련했다. 당시 종이, 즉 한지를 제작하는 과정은 다음과 같다. 먼저 나무를 채취하고 껍질을 벗긴 후, 그 껍질을 삶아서 씻고 절구에 빻는다. 그다음 빻은 껍질을 물에 푼 다음 채로 한지를 떠내고 말리면 된다.

채륜이 발명한 제지술은 곧 동양에 보급됐고, 751년에는 아랍인에게 전파됐으며, 10세기 말에는 이집트에까지 알려졌다. 유럽은 중앙아시아에서 종이를 수입해 사용하다가 이집트인을 통해 제지술이 모로코와 스페인에 간접적으로 보급되어 12세기부터 종이를 만들기 시작했다. 기록에 의하면 프랑스에는 1189년에 제지 공장이 생겼으며, 미국에는 1690년 필라델피아에 제지 공장이 세워졌다고 한다.

지금까지 살펴본 문자는 인류의 커뮤니케이션에서 혁명적 수단이었다. 문자는 음성언어의 단점인 기억의 한계를 극복함으로써 세대 간 커뮤니케이션을 가능하게 했으며, 공간적 제약을 없앴고, 의사소통의 정확성을 높였다. 하지만 커뮤니케이션 수단으로서 문자 역시 단점이 있다. 가장 큰 문제는 문자를 익혀야만 커뮤니케이션이 가능하다는 점이다. 지금에야 문맹률이 매우 낮지만, 중세시대까지만 해도 소수의 지배 계층과 상류층을 제외하고는 대부분 문자를 해독하지 못했다. 즉 일부 계층만 문자로 의사소통을 할 수 있었다. 또한 동일한 메시지를 여러 사람에게 전달하기 위해서는 시간이 오래 걸리거나(하나의 문서를 여러 사람이 돌려봐야 하므로), 많은 사람들이 다량의 필사본을 만들기 위해 지루한 노동을 해야만 했다. 따라서 커뮤니케이션 수단으로서 문자가 많은 장점이 있음에도 그 당시만 해도 대중이 사용하기에는 어려움이 많았다.

5. 인쇄 매체

앞서 살펴본 종이의 발명과 보급은 인쇄술의 발명을 자극했고, 그 결과 서적과 신문 등 진정한 의미의 매스미디어 출현을 촉진했다. 인쇄술은 화약, 나침반, 종이와 함께 인류 발전을 이끈 4대 발명품 가운데 하나이다. 지난 천 년간 인류 최대의 사건은 '금속활자의 발명'이었다. 미국의 월간지 《라이프(Life)》는 1997년 10월 특집호에서 지난 천 년간 인류 최대의 사건은 요하네스 구텐베르크(Johannes Gutenberg)가 금속활자로 성경을 인쇄한 일이라고 발표했다. 1999년 말 《타임(Time)》, 《월스트리트저널(Wall Street Journal)》, 《워싱턴포스트(Washington Post)》, BBC 등 유력 언론도 지난 천 년간 인류에게 가장 큰 영향을 미친 발명으로 구텐베르크의 금속활자를 꼽았다.

구텐베르크의 금속활자는 지식과 정보의 혁명적 대량생산과 확산을 가져왔다. 이는 특권층과 성직자의 전유물이었던 성경을 일반 대중에게까지 확산시키는 결정적 계기가 됐다. 인쇄술의 보급은 16세기 종교개혁과 18세기 산업혁명을 촉발했고, 실제로 르네상스와 시민혁명의 바탕에도 금속활자와 인쇄술이 자리하고 있다.

사실 구텐베르크가 최초로 인쇄술을 발명한 사람은 아니다. 그보다 이미 수세기 전에 중국인이 이동식 활자와 목판인쇄술을 발명했다. 또한 금속활자는 구텐베르크보다 78년 앞선 1377년 고려 우왕 때 『직지심체요절』에서 세계 최초로 사용됐다. 그러나 중국과 한국에서 먼저 목판인쇄술과 금속활자를 사용했다 하더라도, 실제 그 기술을 완벽하게 구현한 사람은 구텐베르크이다. 인쇄를 위한 모든 요소를 효율적 생산 시스템으로 만든 것이 그의 최대 업적이다.

인쇄술이 발명되기 전에는 전 유럽에 성경 필사본이 단 천여 권 존재했다. 그러나 인쇄술이 발명된 후 50년이 흐른 1500년에 이르러서는 성경 필사본이 9백만 권으로 증가했다. 굳이 최초라고 하면 구텐베르크가 활자 기법을 적용해 인쇄 시스템을 고안한 점밖에 없다. 그는 책을 대량생산할 수 있도록 전체 생산 과정을 개발해냈다. 종교개혁의 대표 인물인 마르틴 루터(Martin Luther)는 "인쇄가 가장 고귀하고 소중한 은총의 선물"이라고 말했다.

활판인쇄술로 서적 등의 제작과 보급이 확산되면서 문맹률이 낮아지기 시작했다. 그로 인해 소수 상류층의 전유물이었던 신문과 잡지도 대중화의 단계에 접어들었고, 비로소 매스미디어가 됐다. 또한 전술한 바와 같이 음성언어의 단점이었던 시공간적 제약이 극복됐다. 하지만 '같은 시간, 다른 장소'에 있는 사람들 간의 커뮤니케이션은 여전히 불가능했다.

6. 사진

사진은 가시광선, 자외선, 적외선, 전자선 등의 빛이나 전자기적 발광을 이용해 감광성 재료(건판이나 필름) 또는 촬상 소자(CMOS 및 CCD)에 초점을 맞춰 맺힌 피사체의 영상(影像)을 기록하는 것이다. 사진을 가리키는 '포토그래피(photography)'라는 단어는 그리스어로 빛을 뜻하는 'photos'와 그리다를 뜻하는 'graphien'에서 유래됐다.

카메라는 사진 처리 과정보다 훨씬 이전에 그 개념이 정립됐다. 어두운 방에서 벽에 나 있는 바늘구멍을 통해 바깥을 보면 바깥 세계가 뒤집혀 보이는데, 아리스토텔레스(Aristotle)는 이러한 광경을 만들어내는 빛의 현상에 대해 기술한 바 있다. 알하젠(Alhazen)은 태양의 일식을 관찰할 수 있는 암상자를 최초로 사용했다. 암상자의 원리는 어두운 방(어두운 상자)에서 한쪽 벽 가운데 작게 뚫린 구멍을 통해 들어오는 빛이 방 바깥쪽 세상에서 일어나는 장면들, 예를 들면 원근감, 다양한 색채, 그림자, 미세한 움직임 등이 구멍의 맞은편 벽면에 거꾸로 맺히는 것을 말한다. 암상자에 빛이 들어오는 구멍이 커지면 커질수록 상은 흐려지고 구멍이 작으면 작아질수록 상이 선명해지는 특징이 있는데, 이 구멍이 현재 카메라의 조리개 역할을 한다. 레오나르도 다빈치(Leonardo da Vinci)는 그의 노트에 이 현상을 그림으로 설명해놓았다.

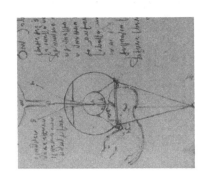

그림 3-2
레오나르도 다빈치의
노트(1508년)

1604년 독일의 천문학자이자 수학자였던 요하네스 케플러(Johannes Kepler)는 이 현상에 '카메라 옵스큐라(camera obscura)'라는 이름을 붙였다. 그는 천체를 관측하기 위해 이동식 텐트형 카메라 옵스큐라를 사용했다.

이후 로버트 보일(Robert Boyle)은 유명 화가의 투시화법(linear perspective)을 정확하게 복제하는 데 사용할 수 있는 휴대용 모델을 제작했다. 예술가들은 카메라 옵스큐라를 종이나 캔버스에 자연경관을 초벌 스케치하는 도구로 사용했고, 나중에 이 스케치 위에 색을 덧칠했다. 이후 카메라 옵스큐라는 캔버스 대신 감광물질을 이용하는 방식으로 이어진다.

그림 3-3
케플러의 이동식 텐트형 카메라(카메라 옵스큐라)

사진의 역사에서 1839년은 매우 중요한 해로 여겨진다. 그해 8월 19일 프랑스의 루이 자크 망데 다게르(Louis Jacques Mande Daguerre)의 은판사진(銀版寫眞, daguerreotype)이 프랑스의 과학 아카데미에서 정식 발명품으로 인정받았기 때문이다.

사진은 본래 예술의 복제를 위한 목적으로 출발했지만, 현대에 와서는 예술의 복제를 넘어서 복제예술(複製藝術)이라는 장르를 형성했다. 현대 예술로서 사진의 특성은 그것이 종래의 예술과 달리 과학과 결합됐다는 점에 있다. 에드워드 웨스턴(Edward Weston)이 "렌즈가 눈보다 더 잘 본다"고 지적한 것처럼, 사진은 종래의 예술이 그려내지 못했던 새로운 리얼리티의 세계를 확립했다. 즉 사진은 기존의 언어나 문자 커뮤니케이션에서는 불가능했던 실재감과 생동감을 전달해준다. 또한 사진 이미지는 사람들의 관심을 끌며 감성적 메시지를 전달하는 데 효과적이다. 사진은 한 사회 또는 전 세계의 여러 문제를 사람들에게 생생하게 전달한다. 사진에 이끌려 글을 모르던 이민자들까지 신문을 사 보게 되면서 시각적 메시지가 결국 문맹률을 낮추기도 했다.

그러나 사진은 또한 사람들에게 사실을 오도하거나 잘못된 정보를 제공하는 데 사용될 수도 있다. 카메라는 거짓말을 하지 않는다는 전제하에 사진이 역사적인 기록을 제공하기도 하지만, 때로는 사진 속 광경이 진실을 말하지 못하는 경우도 분명 존재한다. 즉 사진은 인간인 사진가의 편향된 마음에서 나온 것이지 결코 완벽한 현실을 객관적으로 묘사한 것만은 아니다. 때로는 사진가의 의도에 따라 이미지를 일부만 제공함으로써 현실 왜곡이나 상징 조작이 발생할 수도 있다. 그러므로 구성의 일부인 상징뿐 아니라, 사진가의 실제 의도를 이해하는 것이 매우 중요하다.

7. 전파 매체

1844년 출현한 전신(telegraph, 원래 그리스어로 '먼 곳에 글을 쓰다'는 뜻)은 전자 시대의 개막을 알리는 미디어였다. 전자 미디어의 획기적 발전을 이끈 전신의 발명으로 메시지가 시공간을 뛰어넘어 빠른 속도로 전달됐다. 전신은 초당 18만 6천 마일의 속도로 메시지를 광속으로 전송했다. 시간과 공간을 뛰어넘는 점 대 점(point to point) 커뮤니케이션의 첫 고안물이다.

　전신의 원리는 전기의 원리와 함께 일찍부터 연구되어왔으나, 근대적 의미의 전신 개념에 가까운 방식은 1834년 영국의 윌리엄 쿡(William Cooke)에 의해 나타났다. 쿡은 다섯 개의 자침을 나란히 배치해 전류의 강약에 따라 움직이는 침의 조합으로 신호를 보냈다. 새뮤얼 모스(Samuel Morse)는 이러한 사실에 관심을 가지고 연구에 몰두한 끝에 1839년 9월 뉴욕대학교에서 500미터 전선을 깔아 전신 실험에 성공했다. 모스 전신은 메시지를 단점(dot, ・)과 장점(dash, -) 두 종류의 기호 조합으로 바꾸어 보내는 통신 방식이라는 점에서 오늘날 전신의 모태가 됐으며, 이 부호를 모스 부호라 한다. 특히 철도의 안전 운행 수단으로 각광을 받기 시작해 1852년경에는 유럽 전체에 전신망이 형성되기에 이르렀다. 전신이 확장되면서 그 전까지 비둘기를 이용하던 각국의 통신사들은 전신을 이용해 뉴스 속보를 보내려고 시도했으며, 전신 또한 독자적으로 발전했다. 1901년 12월 이탈리아의 물리학자 굴리엘모 마르코니(Gulielmo Marconi)는 대서양 횡단 무선통신 실험에 성공했다. 1902년 그는 아일랜드 크룩헤이븐(Crookhaven)이라는 해안가에 마르코니 무선국(station)을 설치하고, 미국에서 대서양을 건너는 배를 대상으로 무선통신 서비스를 제공했다.

　전신 기술은 이후 알렉산더 그레이엄 벨(Alexander Graham Bell)과 토머스 에디슨(Thomas Edison)에 의해 꾸준히 발전했고, 벨은 1876년 '말하는 전신(talking telegraph)'인 전화를 개발했다. 인간 커뮤니케이션이 시공간의 한계를 완벽하게 극복한 것은 전화기가 발명된 이후이다. 전화는 문자 및 인쇄 커뮤니케이션의 한계를 뛰어넘어 '같은 시간, 다른 장소'에 있는 사람들 간에도 커뮤니케이션이 가능하게 했다.

　에디슨은 전화의 음성을 재생하는 방법을 연구한 끝에 1877년 최초로 축음기를 만들었다. 이는 소리를 녹음하는 방법을 터득한 결과로서 과거까지 시간을 연장할 수 있도록 했으며, 라디오 미디어의 출현으로도 이어졌다. 1893년부터 제1차 세계대전 종료 전까지 다수의 실험적인 라디오 방송이 진행됐다. 라디오는 청각을 통한 직접적인 커뮤니케이션을 시도함으로써 부족사회를 재현하기에 보다 적합한 미디어로 인식됐다.

'멀리 보는 것(seeing at a distance)'을 의미하는 텔레비전(television)은 영화와 달리 전자 기술을 이용해 상(像)을 전달한다. 텔레비전의 기원은 1923년 블라디미르 코스마 즈보리킨(Vladimir Kosma Zworykin)의 실험에서 비롯됐다. 텔레비전은 이미 라디오가 형성한 독점적 네트워크의 도움을 받아 출발부터 유리한 입지를 갖췄으며, 풍부한 자본을 투자받아 급속히 성장했다. 텔레비전은 시각과 청각의 결합을 통해 인간 커뮤니케이션의 재원형화를 이룩한 미디어로 평가된다.

라디오와 텔레비전으로 대표되는 전파 매체는 실질적인 매스미디어로 불린다. 물론 이전에도 신문과 잡지 같은 매스미디어가 존재했으나, 라디오가 등장했던 시기만 해도 글을 읽을 줄 아는 사람들이 여전히 많지 않았다. 즉 신문과 잡지는 그때까지도 일부 계층만 볼 수 있었던 미디어였다. 그러나 라디오는 청각 장애가 있는 일부를 제외하고는 누구나 이용할 수 있는 진정한 의미의 매스미디어였다. 다시 말해 과거 어떤 미디어와 달리 라디오와 텔레비전은 많은 사람들에게 동시다발적으로 커다란 영향을 미쳤다. 예컨대 미국인들은 패닉 상태에 빠뜨렸던 CBS의 라디오 드라마 〈세계 전쟁(War of the Worlds)〉이나 전 국민에게 라디오를 보급함으로써 나치와 히틀러를 상징 조작했던 파울 괴벨스(Paul Goebbels)의 전략 등은 모두 라디오의 위력을 증명해주는 사건이었다.

텔레비전 역시 마찬가지이다. 텔레비전을 많이 시청하는 어린이와 청소년은 텔레비전 속 가상현실을 마치 현실인 양 받아들인다. 때로는 텔레비전 드라마나 영화 속 폭력 장면을 그대로 흉내 내는 부작용도 나타난다. 또한 바쁜 삶을 사는 현대인은 텔레비전 속 등장인물과 교감을 나누고 자신을 그들과 동일시하기도 한다. 즉 전파 매체인 라디오와 텔레비전은 과거 그 어떤 미디어보다 큰 영향력을 대중에게 끼친다. 이와 관련해 더 자세한 내용은 제6장 「매스미디어 효과 이론」과 제8장 「방송 미디어」에서 설명하겠다.

8. 인터넷

전통적인 4대 매스미디어인 텔레비전, 라디오, 신문, 잡지와 달리 인터넷은 매스미디어인 동시에 대인 커뮤니케이션이 가능한 미디어이다. 신문이나 방송처럼 정보 제공, 가치 전수, 사회화 등 언론 본연의 역할을 하기도 하며, 이메일이나 메신저 등을 통해 개인 간 메시지를 전달해주기도 하는 복합적 미디어이다.

인터넷의 가장 큰 특징은 기존의 전통적 매스미디어에 비해 메시지 제작 및 전송이 신속하다는 데 있다. 또한 비용이 매우 적게 드는 장점도 있다. 시간이나 공간에도 제약이 없어 언제 어디서나 전 세계를 대상으로 메시지를 전달할 수 있다.

무엇보다 가장 큰 특성은 바로 쌍방향(two way) 커뮤니케이션이 가능하다는 점이다. 기존 매스미디어는 송신자가 수신자에게 메시지를 거의 일방적으로 전달하며, 수신자는 송신자에게 피드백을 보내기가 힘들었다. 하지만 인터넷은 거의 동시다발적으로 피드백이 오가기 때문에 송신자와 수신자라는 구분 자체가 모호해진다. 이를 통해 집단 지성(collective intelligence)을 통한 협업이 가능하고, 자유롭고 다양한 의견 교환이 이루어지는 진정한 의미의 공론장(public sphere)이 구현된다. 반면 익명성을 바탕으로 타인에 대한 공격이 나타나기도 하며, 사생활 침해나 명예훼손이 쉽게 발생한다는 단점도 있다. 인터넷과 관련해 더 자세한 내용은 제9장 「정보사회와 뉴미디어」에서 살펴보겠다.

9. 모바일

현대적인 의미에서의 무선통신은 1906년 인간의 음성을 최초로 무선으로 송신하는 데 성공한 이후, 1921년 미국 디트로이트 경찰이 흔히 '삐삐'라고 불리는 페이저(pager) 같은 형태의 육상 무선통신 시스템을 경찰 업무용으로 도입하면서부터 시작됐다. 지금과 같은 셀룰러 시스템(cellular system)은 1947년 미국 벨(Bell)사 벨연구소의 링(Ling) 연구팀에 의해 개발되면서 도입됐다. 차량 전화로 사용되던 셀룰러 전화는 1977년 미국 시카고를 기점으로 본격화되면서 1세대 이동전화 시대를 열었다. 이는 1979년 일본, 1981년 유럽 등 세계 각국으로 확산되어 급속한 보급이 이루어졌다.

휴대전화(mobile phone)와 태블릿 PC 등으로 대표되는 모바일 미디어(mobile media)는 이제 단순히 음성 서비스를 제공하는 단계를 넘어 글, 음성, 영상, 데이터 등과 같은 멀티미디어를 언제 어디서든 상호작용하면서 이용할 수 있는 단계로 본격적으로 진입했다. 사실 모바일 미디어는 다원적 속성(예: 전화와 인터넷)이 있기 때문에 명확한 정의를 내리기 힘들다. 여기서는 '간편하게 휴대할 수 있는 기기를 통해 이동 중에도 다양한 정보 처리와 무선통신이 가능하도록 인터페이스가 고안되어 독특한 상호작용 및 커뮤니케이션 양식을 만들어 내는 디지털 멀티미디어'라고 정의하고자 한다.

이 정의에서 등장하는 핵심적 개념을 설명하면 다음과 같다. 첫째, 모바일 미디어는 '휴대할 수 있는 기기(portable device)'를 통해 커뮤니케이션과 상호작용이 이루어지는 미디어이다. 둘째, 모바일 미디어는 '이동 중(on the move)'에 사용할 수 있다. 셋째, 모바일 미디어는 다양한 정보 처리와 통신이 가능하다. 넷째, 이동성이라는 속성 때문에 반드시 '무선통신'을 이용한다. 다섯째, 휴대성과 이동성이라는 고유한 속성을 고려한 '제한된 단말기 인터페이스'를 제공한다. 여섯째, 모바일 미디어는 글, 음성, 영상 등을 모두 이용할 수 있는 '디지털 멀티미디어(digital multimedia)'이다. 마지막으로 모바일 미디어는 '독특한 상호작용 및 커뮤니케이션 양식'을 만들어 내는 미디어이다. 모바일 미디어와 관련된 자세한 내용도 제9장 「정보사회와 뉴미디어」에서 살펴보겠다.

언론의 역할과
중요성

언론은 사회의 공기(公器)이다. 언론은 그 사회의 거울이자 양심이며, 권력을 감시하고 비판할 뿐 아니라 사회적 약자를 대변해야 한다. 예컨대 언론은 사회의 특정 이슈를 부각해 여론을 형성한다. 또한 여러 사회문제를 알리고 정치 및 자본 권력을 감시함으로써 건전한 사회를 구축하는 데 도움을 주어야 한다. 이를 위해선 무엇보다 표현의 자유가 보장되어야 한다. 그리고 그러한 표현의 자유는 공적 이익을 위해서 사용되어야 한다. 만약 언론이 표현의 자유를 보장받지 못하거나 특정 권력 편에 서서 그들을 대변한다면 건강한 시민사회를 구현하기는 힘들다. 다시 말해 다수의 시민들은 언론이라는 창을 통해 세상을 바라보기 때문에 창이 왜곡되면 올바른 정보를 얻기가 힘들다. 또한 언론이 자신의 권한을 일부 정치권력이나 자본권력을 대변하는 데 사용한다면, 그 피해는 결국 다수의 시민들에게 돌아온다.

　제4장에서는 언론의 주요 역할과 중요성에 대해서 알아본다. 이를 위해 우선 언론의 구체적인 역할, 그 역할을 수행하는 데 필요한 기본 요건, 표현의 자유에 대해 살펴보겠다. 또한 언론 및 표현의 자유가 제한됐던 과거의 사례, 언론 자유 수호를 위한 노력을 알아봄으로써 민주사회를 구축하는 데 언론이 얼마나 중요한지 설명한다.

1. 언론 및 매스미디어의 역할

1) 환경 감시 기능

환경 감시 기능이란 언론이 사회에서 발생하는 다양한 이슈에 대해 정보를 제공해야 하는 가장 기본적이면서 핵심적인 역할을 뜻한다. 신문을 한번 보자. 내각이나 정당의 당직 인사, 주요 정치 관련 이슈, 여러 경제 지표, 사건 및 사고 관련 기사, 새로 나온 책이나 영화의 주요 내용, 날씨, 주요 스포츠 선수의 동정과 경기 내용, 북한 미사일 발사나 미·중·일의 선거 결과까지 다양한 기사가 실려 있다. 이처럼 언론은 이 사회에서 어떠한 일이 일어나는지 알려야 한다. 이러한 정보를 접한 국민들은 자신 및 주변에 직간접적으로 영향을 미치는 주요 사건을 파악하고 그에 따라 대처 방안을 마련할 수 있다.

예컨대 개인 투자자는 현재의 주요 경제 지표를 파악하고 관련 산업 동향을 분석한 후, 특정 주식이나 펀드에 투자를 결정할 수 있다. 또한 정치 관련 기사를 읽으면 현재 주요 이슈가 무엇인지, 향후 정책은 어떠한 방향으로 수립되어야 하는지에 대한 자신의 의견을 정립할 수도 있다. 다시 말해 언론은 부단히 사회를 감시하고 이를 사회 구성원에게 알려야 하는 감시견(watch dog)이 되어야 한다.

2) 해석 및 상관 조정 기능

해석 및 상관 조정 기능이란 사회의 여러 조직과 구성원이 주변 환경에 대응하도록 결합시켜주는 언론의 역할을 의미한다. 즉 사회에서 발생하는 여러 사건이나 이슈를 연결하고 해석해 그것이 우리에게 어떤 의미를 주는지 알려주는 역할이다. 언론은 뉴스나 기사를 통해 사건을 단순하게 전달하는 것을 넘어 그 사건이 우리에게 주는 의미를 파악해 유용하고 가치 있는 정보를 제공해야 한다. 가령 신문의 사설이나 텔레비전 뉴스의 논평 등을 통해 환경에 대한 해설과 처방을 내리는 것이다.

텔레비전 뉴스가 환경 감시 기능을 수행한다면, 주요 시사 프로그램은 해석 및 상관 조정 기능을 수행한다. 지상파방송 3사의 주요 시사 프로그램은 단순하게 특정 사건에 대한 정보만 제공하는 것이 아니다. 그보다는 그 사건이 발생하게 된 원인이나 배경, 나아가 사건의 파장 등을 분석해 시청자에게 제공함으로써 시청자가 진실을 파악하고 여론이 형성되는 데 영향을 미친다. 그리고 해석 및 상관 조정 기능을 통해 언론은 권력을 감시하고 비판하는 역할을 수행한다. 따라서 사실의 전달에 초점을 맞추는 환경 감시 기능보다는 해석 및 상관 조정 기능에 따라 각 언론 미디어의 관점이나 성향을 파악할 수 있다. 예컨대 특정 사안(미국산 소고기 수입)에 대해 미디어별로 초점이 다를 수 있고(값싼 양질의 소고기 수입 대 국민 건강 문제) 그에 따라 해당 미디어의 성향이 드러난다.

3) 가치 전수 및 사회화 기능

가치 전수란 문화, 전통, 가치, 규범 등의 사회적 유산을 한 세대에서 다음 세대, 또는 한 집단에서 다른 집단으로 전달해주는 것을 말한다. 가치 전수가 용이해야만 궁극적으로 한 사회를 유지할 수 있다. 이를 위해 언론이나 매스미디어는 사회 구성원들을 교육시켜야 하는데, 이러한 교육 기능을 사회화 기능이라 한다. 텔레비전의 경우는 이러한 역할을 주로 교육 프로그램, 다큐멘터리, 드라마, 시사 교양 프로그램 등이 담당한다.

예를 들어 유아 대상 교육 프로그램의 경우 아이들에게 언어나 글자, 숫자의 의미를 가르쳐주고, 공중도덕 같은 사회규범도 알려준다. 사극을 통해 청소년들은 역사적 사실과 그 사실에 관련된 교훈을 배우기도 한다. 제2차 세계대전 당시 미국이 전쟁에서 승리하기 위해 신병을 교육(애국심 고취와 독일에 대한 적개심 유발)시키는 수단으로서 영화를 활용한 것도 바로 미디어의 사회화 기능

가운데 하나라 볼 수 있다.

　우리나라에서 과거 군사정권 시절 반공 만화나 반공 영화가 유행했던 이유도 바로 국민들의 반공 이데올로기를 고취시키려는 정부의 '국민 사회화' 목적 때문이었다. 2012년 총 4부로 기획, 방영됐던 SBS의 다큐멘터리 〈최후의 제국〉은 현대 자본주의 및 신자유주의의 문제점을 심도 있게 분석해 국가의 경제정책에 대한 시청자들의 관심을 높이기도 했다.

4) 오락 기능

　언론과 매스미디어는 중요한 정보 제공이나 권력 감시, 교육의 기능을 해야 할 뿐 아니라 국민들에게 즐거움도 주어야 한다. 신문은 스포츠나 연예 또는 문화 면, 텔레비전은 각종 쇼 · 오락 프로그램이나 드라마, 라디오는 음악 방송을 통해 즐거움과 생활의 활력소를 제공한다.

　그러나 지나친 오락 기능의 강조는 때로 부작용을 유발할 수 있다. 이른바 언론의 '마취적 역기능'이다. 이는 언론이나 매스미디어에서 오락적 요소만 강조하고 관련 프로그램이 지나치게 늘어나면, 국민들이 사회적 현안이나 정치 문제에 둔감해지는 현상이다. 흔히 정통성이 떨어지는 정권이나 권위주의적 정권에서 이른바 우민화(愚民化) 정책 가운데 하나로 자주 사용하는 것이다. 대표적으로 전두환 정권의 '3S(sex, screen, sports) 정책'을 들 수 있다.

　전두환 정권은 1982년 1월 5일 밤 열두 시를 기해 전방 접경 지역과 후방 해안 지역을 제외한 전국에 야간 통행 금지를 해제했다. 야간 통행 금지는 1945년 9월 7일 미군정 치하 미군사령관 존 하지(John R. Hodge)의 군정포고 1호로 시작됐다. 통금이 해제된 후, 호황을 누리기 시작한 사업은 본격적인 밤 문화와 성적 욕망의 배출구였다. 룸살롱, 카바레, 나이트클럽, 스탠드바, 터키탕 등이 우후죽순으로 생겨났다. 청량리를 비롯한 집창촌도 규제 완화와 더불어 손님이 끊이질 않았다. 1990년대 중반 청량리 일대에서 종사하는 성매매 여성은 최대 1천여 명에 달했으며, 하루 매출은 1억 원에 이르렀다. 집창촌의 활성화는 단지 성매매 여성들에게만 특별한 의미를 갖는 것이 아니다. 성매매 여성 외에도 포주, 호객꾼, 파출부, 포르노 비디오 판매자도 공생했다. 즉 집창촌은 단순히 성매매만 하는 곳이 아니라 경제활동이 이루어지는 공간이었다. 이것이 3S 정책의 하나인 섹스(sex) 산업이다.

섹스 산업은 영화(screen)와도 연계된다. 통금 해제 후 해방감을 만끽하고자 했던 보통 사람들은 심야 극장을 즐겨 찾곤 했다. 이러한 심야 극장의 유행과 함께 1980년대에 제작된 영화의 절반 이상이 에로물이었다. 통금이 해제된 지 한 달 뒤인 1982년 2월 6일 첫 심야 상영 영화인 〈애마부인〉이 개봉했다. 〈애마부인〉이 히트 친 이후 〈팁〉, 〈무릎과 무릎사이〉, 〈산딸기〉, 〈변강쇠〉를 비롯한 에로 시리즈물이 범람했고, 청계천 등지에서는 국적 불명의 포르노 테이프가 활개를 쳤다. 이는 각 가정에 보급이 확산됐던 컬러 텔레비전과 비디오가 있었기에 가능한 일이었다.

전두환 정권의 우민화 정책은 이에 그치지 않았다. 대형 스포츠 행사 개최와 프로스포츠 활성화를 통해 국민들이 정치에 무관심해지도록 유도했다. 12.12 쿠데타와 5.18 광주 학살로 정권을 잡은 전두환은 국민의 비난을 피할 방법을 모색했고, 그 일환으로 올림픽 유치에 뛰어들었다. 전두환 정권의 관료, 정주영과 박종규 등 정재계 인사, 아디다스(adidas)의 아돌프 다슬러(Adolf Dassler) 회장, 세지마 류조(瀬島龍三)를 비롯한 일본 내 친한파의 보이지 않는 협조로 일본의 나고야를 누르고 서울이 올림픽 유치를 확정했다. 이후 1986년 서울은 아시안게임도 유치하게 된다.

서울이 올림픽과 아시안게임의 개최 도시로 선정된 직후부터 전두환 정권에 올림픽과 아시안게임은 일개 스포츠 행사가 아니라 정치 그 자체였다. 즉 자랑스러운 국가의 대경사가 아닌 정통성 없는 정권의 안정과 홍보 도구였던 셈이다. 언론 역시 정권의 정책에 부응했다. MBC는 1981년 12월 5일 기구 조직을 개편해 종전의 체육부를 스포츠국으로 승격했고, 이어 국내외 빅게임을 위성중계로 빠짐없이 방송했다. KBS에서도 스포츠 프로그램 편성이 1981년 19퍼센트에서 1983년 28.2퍼센트로 늘어났다. 또한 1985년 6월 20일에는 기존《일간

스포츠》(1969년 9월 26일 창간)에 이어 당시 관영 언론사였던 서울신문사가《스포츠서울》을 창간래 5공의 '스포츠 정치'를 지원했다.

대형 스포츠 행사에 이어 1982년 3월 23일 프로야구가 출범했고, 나흘 후인 27일에는 MBC와 삼성의 개막전이 전두환의 시구로 시작됐다. 전두환의 시구가 보여주듯 프로야구는 전두환의 강력한 의지에 의해 탄생했다. 프로야구가 성공하자 이에 고무된 전두환은 1983년 축구와 민속 씨름을 연달아 프로화했으며, 86아시안게임과 88올림픽 꿈나무 육성 등 스포츠에 엄청난 투자를 쏟아부었다. 또한 각 종목의 협회장을 재벌들에게 맡겨 많은 투자를 이끌어내기도 했다.

물론 국내 스포츠 산업을 발전시키고 대형 국제 스포츠 행사를 통한 국가 브랜드를 제고했다는 점에서 전두환 정권의 공은 인정할 만하다. 그러나 중요한 점은 국민들의 여가 선용이나 유관 산업 발전을 위해 스포츠 발전을 꾀한 것이 아니라, 정통성이 없는 정권의 안정과 홍보 도구로서, 그리고 일종의 우민화 정책의 일환으로 스포츠를 이용했다는 것이다.

2. 언론 보도의 기본 요건

1) 신속성

기사나 뉴스의 핵심은 신속성이다. 시의성(timeliness)이 없는 이야기는 절대 기사나 뉴스가 될 수 없다. 따라서 언론 미디어는 무엇보다 세상의 중요한 이슈들을 빠르게 국민들에게 전달해야 한다. 앞서 우리는 언론이 사회의 공기라 했다. 다시 말해 언론은 사회가 건강하게 구성되고 운영되도록 하는 공공의 책무를 지닌다. 그 책무를 다하기 위해 언론은 신속하게 기사와 뉴스로 정보를 전달해야 한다.

1980년 광주 민주화운동을 생각해보자. 물론 당시 전두환 신군부는 언론을 통제하고 보도지침을 내려 광주를 고립시켰다. 모든 언론이 광주의 상황을 보도하는 것을 회피했으며, 일부 보도에서는 시민들을 폭도로 묘사한 경우도 있었다. 1987년 6월 항쟁 이후 언론 민주화의 바람을 타고 많은 언론 미디어가 광주의 진실을 알리고, 민주주의를 염원했던 광주 시민을 폭도에서 민주화 투사로 보도했다. 하지만 그 길었던 7년 동안 폭도로 매도되고 정치적·사회적 피해를 봤던 광주 시민의 억울함은 무엇으로 보상할 수 있을까? 만에 하나 당시 언론 미디어나 기자들이 광주의 진실을 신속하게 보도했다면, 역사는 어떻게 바뀌었을지 모를 일이다.

2) 정확성

아무리 빠르게 정보를 전달한다 하더라도 그 내용이 정확하지 않다면, 그것은 기사나 뉴스가 아닌 루머일 뿐이다. 즉 언론은 곡필(曲筆)이나 왜곡 방송을 하지 않아야 한다. 있는 사실을 그대로 써야지, 왜곡하거나 날조해서는 안 된다. 정확하지 않은 기사나 뉴스는 관련 인물이나 단체에 피해를 주고, 나아가 사회 전체에 악영향을 끼친다. 또한 그러한 왜곡 보도는 국민들이 언론인과 언론 미디어에 대해 부정적 이미지를 형성하게 한다. 때로는 피해자에게 정정이나 반론 보도를 요구받거나 명예훼손 등 손해배상 청구 소송을 당할 수도 있다.

그러한 사례들을 살펴보도록 하자. 전두환의 신군부는 표면적으로 '사회악 일소'를 내세워 '삼청교육대'를 만들었으나, 실제로 이곳은 인권유린의 온상이었다. 범죄자나 불량배뿐 아니라 '사회악'과는 무관한 평범한 소시민, 고교생, 반정부 인사 등도 무자비하게 교육대에 끌려가 순화 교육이라는 명목하에 모진 고초를 겪었다. 이후 그 후유증으로 사망한 사람이 2백여 명에 달했으며, 2천 8백여 명은 장애자나 상해자로 신고됐다. 이에 2001년 7월 대법원은 정신적 위자료로 개인당 1천만 원에서 1천 3백만 원의 피해 보상금을 지급하라는 판결을 내렸다.

그러나 당시 언론은 이 사실을 날조했다. 1980년 8월 13일을 전후해 각 신문사와 방송사는 육군 모 부대의 삼청교육장을 집단 방문한 기자들의 현장 르포를 일제히 보도했다. 《경향신문》은 "이곳에 들어온 후 뉘우침의 눈물이 값비싼 것임을 느꼈다. 악으로 얼룩진 과거를 씻고 새 사람이 되어 돌아가 부모에 효도하련다"라는 요지의 기사를 실었다. 《중앙일보》는 "낮에는 고행하는 승려처럼 육체적 훈련을 받고 밤에는 자아 발견의 시간을 갖게 돼 정말 다행이다"라고 기사를 썼다. 《동아일보》는 사설을 통해 "이 조치는 그동안 온 국민이 극구 바라던 바였다"면서 "소기의 성과를 거둘 수 있도록 온 국민의 적극적인 참여를 다시 한 번 강조한다"라고 주장했다. 《조선일보》는 8월 13일 자에 「머리 깎고 금연, 금주 검은 과거를 씻는다」라는 제목 아래 「17세 고교생부터 59세까지 '이웃 사랑' 외치며 봉체조! '새마을 성공 사례' 듣자 연병장 '울음바다'」라는 소제목으로 기사를 실었다. 반면 실제 범죄자가 아닌 일반 시민이나 반정부 인사에 대한 고문 및 인권 피해 기사는 찾아볼 수가 없었다. 정부 측의 일방적 의견만 기사화됐을 뿐이다.

광주 민주화운동에 대한 보도는 그보다 더했다. 신군부의 광주 학살극은 철저한 고립과 통제로 '관객의 부재'를 넘어 언론에 의한 엄청난 왜곡이 벌어졌다. 신군부는 5.18 이후 광주 시민을 폭도, 난동 분자, 무장 폭도 등으로 보도하라고 지시했으며, 진실된 보도와 언론의 자유를 주장하는 양심적 기자들은 유언비어 유포 및 내란 음모 등의 혐의로 구속하거나 해직시켰다. 물론 시대적 상황을 고려할 때 기자나 언론사가 사실을 정확하게 보도하기란 쉽지 않았을 것이다. 그러나 극렬분자와 폭도로 불릴 수밖에 없었던 당시 광주 시민의 처지는 언론 보도의 정확성 문제를 다시 한 번 되새기게 한다.

1991년 11월 조선일보사가 발행하는 《주간조선》에 한 편의 기사가 실렸다. 제목은 「통합야당 대변인 노무현은 과연 상당한 재산가인가」였다. 이 기사에서는 그 사례로 노무현이 호화 요트를 소유했다고 주장했다. 그러나 실제로는 자그마한 선수용 요트였다. 이에 노무현은 한 달간 고민한 끝에 명예훼손 소송이란 정면 대응을 택한다.

　당시만 해도, 아니 지금도 정치인들 대부분은 언론사와 싸우기보다는 타협한다. 세상에 말하는 '입'이라는 수단을 가진, 특히 거대 언론사와 소송을 한다는 것은 오히려 손해라 생각하기 때문이다. 그러나 노무현은 주간지《말》의 오연호 기자와 한 인터뷰에서 "부도덕한 언론과 아무도 싸우지 않는다면 누구도 정치를 바로 하지 못할 것이다. 결국 누군가가 상처를 입을 각오를 하고 이런 악의적인 언론의 횡포에 맞서 싸워야 한다. (나는) 정치적으로 상처를 입는 한이 있더라도, 이로 인해 다른 정치인은 조금이라도 피해를 덜 입었으면 좋겠다는 생각이다"라고 말했다. 소송 결과 노무현이 승소했다. 이듬해 12월 재판부는《주간조선》등 관련자들이 노무현에게 2천만 원을 배상하라는 판결을 내린다. 이에 노무현은 개인적인 사과를 받는 것으로 소송을 마무리했다.

3) 객관성

　기사나 뉴스는 객관적이어야 한다. 기사나 뉴스는 자기 혼자만 보는 것이 아니라, 다른 사람들에게 전달되는 것이기 때문이다. '제3자 보증(the third party endorsement)'이라는 용어가 있다. 간단히 말해 자기 자신이 스스로를 말하는 것보다, 다른 사람이 그 사람을 말하는 것이 더 신뢰가 간다는 뜻이다. 그것이 더 객관적이기 때문이다. 언론도 마찬가지이다. 기자는 기사나 뉴스에서 주관을 내세우기보다 객관성을 드러내야 한다. 현실적으로 모든 사건 현장을 지켜보기 힘들다면, 전문가나 목격자의 의견을 기사에 넣어 객관성을 담보해야 한다.

4) 균형성

　특정 이슈가 세상 모든 사람이나 조직에 공평할 수는 없다. 이슈에 따라 누군가는 좀 더 이익을 얻을 수도 있다는 의미이다. 따라서 언론은 사람들이나 조직들의 이해관계가 상충하는 경우 기사나 뉴스에서 각 이해 당사자의 주장을 동일한 비중으로 취급해야 한다. 만약 한쪽으로 치우칠 경우 다른 쪽의 항의를 받을 수도 있고, 국민들에게 언론이 공평하지 못하다는 부정적 인식을 심어줄 수도 있다. 예를 들어 한미 FTA가 발효되면, 혜택을 받는 쪽과 피해를 받는 쪽이 있다. 이때 특정 언론이 한미 FTA가 발효됐을 때 혜택을 받는 쪽의 의견을 크게 부각한다면, 언론의 진의는 의심받을 수밖에 없다.

3. 표현의 자유

"내가 만약 신문이 없는 정부와 정부는 없으나 신문이 있는 두 가지 경우 가운데 하나를 택해야 한다면, 나는 한 점 주저함 없이 정부 없는 신문을 선택하겠다 (If I had to choose between government without newspapers, and newspapers without government, I wouldn't hesitate to choose the latter)."

- 미국 제3대 대통령 토마스 제퍼슨(Thomas Jefferson)

1) 표현의 자유의 의미

프랑스의 위대한 사상가이자 작가 가운데 한 명인 볼테르(Voltaire)는 "나는 네 의견에 찬성하지 않지만, 네가 그렇게 말할 권리를 지키기 위해 목숨이라도 내놓겠다"라는 말을 했다. 이는 전술한 제퍼슨의 표현과 함께 언론 또는 표현의 자유(freedom of speech or expression)를 가장 함축적으로 묘사한 말이라 생각된다.

세상에 태어나면서 누구나 갖는 개인의 자연권(natural rights)은 정부나 공무원에 의해 간섭을 받지 않는데, 그 가운데 표현의 자유도 포함되어 있다. 민주주의에서 주요한 의사 결정은 충분한 정보와 그에 대한 개인들 및 집단들 간 논의를 바탕으로 한다. 이를 위해 필요한 것이 바로 표현의 자유이다. 즉 표현의 자유는 민주주의의 근간이 되는 필수 불가결한 국민의 기본 권리이다. 민주 사회에서는 어떤 형태로든 원하는 경우 개인의 의사를 표현할 수 있어야 한다. 그런 개별적 의사가 모여 여론을 형성하고, 그 공론이 얼마나 경쟁력이 있는지에 따라 제도화하거나 기존 제도에 영향을 미친다. 이는 의사 표현의 공적 기능이다. 이처럼 중요한 표현의 자유는 개인의 여타 기본적 자유(경제권, 재산권 행사의 자유, 종교의 자유 등)보다 우월한 지위를 갖는다. 이런 의미에서 표현의 자유를 제1의 자유(the first freedom), 고차원적 자유(the exalted freedom), 또는 우월한 자유(the superior freedom)라고도 한다. 이러한 표현의 자유가 가장 먼저 적용되어야 할 대상이 바로 언론이다. 전술한 권력 감시 및 비판을 언론이 성역 없이 수행하려면 표현의 자유가 보장되어야 하기 때문이다.

이러한 맥락에서 현대 민주주의국가는 대부분 헌법에서 표현의 자유 또는 언론의 자유를 보장한다. 언론의 자유에 대한 최초의 법적 선언은 1649년 영국의 인민협약에 포함되어 있다. 1766년 미국 버지니아주의 권리장전, 1789년 프랑스 인권선언, 1791년 미연방수정헌법 등에서도 언론의 자유를 인간의 기본권으로 규정했다. 이러한 초기 법에 영향을 받아 현대 국가도 거의 예외 없이 표현의 자유와 언론의 자유를 보장한다.

우리나라의 경우 헌법 제21조에 "모든 국민은 언론·출판의 자유와 집회·결사의 자유를 가진다"(1항), "언론·출판에 대한 허가나 검열과 집회·결사에 대한 허가는 인정되지 아니한다"(2항)고 규정한다.

미국의 연방수정헌법 제1조(the First Amendment)는 언론의 자유를 여타의 개인적 기본권보다 우월한 지위를 누리도록 보장한다. 구체적으로 "의회는 종교의 설립과 자유로운 종교 활동, 말할 자유와 언론의 자유, 집회·결사의 자유, 그리고 피해의 규제를 정부에 청구하는 것을 규제하는 어떠한 법률도 제정할 수 없다"고 규정한다.

2) 언론의 자유와 알 권리

앞서 설명했듯이 표현의 자유 가운데 대표적인 것은 언론의 자유이다. 언론의 자유에서 핵심은 국가권력에 의한 간섭이나 탄압이 없어야 한다는 점이다. 사전 검열이나 강제 보도 통제가 대표적인 국가의 간섭과 탄압이다. 과거 우리나라의 군사정권 시절 매일 언론사에 내려 보낸 '보도지침' 사건이 한 예이다.

언론의 자유 또는 표현의 자유가 보장되기 위해서는 무엇보다 언론의 '정보 수집권'과 '정보 제공권'이 보장되어야 한다. 먼저 정보 수집권이란 언론이 공권력의 제한 없이 어떤 정보든 취재할 수 있는 권리를 말한다. 취재하는 데 이른바 성역이 없어야 한다는 이야기이다. 다음으로 정보 제공권은 기자와 언론이 취재한 내용을 국민들에게 자유롭게 제공할 수 있는 보도의 자유를 의미한다. 이러한 언론의 정보 수집권과 제공권은 결국 국민의 '정보 수령권', 즉 알 권리(right to know)와 연결된다.

알 권리란 국민들이 모든 종류의 정보와 사상을 방해받지 않고 요구하고 받을 권리를 말한다. 여기서 정보란 좁게는 국정(國政)에 관한 정보를 말하나, 넓게는 민간 기업, 특히 매스미디어 산업, 군사 산업, 공해 산업 등에 관한 정보까지 모두 포함한다. 알 권리라는 말은 1945년 미국 AP통신사의 전무였던 켄트 쿠퍼(Kent Cooper)가 뉴욕에서 열린 한 강연에서 "시민은 완전하고 정확하게 제

그림 4-1 ☞ 언론의 자유와 알 권리의 관계

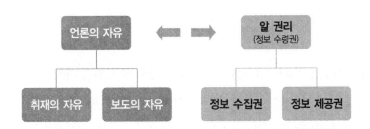

시되는 뉴스에 접할 권리를 갖는다. 알 권리에 대한 존중 없이는 국가적으로나 세계적으로 정치적 자유란 있을 수 없다"라고 말하면서 처음 사용했다.

그러나 이러한 알 권리를 법으로 처음 규정한 것은 서독 기본법이었는데, 여기서는 알 권리를 "일반적으로 접근할 수 있는 정보원으로부터 자유로이 정보를 얻을 수 있는 권리"라고 규정했다. UN이 1966년 채택해 1967년에 발표한 국제인권규약 제19조에서도 알 권리에 대해 다음과 같이 말한다. "모든 사람은 표현의 자유에 대한 권리를 가진다. 이 권리는 …… 국경과 상관없이 모든 종류의 정보와 사상을 구하고 받고 또 전달할 수 있는 자유를 포함한다." 이에 알 권리란 곧 '모든 정보와 사상을 구하고 받는 권리'로 정의하게 됐다.

다시 말해 표현의 자유나 언론의 자유가 보장받지 못한다면, 국민의 알 권리 역시 충족될 수 없다. 그러나 아직도 많은 국가가 이와 같은 법의 제정을 기피하며, 국민의 알 권리를 제대로 보장하지 못하고 있다. 또한 우리나라도 과거 권위주의적 정권하에서 언론의 사전 검열이나 보도지침으로 인해 언론의 자유가 제한되고, 국민의 알 권리가 침해받기도 했다.

3) 표현의 자유와 관련된 문제들

전술한 것처럼 민주국가는 대부분 헌법에 표현의 자유를 보장하나, 이에 대치되는 개인의 명예나 프라이버시 같은 인격권 역시 헌법에 함께 보장한다. 즉 표현의 자유를 보장하되, 경우에 따라서는 개인의 여타 기본권을 보장하기 위해 이를 제한할 수도 있음을 헌법에 명시한 것이다. 이런 측면에서 볼 때, 언론 및 표현의 자유는 상대적 의미의 자유라 할 수 있다. 다시 말해 이는 여타 기본적 자유와 비교해 우월한 지위를 갖는다는 뜻이지, 결코 절대적 우월성을 의미하는 것은 아니다.

예컨대 우리나라의 경우 헌법 제21조 제1~2항에서는 언론 및 표현의 자유를 보장하나, 제3항(통신·방송의 시설 기준과 신문의 기능을 보장하기 위하여 필요한 사항은 법률로 정한다)과 제4항(언론·출판은 타인의 명예나 권리 또는 공중도덕이나 사회윤리를 침해하여서는 아니되며, 언론·출판이 타인의 명예나 권리를 침해한 때에는 피해자는 이에 대해 피해의 배상을 청구할 수 있다)에서는 표현의 자유가 제한될 수 있음을 명시한다. 국제인권규약 제19조 제3항에서도 "타인의 권리와 신용을 존중하기 위해 경우에 따라 언론의 자유를 제한"할 수 있도록 한다.

① 표현의 자유와 명예훼손

언론 및 표현의 자유와 관련된 문제에서 가장 핵심적인 분야가 바로 '명예훼손(defamation)'과 관련된 사항이다. 명예란 한 사람에 대한 사회 구성원들의 판단이나 평가, 혹은 감상을 뜻한다. 이는 이른바 평판이나 명성 등에 대해 사회로부터 부여받는 평가이다. 이와 같은 명예는 타인의 감상 변화에서 오는 주관적인 가치 판단이기 때문에 때로는 개인의 명예가 침해당하는 경우가 발생한다. 이런 경우 그 사람의 명예는 당연히 법률적 논의의 대상에 포함되어야 한다.

우리나라의 경우 정기간행물법은 "언론의 사실적 주장에 의해 피해를 받은 자는 그 사실 보도가 있음을 안 날로부터 1개월 이내에 그 보도에 대한 반론을 신청할 수 있도록" 한다. 즉 명예훼손을 한 언론 보도는 언론의 자유 범주에 포함되지 않음을 명시한 것이다. 형법에서는 공연히 사실을 적시(형법 제307조 제1항)하거나 공연히 허위의 사실을 적시해(형법 제307조 제2항) 타인의 명예를 훼손한 경우에 명예훼손죄가 성립한다. 명예에 관한 죄는 개인에 대한 사회적 평가가 현실적으로 침해되어야만 성립하는 것이 아니며, 공연히 사실이나 허위 사실을 적시해 불특정 다수의 사람들이 인식할 수 있는 상태에 이르기만 하면 성립한다. 또한 기자에게 허위 사실을 제공해 언론 미디어가 이를 보도한 경우, 그 기사 자료를 제공한 사람도 형법 제309조 제2항에 따라 출판물에 의한 명예훼손죄의 책임을 진다. 가령 정부 부처 장관이 회식 자리에서 여직원들을 성희롱한다는 내용을 한 공무원이 기자에게 제보해 기사화됐을 때, 실제 그러한 일이 벌어지지 않았다면 그 공무원은 출판물에 의한 명예훼손으로 처벌을 받을 수 있다.

명예훼손과 관련된 또 하나의 문제는 언론의 과도한 폭로식 보도 경향이다.

그 때문에 확인되지 않거나 확정되지 않은 사실을 미리 기사화하는 경우가 종종 나타난다. 예컨대 장관 후보자에게 투기 의혹이나 논문 표절 의혹, 혹은 경력상 의혹이 있다는 폭로식 보도가 많이 나온다. 물론 주요 공직을 맡을 사람에게는 도덕성이 중요하지만 확인되지 않은 단순한 의혹 제기만으로 기사를 쓸 경우에는 당사자가 명예훼손과 관련된 소송을 제기할 수 있다. 특히 일부 언론은 자사의 성향과 유사한 인물에게는 의혹과 관련한 기사를 단신 처리하지만, 자사와 성향이 다른 인물에게는 때때로 과도한 검증의 칼을 들이대는 경우가 있다. 언론은 주임무가 여론을 만들고 주도하는 것이 아니라 사실을 보도하는 것임을 기억해야 한다.

대표적인 사례가 2012년 제18대 대선 때 〈MBC 뉴스데스크〉에서 야권 안철수 후보에 대한 논문 표절 의혹을 제기한 것이다. 이 보도는 전문적 사안을 다루면서도 외부 전문가의 의견이나 평가도 없이 반론권을 무시한 채 '의혹 제기' 위주로 방송을 내보냈다. 그러나 서울대학교 연구진실성위원회 위원은 아홉 명 모두 안철수 후보의 논문이 표절이 아니라는 결론을 내렸다. 이에 MBC는 방송통신심의위원회로부터 "공정성·객관성 원칙을 위반했다"는 이유로 경고 조치를 받은 바 있다.

② 표현의 자유와 프라이버시 침해

언론사적 맥락에서 프라이버시 권리의 필요성이 제기된 것은 1800년대 중반 이후 만연한 옐로저널리즘(yellow journalism, 자극적이고 선정적인 보도 경향) 때문이다.

옐로저널리즘은 독자들의 흥미를 끌기 위해 개인의 사생활 등 은밀한 면면을 폭로했다. 이러한 선정적 저널리즘 현상에 대한 대책으로 개인의 사적 이익을 보호하는 법적 권리의 정립이 요구됐는데, 이것이 바로 프라이버시권이다.

우리나라의 헌법은 제16~18조에 프라이버시권을 명시했는데, 특히 제17조는 "모든 국민은 사생활의 비밀과 자유를 침해받지 아니한다"라고 정확하게 규정했다. 여기서 사생활의 비밀이란 부당한 공개로부터의 자유를 말하며, 사생활의 자유란 개인이 사생활을 영위할 수 있는 자유를 의미한다.

우리나라의 경우 명예훼손 관련 판례가 많고, 최근 들어 이는 더욱 급증했으나, 프라이버시 관련 판례는 매우 드문 편이다. 이는 사람들이 명예훼손과 프라이버시 침해를 동의적인 개념으로 파악하고 있기 때문이다. 하지만 최근에는 인터넷이나 SNS 등 첨단 디지털 기기의 보급, 확산과 함께 프라이버시 침해 사례가 빈번해졌고 사회문제화됐다. 이에 명예훼손과 프라이버시 침해를 분리해 구체화하려는 움직임이 활발해졌다.

③ 표현의 자유와 음란

일반적으로 음란이란 구체적으로 유형화됐든 아니면 암시적이고 추상적이든 간에 모든 성적 의미를 지닌 표현을 총칭하는 포괄적 개념이다. 하지만 법률적 차원에서 음란이란 '함부로 성욕을 흥분시키거나 자극시켜 보통 사람의 정상적인 성적 수치심을 해치거나 선량한 성적 도덕관념에 반하는 것'을 의미한다.

그러나 이처럼 추상적인 음란성의 개념은 크게 두 가지 측면에서 논란을 불러일으킨다. 첫째, 음란이란 과연 무엇을 의미하며, 표현물 중에서 어떤 것을 음란하다고 간주할지 그 기준이 명확하지 않다는 점이다. 둘째, 음란성이 예술성 또는 과학성과의 관계에서 양자가 양립할 수 있는지에 대한 문제이다. 즉 예술작품이나 과학적 논문이 음란물의 대상이 되는지가 논란의 대상이다. 무엇보다 음란성을 판단하는 기준이 매우 추상적이고 모호하며, 또한 판단을 하는 법관의 자의성을 배제하기 어렵다는 한계성 때문에 이는 자주 논란의 대상이 된다.

④ 표현의 자유와 오보 및 왜곡 보도

모든 언론 미디어와 기자들이 가장 원하는 뉴스는 특보이다. 현재 가장 영향력 있는 중요한 내용을 단독으로 기사로 작성해 보도하는 것이다. 다음으로 가장 중요한 내용은 아니더라도 단독 뉴스 역시 다수의 언론사와 기자들이 선호한다. 다른 언론 미디어가 보도하지 않은 나만의 혹은 우리만의 뉴스는 분명 매력이 있다. 그 자체로 다른 언론사와 차별화되며, 독자와 시청자의 주목을 끌어 판매 부수나 시청률을 제고할 수 있기 때문이다.

또 하나 언론 미디어가 중요하게 생각하는 뉴스가 바로 속보이다. 앞서 언론 보도의 기본 요건에서 설명했듯이, 모든 언론의 기본은 신속한 뉴스 제공이다. 문제는 언론 미디어 간 속보 경쟁이 과열되면서 부정확한 보도가 남발된다는 점에 있다. 2013년 미국에서 열린 '온라인 저널리즘 국제 심포지엄'에서 《뉴욕 타임스(New York Times)》 편집국장은 이러한 현상을 지칭해 "우리는 '부정확성'의 루비콘 강을 건넌 듯하다"라고 표현했다. 2013년 4월 15일 보스턴 마라톤대회에서 폭탄 테러가 발생한 직후, CNN이나 AP통신을 비롯한 미국 유수의 언론들도 속보에만 치중한 나머지 부정확한 보도를 내놓기도 했다. 심지어 사망자를 세 명이 아닌 열두 명으로 집계한 신문도 있었다.

국내에서는 2012년 10월 17일 서울 강남의 주점에서 발생한 살인 사건과 관련해 한 언론사에서 '사망자가 그룹 쿨의 멤버인 유리'라는 기사를 게재했다. 그러나 실제로는 유리의 지인으로 밝혀졌고, 그는 당시 술자리에 참석한 사실조차 없었다. 이후 해당 언론사는 정정 보도문을 게재했으나, 언론사들이 이렇게 최소한의 사실조차 확인하지 않은 채 속보 경쟁에만 몰두한다면, 오보가 남발되고 그에 따른 피해자가 증가할 수밖에 없을 것이다.

'단독 보도나 속보 경쟁으로 인한 오보'보다 더 큰 문제는 왜곡 보도이다. 왜곡 보도는 특정 의도 또는 악의가 담긴 오보이기 때문이다. 일례로 《조선일보》는 2012년 1월 11일 복싱 49킬로그램급 세계 1위에 랭크된 신종훈 선수를 인터뷰하면서 이를 왜곡 보도해 물의를 빚었다. 신종훈 선수 측은 "조선일보가 대부분 거짓말로 기사를 꾸몄다"며 "이후 엄청난 피해를 보고 있다"고 말했다. 하지만 해당 기사를 쓴 기자는 "정정 보도는 하지 않을 것"이라고 말했다.

《조선일보》는 이날 「"나는 일진이었다. 런던 金으로 속죄하겠다"」라는 인터뷰 기사에서 "신종훈은 중학교 시절 이른바 '일진'이었다"며 "매일 아침 체육복 차림으로 경북 구미에 있던 학교로 가서 학생들 돈을 빼었다. 폭력도 썼다. 방과 후엔 PC방이나 노래방에서 시간을 보냈고 툭하면 가출을 했다"고 보도했다.

신종훈 선수가 학교 폭력 가해자에서 올림픽 금메달을 노리는 국가 대표 선수로 성장했다는 취지의 기사이지만, 문제는 신종훈 선수가 일진이 아니었다는 데 있다. 당시 학교 폭력이 사회적 논란이 된 가운데《조선일보》에 의해 '일진'진'으로 지목된 신종훈 선수가 입은 피해는 엄청났다. 신종훈 선수는《한국일보》,《경향신문》과도 인터뷰를 했지만 그 신문 기사에는 '일진', '금품 갈취', '폭력' 등의 내용은 없었다.

4) 언론 보도로 인한 피해의 구제 방법

전술한 것처럼 '악의적인 보도'든 아니면 공익 실현을 위한 보도 과정에서 발생한 '우발적인 문제'든 언론 미디어는 보도 과정에서 때때로 여러 문제를 초래할 수 있다. 또 다른 사례를 살펴보자. SBS의 〈긴급출동 SOS 24〉는 2006년 5월 16일 '현대판 노예'라는 방송을 내보낸 후 사회적 반향이 커지자 이후 유사 사례를 소개하는 방송을 제작했다. 그 가운데 전북의 한 시골 마을에서 현대판 노예와 비슷한 처지의 이 모 씨를 소개했다. 하지만 이 사건은 이 모 씨를 돌보던 이상민(가명) 씨와 불편한 관계에 있던 마을 주민이 허위 제보를 한 것으로 결국 이상민 씨의 명예가 심각하게 훼손되는 결과로 이어졌다. 해당 프로그램은 지적장애자 및 신체장애자에 대한 방임과 학대 등을 고발함으로써 사회 곳곳에서 폭력과 학대에 노출된 피해자를 돕는다는 공익적 목적의 선의에서 출발했으나, 결과는 전혀 예상치 못한 방향으로 흘러간 것이다. 이에 법원은 방송사에 위자료 배상과 정정 보도를 명했다.

이처럼 어떤 원인에서 기인한 것이든 언론 보도의 피해 당사자가 되면 어떻게 해야 하는가? 물론 위의 사례처럼 고소나 고발을 통해 형사처분을 요구하거나, 법원에 민사소송을 제기할 수도 있다. 그러나 이는 당사자에게 시간적 또는 경제적 노력을 요하기 때문에 일반인의 경우 쉽게 택하기 어려운 방법이다.

이런 경우에 대비해 '언론중재위원회'(www.pac.or.kr)에서는 언론 보도로 인한 피해 구제 절차를 마련해놓았다. 언론중재위원회는 언론 미디어의 사실

그림 4-2 ☞ 잘못된 보도 유형

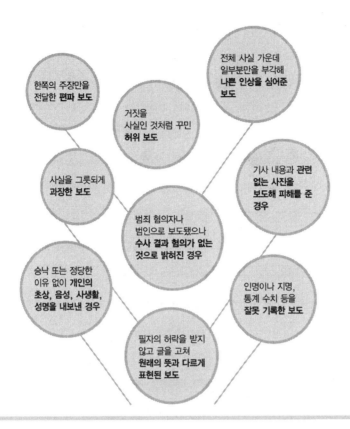

한쪽의 주장만을 전달한 **편파 보도**

거짓을 사실인 것처럼 꾸민 **허위 보도**

전체 사실 가운데 일부분만을 부각해 **나쁜 인상을 심어준 보도**

사실을 그릇되게 **과장한 보도**

기사 내용과 관련 **없는 사진을 보도해 피해를 준 경우**

범죄 혐의자나 범인으로 보도됐으나 **수사 결과 혐의가 없는 것으로 밝혀진 경우**

승낙 또는 정당한 이유 없이 개인의 **초상, 음성, 사생활, 성명을 내보낸 경우**

인명이나 지명, 통계 수치 등을 **잘못 기록한 보도**

필자의 허락을 받지 않고 글을 고쳐 **원래의 뜻과 다르게 표현된 보도**

적 주장으로 피해를 입은 자들의 반론 보도, 정정 보도, 추후 보도 및 손해배상 청구에 관한 사건을 접수해 이를 조정, 중재하고 언론 보도로 인한 침해 사항을 심의하기 위해 설치한 법적 기구이다. 언론 미디어가 기본적으로 표현의 자유가 있다면, 그에 대한 반론·정정·추후 보도 요구 역시 일종의 표현의 자유라 할 수 있다.

방송, 정기 간행물(신문, 잡지 등), 뉴스 통신, 인터넷 신문, 인터넷 뉴스 서비스, 인터넷 멀티미디어 방송 등의 보도(한쪽의 주장만을 전달한 보도, 거짓을 사실인 것처럼 꾸민 보도, 사실을 그릇되게 과장한 보도, 본인 허락 없이 얼굴이나 목소리·사생활·이름을 내보낸 보도, 범인으로 보도됐으나 수사 결과 잘못된 것임이 밝혀진 경우, 이름이나 지명, 통계 수치 등을 잘못 기록한 보도 등)에 의해 피해를 입은 개인이나 단체는 누구나 신청할 수 있다.

조정·중재 신청은 보도가 있음을 안 날로부터 3개월, 보도된 날로부터 6개월 이내에 신청할 수 있다. 다만 언론사에 직접 정정 보도, 반론 보도 등을 청구한 경우에는 언론사와 협의가 불성립한 날로부터 14일 이내에 신청해야 한다. 조정 신청이 접수되면 중재부는 조정 기일을 정해 신청인과 언론사에 출석 요구서를 보내며, 조정 기일에 양쪽의 진술을 듣고 합의가 되도록 적극 조정한다. 만약 합의가 되지 않을 경우, 중재부가 당사자의 모든 사정을 참작해 사건의 공평한 해결을 위해 직권으로 조정 결정을 내리거나 조정에 적합하지 않은 사유가 있다고 인정되는 경우에는 조정 불성립 결정을 내릴 수 있다. 다만 직권 조정 결정의 경우, 당사자가 결정을 송달받은 날로부터 7일 이내에 이의 신청을 하면 이 결정은 효력을 상실하며, 이 경우 법원에 자동으로 소가 제기된 것으로 본다. 조정은 접수일로부터 14일 이내에 완료되며, 중재부가 직권으로 조정 결정을 내릴 때에는 21일 이내에 처리를 완료한다.

중재는 중재부의 중재 결정에 의해 분쟁을 해결하는 절차로서 신청 전 언론사와 피해자 간에 언론중재위원회의 중재 결정에 따르기로 하는 합의가 있어야 한다. 중재 결정은 확정판결과 동일한 효력이 있다.

다음은 언론중재위원회(2013년)의 실제 조정 및 중재 사례들이다.

① 언론중재위원회의 조정·중재 사례(명예훼손 a)

A 인터넷 신문사는 결혼 정보 업체인 신청인 회사가 아르바이트생을 고용해 맞선 파트너로 소개한 의혹이 있다고 보도했다. 신청인 회사는 아르바이트생이라는 의혹을 받은 사람이 정식 회원이라고 주장하며, 사내 데이터베이스상 회원의 개인 정보와 미팅 일자, 장소 등 구체적인 자료를 제시하면서 정정 보도 및 손해배상을 구하는 조정을 신청했다. A 언론사는 취재원의 제보 내용을 바탕으로 기사를 작성했고, 의혹 제기는 공익적 목적이었다고 주장했으나, 중재부는 사실과 다른 내용에 대해 정정 보도를 게재하는 것으로 피신청인을

87

설득해 조정이 성립됐다.

② 언론중재위원회 조정 · 중재 사례(명예훼손 b)

B 신문사는 다수의 코레일(KORAIL) 지역 본부가 국내 최대 규모의 인터넷 기차 여행 전문 카페 회원들에게 수년간 각종 선물과 협찬을 제공했다고 보도했다. 그러나 인터넷 기차 여행 동호회 카페인 신청인 단체는 코레일 지역 본부의 초청을 받아 여행을 다녀온 것은 사실이나, 열차 경비 등 기초 비용은 여행자가 부담했고, 지역에서 받은 선물 또한 여행지의 홍보 기념품이었으며, 5년간 지원한 내역이 억대에 달한다는 내용은 과장된 표현이라며 정정 보도 및 손해배상을 요구하는 조정을 청구했다.

조정 심리 과정에서 신청인과 언론사는 조정 신청은 취하하고 중재 신청에 합의함으로써 중재부의 결정에 따르기로 했다. 중재부는 기사에 신청인의 반론이 반영되지 않았고, 신청인이 요구하는 반론 보도 내용이 명백히 사실에 반하지 않는다고 판단해 피신청인이 신청인의 반론을 게재하도록 중재 결정을 했다.

③ 언론중재위원회 조정 · 중재 사례(음성권 침해)

C 방송사는 대학들이 비싼 수수료 등을 이유로 신입생 등록금 납부 시 신용카드 결제를 거부했다는 내용의 보도에서 모 대학 재무회계팀에 근무하던 신청인의 음성을 동의 없이 방송했다. 신청인은 보도 화면에 근무하던 대학의 구체적인 장소가 나와 교내 구성원들은 물론 일반인들도 학교와 관련 부서 등의 정보를 바탕으로 당사자를 알 수 있다고 주장했다. 중재부는 피신청인이 음성을 변조했다고는 하나, 동의를 받지 않고 대화 내용을 녹음해 보도한 것은 음성권을 침해한 것이라고 판단했다. 이에 피신청인을 설득, 보도 영상 및 기사를 삭제하는 것으로 조정이 성립됐다.

④ 언론중재위원회 조정 · 중재 사례(초상권 침해)

D 신문사는 온라인 도박 중독의 폐해를 보도하면서 내부 데이터베이스에서

신청인의 사진을 검색해 게재했다. 신청인은 D 신문사와 같은 법인인 E 언론사에 과거 초상 사용을 허락한 바 있으나, D 신문사에는 초상 사용을 허락한 사실이 없다며 초상권 침해를 주장했다. 중재부는 초상과 함께 신청인의 나이와 성씨 등이 게재되어 피해자가 특정됐고, 신청인이 D 신문사에는 초상 사용을 허락한 사실이 없음이 인정되므로, 피신청인이 신청인에게 200만 원의 손해배상금을 지급하도록 권유해 조정이 성립됐다.

4. 언론 탄압과 표현의 자유 제한 사례

표현의 자유 제한은 크게 정보 수집권(취재의 자유)의 제한과 정보 제공권(보도의 자유)의 제한으로 구분할 수 있다. 먼저 취재의 자유를 제한한 사례를 보자. 전두환 정권의 문화공보부(이하 문공부)는 기자들에게 '보도증'을 발급하는 '프레스 카드제'를 실시했는데, 이는 기자들에 대한 강력한 통제 장치로 기능했다. 프레스 카드는 1년에 한 번씩 갱신됐는데, 문공부는 기자의 성향이 마음에 들지 않으면 이를 발급을 하지 않았기 때문이다. 즉 기사 내용이 정권에 우호적이지 않거나, 과거 반정부적 활동의 전력이 있는 기자에게는 프레스 카드가 나오지 않았다.

프레스 카드를 발급받지 못한 기자는 취재 기회를 박탈당하는 결정적인 불이익을 감수해야 했다. 프레스 카드가 없으면 해외 취재를 위한 여권조차 발급받지 못했다. 정부는 또 프레스 카드제를 이용해 젊은 기자들에게 일종의 이념 교육인 '언론인 연수'를 강요했다. 입사한 지 1년 내외의 기자들에게 집단 연수를 받게 하고, 이 교육을 마친 경우에만 카드를 발급한 것이다. 연수 내용이 정부 정책을 홍보하는 쪽으로 치우친 것은 당연한 일이다.

이명박 정부도 취재의 자유를 제한한 사례가 있었다. 2008년 한미 쇠고기 협상 과정에서 '이명박 대통령의 발언'에 대한 정부의 보도 자제 요청을 폭로한 기자에게 기자실 출입 정지 명령이 내려진 일이다. 과거 군사정권처럼 프레스 카드를 사용해 노골적으로 기자 성향을 구분하지는 않았으나, 기자실 출입 정지라는 유사한 징계를 통해 취재의 자유를 제한한 것이다.

정보 제공권, 즉 보도의 자유를 제한한 사례로는 과거 권위주의적 군사정권의 언론 통폐합, 언론기본법 제정, 보도지침 실시 등이 있다. 이렇게 취재 및 보도의 자유를 제한한 사례 외에도 언론사와 기자에 특혜를 줌으로써 언론 스스로 정권의 홍보 도구가 된 사례, 언론사 지배 구조로 인한 통제 사례, 규제와 사법 처리를 통한 언론 통제 사례 등도 있다.

1) 1971년 대통령 선거에서의 언론 통제

박정희 정권의 언론 통제는 박정희가 3선에 도전한 제7대 대통령 선거를 앞두고 더욱 극심해졌다. 언론은 그런 통제에 순응하는 자세를 보였다. 야당 후보인 김대중을 용공으로 몰려는 정치 공작도 아주 저급한 수준에서 치열하게 진행됐다. 여기에 더해 지금까지 한국 정치에서 가장 큰 고질병으로 여겨지는 지역감정 또한 이 시기에 조작되기 시작했다는 것이 정설이다. 이에 대해 먼저 간단히 살펴보자.

1970년대 초반까지만 해도 호남에서 박정희에 대한 지지는 김대중에 대한 지지 못지않았다. 그러나 1971년 대통령 선거에서 40대 기수론*을 앞세운 김대중의 지지도가 상승하자, 당시 중앙정보부는 선거 판세를 뒤집기 위해 지역감정을 유발하는 전략을 사용했다. "호남인이여 단결하라", "영남에 뺏긴 대통령 호남인이 찾아오자"라는 플래카드와 전단이 선거를 앞두고 대대적으로 영남에 살포됐다. 전단지 하단에는 호남향우회, 김대중 선생 후원회 등의 문구가 적혀 있었다. 여기에 더해 김대중이 정권을 잡으면 경상도에 피의 보복이 있을 것이며, 경상도 공무원들은 전부 해고될 것이라는 유언비어가 난무했다. 이러한 지역감정 조장과 언론의 도움,

물론 40대 기수론은 신민당의 원내 총무였던 김영삼이 내세운 것이지만, 신민당 대통령 후보 경선에서 같은 40대였던 김대중이 승리한 후, 이는 대통령 선거에서 3선에 도전하는 박정희에 대비되는 신선한 후보로서 김대중을 상징하는 말이 됐다.

그리고 관권선거에도 불과 95만 표 차이로 박정희는 3선에 성공했다.

당시 박정희 정권은 언론을 어떻게 통제했는가? 4.27 대통령 선거를 두 달 앞둔 1971년 2월 12일 문학평론가 임중빈과 그의 글을 실은 《다리》의 편집인 윤형두, 발행인 윤재식이 반공법 위반 혐위로 구속됐다. 당시 김대중의 측근 김상현은 《다리》의 고문 직함을 지닌 실소유주였고, 윤재식은 김대중의 공보비서였으며, 임중빈은 대선용 『김대중 회고록』을 집필 중이었다. 윤형두가 운영하는 범우사 또한 김대중에 관한 선거용 책자를 시리즈로 이미 간행했으며, 또 새로운 책자를 준비하고 있었다. 윤형두는 실제로 사건 전 정보기관원에게 김대중 관련 책을 내지 말라는 협박도 받았다. 이 사건으로 《다리》는 문을 닫고 말았다.

계속 심해지는 박정희 정권의 언론 통제에 언론은 말없이 굴종했다. 이에 항의해 1971년 3월 24일 서울대학교 법과대학 학생들은 학생총회를 열고 일간신문과 잡지를 불태우는 언론 화형식을 열었다. 이튿날인 3월 25일에도 서울대학교 문리대학 학생들이 '언론인에게 보내는 경고장'을 채택했으나, 신문에는 이에 관해 단 한 줄도 보도되지 않았다. 결국 3월 26일 서울대학교 문리대학, 법과대학, 상과대학 학생회장단 30여 명은 '민중의 소리 외면한 죄 무엇으로 갚을 텐가'라는 플래카드를 앞세우고 동아일보사 앞까지 찾아가 '언론인에게 보내는 경고장', '언론 화형 선언문', '언론인에게 고한다' 등의 유인물을 행인들에게 나누어주고 언론 화형식을 열었다.

또한 당시 《한국일보》부장 두 명도 중앙정보부의 압력에 의해 해직된 것으로 미 국무부 보고서에 나와 있다. 이들은 야당인 신민당 활동에 지나친 지면을 할애했고, 특히 김대중 신민당 후보 집에서 발생한 폭탄 투척 사건을 집중 보도하면서 신민당에 동정적인 논조를 취했다는 혐의를 받았다.

2) 언론인 해직과 언론 통폐합

1980년 6월 9일 계엄 당국은 '악성 유언비어를 유포시켜 국론 통일과 국민적 단합을 저해한 혐의가 농후해 부득이 현직 언론인 여덟 명을 연행, 조사할 방침'이라면서 서동구(《경향신문》조사국장), 이경일(《경향신문》외신부장), 노성대 (문화방송 보도부국장), 홍수원, 박우정, 표완수(이상《경향신문》외신부 기자), 오효 진(문화방송 사회부 기자), 심송무(《동아일보》사회부 기자) 등을 구속했다. 노성대 는 회의석상에서 광주 시민을 폭도로 모는 것에 이의를 제기한 적이 있다는 이 유만으로 구속됐다.

1980년 7월 30일 신군부는 '자율 정화 결의'에 따라 기자 수백 명을 해직시 켰고, 31일에는 일간지를 제외한 정기 간행물 172종을 폐간시켰다. 이는 전체 정기 간행물의 12퍼센트에 달했다. '사회 정화'라는 명분을 내세웠으나, 그중 에는《기자협회보》,《월간중앙》,《창작과 비평》,《뿌리깊은 나무》,《씨울의 소리》 등 당시 큰 영향력을 끼쳤던 정론지도 대거 포함됐다.

언론인의 대량 해직은 보안사에서 작성한 '언론계 자체 정화 계획서'에 의해 이루어졌다. 이 문건에 따르면, 해직 대상은 '언론계의 반체제 인사, 용공 또는 불순한 자, 이들과 직간접적으로 동조한 자, 편집 제작 및 검열 주동 또는 동조 자, 부조리 및 부정 축재한 자, 특정 정치인과 유착되어 국민을 오도한 자' 등이 었다. 이 기준에 따라 총 933명이 해직됐다. 특히 주목할 만한 사실은 지역적 으로 호남 출신이 큰 피해를 보았다는 점이다.

1980년 11월 14일 신군부는 신문협회와 방송협회에 강요한 '건전 언론 육 성과 창달을 위한 결의문'을 빙자해 언론 통폐합을 단행했다. 언론 통폐합의 주 요 내용은 방송 공영화, 신문과 방송의 겸영 금지, 신문 통폐합, 중앙지의 지방 주재 기자 철수, 지방지의 1도 1사제, 통신사 통폐합으로 대형 단일 통신사(연 합통신) 설립 등이었다.

언론 통폐합의 결과 KBS는 TBC-TV, TBC 라디오, DBS, 전일방송, 서해방 송, 대구 FM 등을 흡수했다. TBC-TV는 KBS2 TV가 됐다. MBC는 당시 별도 법인으로 운영되던 지방의 제휴사 21개 사의 주식 51퍼센트를 인수해 그들을 계열사로 만들었으며, 이때 5.16 장학회(후에 정수장학회로 개명)가 소유했던 서 울 MBC 주식 30퍼센트를 제외한 민간 주식은 주주들이 국가에 헌납했다.

일곱 개 중앙 종합지 가운데 《신아일보》는 《경향신문》으로, 《내외경제》는 《코리아헤럴드》로 흡수 통합됐다. '1도(道) 1지(紙) 원칙' 하에서는 대구의 《영남일보》가 《대구매일신문》으로, 부산의 《국제신문》이 《부산일보》로, 《경남일보》가 《경남매일신문》(후에 《경남신문》으로 개명)으로, 광주의 《전남매일신문》이 《전남일보》(후에 《광주일보》로 개명)로 흡수 통합됐다.

박정희 정권에서 자행됐던 언론인 강제 해직은 1980년 신군부의 언론 통폐합에 의해 또다시 진행됐다. 1980년 1월의 언론 종사자 수는 18730명이었던 반면, 언론 통폐합 이후인 1981년에는 16786명으로 1900명 이상이 한꺼번에 해직된 것으로 파악된다. 해직의 칼날에서 살아남은 언론인 중에서 1900여 명은 새마을연수원에 입소해야 했다. 2박 3일간 진행된 언론인 집단 교육은 언론의 자발적 충성을 유도하는 일종의 세뇌 교육이었다.

언론 통폐합은 언론의 자유를 제한했을 뿐 아니라 언론 매체 시장의 독과점을 제도화함으로써 박정희 정권 시기부터 이미 진행되어온 소수 언론의 거대 기업화를 심화시켰다. 이로 인해 막대한 이득을 얻은 언론사는 권위주의 통치에 순응했고, 1980년대에 들어와 국내 최고 수준으로 뛰어오른 언론사 급여는 언론의 비판적 기능 저하를 부추기는 요인 가운데 하나가 됐다. 특히 언론 통폐합은 전두환 정권에 대한 충성심이 가장 강했던 《조선일보》의 고속 성장을 낳았다. 당시 《조선일보》의 경쟁지들은 모두 엄청난 재산을 빼앗겼다. 반면 《조선일보》는 아무런 피해도 입지 않았을 뿐 아니라 사주(방우영)와 간부들(송지영, 김윤환, 남재희)이 5공 정권에 깊이 참여하기도 했다(1980년 국회를 대신한 '국가보위입법회의'의 의원으로 참여). 이와 같이 5공 정권과 종속적 동반자 관계를 형성함으로써 《조선일보》는 경쟁지보다 압도적으로 유리한 고지를 점령했다. 예를 들어 개각 명단과 같은 특종 정보가 《조선일보》에서 먼저 보도되는 경우가 이에 해당한다.

3) 언론기본법

전두환의 신군부는 1980년 12월 26일, 후에 언론 악법(惡法)으로 비판받은 '언론기본법'을 제정했다. 이는 이전까지 시행됐던 '신문·통신 등의 등록에 관한 법률', '방송법', '언론윤리위원회법' 등을 통합한 것이었다. 이를 통해 전두환 정권은 문공부 장관에게 언론사의 정간이나 폐간을 명령할 수 있는 권한을 부여하는 등 강압적인 언론 통제 정책을 실시했다. 따라서 언론의 자유가 축소되고 정부에 대한 감시와 비판 기능은 약화될 수밖에 없었다.

언론기본법은 구체적으로 ① 방송의 공영제, ② 방송에 대한 운용·편성의 기본 사항을 심의할 독립기관인 '방송위원회'의 설치, ③ 방송국 내에 '방송자문위원회' 설치·운영의 의무화, ④ '방송윤리위원회'를 대신하는 '방송심의위원회'의 설립을 규정했다.

이 법에 따라 1981년 3월 7일 발족한 방송위원회는 ① 방송의 운용과 편성에 관한 기본 사항을 심의하고, ② 방송 종류에 따라 광고 방송의 허용 여부를 결정하고, ③ 방송 광고 수익으로 수행할 공익사업의 기본 방향에 관한 사항을 심의하고, ④ 각 방송국 및 방송 종류 상호 간의 관계와 공동 사업 및 협조에 관한 사항을 결정하고, ⑤ 방송심의위원회의 운영에 관한 사항을 심의했다.

4) 보도지침

1986년 9월 6일 주간지《말》에서는 당시《한국일보》김주언 기자가 제공한 자료를 바탕으로 1985년 10월 19일부터 1986년 8월 8일까지 문공부 홍보정책실이 매일 각 언론사에 시달한 보도지침 584건을 폭로한 특집호를 발행했다. 전두환 정권은 문공부 홍보정책실을 통해 매일 각 언론사에 기사 보도를 위한 가이드라인을 작성해 은밀하게 시달하며 이를 통해 언론을 철저히 통제했다. 이 지침은 주로 전화로 전달됐다.

보도지침은 국내외 모든 사건에 대해 보도해야 하는지 말아야 하는지부터 보도한다면 그 방향과 내용, 심지어 형식을 어떻게 해야 하는지까지 세밀하고 철저하게 보도 방향을 지시한 것으로 드러났다. 구체적으로 보도지침에는 가(可), 불가(不可), 절대 불가 등의 구분을 통해 각종 사건이나 상황, 사태 등의 보도 여부는 물론 보도 방향과 내용, 형식까지 구체적으로 결정해 시달함으로써 사실상 언론 기사나 프로그램의 제작까지 정부 기관이 전담했다. 보도지침에 충실하게 따랐던 언론사는 취재한 기사의 비중이나 보도 가치와는 상관없이 신문이나 잡지를 발행함으로써 대중 조작을 끊임없이 되풀이했다.

예를 들어 '농촌이 파멸 직전'이라는 기사는 절대 내보내지 말 것, '개헌특위' 기사는 '개헌'이라는 말을 빼고 '특위'라고만 보도할 것, 필리핀의 민주화운동에 관한 기사는 가급적 작게 보도할 것, 전기·통신·우편 요금 인상을 보도할 때는 제목에 몇 퍼센트 올랐다고 하지 말고 예컨대 10원에서 20원으로 올랐다고 보도할 것, 한미 통상 협상 기사는 '미국의 압력에 의한 굴복' 대신 '우리의 능동적 대처'로 쓸 것 등을 지시했다.

또한 학생 시위에 대해서는 1985년 11월 18일 "적군파식 모방으로 쓸 것. 대학생들 민정당사 난입사건은 사회면에 다루되 비판적 시각으로 할 것"이라고 지시했으며, "구호나 격렬한 플랭카드 사진 피할 것"이라고 구체적으로 명시했다. 이러한 내용은 학생 시위의 폭력성을 부각하려는 정권의 의도를 드러낸다.

특히 부천경찰서 성고문 사건의 경우는 매우 세밀한 가이드라인을 제시했다. 가령 1986년 7월 17일 보도지침에서는 기사를 사회면에 싣되, 기자들의 독자적인 취재 내용은 싣지 말고 검찰이 발표한 내용만 보도하라고 지시했다. 사건의 명칭도 '성추행'이라 하지 말고, '성모욕 행위'로 표현하라고 했다. 또한 검찰의 발표 내용은 전문을 그대로 싣되, 시중에 나도는 반체제 단체 측의 고소장이나 NCCK(한국기독교교회협의회), 여성단체 등의 사건 관련 성명은 일절 보도하지 말 것을 지시했다는 사실도 드러났다.

이처럼 보도지침은 기사를 어느 면에 몇 단 크기로 실으며 제목은 어떻게 뽑

을 것인지, 사진은 무엇을 사용할 것인지, 당국의 분석 기사는 어떻게 실을 것
인지까지 시시콜콜하게 지시했다. 이 사건으로《말》의 발행인 김태홍 민주언론
운동협의회(민언협) 의장과 신홍범 실행위원, 김주언 기자가 국가보안법 위반
및 국가모독죄로 구속됐다.

보도지침은 정권 차원에서 제도권 언론에게만 하달한 것이 아니다. 표현의
자유가 가장 보장되어야 할 대학 내까지 일종의 보도지침이 내려지는 경우가
있다. 2013년 6월 7일《경향신문》보도에 의하면, 일부 대학에서는 보도 주간
교수나 학교 당국이 비판적 목소리를 내는 교내 언론사에 기사 철회나 신문 발
행 중단, 또는 편집국장 해임 결정을 내린 것으로 나타났다. 예컨대 총장을 비
판하는 교수들의 의견을 보도한 기사, 학내에서 1인 시위를 하는 시간강사를
다룬 기사 등에 대해 주간 교수가 반대를 표명해 신문 발행이 중단되는 사태가
있었다. 학교 재단이나 경영을 책임지는 총장을 학내 정권에 비유한다면, 이러
한 학내 언론 탄압은 과거 권위주의 시대 제도 언론을 통제하려는 보도지침과
별반 차이가 없다고 볼 수 있다.

5) 정권의 홍보 도구

이러한 언론기본법, 언론 통폐합, 보도지침을 비롯한 기타 언론 탄압 사건들
은 결국 참언론인과 참언론을 사라지게 하고 친정부 성향의 언론과 언론인을 낳
았다. 이른바 언론이 언론 본연의 역할을 하지 못하고 정권을 홍보하고 찬양하
는 도구로 격하된 것이다. 나아가 군사정권은 언론 장학생을 육성하기도 했다.

대표적인 것이 바로 '땡전뉴스'이다. 땡전뉴스란 각 방송사의 메인 뉴스, 가
령〈9시 뉴스〉가 시작하기 전, 시간을 고지하는 "○○○ 협찬 아홉 시를 알려드
리겠습니다. 뚜 뚜 뚜 땡"이라는 소리와 함께 첫 뉴스를 앵커가 "전두환 대통령
각하께서는 오늘……"이라는 멘트로 시작한 데서 유래한 용어이다. 땡전뉴스
는 심한 경우 총 뉴스 시간 45분 가운데 30분을 차지하는 경우도 있었다. 또한
방송사끼리 누가 더 오래 대통령 동정을 다루느냐를 놓고 경쟁을 벌이는 과잉

충성 해프닝까지 벌어졌다. 이 일은 결국 KBS 시청료 거부 운동을 본격적으로 촉발시켰다.

1996년 2월 4일 《동아일보》는 1면 「야권(野圈)—공직자에도 돈줬다」라는 특종 기사와 3면 「전(全)씨돈 받은 사람 누군가」라는 사설에서 언론계 전두환 장학생 관련 내용을 밝혔다. 이는 검찰에서 전두환이 1988년 11월 백담사 유배 직전 여론 무마용으로 언론계 인사 등에게 150억 원을 뿌렸다고 한 진술을 기사화한 것이다. 사설에서는 언론 통폐합과 언론 자유 말살의 장본인에게 언론인이 돈을 받은 것은 언론인으로서의 명예와 품위를 실추시켰다는 점에서 비판받아 마땅하다고 지적했다.

《한겨레》 또한 1996년 2월 7일 자 사설에서 "사회의 목탁이라고 자처하는 언론인들이 거기에 끼어들었다는 것이니, 그런 언론인들이 있다면 그들을 꼭 밝혀내 벌을 주고 언론 일선에서 물러나게 해야 한다"고 주장했다.

전두환은 비자금 사건 공판에서 구체적인 언론인 명단을 밝히지 않았기 때문에 부역 언론인의 실체는 의문만 남긴 채 미궁으로 빠져들었다. 그러나 일부 언론인이나 언론사가 권력과 유착해 언론 본연의 사명감을 잊은 채 부역했다는 의구심만으로도 언론에 대한 국민들의 기대가 얼마나 무너졌을지 미루어 짐작해볼 수 있다.

이명박 정권에서는 친정권 신문인 《조선일보》, 《중앙일보》, 《동아일보》와 《매일경제》를 종합편성채널(이하 종편) 사업자로 선정했다. 또한 종편 채널을 KBS1, EBS 등과 함께 의무 전송 채널로 선정함으로써 유료 방송을 시청하는 모든 가구에 종편이 방송될 수 있는 특혜를 제공했다. 이러한 정권의 특혜를 받은 종편은 결국 2012년 제18대 대선에서 새누리당이 승리하는 데 큰 공헌을 했다.

6) 지배 구조로 인한 통제

우리나라의 대표적인 공영방송사인 KBS와 MBC는 각각 KBS 이사회와 방송문화진흥회(이하 방문진) 이사회에서 사장을 선임할 수 있는 권리를 갖는다.

각 이사회의 이사는 대통령과 방송통신위원회(이하 방통위)가 임명하는데, KBS는 총 열한 명의 이사 가운데 일곱 명, 방문진은 총 아홉 명의 이사 가운데 여섯 명을 여당 측에서 추천할 수 있다. 또한 이처럼 막강한 권한을 가진 방통위는 상임위원 다섯 명 가운데 대통령이 두 명, 여당이 한 명을 지명하고 추천할 수 있다. 결국 국내 최대 방송사인 KBS와 MBC는 정권이 교체될 때마다 정권의 입맛에 맞는 인사를 사장으로 선임할 수 있는 것이다.

대표적인 케이블 뉴스 채널인 YTN의 경우에는 이사나 사장 임명권은 KBS, MBC와 달리 주주총회에서 결정되지만, 주식의 58.5퍼센트를 정부 관련 기업이 소유해 '친정부' 이사회를 구성할 수 있다. 또한 방통위가 방송 채널 허가권을 소유하기 때문에 언제든 친정권 인사를 선임할 수 있다. 결국 주요 방송사의 지배 구조와 인허가권으로 인해 정권이 교체될 때마다 낙하산 사장이 임명되고, 방송 편성 및 제작, 보도에 정권의 실세가 영향을 미친다. 《연합뉴스》도 법에 의해 국가 기간 통신사로 지정돼 정부 지원을 받는 곳이다.

이처럼 주요 방송사와 통신사의 사장이 친정권 인사가 임명되는 구조이다 보니, 이른바 정권에 반하는 방송이나 기사는 통제를 받을 수밖에 없다. 예컨대 이명박 정부는 집권 초기부터 MBC 〈PD 수첩〉의 광우병 쇠고기 논란 방송과 관련해 제작진에게 민형사상 소송을 제기했다. 2010년 4월 임명된 MBC 김재철 사장은 자신의 취임 반대 성명에 동참한 기자들을 보직에서 배제했고, 뉴스는 축소·편파 보도가 심해졌다. MBC 노조는 〈뉴스데스크〉에서 장관 인사청문회, 대학생 반값 등록금 시위, 희망버스, 대법원 〈PD 수첩〉 판결 보도가 누락되거나 왜곡됐다고 주장했다. 2011년 3월에는 〈PD 수첩〉 담당 최승호 PD 등 제작진 열 명 가운데 여섯 명을 전출시켰고, 시사 프로그램인 〈후플러스〉와 〈W〉도 폐지했다. 라디오에서도 소셜테이너의 출연을 금지시키는 사규가 만들어졌다. 그 결과 방송인 김미화, 김여진, 윤도현 등이 마이크를 놓았다.

KBS는 2008년 정연주 전 사장이 강제 해임된 이후 이병순 사장이 취임했다. 이병순은 취임 직후 심층 보도로 좋은 평가를 받았던 탐사보도팀을 전격 해체했다. 팀원들은 '친(親)정연주 세력'으로 몰려 지방과 비보도 부서로 좌천됐

도표 4-1 ☞ 주요 언론 유관 기관의 지배 구조 및 사장 선임 과정

기관	내용
방송통신위원회	• 대통령이 상임위원 5명 임명 • 대통령이 위원장 등 2명 지명, 여당 1명 추천, 야당 2명 추천
MBC	• 최대 주주는 방문진 70%, 정수장학회 30% • 방통위가 방문진 이사 임명 • 방문진 이사진 9명(여당 측 6명, 야당 측 3명) • 사장 선임: 이사회에서 사장 공모→이사회에서 과반수 이상 찬성한 후보 추천 →주총에서 임명
KBS	• 정부가 주식 100% 소유 • 방통위가 KBS 이사 추천, 대통령이 임명 • 이사진 11명(여당 측 7명, 야당 측 4명) • 사장 선임: 이사회에서 공모(또는 사장추천위에서 추천)→이사회에서 과반수 이상 찬성한 후보 추천→대통령이 임명
YTN	• 주주는 한국전력(KDN) 21.4%, KT&G 19.1%, 마사회 9.5%, 우리은행 7.7% 등 • 주총에서 이사진 7명 결정(사내이사 3명, 사외이사 4명) • 방통위가 뉴스 채널 허가권을 소유 • 정권 입맛에 맞는 이사진 구성 및 사장 선임 가능

다. 이어 이명박 캠프의 언론특보 출신인 김인규가 사장으로 임명됐다. 김인규는 13개월 전에 일어난 파업과 관련해 새 노조 집행부 열세 명을 무더기 중징계했고, 〈추적 60분〉 팀이 준비한 '4대강 사업' 프로그램을 축소하는 등 공정 보도 논란도 일으켰다. 이런 상황에 김제동은 외압 논란 속에 출연 중인 프로그램에서 하차했고, 김미화는 자신이 출연을 거부당했다며 '블랙리스트'의 존재에 대한 의혹을 제기했다.

  YTN 또한 이명박 캠프의 언론특보 출신인 구본홍에 이어 2009년 배석규가 사장으로 임명됐다. YTN 노조는 배석규 체제하에서 2009년 8월 〈돌발영상〉 제작 담당자가 대기 발령을 받았고, 노사 합의 사항인 보도국장 복수 추천제가 일방적으로 파기됐다고 주장한다. 또한 낙하산 반대 투쟁에 나섰던 앵커들을

라디오나 본 업무와 상관없는 부서로 발령한 뒤 비정규직 프리랜서로 대체하는 보복 인사도 있었다. 이명박 정권 집권기에 해직된 언론인은 YTN 여섯 명, MBC 여섯 명 등 총 열일곱 명이고, 부당하게 징계당한 언론인은 455명이었다. 전두환 정권의 대량 강제 해직 사태 이후 최대의 언론인 탄압이었다.

기사나 프로그램 통제 외에 이러한 대통령 측근의 낙하산 인사는 '자발적 순응'을 초래하기도 한다. 2013년 5월 박근혜 대통령의 방미 수행 중에 성추문으로 경질당한 윤창중 전 청와대 대변인에 대한 뉴스를 제작하면서 KBS는 내부 지시를 통해 '보도지침'을 하달했다. 2013년 5월 10일 오후 세 시쯤 KBS 신관 3층 보도영상편집실에는 '공지 사항'이라는 게시물이 부착됐다. 문서에는 "윤창중 전 대변인 그림 사용 시 주의사항"이라며 "청와대 브리핑룸 브리핑 그림 사용금지", "뒷 배경화면에 태극기 그림 사용금지"라고 적시하고 "윤창중 그림 쓸 경우는 일반적인 그림을 사용해 주세요"라고 주문했다. 당시 영상편집실에 있던 한 기자가 이에 문제를 제기했으며, 사 측은 논란이 커지자 오후 여섯 시쯤 이 게시물을 뗀 것으로 알려졌다.

이러한 내부 지시를 놓고 KBS가 대통령과 청와대를 감싸기 위해 무리수를 둔 것 아니냐는 지적이 나왔다. KBS 안팎에서는 이명박 정부 시절 보도국장을 지내며 편파 방송 논란을 빚었던 신임 보도본부장 임 모 씨가 또다시 정치 편향을 드러낸 것 아니냐는 시각도 제기됐다. KBS 새 노조 관계자는 "이번 사태를 박근혜 정부의 '신(新)보도지침' 사건으로 규정한다"며 "임 본부장은 이번 일과 관련해 청와대의 압력 등 윗선의 지시가 있었는지, KBS 내부의 의사 결정 과정이 어떠했는지 밝히고 의혹을 해소해야 한다"고 말했다.

방송 외에도 특정 미디어의 지배 구조 역시 언론의 자유를 제한할 수 있다. 일례로《부산일보》는 2012년 4.11 총선 기간 동안 야당에 유리한 기사를 보도했다는 이유로 편집국장을 징계 처리했다.《부산일보》는 정수장학회가 지분을 100퍼센트 소유하고 있다. 따라서 사 측이 당시 여당인 새누리당의 눈치를 본 것이 아니냐는 노조의 반발이 있었다.

2011년 11월 8일에도《부산일보》는 '정수장학회의《부산일보》지분 사회 환

원 촉구' 관련 기사가 실린 것과 관련해 '상사 명령 복종 의무 위반', '회사 명예
훼손' 등을 이유로 당시 편집국장이었던 이정호를 대기 발령했다. 또한 2011년
11월 30일 자 신문은 발행되지 않았는데, 이는 1988년 7월 정수장학회의 편집
권 침해에 항의하는 노조 파업으로 엿새 동안 신문이 발행되지 않았던 사건에
이은 두 번째 사건이었다. 편집국이 11월 30일 자 1면과 2면에 사 측의 노조위
원장과 편집국장 징계 남발을 비판하고, 정수장학회의 사회 환원을 촉구하는
기사를 완성해 인쇄에 들어가려 했으나, 사장의 지시로 윤전기 가동이 중단된
것이다. 이는 정수장학회가 사장 선임권을 갖고 있으나, 1988년 총파업 이후
노사 협약에 따라 편집권은 편집국장이 행사하는 데서 발생한 사건이다.

7) 사주의 편집권 침해

정권과는 무관하게 때로는 언론사 사주가 편집권을 침해해 표현의 자유를
제한하는 경우도 많다. 2013년 4월 29일 《한국일보》 노조는 사옥 매각 과정에
서 회사에 200억 원 상당의 손해를 끼쳤다며 배임 혐의로 장재구 회장을 검찰
에 고발했다. 이후 사주인 장재구는 일방적으로 편집국장을 해임한 후 자기 편
인 사람을 편집국장에 임명했다. 그러나 노조에서 새로운 편집국장의 임명을
거부하자, 6월 15일 용역들을 동원해 편집국을 폐쇄하고 기자들을 신문 제작
과정에서 배제했다. 기자들이 기사를 작성해 송고하는 집배신 시스템을 폐쇄
한 것이다. 사 측은 모든 기자들을 퇴사 처리하고 아이디를 삭제했다.

이후 신문 제작은 사 측에 동조하는 간부급 기자 일곱 명을 중심으로 이루어
졌다. 그러나 제대로 된 취재나 기사 작성은 어려웠고, 노조 관계자와 전 편집
국장에 따르면 "통신사 기사와 칼럼을 그대로 베끼고 《스포츠한국》, 《서울경제》
등 계열사 편집국 인원까지 동원하고 있는 상태"였다. 이러한 상황을 맞아 《한
국일보》 논설위원들은 회의를 열고 "정상적인 신문 제작을 막는 작금의 상황을
개탄한다"며 사설 게재 거부 의사를 사 측에 통보했다. 노조 비상대책위원회는
"용역을 동원한 사 측의 편집국 봉쇄와 점거는 대한민국 언론 역사상 초유의

도표 4-2 ☞ 〈한국일보〉 사태 일지

일시	사건 개요
4월 29일	〈한국일보〉 노조가 장재구 회장을 '200억 원' 배임 혐의로 검찰에 고발함.
5월 1일	이영성 편집국장 보직 해임 및 하종오 신임 국장 임명, 〈한국일보〉 기자들은 인사에 불복종, 기존 부장단 체제로 신문 제작
5월 8일	하종오 국장 임명 동의안 부결
5월 21일	이영성 편집국장에게 1차 해임 통보
5월 29일	이계성 논설위원이 편집국장 직무 대행으로 노사 중재 시도
6월 7일	장재구 회장은 퇴진 요구 거부, 창간 59주년 기념사에서 "새로운 한국일보 탄생시키겠다"고 밝힘
6월 10일	이계성 직무 대행 자진 사퇴, 장재구 회장은 편집국 밖에서 별도로 신문을 제작하겠다는 뜻을 밝힘
6월 12일	이영성 편집국장에게 2차 해임 통보
6월 15일	사 측은 용역을 동원해 편집국 봉쇄 및 기사집배신 시스템 폐쇄

일"이라며 이는 "언론 자유에 대한 심각한 훼손이자 기자들의 정당한 취재 권리를 방해한 불법 조치"라고 주장했다.

8) 규제와 사법 처리

우리나라에는 2007년 익명에 의한 악성 댓글의 폐해를 줄일 목적으로 '인터넷 실명제'가 도입됐다. 이는 유명 연예인의 자살 사건에 악성 댓글이 영향을 미쳤다고 판단해 개인의 명예훼손을 막고 건전한 인터넷 문화 조성을 위해 도입한 제도이다. 당초에는 하루 평균 이용자 수가 30만 명 이상인 사이트가 대상이었으나, 2009년에는 그 기준이 10만 명 이상으로 바뀌면서 주요 사이트가 대부분 규제를 받았다.

그러나 2012년 8월 23일 헌법재판소(이하 헌재)는 인터넷에 글을 쓰거나 읽으려면 본인 확인을 받도록 하는 '제한적 본인 확인제(인터넷 실명제)'에 대해 재판관 여덟 명 전원 일치로 위헌 선고를 내렸다. 건전한 인터넷 문화 조성이라는 목적보다는 '익명 표현의 자유'를 제한할 수 있다는 이유에서였다. 이 결정은 표현의 자유를 제한하려는 정부 방침에 제동을 건 의미 있는 판결이었다는 것이 중론이다.

헌재는 익명 표현의 자유가 사회적 약자 보호와 민주주의 발전을 위해 보장되어야 한다고 밝혔다. 익명이나 가명으로 이루어지는 표현은 명시적·묵시적 압력에 굴복하지 않고 자신의 생각과 사상을 자유롭게 표출할 수 있어 국가권력이나 사회의 다수 의견에 대한 비판을 가능하게 한다. 즉 정치적 보복이나 차별의 두려움 없이 자신의 생각과 사상을 자유롭게 표출하고 전파할 수 있어 권력에 대한 비판이 가능해지는 것이다. 또한 익명 표현의 자유는 경제력이나 권력에 의한 위계 구조를 극복할 수 있어 계층, 나이, 지위, 성 등으로부터 자유로운 여론을 형성해 국가가 다양한 계층의 국민 의사를 평등하게 반영하도록 한다.

익명 표현의 자유는 선진국에서는 1960년대부터 인정되어온 기본권이다. 미국 연방 대법원은 1960년 '탈리 대 캘리포니아(Talley vs California)' 사건에서 "전단 배포자의 신원 확인을 강제하는 것은 익명 표현의 권리(right to anonymous speech)를 침해하는 것"이라고 판결했다. 미국이 지금까지 인터넷에서 익명 표현을 허용하는 것도 이런 전통 때문이다.

반면 이명박 정부는 2008년 미국산 쇠고기 수입 관련 촛불 집회 이후 인터넷 실명제를 강화했다. 건전한 인터넷 문화 조성이라는 목적 이면에는 인터넷 주 이용층인 20~40대가 진보적 성향을 보이므로 이들이 정부와 여당에 비판적인 의견을 제기하지 못하도록 규제하려는 것이라는 의견이 많았다. 이명박 정부는 촛불 집회 이후 인터넷 논객 '미네르바' 구속하는 등 끊임없이 네티즌에게 재갈을 물리려고 시도했다.

인터넷에서만이 아니다. 이명박 정부 당시 검찰은 G20 홍보물에 쥐 그림을 그린 대학 강사를 체포해 유죄 선고도 모자라 벌금형을 내리기도 했다. 이처럼 이명박 정부의 언론 탄압은 결국 언론의 자유를 위축시켰다. 이러한 일련의 사례들은 해외에서도 한국의 언론의 자유 수준을 낮게 평가하는 결과를 초래했다.

1941년 뉴욕에 설립된 비영리 민간단체인 프리덤 하우스(Freedom House, www.freedomhouse.org)는 설립 이후 해마다 세계의 자유 보고서, 1980년부터는 언론 자유 보고서를 발표해왔다. 프리덤 하우스의 언론 자유 지수는 총 23개 항목을 평가해 점수를 부여하는데, 한국은 2011년 5월 2일 발표된 언론 자유 지수에서 196개 국가 가운데 70위를 차지했다. 이는 전년도 67위에서 더 하락한 것이며, 언론 자유 정도가 자유(Free)에서 부분적 자유(Partly Free)로 강등된 것이다. 그 이유는 전술한 대로 온라인상의 정부 비판 글에 대한 과도한 규제와 방송사 사장 임명에 대한 정부의 개입 때문이었다.

5. 언론 자유 수호를 위한 노력

정권의 언론 탄압에 언론과 언론인이 모두 굴종한 것은 아니다. 참언론인들은 정권의 탄압에 맞서 표현의 자유를 되찾고 언론 본연의 역할을 다하기 위해 다양한 활동을 펼쳤다.

1) 1971년 '언론자유수호선언'

앞서 살펴본 것처럼, 1971년 서울대학교를 비롯한 대학교 학생들이 한국 언론의 사망을 선고하고 언론 화형식을 벌인 일은 양심적인 기자들에게 적잖은 영향을 미쳤다. 《동아일보》 기자들은 그해 4월 15일 '언론자유수호선언'을 발표했는데, 편집국에서 선언대회 개최가 좌절되자 별관 2층 회의실로 자리를 옮겨 이를 강행했다. 《동아일보》 기자들은 선언문에서 "수년 동안 강화된 온갖 형태의 박해로 언론은 자율의 의지를 빼앗긴 채 언론 부재, 언론 불신의 막다른 골목까지 내몰렸다"고 현재를 규정했다. 그리고 이들은 기자적 양심에 따라 진실을 제대로 보도하고, 외부의 부당한 압력을 배격하며, 중앙정보부 요원의 신문사 상주(常駐)나 출입을 거부하기로 결의했다. 이 선언대회에 참여한 30여 명의 기자들 중에는 간부급인 논설위원 송건호와 사회부장 김중배도 있었다. 이날 편집국장 박권상은 중앙정보부에 전화를 걸어 중앙정보부 요원의 철수를 요구했다. 이날부터 12월 국가비상사태 선포까지 8개월 동안《동아일보》에는 기관원의 출입이 중단됐다.

《동아일보》기자들의 언론자유수호선언에 힘입어《한국일보》기자들도 4월 16일 자유언론수호선언을 했으며, 이튿날인 4월 17일에는《조선일보》,《대한일보》,《중앙일보》기자들도 참여했다. 5월 초까지는《경향신문》,《신아일보》, 문화방송,《현대경제신문》,《산업경제신문》,《합동통신》,《동화통신》등이 합류했다. 비록 이러한 선언은 박정희가 3선에 성공하며 빛을 바랬지만, 이후 더 암울한 언론 탄압의 시기에도 언론 자유 수호를 위한 씨앗의 역할을 했다.

2) 1974년 '자유언론실천선언'

1974년 10월 국가비상사태하의 보도 통제 상황에서《동아일보》와 동아방송(DBS)이 '서울대학교 농대생 데모 사태'를 보도함에 따라 중앙정보부가《동아일보》의 송건호 편집국장, 한우석 지방부장, 박중길 방송뉴스쇼 담당부장을 연행해가는 사건이 발생했다. 이를 계기로 그해 10월 24일《동아일보》, 동아방송 및 출판국 기자 전원이 모여 '자유언론실천선언'을 하기에 이르렀다.

이때 결의 사항은 다음과 같다. ① 신문, 방송, 잡지에 대한 어떠한 외부 간섭도 우리의 일치된 단결로 강력히 배제한다. ② 기관원의 출입을 엄격히 거부한다. ③ 언론인의 불법 연행을 일절 거부한다. 만약 어떠한 명목으로라도 불법연행이 자행되는 경우에는 그 사람이 귀사할 때까지 퇴근하지 않기로 한다.

이 선언은 전국의 언론 기관으로 파급되어 이튿날부터 각 사별로 집회와 결의가 잇따랐으며, 원칙론을 고집하는 일선 기자와 현실론을 내세우는 간부 사이에 의견 충돌이 잦아졌다.《동아일보》의 경우는 언론노조 결성 문제가 중역

진과의 갈등으로까지 확대되면서 대내외적으로 큰 시련을 겪게 된다.

예컨대 동아방송은 1974년 10월 24일 오후 한 시와 네 시에 〈DBS 뉴스〉가 결방됐으며, 〈3시 뉴스〉는 방송이 중단됐다. 1975년 1월 8일부터는 《동아일보》 광고가 무더기로 해약되는 사태가 발생하더니 이어서 동아방송 광고도 해약되기 시작했다.

그림 4-3
백지 광고
출처: 《동아일보》
1974년 12월 26일,
4~5면.

특히 동아방송은 광고로만 유지되는 민간 상업방송국이었는데, 광고주들이 일제히 광고 계약을 해약하는 사태가 발생하자 경영에 상당한 어려움이 따를 수밖에 없었다. 1975년 1월 11일부터 우선 뉴스 프로그램 광고부터 시작해 약 한 달 만에 전체 광고 건수의 88.7퍼센트, 금액으로는 91.7퍼센트가 떨어져 나갔다. 1월 11일에는 보도 프로그램의 광고가 모두 해약됐고, 2월 7일에는 프로그램 광고 세 개, 스포츠 광고 스물두 개만 남았다.

이와 관련해 《동아일보》는 1975년 1월 25일 자 보도에서 "《동아일보》와 동아방송에 대한 광고 탄압은 1974년 12월 중순께 모 기관의 지시에 따라 행정부의 관련 부서 당국자들이 각 부서 소관별로 영향력을 미칠 수 있는 각 기업체 책임자들을 불러 《동아일보》와 동아방송에 광고를 내지 말도록 압력을 가함으로써 시작됐다"고 밝혀 광고 탄압의 주체인 정부를 정면으로 규탄하면서 이에 굴하지 않을 것을 다짐하고 나섰다.

동아방송과 《동아일보》가 정부의 광고 탄압에 대해 저항하자, 이와 때를 같이해 《조선일보》, 《한국일보》, 《중앙일보》, 동양방송 등 중앙의 기자들과 《국제신보》, 《충청일보》, 《제주신문》 등 지방의 기자들이 일제히 '10.24 자유언론실천선언'의 재확인과 광고 사태의 해결을 촉구하고 나섰다. 이어 한국신문편집인협회도 성명을 통해 "① 자유언론운동을 전 언론계를 위한 자구 운동으로 인정한다. ②《동아일보》광고 해약 사태는 즉각 시정되어야 하며 이러한 압력 사태가 재발되지 않도록 촉구한다. ③언론의 기능을 오도하는 어떠한 통제나 간섭을 거부한다. ④전 언론계는 일선 기자로부터 발행인까지 일치단결할 것을 호소한다"라는 네 개 항의 결의문을 채택했다. 이로써 광고 해약 사태는《동아일보》와 정부 간의 문제에서 전 언론계의 언론 자유 수호 투쟁의 차원으로 발전하는 새로운 국면에 들어섰다.

그런 가운데 전 세계 언론 기관들도 사태의 추이를 계속해서 대대적으로 보도하면서 깊은 관심을 보였다. 국내 단체들과 국민들도 격려와 함께 신문과 방송에 '격려 광고'를 보내왔는데, 그 건수가 두 달 동안 4600여 건에 이르렀다. 방송작가와 출연자도 대부분 격려 광고를 내면서 모든 프로그램에 무료로 집필 내지는 출연을 자청했다. 광고 탄압이 장기화될 조짐이 보이자《동아일보》와 동아방송은 사원의 봉급을 감축하고, 방송 프로그램 제작비를 덜기 위해 드라마와 쇼 프로그램 등의 제작을 중단했으며, 나아가 기구 축소와 함께 직원 감원도 단행했다.

이와 같은 응급 처방 과정에서 사원들과 신임 이동욱 사장 간에 마찰이 생겨 사원 다수가 제작 거부와 동시에 편집국과 방송 주조정실을 점거하는 사태가 발생했는데, 이 때문에 한동안 방송은 음반에 의존한 음악 프로그램을 중심으로 내보내야 했다.

유신 체제하의 긴박한 상황에서 하나의 고비를 이룬 '동아 광고 탄압 사태'는 1975년 7월 11일《동아일보》김상만 회장과 중앙정보부 양두원 차장 사이의 담판에 의해 "긴급조치 9호를 준수한다"는 선에서 타협이 이루어졌다. 그 뒤 엿새 뒤인 7월 17일, 동아방송은 6개월 10일 만에 광고 해약 사태가 해소됐다. 이에 따라 동아방송은 그 기능을 서서히 회복하기 시작해 1976년 4월 정기 프로그램 개편과 함께 완전히 정상적인 운영이 가능해졌다. 그러나 그 전에 회사 측과 제작을 거부하고 농성하는 사원들 사이에 충돌이 있었고, 사외로 축출된 방송요원 50여 명은 끝내 회사 복귀를 거부하고 해고, 정직 처분, 무효 확인, 청구 소송 등 3년여에 걸친 기나긴 고행의 길을 걷는다.

3) 1980년 '자유언론실천운동'

'자유언론실천운동'은 1980년 2월 20일《경향신문》기자들이 동아자유언론수호투쟁위원회(이하 동아투위)와 조선언론자유수호투쟁위원회(이하 조선투위) 기자들이 예외 없이 전원 복직돼야 한다는 내용의 성명을 발표하면서 시작됐다. 이어 3월 17일《동아일보》편집국 기자 50여 명은 기자 총회를 열고 '언론 검열 철폐와 자유 언론 실천'을 주장하는 결의문을 채택했다. 4월 6일에는 조선투위가 자신들의 복직과 원상회복을 촉구하는 성명을 발표했고, 4월 17일에는《동아일보》편집국과 출판국, 동아방송 보도국 기자 1백여 명이 모여 총회를 열고 '유신 언론 청산하고 자유 언론 확보하자'는 결의문을 채택했다.

그해 4월 25일에는《기자협회보》가 "꺼져가는 언론 자유의 불씨를 안고, 그들은 감옥에 끌려가기도 하고, 병과 굶주림에 시달리면서도 그 불씨를 끝내 지켜왔다. 이제 그들이 간직했던 언론 자유의 불씨를 한국 언론의 심장에 옮겨놓아야 한다"며 동아투위와 조선투위에 대한 지지 입장을 발표했다. 이어 4월 28일에는《동양통신》기자들이, 5월 2일에는 부산진경찰서 출입 기자들이 언론 자유 확보를 위한 결의문을 채택했다. 결의문 내용 가운데 일부는 다음과 같다.

"10.16 민중 봉기(부마항쟁) 현장에 있었던 우리 기자들은 언론 자유를 요구하기에 앞서 먼저 역사 앞에서 속죄하고, 민중 앞에서 참회해야 한다고 믿는다. ······ 우리는 외부 압력에 굴복했을 뿐 아니라, 알아서 기는 풍조에 젖어들었음을 고백한다. 그리하여 부정부패를 눈앞에 두고도 붓대를 스스로 꺾었고 때로는 금력의 꾐에 빠져 진실 보도의 의무를 저버렸다."

5월 10일《경향신문》기자들은 편집국에서 기자 전원이 모인 가운데 '언론 검열을 1980년 5월 15일까지 철폐하라'는 내용의 결의문을 채택했다. 같은 날 《동아일보》와 동아방송 기자 1백여 명도 보도국에서 기자 총회를 열고 '언론 검열은 물론 일체의 사찰과 간섭, 억압 등 자유 언론의 모든 저해 요소를 거부한다'는 결의문을 채택했다.

《한국일보》기자들은 5월 8일부터 사흘간 기자 총회를 열고 계엄령과 언론인의 자세, 경제적 처우 개선 등에 대해 토론한 끝에 5월 12일 편집국에 모여보도 검열 철폐를 주장하는 결의문을 채택했다. 이튿날인 5월 13일에는 문화방송과 《전남매일신문》기자들이 총회를 열고 검열에 전면 반대한다는 내용의결의문을 채택했다.

5월 16일 '기자협회'는 연석회의를 열고 '검열 거부 선언문'을 발표하면서 "5월 20일 0시부터 검열을 거부하고 언론인 스스로의 양심과 판단에 따라 취재 보도하며, 이에 정권이 강압적으로 나올 때에는 제작 거부에 돌입한다"고 선언했다. 그러나 이러한 모든 언론인들의 노력은 5.17 계엄으로 물거품이 되고만다.

4) 언론노조의 파업과 대안 미디어의 운영

이명박 정부에서 대통령 측근을 사장에 앉혀 언론의 비판 기능을 막고 축소 · 왜곡 · 편파 보도를 일삼자 MBC, KBS, YTN, 《연합뉴스》의 노동조합은 사상 초유의 동시 파업에 들어가 이를 수개월 동안 진행했다. 각 노조가 밝혔던

그림 4-4
공정방송 쟁취 언론노
조 결의대회
출처: 《경향신문》
2012년 4월 18일,
20면.

파업의 근거는 '보도의 공정성'이었다. 이들은 MBC 김재철, KBS 김인규, YTN 배석규, 《연합뉴스》 박정찬 사장이 '언론의 비판 기능을 막고, 왜곡·편파 보도를 지시한 장본인'이라고 주장했다. 따라서 낙하산 사장의 퇴진을 요구하거나, 연합뉴스의 경우처럼 사장의 연임을 반대하는 파업을 한 것이었다. 이 파업의 여파로 많은 언론인들이 해직되거나 부당 징계를 받았다.

파업 과정에서 노조원들, 혹은 해직 언론인들은 팟캐스트를 이용해 대안 언론 활동을 펼쳤다. KBS 노조의 〈파업채널 리셋 KBS〉(kbsunion.iblug.com), MBC 노조의 〈파업채널 M〉(www.saveourmbc.com), YTN 해직 언론인들이 전국 언론노조와 함께 운영하는 〈뉴스타파〉(www.newstapa.com) 등이 그것이다.

〈파업채널 M〉에서는 〈제대로 뉴스데스크〉와 〈파워업 PD수첩〉 등을 제작해 방송했는데, '김재철 사장 법인 카드 개인 사용 의혹'을 비롯해 '이명박 대통령 일가 비리 가계도', '김재호 판사의 기소 청탁 의혹', '삼성의 두 얼굴' 등이 주요 콘텐츠였다. '이명박 대통령 일가 비리 가계도'에서는 이명박 대통령이 내곡동 사저 부지를 구입하면서 부동산 실명제를 위반한 사실을 현장 취재했다. 또한 대통령의 친형인 이상득 의원의 가족이 소유한 '영일목장' 근처 남이천 IC 부지 땅값이 갑자기 치솟은 내용도 전했다.

〈파업채널 리셋 KBS〉의 〈리셋뉴스9〉에서는 총리실 불법 사찰 문건을 폭로했다. 그들은 "(김인규 사장이) KBS의 색깔을 바꾸고 인사와 조직 개편을 거쳐 조직을 장악했다. YTN 배석규 사장은 친노조·좌편향 경영 간부진을 해임 또는 보직 변경 등 인사 조치했다. 사장으로 임명해 힘을 실어줄 필요가 있다"는 내용의 문건을 단독 입수해 보도했다. 〈리셋뉴스9〉는 또한 '이명박 대통령 생가를 둘러싼 불편한 진실', '김인규 KBS 사장의 충성맹세 서약 사건의 전말'을 보도하기도 했다.

memo

05

언론과
사회체제

제4장 「언론의 역할과 중요성」에서 우리는 언론의 역할과 기능에 대해 알아 봤다. 그러나 언론은 언론이 운영되는 국가의 정치적·사회적 구조의 특성을 반영하기 때문에 언론의 역할과 기능은 정치체제나 사회의 발전 단계에 따라 근본적인 차이가 난다. 가령 한국의 언론 미디어와 북한의 그것은 수행하는 역할과 기능이 서로 다르다. 기본적으로 한국과 북한의 정치체제가 다르기 때문이다. 현재 한국의 언론은 기존 언론의 요건에 맞게 그 역할과 기능을 모두 수

그림 5-1 ☞ 언론과 사회체제 모형

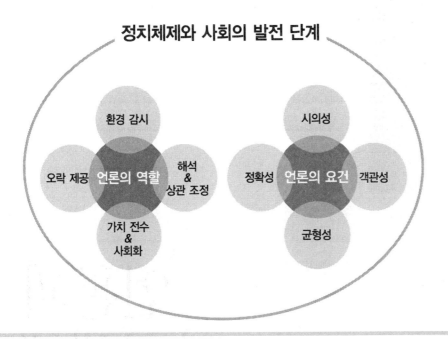

행하나, 북한의 언론은 무엇보다 '사회화 기능'에 더 큰 중점을 둔다. 객관성이나 균형성 측면은 북한이 다른 민주국가보다 부족한 편이다. 이러한 차이는 두 국가의 사회체제에서 기인한다.

제5장에서는 이러한 사회체제 및 정치체제 유형에 따른 언론의 역할과 기능을 살펴본다. 구체적으로 사회체제나 구성의 성격에 따라 언론 시스템을 분류한 프레드 시버트(Fred Siebert), 시어도어 피터슨(Theodore Peterson), 윌버 슈람(Wilbur Schramm)의 저서 『언론의 4이론(*Four Theories of the Press*)』을 바탕으로 네 가지 언론 이론을 알아볼 것이다.

1. 권위주의 이론

권위주의(authoritarian) 이론이란 언론이 권력과 국가를 옹호하고 그 정책을 지지하며 추진시키는 역할을 한다는 주장이다. 이 이론은 16~17세기 영국의 절대왕정 상황에서 언론의 역할을 상정한 것이다. 당시의 매스미디어는 인쇄 매체였는데, 인쇄 매체의 발전에는 무엇보다 인쇄 활자의 발명이 가장 큰 영향을 미쳤다. 인쇄 활자는 절대 권력을 가진 군주가 지배하는 권위주의적 통치 시기에 발명됐다. 따라서 인쇄물의 출판을 위해서는 군주나 정부에 허가 또는 특허를 받아야 했다. 정부는 언론 경영에 대한 특허권이나 자격증을 특정 인사에게 허가하고 이를 통해 언론을 통제했다.

이러한 특허, 자격 심사, 직접 검열, 자율 규제 등으로 인해 언론은 자기 검열을 함으로써 권력을 가진 정부를 비판할 수 없었다. 다시 말해 권위주의 체제 하에서 언론은 공적 소유가 아닌 사적 소유도 가능했으나, 언론이 정부를 비판할 수 없었으며, 단지 정부의 정책을 옹호하는 하나의 도구에 불과했다. 결국 언론은 특정 정보나 의견을 보도하지 않기도 하고, 권력 비판 기능도 거의 상실하게 된다.

이러한 견해는 영국 작가 사무엘 존슨(Samuel Johnson)에 의해 구체화됐다. 그는 "모든 사회는 공적 평화와 질서를 유지할 권리가 있다. 따라서 이 사회는 위험한 경향을 지닌 의견이 유포되는 것을 금지할 자유 역시 가진다"라고 말했다. 존슨은 이러한 권리는 사법부의 판사가 아니라 사회가 가진 것으로 보았다. 또한 의견을 제한하는 것이 도덕적으로는 잘못됐을지 모르지만, 정치적으로는 정당하다고 주장했다.

또한 권위주의 체제에서 기본적으로 권력은 소수의 엘리트가 소유하는 것이고, 다수의 대중은 무지한 존재들이며 소위 계몽의 대상일 뿐이다. 따라서 언론의 역할 역시 소수 엘리트의 권력 이데올로기를 전파하며 다수의 무지한 대중을 계도하는 데 있다. 이때는 표현의 자유보다는 언론이 얼마나 권력자의 정책이나 이데올로기를 잘 대변하는지가 중요하다. 이를 통해 피지배층인 대중이 지배층의 지배를 당연시하게 된다. 이러한 언론 정책의 특징으로는 언론의 사전 허가 및 검열, 보도지침 하달, 통제 등을 들 수 있다.

흔히 권위주의 체제의 언론은 현대와 같은 자유 언론 시대에 어울리지 않은 구시대적인 것이라 단정하는 경우가 많은데, 반드시 그렇지는 않다. 아직도 민주주의라 공언하는 많은 나라에 사적 또는 공적 검열이 존재한다. 한국의 경우 박정희와 전두환 군사정권 시절에 언론기본법 제정과 언론 통폐합 실시, 보도지침 하달, 프레스 카드의 선별적 발급 등의 사례가 있었고, 역대 정권의 경우에도 방송사 사장 낙하산 인사 같은 권위주의 언론 체제의 특성이 보였다.

또한 이러한 권위주의적인 언론의 특성은 지금도 나타난다. 지난 2012년 제18대 대선 당시 박근혜 새누리당 후보 측에서 야권 대선 후보 단일화 이후 문재인 민주통합당 후보를 돕는 안철수 전 후보 관련 언론 보도 비중에 불만을 제기하자, MBC 정치부가 소속 기자들에게 사실상 안철수 전 후보 보도 비중을 줄이라는 '가이드라인'을 제시해 논란을 빚었다. 전국 언론노조 MBC 본부가 2012년 12월 11일 발간한 민주방송실천위원회 보고서에 따르면, 국회 반장을 맡고 있는 조 아무개 정치부 차장이 12월 8일 정치부 기자들에게 "안철수 전 후

도표 5-1 ☛ 언론의 4이론

	권위주의	자유주의	사회책임주의	소비에트 전체주의
발전 과정	16~17세기 영국에서 발생해 전파됐으며 지금도 많은 국가가 채택하고 있음	1688년 이후 영국과 미국, 그 밖의 여러 나라에 영향을 끼쳤음	20세기 미국에서 발생함	나치와 이태리에서 유사한 형태를 시도했으며 소련에서 발전
기원	군주와 그 정부의 절대적 권력	밀턴, 로크, 밀과 이성주의, 자연권 철학	호킹, 언론 자유 위원회, 언론 종사자, 미디어 윤리 강령	헤겔과 19세기 러시아 사상이 혼합된 마르크스-레닌-스탈린 사상
주요 목적	집권 정부의 정책을 지지하고 발전시키며 국가에 봉사하려는 목적	보도 및 오락의 제공과 판매가 목적이며, 진리 탐구를 돕고 정부를 감시함	보도 및 오락의 제공과 판매가 목적이며, 주로 토론의 광장에서 논쟁을 불러일으킴	소비에트 사회주의의 성공과 체제 유지가 목적이며, 특히 당의 독재에 기여하고자 함
미디어 사용권 소유자	국왕의 특허 또는 유사한 허가를 얻는 사람	운영할 수 있는 경제력을 가진 사람은 누구나 가능	말할 것이 있는 사람은 누구든지 가능	핵심 당원
미디어 통제 방법	정부의 특허, 길드인가: 독점권을 주고 때로는 검열함	'자유로운 사상의 시장'에서 '자동 조정 작용' 및 법정에 의해 통제	사회 여론, 소비자운동, 전문인 윤리	감시와 정부의 정치적·경제적 행위
금지 사항	집권 정치기구와 관리의 비판	명예훼손, 외설, 음란, 전시 중의 치안 방해	공인된 개인의 권리와 중요한 사회적 이익에 대한 침해	전략이 아닌 당의 목표 자체에 대한 비판
소유권	민영 혹은 공영	주로 민영	공공 서비스를 목적으로 정부가 인수하지 않는 한 사유할 수 있음	국영
다른 이론과의 차이	반드시 정부 소유는 아니지만 정부 정책을 달성하기 위한 도구	정부 감시, 사회의 필요성을 위한 도구	미디어는 사회적 책무를 져야 하는데, 만일 그렇지 못하면 누군가 이를 감독함	오로지 국가기구로만 존재하며 세밀한 통제를 받음

출처: Siebert, F., Peterson, T., & Schramm, W, *Four Theories of the Press*, Urbana, Ill: University of Illinois Press, 1956, p.7.

보는 이제 문재인 후보 지지 유세원 가운데 한 명"이라며 "과거 대선 후보 때처럼 중계 방송하듯 기사를 쓰는 것은 맞지 않다"고 강조했다고 한다.

국내 언론에만 이러한 가이드라인을 제시한 것은 아니다. 새누리당 박근혜 후보 측은 외신에도 박정희 전 대통령을 '독재자(dictator)'라고 언급하지 말아

달라고 요청한 것으로 드러났다. 미국 유력 일간지 《워싱턴포스트》 인터넷 판은 한국 대선을 다룬 2012년 12월 12일 자 기사에서 "박근혜 후보 측근들이 올해 뉴스 미디어에 기사에서 '박정희 전 대통령을 독재자로 언급하지 말아 달라'는 내용의 메모를 보냈다"고 밝혔다. 《워싱턴포스트》는 "박근혜 후보 측근들은 박근혜 후보가 아버지와의 관계에 민감하다"며 이같이 밝혔다. 기사는 "박근혜 후보가 박정희 전 대통령의 쿠데타와 학생 시위 진압을 포함한 행동을 사과했다"고 보도했다. 문재인 민주통합당 후보 캠프의 신지연 부대변인(외신 담당)은 "외신 기자들 이야기를 들어보면, 그런 표현을 쓰면 곧장 새누리당이 연락을 해와서 왜 그런 표현을 쓰느냐고 따진다고 한다. 외신 기자들은 새누리당의 이런 시도를 '독재의 유산'을 부인하면서 외국 언론을 통제하려는 시도로 받아들인다. 기자들에게는 매우 기분 나쁜 일일 것이다"라고 말했다.

🏛 **헤게모니와 이데올로기적 국가기구**

헤게모니(hegemony)란 한 계급이나 집단이 타 계급을 강제력(force)보다는 합의(consent)를 통해 지배를 유도하는 현상을 말한다. 가령 독재 권력이 원활한 지배를 위해서 강제력을 행사하지 않고 대중의 합의를 유도하는 것이다. 피지배 계급인 대중이 "현 정권의 지배, 또는 그들의 이익이 곧 사회 전체의 이익이므로 당연하다"고 여기는 것이 헤게모니이다.

여기서 중요한 것이 바로 지배 계층의 '강제력'이 아닌 피지배 계층의 '합의' 또는 '자발적 지지'이다. 먼저 강제력은 공권력을 통해 물리적 또는 법률적 강제를 행사하는 것이다. 이를 담당하는 기구를 억압적 국가기구(repressive state apparatuses)라 하며, 이러한 국가기구로는 정부, 군대, 경찰, 법원, 감옥 등이 있다. 지배층, 특히 절대 권력이나 독재 권력은 억압적 국가기구를 통해 피지배층을 탄압하고, 이들의 자유로운 목소리를 제한한다. 하지만 이러한 강제력이 계속될 경우 자유의지를 갖는 대중은 권력에 맞서 저항하게 된다. 따라서 지배 권력은 다른 수단을 강구해야만 한다.

지배 권력이 강제보다는 피지배 계급의 합의를 이끌어냄으로써 다발적으로 계급 지배를 유지해 나가는 수단이 바로 이데올로기적 국가기구(ideological state apparatuses)이다. 이데올로기적 국가기구는 지배 계급의 이론적 혹은 이데올로기적 전선을 전개하고 체제를 유지하는 방어적·물적 기구가 된다. 이러한 기구는 피지배 계급으로 하여금 현 지배 계급의 질서와 규범을 당연한 것으로 여기게 하며, 정치적·경제적·문화적 불평등을 정당한 것으로 받아들이게 한다. 이른바 가치관을 변화시키는 것이다. 대표적인 이데올로기적 국가기구로는 학교, 언론, 종교, 가족, 문화, 각종 국가기관 등이 있다.

예를 들어 1960~1980년대까지는 각종 반공 영화들이 상영됐고, 매해 6월만 되면 학교마다 학생들을 대상으로 반공 포스터와 반공 웅변대회가 개최됐다. 물론 남북이 분단된 상황에서 이러한 반공 의식은 어느 정도 필요하다. 하지만 당시 정권의 주목적은 학교나 문화, 언론을 통해 국민들에게 반공 사상을 고취해 독재 및 민주주의 후퇴에 대한 야당과 재야, 국민들의 비판과 사상의 자유를 억압하기 위함이었다. 즉 독재 권력 유지와 정당성 설파를 위한 이데올로기적 도구로서 사상 교육, 영화, 언론을 이용했다는 데 문제가 있다.

이데올로기적 기구로서 언론 미디어는 억압의 대리인으로서의 역할(무의식적으로 복종을 강요하고 명령하는 역할), 착취의 대리인으로서의 역할(노동자에게 그들에 맞는 인과관계를 강조하는 능력), 착취당하도록 하는 역할(진보적 사상에 접할 수 있는 기회를 차단해 전통적 가치 속에 안주하게 하는 역할), 전반적 이데올로기 생산자로서의 역할(존경을 받으며 의식을 다루는 능력, 국가의 중요성과 역할을 부각하는 역할) 등을 수행한다. 그럼으로써 언론은 현 체제의 재생산에 기여하는 것이다. 다시 말해 현재 지배 체제의 모순이 충분히 인식되고 노출됐음에도 체제 자체가 오히려 확대 재생산되는 것은 바로 이데올로기적 기구에 의해 생산된 통치 이데올로기를 가지고 통치 메커니즘을 형성해 일반 대중의 의식구조를 변화시킴으로써 가능한 일이다.

2. 자유주의 이론

언론의 자유주의(libertarian) 이론은 권위주의적 사상에 대한 대응으로서 계몽주의와 합리주의 이론, 인간의 자연권에 근거해 발전했다. 존 밀턴(John Milton), 존 로크(John Locke), 존 스튜어트 밀(John Stuart Mill) 등은 그들의 저서에서 언론은 정보 및 오락 제공, 판매뿐 아니라 자유로운 토론을 통해 진실을 발견하며 정부를 견제하는 기능을 수행해야 한다는 견해를 밝혔다.

자유주의 이론에서 언론은 일반적으로 개인 소유여야 하고, 능력이 있다면 누구나 책이나 잡지를 출판할 수 있다. 이때 미디어는 두 가지 방법으로 통제된다. 다양한 목소리가 존재하는 '의견의 자유로운 시장'에서 '진실의 자율 교정 과정'을 통해 사람들은 진실과 거짓을 구별하게 된다. 그는 자유로운 아이디어 시장에서 다양한 의견이 서로 경쟁하면 자정 작용을 거쳐 진실이 발현된다고 본다. 따라서 다양한 언론 미디어가 취재와 보도를 통해 많은 정보를 전달하면, 이 정보가 서로 경쟁하며 대중은 활발한 토론을 펼치게 된다. 그 결과 다수가 동의하는 결론이 도출될 수 있다. 그러나 자유주의 이론 아래서는 과도한 표현의 자유로 여러 문제가 발생할 수 있으므로, 법적으로는 명예훼손, 음란, 외설, 전쟁 선동 등에 대한 처벌 규정을 가진다.

이러한 자유 언론의 의미를 설명한 정수는 19세기 중엽 밀의 저서 『자유론(On Liberty)』 제2장에 잘 표현되어 있다. 그는 이 책에서 어떤 의견을 침묵시키는 것은 진실을 침묵시키는 것이라고 주장한다.

"한 사람을 제외한 모든 사람이 동일한 의견이라 할지라도 그 나머지 한 사람이 자신의 의견을 말하지 못하게 한다면, 이것은 권력을 소유한 한 사람이 나머지 전체를 말하지 못하게 하는 것에 비해 더 정당한 것이라고 볼 수 없다. …… 만일 그 의견이 옳다면 사람들은 오류를 진실과 교환할 수 있는 기회를 잃어버리게 되는 것이고, 만일 그 의견이 틀리다면 그들은 오류와 대비됨으로써 발생하는 진실에 대한 보다 명확한 인식과 생생한 인상과 같은 커다란 혜택을 잃어버리는 것이다."

밀은 완전한 사람이란 없으므로 어떤 의견이 참인지 거짓인지에 관한 물음은 모든 사람들의 판단에 맡겨야 한다고 주장한다. 그는 어떤 사람이 자신의 의견에 대한 확신이 부족하면, 대개 유력한 다수 의견에 의존한다고 덧붙인다. 그는 개인뿐 아니라 집단과 전체 사회의 경험도 제한되기 때문에 세상에 있는 의견이란 일반적으로 개인이 가진 의견과 마찬가지로 완전한 것이 아니라고 지적한다.

"시대란 사람과 마찬가지로 확실한 것이 아니고, 한 시대에 가졌던 의견은 다음 시대에서는 거짓이 되며, 우스꽝스럽게 될 수 있다. 예전에는 일반적으로 받아들여졌던 것들이 현재는 거부되듯이, 오늘날 일반적인 많은 의견들은 미래에 거부될 수 있다."

자유주의 이론은 인간이 그들의 잘못을 교정하는 능력을 갖는다고 보는데, 이것은 궁극적으로 사실과 진실을 가져오는 토론과 논쟁의 가능성이 전제됐을 경우에 한정된다. 밀은 인간이 어떤 문제를 전체적으로 파악할 수 있는 유일한 접근 방법은 그것에 관해 다양한 의견과 생각을 가진 사람들이 주장하는 바를 듣는 것이라고 말한다. 또한 도전받지 않는 의견은 생명력과 효과를 잃는다고 주장한다. 진실한 의견이라도 충분히, 자주, 그리고 거리낌 없이 논의되지 않는다면 살아 있는 진실이 아니라 죽은 독선이 된다고 밀은 주장했다. 그는 토론을 전적으로 막기는 거의 불가능하며, 일단 논쟁이 시작되면 확신이나 설득력을 기반으로 하지 못한 믿음은 단번에 무너져버린다고 했다. 결국 진실은 사상의 시장에서 승리한다는 것이 자유주의 이론이다.

3. 사회책임주의 이론

20세기 미국에서는 법적으로 그 자유를 보장받는 언론은 그에 부합하는 사회적 책임(social responsibility)을 수행해야 한다는 사상이 발달했다. 이러한 사회책임주의 이론은 자유주의 이론의 결점을 보완하기 위해 대두됐다. 자유주의 이론에서는 누구나 능력만 있다면 언론 미디어를 운영할 수 있다고 한다. 하지만 경제력이 없는 사람들은 자신의 의견을 개진할 수 없다. 그렇다면 실질적인 '의견의 자유로운 시장'은 구현될 수 없다. 따라서 언론은 정보, 오락, 판매의 기능을 수행하면서 동시에 토론의 단계에서 양립하는 입장을 함께 전달해야 한다.

또한 자유주의 이론에서 미국 신문은 때로 지나치게 선정적이고 상업화됐으며, 정치적으로 균형을 잃고 독점화되는 경향을 보인다는 비판이 있었다. 언론사(言論史)에서 자극적이고 선정적인 보도 경향을 옐로저널리즘(yellow journalism)이라 한다. 옐로저널리즘은 페니 프레스(penny press) 시대와 그 궤를 같이한다. 1830년대 미국에서는 신문의 대량생산에 필요한 인쇄 기술이 급속히 발전함에 따라 이전에 비해 인쇄 능력이 네 배 가까이 향상됐다. 이처럼 인쇄 부수가 증가하자 각 신문사는 독자 확보에 사활을 걸 수밖에 없었다. 이에 1833년 《뉴욕 선(New York Sun)》은 당시 신문 가격으로는 매우 파격적인 1페니에 신문을 팔기 시작했다. 이는 가격을 낮춰 독자를 확보하려는 전략이었다. 《뉴욕 선》의 이러한 저가 전략이 성공을 거두자 다른 신문들도 앞다투어 가격을 낮췄다. 그러나 저가 경쟁은 태생상 한계가 있다. 원가 이하로는 팔 수 없기 때문이다. 이에 각 신문사는 곧 대중지를 표방하고 독자를 끌어들이기 위해 선정적이고 자극적인 기사를 다루었다.

🏛 옐로저널리즘의 유래

1895년 최초의 컬러 연작 만화인 리처드 아웃콜트(Richard Outcault)의 〈옐로 키드 (The Yellow Kid)〉는 당시 독자들로부터 선풍적인 인기를 끌어 신문의 발행 부수를 증가시키는 데 크게 공헌했다. 이 때문에 이후 발행 부수를 올리기 위해 저널리스트들이 사용하는 선정적인 책략을 옐로저널리즘이라 부르게 됐다.

그림 5-2 리처드 아웃콜트의 연작 만화 〈옐로우 키드〉

이렇게 선정적이고 자극적인 기사나 뉴스를 생산하는 사람들은 '언론대행업자(press agent)'라고 불렸다. 이들은 독자들의 관심을 유도하기 위해 가끔은 진실을 저버리고 품위를 떨어뜨리는 기사를 썼다. 가령 서커스에서 구경꾼을 끌어들이는 것처럼 기묘한 사건을 개발했고, 정치인을 위해 영웅 신화를 창조해냈고, 주목을 끌기 위해 기괴한 거짓말을 꾸몄으며, 사실성이 좀 떨어지는 대중적 오락거리를 제공했다.

구체적인 사례를 살펴보자. 2012년 12월 미국 뉴욕의 지하철역에서 한인 남성이 다른 사람에게 의도적으로 떠밀려 선로에 떨어진 뒤, 역으로 진입하던 전동차에 치여 사망하는 사건이 발생했다. 그런데 당시 현장에 있던 타블로이드 일간지 《뉴욕 포스트(New York Post)》의 사진기자가 피해자를 구조하지 않고 사진을 촬영해 자사 신문 1면에 실어 파문이 일었다. 이와 관련해 미국의 한 시사 잡지는 "사진을 촬영할 시간에 그를 구조할 수는 없었는가"라며 《뉴욕 포스트》를 비판했다. 해당 기자는 논란이 일자 "카메라 플래시를 터트려 전철 기관사에게 경고하려 했다"고 항변했으나, 미국 언론과 독자들은 윤리적 한계를 넘어선 지독한 선정주의를 보여줬다며 강하게 비판했다.

가장 큰 문제는 옐로저널리즘이 언론이나 기자의 품위, 사실 보도, 객관성, 정확성 등과는 상관없이 독자들의 말초신경을 자극한다는 점이다. 특히 스포츠나 연예 전문 신문, 인터넷 언론 등에서 자극적인 기사 제목으로 독자 수나 클릭 수를 늘리려고 하거나, 유명인들의 사생활에 관한 파파라치의 사진을 게재하거나, 입증되지 않은 의혹만으로 기사를 작성하는 것 등이 옐로저널리즘의 사례라 할 수 있다.

나아가 자유주의 체제하에서 언론은 정부 권력의 영향을 받지 않고 매우 큰 권한을 갖는다. 흔히 언론을 '제4부(The Press as the Fourth Branch)'라 한다. '제4부'라는 용어는 18세기 후반 영국에서 그 당시 영국 권력의 3부인 국왕, 교회, 의회에 덧붙여 언론이 지닌 정치적 권력을 지칭하기 위해 에드먼드 버크(Edmund Burke)가 만든 것이다. 현대 민주주의국가에서 '권력의 3부'는 행정부, 입법부, 사법부를 말하며, 이 세 기관이 서로 견제하고 협력함으로써 민주국가는 완성될 수 있다. 언론의 권력은 중요한 정보의 전달과 공표 여부를 결정하는 힘에서 나온다.

언론은 국가의 핵심적인 세 기관에 속하지는 않지만, 각 기관의 활동이나 정책 등을 보도하고 때로는 비판함으로써 이 기관에 못지않은 권력을 갖는다. 국민들은 국가 주요 기관의 활동을 언론을 통해 접하기 때문이다. 그런 의미에서 언론은 '권력의 3부'에 준하는 권력을 갖는 '제4부'라 할 수 있다. 문제는 행정부, 입법부, 사법부는 국민에 의해 선출되는 권력이다. 하지만 언론은 '선출되지 않는 권력'으로 일종의 '권력의 대리인(agent of power)' 역할을 해왔다. 때로는 정치적 편향성을 띄기도 했다. 그럼에도 언론은 어떤 견제도 받지 않았다. 즉 현대 민주국가에서 대통령이나 국회의원은 투표를 통해 국민들의 지지를 받아야만 권력을 행사할 수 있으나, 언론은 그에 못지않은 권력을 행사하지만 국민에 의해 선출되지는 않는다. 따라서 언론이 더 큰 힘을 가질 수 있다는 것이다.

기대치 위반 이론(expectancy-violation theory)은 사람들이 어떤 대상에 대해 느끼는 기쁨이나 실망은 그 대상에 대해 사람들이 견지하는 기대치와 연관이 있다는 이론이다. 일례로 세상의 모든 부모는 자기 자식에게 거는 기대치가 매우 크다. 다른 아이들보다 공부를 더 잘하고, 더 착하기를 바란다. 아니 보통을 넘어 자기 아이가 공부를 가장 잘하고, 가장 착하기를 원한다. 그러나 실제로 내 아이가 보통의 아이들과 같다고 느끼면 실망감은 매우 커진다. 애초에 기대치가 너무 컸기 때문이다. 반대로 전혀 기대하지 않았던 사람이 나에게 조그마한 호의를 베풀면 그 호의는 실제보다 크게 느껴진다. 애초에 기대치가 작거나 거의 없었기 때문이다.

국민들은 언론의 중요성을 인식하고 있으며, 언론에 대한 기대치가 매우 높다. 그들은 언론이 정치권력 및 자본권력을 감시하고 사회의 정의를 위해 그 책무를 다해야 한다고 믿는다. 따라서 언론이 국민들이 부여한 그 책임을 다하지 못한다면, 언론에 대한 높은 기대치는 더 큰 실망으로 바뀐다.

언론은 이처럼 막강한 권한을 부여받았기 때문에 국민은 언론이 본연의 책무를 다해야 한다고 믿는다. 하지만 자유주의 체제하에서 언론은 그 자신이 권력화됐을 뿐 아니라 때로는 여론 형성에 영향을 미쳐 특정 정치권력이나 자본권력을 옹호하기도 한다. 다시 말해 국민들의 기대를 위반하는 경우가 많아졌다는 이야기이다. 이처럼 때로는 자극적이거나 선정적인 기사를 싣고, 때로는 권력에 취해 언론 본연의 기능에 소홀해지는 사례가 증가했다. 이에 대한 반향으로 등장한 것이 바로 언론의 사회 책임에 관한 이론이다.

사회책임주의 이론에 따르면, 말해야 할 중대한 사안을 가진 사람 누구에게나 공중을 향한 언로(言路)가 허용되어야 한다. 만일 언론 미디어가 이러한 의무를 행하지 못한다면 누군가가 그들의 임무를 수행하도록 해야 한다. 이러한 이론하에서 미디어는 지역사회 여론, 소비자 운동, 전문직 윤리 등에 의해 통제된다.

사회책임주의 이론의 기본 원칙은 먼저 언론 미디어가 사회에 대한 의무를 가지며, 미디어 소유권은 공적인 신탁으로 여겨야 한다고 본다. 언론은 진실성, 정확성, 공정성, 객관성, 적합성을 추구해야 하며, 언론의 자유가 있어야 하고, 자기 조정력이 있어야 한다. 기자들도 전문직으로서 직업윤리 강령을 따라야 한다. 한국기자협회 또한 기자 윤리 강령과 실천 요강을 공표하고 있다.

사회책임주의 이론은 언론이 사회적으로 책임 있는 태도를 취하도록 누가 감시할지, 또 미디어의 지면과 시간을 채울 만큼 가치 있고 중요한 의견이 무엇인지를 결정하는 방식 등에 관해 많은 논의를 촉발시켰다. 사회책임주의 이론 하에서는 시민사회 단체 등이 언론 모니터 운동, 언론 주권 운동 등을 통해 언론을 감시하고, 때로는 언론이 정도를 갈 수 있도록 지원해주기도 한다.

그 외에 언론 미디어가 가진 여러 문제의 원인으로 기자와 편집자의 전문성 부족, 불성실한 업무 수행 준비 등이 거론되기도 한다. 정치 및 사회, 역사 문제 등을 다룰 때, 기자와 편집자가 수치나 객관적인 데이터 등 가장 기본적인 사실(fact)을 틀리는 경우도 있다. 사실에 대한 이러한 명백한 실수는 독자들로 하여금 전체 기사에 대한 정확성에 의심을 품게 한다. 만약 기자나 편집자가 명확하고 정확한 사실관계를 모른다면, 더 명확하고 정확한 사실을 얻으려는 시청자 혹은 독자가 그러한 기사를 신뢰할 수 없을 것이다.

① 사실(fact)이 아닌 진실(truth)의 추구

전술했듯이 언론의 기본적인 책무는 사실을 객관적이고 공정하게 보도하는 것이다. 그러나 '사실(fact)' 보도는 때로 그 이면의 '진실(truth)'을 밝히지 못하는 경우도 많다. 예컨대 '용산 참사' 사건을 보자. '사실' 보도는 누가, 언제, 어디서, 무엇이, 어떻게 발생했는지를 취재해 보도하는 것이다. 하지만 사실 보도만으로는 왜 철거민들이 그러한 투쟁을 할 수밖에 없었는지를 알리기 힘들다. 단지 드러난 '사실'만 보도할 경우 대중은 철거민과 경찰 일부가 죽거나 다쳤다는 사실만 알게 되며, 경찰의 과잉 진압과 철거민의 강경 투쟁은 경중이 같다고 여기게 된다. 중요한 것은 그러한 일이 발생할 수밖에 없었던 사회구조적 문제를 밝히고 이에 대한 대안을 제시하는 것이다. 즉 사회책임주의 이론을 실천하는 한 방법으로 언론은 사회의 부조리한 면이나 감추어진 사실을 심층 취재해 건전한 사회 구축에 이바지할 수 있다.

이처럼 사실은 진실과 동일한 것이 아니라는 명제하에 사건 자체보다는 그 사건의 이면을 적극적으로 파헤치는 언론 보도 방식을 탐사보도(investigative reporting) 또는 탐사저널리즘(investigative journalism)이라 한다. 특히 이는 정부나 관리 또는 기업 등의 부정부패를 언론 기관이 독자적으로 조사하고 취재해서 깊이 파헤쳐 폭로하는 것을 의미한다. 탐사보도는 19세기 말에서 20세기 초에 성행했던 추문 폭로(muckraking)의 정신을 계승했다. 객관주의 언론이 금기시했었던 보도의 주관성을 부각하고 국민들의 심층 보도 욕구를 만족시키려는 것이다. 탐사보도의 성격을 가장 잘 말해주는 예로는 1974년의 워터게이트 사건 폭로 기사, 1976년 일본에서 활자화된 록히드 사건 폭로 기사, 《시사IN》의 '내곡동 사저 의혹' 관련 기사를 들 수 있다. 또한 MBC의 〈PD수첩〉, KBS의 〈추적 60분〉, SBS의 〈그것이 알고 싶다〉 등이 대표적인 탐사보도 프로그램이며, 각 신문사의 특집 기사도 탐사보도 기사라 할 수 있다. 특히 탐사보도를 할 경우에는 정보를 제공해준 취재원을 철저히 보호하는 것이 중요하다.

이처럼 탐사보도는 사건의 본질을 보도할 수 있고, 권력기관을 견제해 긍정적인 자극을 줄 수 있다. 그러나 다른 한편으로 언론이 사회적 비리나 정치 스캔들에 지나치게 집착해 과잉 취재 문제가 발생할 수도 있다. 또한 언론사 간의 경쟁 속에 심층 보도의 과다로 일상적인 기사나 뉴스와의 균형이 깨지는 경우도 있다.

② 탐사보도 언론사 〈프로퍼블리카〉

미국에서 퓰리처(Pulitzer) 상을 수여한 90여 년 역사상 최초로 2010년 4월 온라인 언론 매체 〈프로퍼블리카(Propublica)〉가 수상의 영광을 안았다. 〈프로퍼블리카〉는 2011년에도 2년 연속 수상을 했다. '공익을 위한 저널리즘'을 기치로 내건 〈프로퍼블리카〉는 2008년 6월 뉴욕에서 32명의 저널리스트들이 모여 만든 공익적인 탐사보도 온라인 미디어이다. 〈프로퍼블리카〉는 자본주의의 충실한 대변인이었으며 언론 재벌 루퍼트 머독(Rupert Murdoch)이 인수한《월 스트리트 저널(Wall Street Journal)》의 전 편집장이었던 폴 스타이거(Paul Steiger) 사장과《뉴욕 타임스(New York Times)》의 탐사보도 전문기자였던 스티븐 엔젤버그(Stephen Engelberg) 수석 편집장이 '자본과 권력으로부터 독립된 언론'을 만들겠다는 목표로 의기투합해서 창간한 미디어이다.

언론 미디어는 진실을 전달하는 데 그 목적이 있는데, 현실에서는 기업에 관해 좋지 않은 기사를 내면 그 기업이 광고를 주지 않기 때문에 언론 미디어가 자본권력에 휘둘릴 수밖에 없다. 이에 〈프로퍼블리카〉는 공정성을 갖기 위해 광고 대신 기부금으로 운영된다. 그만큼 돈과 권력 앞에서 당당한 독립 언론사가 되겠다는 뜻이다.

4. 소비에트 전체주의 이론

과거 소련에서 최초로 공산주의 혁명이 성공한 후, 많은 국가에서 권위주의 체제 이론이 소비에트 전체주의(soviet-totalitarian) 이론으로 발전했다. 소비에트 시각에서 보면, 언론이 존재하는 주요 목적은 소비에트 체제의 발전과 연속에 기여하는 데 있다. 미디어는 정부의 경제적·정치적 행위 및 감시에 의해 통제를 받는데, 충성심을 가진 정통 당원만이 미디어를 정기적으로 이용할 수 있다. 당의 전략은 비판받을 수 있으나, 당의 목적이나 목표는 비판받지 않는다. 소비에트 전체주의하에서 언론 미디어는 국가가 소유하며, 국가의 통제를 받고, 오직 국가 발전을 위한 하나의 도구로 존재한다.

소비에트 전체주의 이론은 독재 체제를 지원한다는 측면에서 공산주의만이 아니라 자본주의식 독재로 볼 수 있는 나치즘이나 파시즘에도 적용될 수 있다. 이러한 이론은 구소련 및 동유럽 공산주의 국가들의 붕괴로 이제는 거의 찾아

보기 힘들다. 그러나 아직도 북한이나 쿠바 등 일부 국가에서는 소비에트 전체
주의 이론하에서 언론이 기능한다.

06

매스미디어 효과 이론

언론 또는 매스미디어는 정확한 정보를 제공하고, 그 정보의 의미를 파악해서 국민들이 명확한 판단을 하도록 도와준다. 그리고 문화 및 가치관을 전수하고 사회화 기능을 수행해 사회 구성원들의 통합에 기여하며, 때로는 오락이나 즐거움을 제공한다. 사람들에게는 이러한 기본적인 기능 외에 매스미디어가 과연 구성원들에게 어떠한 영향을 미치는지에 대한 의문이 있었다. 다시 말해 매스미디어가 사회 구성원들에게 미치는 영향력은 무엇이며, 그 크기는 얼마나 되는지에 대한 연구가 진행됐다. 만약 매스미디어 종사자나 커뮤니케이션 연구자가 매스미디어를 통한 커뮤니케이션 효과의 종류와 그 영향력 크기를 파악하지 못한다면 매스미디어 연구는 그 의미가 퇴색될지도 모른다.

이처럼 매스미디어의 영향력 또는 매스 커뮤니케이션의 효과에 대한 연구 부문을 매스미디어 효과 이론이라 한다. 제6장에서는 매스미디어 효과에 관한 주요 이론들을 살펴보고, 그 의의를 논의해보고자 한다.

1. 탄환 이론

1) 탄환 이론의 정의

탄환 이론은(the Bullet Theory)은 매스미디어 효과에 관한 최초의 이론이다. 간단히 말해서 매스미디어는 대중(mass audience)에게 직접적이며 즉각적으로 매우 강력하고 획일적인 영향을 미친다는 이론이다. 매스미디어의 메시지는 마법의 탄환(the magic bullet)처럼 수용자 개인의 마음에 직접적인 영향을 미치며, 그 심리적 영향은 다시 필연적으로 행동까지 유발시킨다. 이러한 효과는 개인의 사회적·심리적 속성의 차이와 관계없이 획일적으로 일어난다는 주장이 곧 탄환 이론의 요체이다. 탄환 이론은 다른 말로 피하주사 이론(hypodermic needle theory) 또는 기계적 자극-반응 이론(the mechanistic stimulus-response theory)으로도 불린다.

2) 탄환 이론의 배경

탄환 이론이 등장한 배경으로는 크게 대중사회의 출현, 매스미디어의 본격적 보급, 제1차 세계대전과 독일에서 증명된 선전의 효과를 들 수 있다. 이에 대해 자세히 설명하면 다음과 같다.

① 대중사회의 출현

대중사회(mass society)는 전통사회(traditional society)와 대비되는 개념으로, 구성원들이 서로 원자화되거나 고립된 이질적 존재로 구성된 사회를 의미한다. 농촌에서 씨족이나 부족 단위로 모여 살던 사람들이 산업화·도시화·근대화로 인해 도시에 집중되면서, 개인들은 서로 유리되고 원자화됐다. 그들은 복잡한 도시 환경을 극복하지 못하고 좌절감과 긴장감에 젖는다.

전통사회는 주로 가족이나 친족 중심으로 이루어졌으며, 그들 간의 신념, 풍습, 전통 등이 중시되고, 구성원들끼리는 구두 커뮤니케이션을 통해 의사소통을 한다. 이를 게마인샤프트(Gemeinschaft)라 한다. 반면 대중사회, 다른 말로 게젤샤프트(Gesellschaft)는 개인들이 고립되어 있으며 전통사회에서보다 사회적 책임감을 크게 부여받지 않는다. 그리고 개인들은 각자의 고향에서 도시로 모인 사람들이기 때문에 서로 이질적이고 조직적이지 못하다. 다시 말해 대중은 군중(mob)의 의미를 가진 집단일 뿐이다. 또한 도시에서는 필연적으로 성공을 위해 경쟁 체제가 형성될 수밖에 없으므로 개인들은 자신의 이익을 최대화하려고 노력한다. 이로 인해 개인들은 심리적 불안과 긴장을 느낀다.

이처럼 서로 고립되고 이질적인 불안한 군중은 카리스마를 가진 인물이나 집단의 선동에 쉽게 집합적 행동을 하는 경향이 있다. 그 결과 사회 변혁이나 전체주의가 등장하며, 강력한 영향을 가진 매스미디어에 의해 쉽게 영향을 받을 수 있다.

② 매스미디어의 본격적 보급

1920년대에 대량 복제 기술의 발달로 값이 싼 페이퍼백(paper back) 서적이 쏟아져 나오고, 사회의 발달과 교육의 보급으로 점차 독서층이 확대되면서 서적이 대중매체로서 일반화되기 시작했다. 뒤이어 교육받은 세대들의 전유물이었던 신문도 근대화로 인한 대중 교육의 보급과 산업화·도시화로 인해 대량 보급이 가능해지면서 본격적으로 대중에게 널리 퍼져 나갔다. 또한 새로운 매스미디어인 라디오와 영화 등이 출현해 대중 생활 속으로 깊이 파고들었다. 특히 라디오와 영화는 무엇보다 새롭고 신기했기 때문에 대중에게 주는 영향력은 기존의 인쇄 미디어보다 더욱 컸다.

매스미디어가 발달할수록 대중은 거기에 깊숙이 빠져들었고 의존도는 점차 높아졌다. 그러자 매스미디어의 효과는 좋은 것인가, 매스미디어가 우리가 원하지 않는 방향으로 대중을 몰고 가는 것은 아닌가 하는 등의 문제가 논쟁의 대상이 됐다. 커뮤니케이션의 현상과 그 효과에 대한 연구가 이루어지면서 여러 학설도 발표됐다. 이것이 바로 매스 커뮤니케이션 효과에 관한 최초의 학설이라고 할 수 있는 탄환 이론이 나타난 사회적 배경이다.

특히 탄환 이론을 뒷받침하는 대표적인 사례로는 미국 CBS 방송국의 시추에이션 드라마 시리즈 가운데 〈세계 전쟁(War of the Worlds)〉이라는 방송이 야기한 패닉 사건이 있다. 1938년 10월 30일 저녁, 미국 CBS 라디오 방송을 들은 6백만 명의 청취자들 대부분은 화성으로부터 괴물들이 침입해 전쟁이 일어났다고 믿었다. 영국 출신 작가인 허버트 조지 웰스(Herbert George Wells)의 공상과학소설을 각색해서 방송한 이 드라마는 극적 효과를 높이기 위해 이를 뉴스 보도 스타일(spot reporting)로 교묘하게 극화했다. 그래서 이 라디오 방송을 들은 청취자는 실제로 화성인이 미국에 침입했다고 착각한 것이다. 지구의 종말이 닥쳐왔다고 생각한 일부 청취자는 울음을 터트리고 비명을 지르는가 하면, 그중 일부는 신문사로 몰려들고, 자신의 집에 전기를 차단해달라고 전력회사에 전화했으며, 피난을 가려는 사람들로 터미널은 만원이 됐다. 또 어떤 사람은 전화로 가족에게 유언을 남겼으며, 일부에서는 화재와 우연한 정전이 화성인에 의한 것이라는 그릇된 믿음이 퍼져 나갔다.

이러한 공황 상태는 당연히 우연한 결과였다. 청취자들을 놀라게 하려는 방송국 측의 의도는 전혀 없었다. 하지만 그날 밤 이 일은 매스 커뮤니케이션의 역사상 가장 놀라운 미디어 관련 사건으로서 라디오가 청취자에게 강력한 영향을 미친다는 사실을 자연스럽게 보여주며 탄환 이론을 뒷받침해주는 결과가 됐다. 물론 이러한 결과는 전적으로 라디오의 강력한 영향력에 의한 것만은 아니었다. 패닉에 빠진 청취자 일부는 픽션이라는 방송 초반의 멘트를 듣지 못한 사람들이었다. 그리고 무엇보다 당시는 제1차 세계대전, 대공황, 공산주의의 대두 이후였기 때문에 사회적 혼란과 심리적 동요도 이러한 결과를 초래하는 데 영향을 끼쳤을 것이다.

③ 제1차 세계대전, 독일, 러시아혁명에서의 선전 효과

탄환 이론은 제1차 세계대전과 러시아 볼셰비키 혁명에서 수행된 선전의 강력한 효과와 독일에서 아돌프 히틀러(Adolf Hitler)의 집권과 권력 유지 과정에서 나타난 매스미디어의 위력에 기반을 둔다.

선전의 효과에 관한 초기의 대표적 연구는 해럴드 라스웰(Harold Lasswell)에서 시작됐다. 그는 1927년 출간한 『세계대전에서의 선전 기법(*Propaganda Technique in the World War*)』이라는 저서를 통해 제1차 세계대전 당시 선전이 영국과 미국 국민들에게 독일에 대한 적대감을 유발시키는 데 대단한 효과를 거두었다는 사실을 밝힘으로써 탄환 이론의 타당성을 지지해주었다. 예를 들어 제1차 세계대전 당시 독일 군대의 잔악상을 매스미디어에 대대적으로 보도한 선전 기법이 효과적이었다는 사실이 입증됐다. 사실 그 보도는 대부분 거짓이었음에도 그는 대중이 이를 그대로 믿어 독일에 대한 적대감이 유발됐다면서 간접적으로 탄환 이론을 뒷받침해주었다.

또한 나치 독일이 국민적 지지를 받으며 출현했을 때나 러시아혁명이 발생했을 때에도 대중 또는 군중이 비이성적이고 집단적인 행동을 하는 사례가 적지 않게 나타났다. 바로 이러한 시대적 상황에서 탄환 이론이 대두되고 매우 타당성 있는 학설로 받아들여졌다.

당시에는 특히 히틀러와 같은 선동가가 매스 커뮤니케이션의 힘으로 미국 내에서도 권력을 쟁취할 수 있다는 우려가 미국 국민들 사이에 팽배했다. 이러한 우려 속에 결국 '선전분석연구소(Institute for Propaganda Analysis)'가 설립됐으며, 미국 국민들에게 선전 기법을 교육하는 많은 캠페인이 이곳에서 수립됐다.

3) 탄환 이론의 평가

전술한 바와 같이 탄환 이론은 무엇보다 매스미디어의 효과를 최초로 설명한 이론이었다는 점에 의의가 있다. 또한 탄환 이론은 매스미디어 및 매스 커뮤니케이션 효과에 대한 관심과 연구를 자극함으로써 이후 등장하는 다양한 커뮤니케이션 이론의 발전에 기여했다.

그러나 기본 가정에서 수용자를 모두 상호 고립된 원자화된 존재로 보았다는 점에서 많은 비판을 받았다. 일례로 폴 라자스펠드(Paul Lazarsfeld) 등이 대통령 선거에서 유권자들의 투표 의사 결정에 관한 연구를 진행했는데, 이때 유권자에게 매스미디어가 끼치는 직접적인 영향력은 오히려 유권자 주변의 의견 선도자가 끼치는 영향력보다 작은 것으로 나타났다. 만약 탄환 이론의 가정대로 유권자가 원자화된 개인이라면 매스미디어의 영향은 더 크게 나타나야 한다.

또한 라일리(Riley)의 연구에서는 개인이 속한 사회집단(가령 학교, 직장, 교회 등)이 메시지 내용의 선택과 반응에 뚜렷한 영향을 주는 것으로 나타났다. 이 역시 대중은 모두 사회적으로 고립된 존재라는 탄환 이론이나 대중사회 이론의 기본 가정과는 배치되는 것이다. 라이트(Wight)는 이에 대해 수용자 개개인은 사회적 환경 속에 존재하며, 가족, 친구, 직장 등 여러 1, 2차 집단의 일원이자, 이 집단이 개인의 의견과 행동에 영향을 준다고 주장했다. 따라서 매스미디어 접촉 방법이나 메시지 내용의 해석과 반응 양식에도 소속 집단이나 그 구성원들이 서로 영향을 미친다고 말했다.

2. 2단계 유통 이론

1) 2단계 유통 이론의 정의

2단계 유통 이론(two step flow theory)은 매스미디어의 정보나 영향력이 곧바로 수용자 대중에게 흐르는 것이 아니라, 의견 선도자(opinion leader)를 거쳐 다시 대중에게로 전달된다는 이론이다.

그림 6-1 ☞ 2단계 유통 이론의 개요

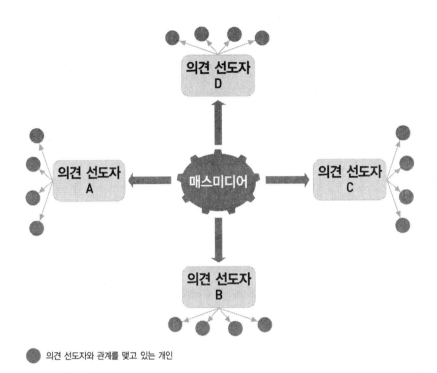

⬤ 의견 선도자와 관계를 맺고 있는 개인

　　2단계 유통 이론은 라자스펠드 등이 1940년 미국의 대통령 선거 기간에 매스미디어가 유권자들의 투표 의사 결정에 어떠한 영향을 미치는가를 조사하는 과정에서 제시됐다. 연구 결과 매스미디어는 유권자들의 투표 의사 결정을 변경하는 데 극히 제한된 효과만을 발휘한 것으로 나타났다. 구체적으로 선거 유세 시작 전에 유권자 80퍼센트가 이미 의사 결정을 했으며, 이 과정에서 매스미디어보다 의견 선도자의 대인적 영향력이 더 큰 영향을 미쳤던 것으로 밝혀졌다. 즉 매스미디어의 정보나 영향력은 곧바로 그 수용자 대중에게 흐르는 것이 아니라 2단계, 즉 일단 의견 선도자를 거쳐서 다시 대중에게 흐르는 것을 우연히 발견하고, 라자스펠드는 이를 1948년에 '커뮤니케이션의 2단계 유통 가설(two-step flow of communication hypothesis)'이라는 이름으로 발표했다.

2단계 유통 이론의 중요한 기본 가정을 살펴보면 다음과 같다. 첫째, 인간은 탄환 이론의 주장처럼 사회적으로 고립되어 있지 않고, 사회 집단의 성원으로서 다른 사람들과 상호작용을 한다.

둘째, 매스미디어의 메시지에 대한 수용자 개인의 생리적 반응과 심리적 반응은 즉각적이거나 직접적으로 일어나지 않으며, 타인과의 사회적 관계에 영향을 받으면서 나타난다.

셋째, 매스미디어로부터 메시지가 전달되는 과정에서 수용자 개인은 서로 다른 역할을 한다. 어떤 사람(의견 선도자)은 매스미디어로부터 정보나 아이디어를 적극적으로 받아들이고 그것을 다른 사람들에게 전파하는가 하면, 다른 사람(일반인)은 주로 타인과의 개인적 접촉을 통해 간접적으로 그 정보나 아이디어를 받아들인다. 바로 이 세 번째 가정이 이 이론의 핵심인데, 의견 선도자는 매스미디어와의 접촉 빈도가 매우 높으며 이를 통해 정보를 얻는다. 그러나 여기서 그치는 것이 아니고, 그는 매스미디어로부터 얻은 정보에 자신의 개인적인 의견을 첨가한다. 즉 매스미디어 정보가 가공되는 것이다. 그리고 의견 선도자가 가공한 이 정보가 일반인들에게 전달되어 그들의 반응에 영향을 미친다.

넷째, 이러한 커뮤니케이션 과정에서 적극적이며 능동적 역할을 하는 의견 선도자는 대체로 매스미디어의 접촉도가 높고, 다른 사람들과의 교제가 많으며, 자기 자신이 다른 사람들에게 영향력이 있고 다른 사람들에게 정보원과 인도자로서의 역할을 한다고 스스로 생각하는 사람들이다.

라자스펠드 등은 그 후 이러한 선거 유세 외에 다른 분야를 포함해 1955년에 하나의 공식적인 이론으로 발표했다. 참고로 1943년 아이오와주립대학교에 세계 최초로 매스 커뮤니케이션 박사 과정을 개설한 윌버 슈람(Wilbur Schramm) 교수는 라자스펠드를 포함해 해럴드 라스웰, 칼 호블랜드(Carl Hovland), 커트 레빈(Kurt Lewin)을 초기 커뮤니케이션학을 정립한 4대 선구자(founding father)로 선정했다.

2) 2단계 유통 이론의 활용

1944년 라자스펠드는 정치 외에 다른 분야에서도 2단계 유통 이론이 증명되는지를 알아보기 위해 엘리휴 카츠(Elihu Katz)와 함께 일리노이 주 디케이터(Decatur) 시에서 현장 조사를 실시했다. 그리고 그 연구 결과를 정리해 『개인의 영향(*Personal Influence: The Part Played by People in the Flow of Mass Communication*)』이라는 단행본을 출간했다.

디케이터 연구에서는 먼저 의견 선도자가 누구인지 그 특성을 조사했다. 조사 결과 의견 선도자는 대체로 다른 사람들에 비해 교육 수준, 명성의 정도, 경제적 수입 등이 높은 것으로 나타났다. 이는 일반 사람들이 지역사회 내에서 누구에게 조언이나 의견을 구할 것이냐를 결정할 때, 자신들보다 교육 수준이 높거나 명성이 있는 사람을 선택하기 때문으로 볼 수 있다. 그러나 이러한 사회적·경제적 지위는 의견 선도자와 그 추종자를 비교했을 때 나타나는 상대적 지위이지, 절대적 지위를 의미하는 것은 아니다. 가령 농촌의 의견 선도자는 도시의 의견 선도자와 경제적 수입이 차이가 날 수밖에 없다. 또한 사회적 교제 범위를 고려할 때, 친구가 많은 사람들 중에 의견 선도자가 많았으나, 직접 가입한 사교 단체의 참여 정도는 의견 선도자의 주요 속성이 되지 못했다.

중요한 점은 의견 선도자가 군대, 정부, 회사 등 공식적 집단을 이끄는 공식적 지도자와는 다르다는 것이다. 의견 선도자는 비공식적이고 때로는 잘 드러나지 않는 경우도 있다. 하지만 그들은 주변 다른 사람들에게 특정 분야에서 영향을 미친다.

예컨대 보통 사람들은 어떤 현실 문제에 직면했을 때, 또는 어떤 것을 믿고 어떤 것을 믿지 말아야 하는지 판단할 수 없을 때, 어떤 제품을 사는 것이 더 좋은지 판단하기 어려울 때, 자신에게 충고나 도움을 줄 수 있는 사람이 필요하다. 이들이 바로 의견 선도자인데, 이들은 그 분야에서만큼은 전문적인 지식이나 특별한 지혜를 가졌다고 여겨지는 사람들이다.

디케이터 연구에서는 각 분야별로 의견 선도자가 달랐는데, 마케팅에서는 타인과 동일한 사회적·경제적 지위를 가진 사람들이 의견 선도자였다. 왜냐하면, 특정 제품이나 브랜드는 구매하는 층이 유사하기 때문이다. 패션 부문에서는 미혼 여성이 기혼 여성보다 의견 선도자인 경우가 많았으며, 공공 문제에 있어서는 중위권 이상의 지위를 갖는 사람들이 의견 선도자인 경우가 많았다.

이러한 2단계 유통 이론 및 의견 선도자의 역할은 우리 주변에서도 쉽게 찾아볼 수 있다. 20대 젊은 층은 대개 정치 문제에 관심이 적다. 그러다 보니 정당이나 후보별 정책의 차이점을 구분하기도 어렵고, 신문이나 뉴스에서 정치 관련 내용은 잘 보지도 않는다. 이때 주변에는 정치에 관심도 많으며 신문이나 뉴스의 정치면도 잘 챙겨보는 의견 선도자가 있다. 정치에 관심이 없는 젊은 층은 이러한 정치 부문 의견 선도자를 통해 관련 정보를 취득하고, 실제 투표 행위에도 영향을 받는다. 특히 페이스북이나 트위터 등으로 쉽게 다른 사람과 관계를 맺을 수 있는 현대 사회에서는 의견 선도자의 개인적 영향력을 손쉽게 찾아볼 수 있다.

정치 부문만이 아니다. 영화를 볼 때도 마찬가지이다. 최신 영화나 배우 및 감독에 대해 잘 모르는 사람은 주변의 영화 마니아들을 통해 정보를 얻고 관람할 영화를 선택하기도 한다. 그러한 마니아들이 바로 영화 부문 의견 선도자이다. 컴퓨터나 스마트폰, 태블릿 PC 등 ICT(information and communication technology) 기기에 대해 잘 알지 못하는 사람들은 이러한 기기들을 구매할 때, ICT에 관한 정보가 많은 친구들에게 문의하기도 한다.

3) 2단계 유통 이론의 평가

2단계 유통 이론은 수용자들이 원자화된 존재가 아닌, 서로 사회적 관계와 접촉을 갖는 상호 유관적 존재로 인식했고, 실제 사회적 관계의 영향력을 입증했다. 그럼으로써 커뮤니케이션 연구에서 사회적 집단들에 대한 연구를 촉진시키기도 했다.

그러나 이 이론은 커뮤니케이션 과정에서 정보나 영향력의 흐름을 단정적으로 2단계로 규정했다는 점에서 비판을 받았다. 예를 들어 정보의 흐름은 매스미디어로부터 바로 흐를 수도 있고, 때로는 2단계보다 더 많은 단계를 거칠 수도 있다. 예를 들어 도이치람(Deutchramm) 등의 연구에 의하면, 아주 중요하거나(전쟁이나 재해 속보) 혹은 중요하지 않은 정보(날씨)는 매스미디어로부터 직접 영향을 받는 것으로 나타났다.

또한 커뮤니케이션 효과에 따라 매스미디어와 대인 채널의 영향력은 차이가 날 수 있다. '인지'나 '지식' 단계에서는 매스미디어가 훨씬 효과적이지만, 상대의 의견이나 태도를 바꾸려는 '설득'에서는 대인 채널이 효과적이다. 예를 들어 대통령이 개각을 통해 기존 장관을 교체했을 때 누가 새로운 장관인지에 대한 정보를 얻을 경우에는 의견 선도자보다는 텔레비전 뉴스가 효과적이다. 하지만 그 뉴스를 통해 이번 개각이 잘된 것인지 판단하고 정부에 대한 태도를 형성해 선거에서 투표를 할 경우에는 정치 부문 의견 선도자가 더 영향력이 클 수 있다.

3. 이용과 충족 이론

1) 이용과 충족 이론의 정의

이용과 충족 이론(the theory of Uses and Gratifications)은 수용자가 기분 전환, 인간관계 형성, 개인적 정체성 확인, 정보 추구 등과 같은 특정 욕구를 충족시키기 위해 매스미디어나 매스미디어의 특정 콘텐츠를 능동적으로 이용한다는 이론적 관점 또는 접근 방법이다. 이론이라고 불리기는 하지만, 사실상은 매스 커뮤니케이션 연구를 위한 하나의 접근 방법 또는 연구 모형이라고 볼 수 있다.

이러한 이론은 매스 커뮤니케이션 및 매스미디어의 효과를 과소평가하던 이른바 한정 효과 이론 또는 소효과 이론(예: 2단계 유통 이론)에 대한 반작용으로서, 위축됐던 매스 커뮤니케이션 연구 풍토를 다시 활성화하려는 대안적 방법 가운데 하나로 제시됐다. 간단히 말해 이용과 충족 이론은 '왜 사람들은 미디어를 이용하며, 미디어 이용을 하도록 사람들에게 동기 부여하는 것은 무엇이며, 그로 인해 충족되는 것은 무엇인가'를 설명하는 이론이다.

이용과 충족이라는 개념을 처음 제시한 학자는 카츠이다. 그는 1959년 버나드 베릴슨(Bernard Berelson)이 당시 커뮤니케이션 연구의 동향을 밝히면서 "커뮤니케이션 연구 분야는 계속 시들어가고 있다(the state is withering away)"고 주장한 내용을 반박하면서 이용과 충족의 개념을 제시했다. 카츠는 시들어가는 것은 설득 커뮤니케이션 분야일 뿐이며, 설득 커뮤니케이션보다는 매스 커뮤니케이션에 보다 많은 연구 영역이 존재한다고 주장하면서 새로운 접근법을 내놓았다.

카츠가 제시한 새로운 접근법이란 '미디어가 수용자에게 무엇을 하는가(what the media do to people?)'가 아니라, '수용자가 미디어를 이용해서 무엇을 하는가(what people do with media?)'에 관심을 두어야 한다는 주장이다. 또한 이용과 충족의 접근 방법에서는 인간들의 가치관, 관심 또는 흥미, 사회적 관계, 사회적 역할 등이 그들의 커뮤니케이션 행동에서 중요한 영향을 미치는 결정 요인이라고 간주한다. 즉 자신의 관심에 따라 특정 매스미디어나 콘텐츠를 이용할 동기가 발생되며, 이용을 통해 특정 욕구를 충족시킨다는 것이다.

1974년 카츠, 제이 블럼러(Jay Blumler), 미카엘 구레비츠(Michael Gurevitch) 등은 이용과 충족 이론이 다음과 같은 전제에서 출발한다고 주장했다. 첫째, 매스미디어의 수용자는 능동적이고, 수용자의 매스미디어 이용은 목적 지향적이다. 둘째, 매스 커뮤니케이션 과정에서는 욕구 충족과 연관된 주도권과 미디어 선택의 대부분이 수용자에게 달려 있다. 셋째, 매스미디어는 인간의 욕구 충족을 위해 다른 다양한 수단과 경쟁한다.

그림 6-2 👄 이용과 충족 이론에 대한 카츠 등의 연구 모형

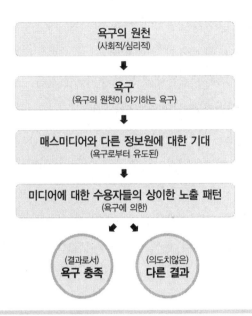

다시 말해 이용과 충족 이론에서는 ① 왜 사람들이 미디어를 이용하는지, ② 미디어를 이용하도록 사람들에게 동기를 부여하는 것은 무엇인지, ③ 미디어 이용을 통해 충족되는 욕구는 무엇인지에 초점을 맞춘다. 만약 특정 욕구(예: 즐거움) 충족을 위해 사람들이 매스미디어나 특정 콘텐츠를 이용하고, 그 이용에 따라 욕구가 충족됐다면, 매스미디어의 영향력은 결코 작지 않다고 할 수 있다.

2) 이용과 충족 이론의 활용

이용과 충족 이론은 매스 커뮤니케이션 이론 중에서 가장 폭넓게 적용되는 이론이다. 국내에서도 미디어별 특성이나 이용 동기 비교 조사, 뉴미디어 이용 동기 조사, 텔레비전 시청자 조사나 광고 이용 행태 조사 등에서 활용되고 있다. 예를 들어 각 미디어별 특성(예: 영향력, 접촉 빈도, 정보 제공, 재미 등)을 비교함으로써 이용자들이 추구하는 미디어 이용 동기와 각 미디어의 욕구 충족 정

도표 6-1 ☞ 미디어별 특성 비교　※Base: N=6,000, 단위: 평균(점), 6점 척도(매우 그렇다: 6점~전혀 아니다: 1점), Top3(%): '다소 그렇다+그렇다+매우 그렇다'

특성	지상파TV		라디오		신문		잡지		인터넷	
	평균	(TOP3)	평균	(TOP3)	평균	(TOP3)	평균	(TOP3)	평균	(TOP3)
관심을 갖고 접한다	4.34	(82.5)	2.85	(34.3)	3.14	(43.5)	2.52	(22.1)	3.56	(56.0)
재미있다	4.35	(81.3)	2.87	(34.5)	3.04	(37.7)	2.64	(26.9)	3.61	(57.8)
신뢰감을 준다	4.25	(78.0)	2.96	(36.4)	3.28	(47.4)	2.57	(23.5)	3.50	(53.7)
기억에 오래 남는다	4.28	(79.2)	2.92	(35.1)	3.15	(42.8)	2.59	(24.9)	3.52	(54.5)
세련되었다/품격 있다	4.13	(74.9)	2.86	(32.8)	3.10	(40.1)	2.68	(28.0)	3.49	(53.7)
영향력이 크다	4.43	(81.1)	2.99	(37.9)	3.34	(48.5)	2.58	(23.5)	3.74	(59.7)
공정하다	4.12	(74.0)	3.00	(38.8)	3.25	(46.1)	2.53	(21.9)	3.45	(51.8)
신속하다	4.40	(81.9)	3.14	(42.8)	3.33	(48.5)	2.51	(21.4)	3.80	(61.2)
유익한 정보를 제공	4.31	(81.2)	3.08	(41.3)	3.34	(49.3)	2.67	(27.7)	3.68	(59.8)
트렌드 선도적이다	4.23	(78.2)	2.89	(33.3)	3.11	(41.5)	2.67	(27.0)	3.65	(58.2)
자주 접촉하는 매체	4.42	(82.1)	2.81	(33.5)	3.10	(42.3)	2.42	(19.9)	3.58	(56.8)
좋아하는 매체이다	4.36	(81.4)	2.85	(34.0)	3.06	(41.1)	2.44	(20.4)	3.56	(56.0)

출처: 한국방송광고공사, 「2008 소비자행태조사보고서」, 한국방송광고공사, 2008, 100쪽.

도를 파악할 수 있다.

　또 다른 예를 들어보자. 사회에 새로운 미디어(예: 인터넷이나 스마트폰)가 등장하고 이용이 확산되면, 연구자들은 이용자들이 해당 미디어를 이용하는 동기를 파악하고자 한다. 이를 통해 기존 미디어와 뉴미디어의 이용하는 동기가 어떤 차이가 있는지 알아본다. 다음으로 그러한 이용 동기를 기존 미디어와 뉴미디어가 얼마나 충족시켜주는지, 그리고 그 차이는 어떠한지를 분석한다. 그럼으로써 해당 미디어 종사자들이나 연구자들은 특정 동기를 충족시켜줄 수 있는 콘텐츠를 개발하거나, 미디어 진화를 위해 이러한 정보를 활용할 수 있다.

도표 6-2 ☛ 이용자의 스마트 미디어 이용 동기(단위: 5점 만점 평균)

측정 문항	텔레비전	데스크톱	스마트폰	태블릿PC
뚜렷한 이유 없이 늘 사용	3.63 (3.79)	3.33 (3.29)	3.66	3.57
일상의 효율성을 높이기 위해	3.20 (3.37)	3.78 (3.72)	3.78	4.00
시사 관련 뉴스를 보거나 듣기 위해	3.80 (4.02)	3.56 (3.49)	3.35	3.62
연예 뉴스를 보거나 듣기 위해	3.42 (3.58)	3.23 (3.19)	3.11	3.19
드라마나 오락 프로그램을 보기 위해	3.87 (3.95)	2.99 (2.90)	2.91	3.16
다른 사람과 소통하기 위해	3.07 (3.28)	3.48 (3.34)	3.91	3.76
새로운 아이디어를 얻기 위해	3.07 (3.22)	3.52 (3.55)	3.39	3.70
학습이나 일에 유용한 정보를 얻기 위해	3.12 (3.24)	3.83 (3.77)	3.56	3.89
세상 돌아가는 소식을 접하기 위해	3.87 (3.99)	3.73 (3.54)	3.63	3.81
인간적 유대관계를 맺는 데 도움이 될 수 있도록	3.23 (3.37)	3.41 (3.35)	3.76	3.61
다른 사람들과 잘 어울릴 수 있기 위해	3.20 (3.28)	3.29 (3.31)	3.72	3.57

출처: 김은미·심미선, 「스마트미디어 서비스 이용실태 조사」, 방송통신정책연구 보고서, 2011, 98쪽.

3) 이용과 충족 이론의 평가

능동적 수용자론의 패러다임을 가져온 이용과 충족 이론은 매스 커뮤니케이션 이론 중에서도 특히 활용도가 매우 높은 이론이다. 또한 기존 효과 이론이 수용자를 수동적 존재로 묘사했다면(미디어가 사람들에게 무엇을 하는가), 이용과 충족 이론은 수용자의 능동성을 강조했다(사람들이 미디어로 무엇을 하는가). 게다가 위축됐던 매스 커뮤니케이션 연구를 활성화하는 데 기여하기도 했으며, 특히 뉴미디어 채택과 관련해 유용한 통찰력을 제공한다.

하지만 이용과 충족 이론은 이론적 깊이와 체계성에 대해서는 논란이 많은 이론이기도 하다. 첫째, 이 이론은 지나치게 '비이론적(non-theoretical)'이다. 즉 기본 가정과 핵심 개념이 명확하게 정의되지 않아서 이론이라기보다 하나의 '자료 수집 전략 또는 방법(data-collecting strategy)'이라는 비판이다. 둘째, 지나치게 개인의 미디어 이용에만 초점을 맞추다 보니, 이 이론을 보다 큰 사회 구조에 연결하기 어렵다. 셋째, 커뮤니케이션의 효과를 고려하지 않았다. 즉 지나치게 욕구 충족 관점에서만 매스 커뮤니케이션 현상을 조망했으므로 송신자 측면이나 효과 측면의 연구는 사실상 거의 없다는 점에서 비판을 받았다.

4. 의제 설정 이론

1) 의제 설정 이론의 정의

의제 설정 이론(a theory of Agenda Setting)은 매스미디어가 어떤 이슈를 강조하거나 자주 보도하면 수용자 대중은 그 이슈를 중요한 문제, 즉 의제로 인식한다는 이론이다. 반대로 매스미디어가 자주 또는 부각해서 보도하지 않으면, 그 이슈를 사람들은 잊는다는 주장이다. 다시 말해 의제 설정 이론은 수용자가 현실을 인식하는 과정에서 미디어가 미치는 영향력을 설명한 것으로 수용자는 사회적으로 관심을 가지고 인지해야 할 무엇인가를 미디어를 통해 알게 된다고 본다.

의제(agenda)는 사회적 중요도를 지니는 쟁점(issue)을 말하며, 공동체 구성

도표 6-3 ☞ 의제 설정 이론의 개념

연구자	정의
Long (1958)	어떤 의미에서 신문은 지역적인 의제설정의 첫 번째 동인(動因)이다. 대부분의 사람들이 무엇에 대해 이야기하고, 사실들에 대해 어떻게 생각하며, 문제들이 다루어지는 방식에 대해 어떻게 여기고 있는지를 결정함에 있어 신문은 큰 역할을 차지한다.
Lang & Lang (1959)	매스미디어는 특정한 문제들에 대해 주의를 기울일 것을 강요한다. 매스미디어는 정치인들에 대한 공공의 이미지를 만들고, 대중 속의 개개인들이 무엇을 생각해야 하고, 무엇에 대해 알아야 하며, 어떤 감정을 가져야 하는가를 지속적으로 제시한다.
Cohen (1963)	언론이 사람들에게 생각하고 있는 것을 알리는 데에는 그다지 성공하지 못했을지 모르지만, 무엇에 대해 생각할지를 전달하는 데에는 대단히 성공적이다.
McCombs & Shaw (1972)	수용자 개인이 지닌 여러 주제(topic)와 이슈(issue)의 특징과 매스미디어가 강조하는 것 사이의 능동적인 관계를 구체적으로 설명하려는 시도
이정춘(1991)	신문, 라디오, TV 등의 매스미디어가 수용자의 인지에 미치는 영향
김우룡 (1992)	매스미디어는 사람들에게 생각하고 있는 것(what to think)을 알리기보다 무엇에 대해 생각할 것인가(what to think about), 즉 생각할 거리를 제공한다는 것이다.

출처: 이동훈, 「뉴스매체의 의제설정효과 연구: 포털뉴스와 종이신문의 비교를 중심으로」, 성균관대학교 박사학위 논문, 2007, 31쪽.

원들에게 높은 우선순위를 부여받는 공적 현안이라 할 수 있다. 다른 말로 안건이라고도 하는데, 이는 회의나 토론의 주제에 해당한다. 가령 학생총회에서 '반값 등록금'을 의제로 설정하면, 다른 이슈보다는 그것만이 회의의 주제가 된다. 다시 말해 이 이론에서 말하는 의제는 사회의 핵심 주제 또는 이슈라 할 수 있다.

의제 설정 이론은 2단계 유통 이론 등에서 주장했던 "매스미디어 영향력은 매우 작다"라는 명제에 도전하여, 매스미디어의 영향력이 작은 것이 아니라 오히려 사회적으로 중요한 이슈를 부각시키는 데는 영향력이 크다는 사실을 증명했다. 즉 의제 설정 이론은 이용과 충족 이론과 함께 매스 커뮤니케이션 연구를 활성화하는 데 기여했다.

그림 6-3 🖝 미디어의 의제 설정과 공중의 의식

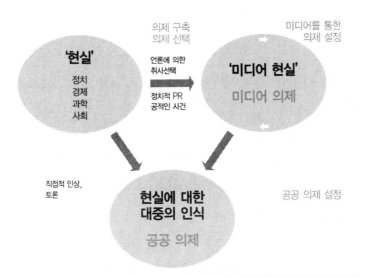

미디어의 의제 설정이 작동하는 과정을 살펴보면 다음과 같다. 이 세상에는 수많은 분야(정치, 경제, 과학, 사회, 문화, 복지 등)에 다양한 이슈(예: 보편적 복지 대 선별적 복지)가 있다. 그러나 이러한 이슈들이 언론 미디어에 의해 다 보도되는 것은 아니다. 또한 선정된 이슈도 다양한 측면에서 보도되는 것은 아니며, 일부 측면만 취사선택되어 보도된다. 이 과정이 바로 게이트키핑(gatekeeping)이다. 즉 게이트키핑을 통과한 이슈는 미디어의 의제(media agenda)이며, 실제 현실이라기보다는 미디어에 보도된 현실(media reality)이다.

이렇게 특정 이슈의 특정 측면을 선택해 자주 반복해서 보도하거나 1면이나 톱뉴스로 강조해 보도하면, 사람들은 그 이슈를 사회에서 중요한 공공의 의제(public agenda)로 여기게 된다. 예를 들어 어떤 신문이 현재 우리 사회가 해결해야 할 문제는 성장보다 분배라고 보고, 특히 복지에 대한 기사를 연작으로 게재했다고 가정해보자. 그 신문의 독자들은 자주, 그리고 강조해서 보도된 해당 기사를 보고 복지 문제가 무엇보다 선결되어야 할 이슈라고 생각할 것이다. 나아가 그들은 복지 문제 해결을 위한 정책을 제시하는 정당이나 후보자에 주목

하게 된다.

2) 의제 설정 이론의 기원과 활용

의제 설정이라는 개념은 1922년 출간된 월터 리프먼(Walter Lippmann)의 『여론(*Public Opinion*)』에서 그 근원을 찾아볼 수 있다. 「외부 세계와 우리들 머릿속의 상(像)」이라는 책 서문에서 리프먼은 '우리들 머릿속의 상(pictures in our heads)'을 형성하는 과정에서 매스미디어의 역할을 논하며 의제 설정이라는 개념과 관련된 아이디어를 내놓은 바 있다.

하지만 매스미디어의 의제 설정 기능에 대해 가장 명확하게 서술한 사람은 버나드 코헨(Bernard C. Cohen)이다. 그는 "신문은 정보와 의견의 단순한 조달자가 아니라 그 이상의 것이다. 독자들에게 '무엇을 생각'할 것이냐를 말해주는 데에는 항상 성공적이라고 할 수 없으나, '무엇에 대해 생각'할 것이냐를 말해주는 데에는 놀랄 만큼 성공적이다. 세계 혹은 세상이 사람에 따라 달리 보이게 되는 것은 물론 그들의 개인적 관심 때문이기도 하지만, 그들이 읽는 신문의 기자, 편집자 및 발행인이 세상의 지도를 그렇게 달리 그려놓고 있기 때문으로 볼 수도 있다. 독자들이 원하는 것을 게재, 인쇄할 뿐이라고 신문 편집자는 믿고 있을지 모르겠으나, 사실 신문은 독자들에게 특정 사건에 주목하길 요구하며, 그 결과 독자들이 무엇에 대해 생각하고 이야기할 것이냐를 결정하는 데 강력한 영향을 미친다"라고 주장했다.

이러한 아이디어를 바탕으로 의제 설정을 하나의 공식 이론으로 처음 제기한 사람은 맥스웰 맥콤스(Maxwell E. McCombs)와 도널드 쇼(Donald L. Shaw)이다. 그들은 "매스미디어가 수용자들에게 태도의 방향이나 강도에 대해서는 조금밖에 영향을 못 미칠지 모르나, 각종 정치적 캠페인에서 매스미디어는 그 의제를 설정해줌으로써 정치적 이슈에 대한 중요성을 수용자들에게 인식시키는 데는 큰 영향을 미친다"는 것을 기본 가정으로 제시했다. 그리고 그 가정을 실증적으로 검증한 결과, 그 타당성이 입증됐다는 결론을 제시했다.

　　의제 설정 이론은 간단히 말해 매스미디어의 힘이 크다는 것을 증명한 이론이다. 일반적으로 사람들은 대부분 세상 소식을 '언론이라는 창'을 통해 보고 듣는다. 언론에서 보도하면 그 소식을 알게 되고, 자주 크게 보도하면 그 소식이 중요하다는 것을 알게 된다. 반대로 언론이 보도하지 않으면 그 소식을 모르게 되며, 작게 보도하면 중요하지 않다고 생각한다. 다시 말해 언론은 때로 사회의 이슈를 주도하고, 특정 방향으로 사람들의 생각을 편향시킬 수 있는 힘을 가졌다.

　　일례로 2012년 이명박 대통령은 재직 중에 친인척과 최측근 인사 비리, 민간인 사찰, 내곡동 사저 비리 문제로 사회적 비난과 레임덕에 시달렸다. 그러나 그는 역대 대통령 가운데 최초로 독도를 방문했고, 매스미디어에서 이 사실에 초점을 맞추자 이명박 대통령의 측근 비리나 내곡동 사저 매입 문제는 사람들에게 잊혀갔다. 실제로 지지율도 일정 수준 향상됐다.

　　결국 의제 설정의 개념은 한편으로 언론인들에게 책임감이라는 중요한 문제를 상기시킨다. 그들이 특정 사건을 규정하는 방식은 그것과 연관된 이슈에 대한 대중의 주목 정도에 커다란 영향을 미친다. 가령 선거 유세 기간 미디어가 주목해 보도하는 이슈는 특정 후보에게 유리한 영향을 미칠 수 있다. 미디어는 또한 특정한 개인의 어떤 특성은 부각하고 다른 어떤 특성은 무시함으로써 한 후보에 대한 특정 이미지를 만들어낼 수도 있다.

3) 의제 설정 이론의 평가

　　의제 설정 이론은 무엇보다 한정 효과 이론이나 소효과 이론에 의해 커뮤니케이션 연구에 회의를 품었던 학자들에게 크게 흥미를 불러일으켜 연구를 활성화했다는 장점이 있다. 또한 그동안 수용자 개인의 의식, 태도, 행동의 변화에 한정됐던 매스미디어 효과의 영역이나 차원을 확장했다는 데도 의의가 있다. 이전의 커뮤니케이션 이론들이 정치학자, 사회학자, 사회심리학자 등에 의해 정립됐던 반면, 의제 설정 이론은 순수한 커뮤니케이션 학자들이 최초로 제시한 효과 이론이라는 특성도 가진다.

　그러나 의제 설정 이론에서는 매스미디어가 수용자들의 의제 인식에 직접 영향을 미치는지, 아니면 2단계 유통 이론처럼 대인적 영향력을 통해 간접 영향을 미치는지는 검증이 되지 않았다. 예를 들어 복지에 대한 찬성 의견이 매스미디어의 보도에 의한 것인지, 아니면 원래부터 가졌던 생각인지, 혹은 주변의 정치나 사회 문제 관련 의견 선도자의 영향에 의한 것인지 명확히 밝히지 못했다는 단점이 있다.

5. 침묵의 나선 이론

1) 침묵의 나선 이론의 정의

　매스미디어의 영향력은 결코 작지 않으며 경우에 따라서는 커다란 영향을 끼친다는 이용과 충족 이론이나 의제 설정 이론보다 매스미디어가 더 큰 영향을 끼친다고 가정하는 이론이 바로 침묵의 나선 이론(the Spiral of Silence Theory)이다. 이 이론은 독일의 커뮤니케이션 학자인 엘리자베스 노엘레 노이만(Elisabeth Noelle-Neumann)이 주장한 것이다. 이에 따르면, 매스미디어의 지배적 의견 표명은 지배적이지 않은(일탈적인 또는 소수의) 견해에 대한 대인적 지지의 부족과 결합된다. 그 결과, 대다수의 사람들은 지배적이라 여겨지는 의견에 동조하며, 반면 이와 반대되는 의견은 사실상 표현되지 않는 침묵의 나선을 가져온다.

　그렇다면 왜 소수의 의견은 시간이 흐름에 따라 표현되지 않는 것일까? 그 이유는 사람들이 일반적으로 다수인 타인들로부터 고립되거나 보복을 받을까 봐 소수인 자신의 의견을 드러내지 않기 때문이다. 예를 들어 새누리당과 박근

그림 6-4 ☞ 침묵의 나선 이론 개요

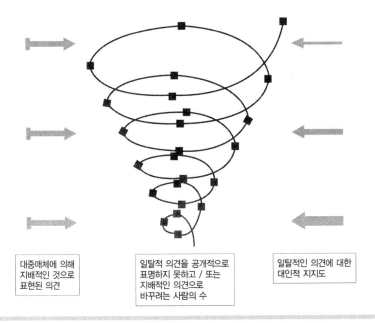

| 대중매체에 의해 지배적인 것으로 표현된 의견 | 일탈적 의견을 공개적으로 표명하지 못하고 / 또는 지배적인 의견으로 바꾸려는 사람의 수 | 일탈적인 의견에 대한 대인적 지지도 |

혜에 대한 지지도가 월등히 높은 경북 지역에서 야당이나 다른 후보를 지지하는 사람은 다수인 지역민들에게 싫은 소리를 듣거나 때로는 자신만 고립될까 두려워 자신의 지지 정당과 후보를 말하지 않게 된다.

이때 다수의 지배적 의견이 무엇이며, 소수의 일탈적 의견이 무엇인지를 구분하는 기준이 바로 매스미디어의 보도이다. 즉 매스미디어에서 자주 보도되는 내용이 바로 주요한 다수의 여론이다. 일례로 매스미디어에서 자주 실시하거나 인용하는 다양한 조사에서 1~2순위에 나타난 응답이 다수의 의견 가운데 하나임을 보여준다. 이런 조사 결과를 매스미디어에서 자주 보도하면 소수 의견을 가진 사람들은 더 침묵할 수밖에 없다.

〔도표 6-4〕에 나오듯이, 무상 급식 예산 삭감에 대한 여론조사 결과 '바람직하지 않다'라는 의견은 약 65퍼센트에 이른다. 이러한 결과가 계속 보도되면, 무상 급식 예산 삭감에 동조하는 소수의 사람들이나 아직 명확한 의사 표명을

도표 6-4 🖙 경기도 초등학교 무상급식 예산 삭감에 대한 여론조사 결과(단위: %)

하지 않은 사람들은 침묵을 지키게 된다. 만약 무상 급식 예산 삭감에 대한 타당한 이유가 있더라도, 해당 의견을 표명했다가 다수로부터 따돌림을 받을 수 있기 때문이다.

이 이론에서는 이처럼 매스미디어가 여론을 형성할 만큼 커다란 영향력을 발휘하는 이유로 주요한 특성 세 가지를 강조한다. 그것은 바로 매스미디어의 누적성, 편재성, 공명성이다.

누적성(cumulation)이란 매스미디어의 효과는 어떤 하나의 메시지에 의해 나타나는 것이 아니라, 여러 메시지에 의해 오랜 기간 계속해서 쌓여간다는 것이다. 편재성(ubiquity)이란 매스미디어가 모든 곳에 널리 보급되어 모든 사람의 생활 속에 깊숙이 파고 들어간다는 말이다. 공명성(consonance)이란 매스미디어는 각기 신문, 잡지, 라디오, 텔레비전, 인터넷 등 다양한 형태로 존재하지만, 그 내용을 보면 실제로는 거의가 서로 비슷한 목소리를 내고 있다는 말이다. 즉 매스미디어는 어떤 사건이나 이슈에 대해 '통일된 상(unified picture of and event or issue)'을 수용자들에게 제공해준다.

이러한 세 가지 특성 중에서도 특히 공명성 때문에 매스미디어는 강력한 힘을 가진다고 노엘레 노이만은 주장했다. 왜냐하면 미디어의 공명성은 다른 목

그림 6-5 ☛ 매스미디어의 세 가지 특성

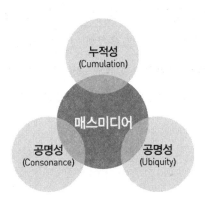

소리의 메시지도 선택할 수 있는 수용자들에게 선별적 노출을 억제해 매스미디어에서 보도하거나 주장하는 것만 그대로 받아들이게 하기 때문이다.

2) 침묵의 나선 이론에 대한 평가

침묵의 나선 이론이 받은 비판 가운데 하나는 무엇보다 이 이론이 기존의 다른 이론이나 효과와 큰 차이가 없다는 점이다. 가령 이는 선전이나 선거 유세 등에 관한 과거 연구들이 주장했던 '커뮤니케이션 독점 효과(consequence of communication monopoly)'나 '편승 효과(bandwagon effect)'와 비슷하므로 새로울 것이 없다는 비판이었다.

또한 노엘레 노이만은 매스미디어의 효과에 대한 종래의 연구 방법이 잘못됐다고 주장했으나, 그가 사용한 연구 방법도 그다지 새로운 것은 아니라는 비판이다. 뿐만 아니라 그는 매스미디어의 효과에 대한 직접적인 실증적 증거가 부족하다고 비판을 받았다. 가령 침묵의 나선 이론에서는 매스미디어가 주장하는 의견과 다른 소수의 의견을 가진 사람들이 침묵을 지킴으로써 매스미디어의 의견이 지배적 여론으로 형성된다고 주장했으나, 실제 현대처럼 다원화되고 매스미디어를 비롯해 개인 미디어의 숫자도 증가한 사회에서 과연 소수의 의견이 다 침묵할 것인지는 단정하기 힘들다.

침묵의 나선 이론은 이러한 비판을 받았음에도 매스미디어가 여론 형성 과정에서 그래도 커다란 영향을 미칠 수 있다는 점을 부각한 것은 어느 정도 인정을 받았다. 또한 매스미디어의 효과를 결정짓는 중요한 요인으로서 미디어의 누적성, 편재성, 공명성 등의 개념을 명확히 제시한 것 역시 긍정적 평가를 받을 만하다.

6. 프레임 이론

1) 프레임 이론의 정의

프레임 이론(frame theory)은 틀 짓기 이론이라고도 불리는데, '사고의 틀'이자 '생각의 출발 지점'인 시각이 바로 프레임이다. 예를 들어 시력이 좋지 않은 사람은 안경을 쓰고 세상을 본다. 이때 안경의 초점이 잘 맞지 않는다면, 세상을 흐릿한 시각으로 볼 수밖에 없다. 즉 프레임은 우리의 뇌에 쓰는 안경으로서 우리는 프레임이라는 안경을 통해 세상을 바라보고 생각하게 된다.

사회학자인 어빙 고프먼(Erving Goffman)에 의해 주창된 프레임 이론은 사람마다 사물을 바라보거나 해석할 때 사용하는 준거 틀(reference frame)과 스키마(schema: 머릿속 인지 구조)가 다르며, 누구나 적극적으로 자신만의 가치와 관점을 이용해 세상을 이해한다고 본다. 다시 말해 "사람은 누구나 자신이 보고 싶어 하는 현실밖에 보지 않는다"는 줄리어스 시저(Julius Caesar)의 말처럼, 사람들은 대부분 자신만의 관점에서 주관적 편향을 갖고 세상을 이해한다.

박정희 전 대통령에 대해 평가를 내리는 토론을 한번 생각해보자. 박정희를 긍정적으로 평가하는 패널은 박정희의 경제적 업적만을 강조한다. 그들은 박정희가 먹고살기 힘든 시대에 국민들을 가난에서 구제했고, 북한보다 뒤졌던 경제를 발전시켰다는 점을 계속해서 주장한다. 반대로 박정희를 부정적으로 평가하는 패널은 경제적 측면이 아닌 인권 침해와 민주주의 후퇴를 집중적으로 부각한다. 박정희라는 대상을 인식하고 평가하는 기준이 서로 다른 것이다. 이 토론에서는 결론이 도출되기 어렵다.

개인적 차원에서 프레임은 개인의 생각을 주도하는 해석과 판단의 지배적인 준거 틀을 말하지만, 집단의 구성원들이 공유하는 프레임은 집단 내외부에서 발생하는 모든 일을 해석하고 판단하는 틀로 작용한다. 언론이나 매스미디어 역시 프레임을 갖고 기사나 뉴스를 전달한다. 먼저 미디어 프레이밍은 매스미디어가 현실의 어떤 측면은 선택해서 강조하고 수용자에게 설명하는 반면 다른 측면은 무시하는 보도 성향을 일컫는다. 방송에서 텔레비전 뉴스가 만들어지는 과정 역시 프레이밍 이론에 의해 설명이 가능한데, 언론이 특정 시각을 중심으로 뉴스를 재구성하기 때문이다.

그러나 프레이밍은 뉴스나 기사의 취사선택만이 아니다. 취사선택은 미디어의 의제 설정과 큰 차이가 없다. 프레이밍에서는 특정 이슈의 취사선택을 넘어 이슈에 대한 의미를 이해하는 틀을 함께 형성한다. 다시 말해 미디어의 의제 설정 이론이나 프레임 이론은 모두 수용자가 현실을 인식하는 과정에서 미디어가 그들에게 미치는 영향력을 설명한다. 하지만 의제 설정 이론이 '무엇에 대해 생각'할 것인지를 수용자에게 알려준다면, 프레임 이론은 그 문제를 '어떻게' 생각할 것인지에 초점을 둔다. 예를 들어 의제 설정 이론은 미디어가 수용자들에게 복지 문제가 사회의 주요 현안임을 인식시킨다. 프레임 이론은 거기서 한 발 더 나아가 수용자들이 복지 문제를 어떻게 생각해야 할지 그 방향을 제시한다. 특정 신문이 보편적 복지보다는 선별적 복지가 중요하며 선별적 복지가 실질적으로 타당한 분배 정책이라고 특집 기사를 보도했다고 가정해보자. 그 신문의 독자들은 결국 선별적 복지가 필요하며, 보편적 복지는 세금 낭비이자 부자들에게도 혜택이 가는 잘못된 정책이라는 인식을 견지하게 된다. 그리고 그들은 보편적 복지로 인해 지금보다 더 많은 세금을 내야 할 것이라고 생각할 것이다.

즉 프레임 이론에서 미디어는 특정한 문제 규정, 인과적 해석, 도덕적 가치, 제시된 문제 해결 방법 등을 두드러지게 제시(이슈의 취사선택, 첨삭, 강조, 배제, 의미 해석 및 부여 등)한다. 그럼으로써 해당 이슈에 대한 미디어 수용자들의 가치 판단에 영향을 미치는 것이다. 결국 매스미디어는 수용자에게 정보를 전달하는 과정에서 의도하든 또는 의도하지 않든 인식의 프레임을 형성하는 역할을 수행한다.

때때로 프레임은 권력을 가진 사람들에 의해 정의되어 선택되고, 미디어에 의해 전달된다. 또 때로는 정치권력이나 자본권력과 결탁하기 위해 언론 미디어 자체가 권력에 도움이 되는 프레임을 구성하기도 한다. 국내에서는 이른바 보수 신문인 《조선일보》, 《중앙일보》, 《동아일보》와 진보 신문인 《경향신문》, 《한겨레》가 여러 정치적·사회적 이슈를 두고 프레임의 차이를 보여준다.

예를 들어 우리나라 역대 정권의 대통령 친인척 비리 사건을 다룬 언론 보도에 대해 프레임 분석을 실시한 연구에서는 《조선일보》와 《한겨레》의 정권별 프레임 성격에 차이가 있는 것으로 밝혀졌다. 노무현 정권의 경우, 두 신문 모두 공통적으로 인사 청탁, 재산 형성 의혹, 권언(勸言) 갈등 등의 프레임이 도출됐는데, 각각의 성격이 다르게 나타났다. 《조선일보》는 인사 청탁 의혹 프레임에서 "너무 빨리 터졌다", "기대가 허망하게 무너졌다" 같은 표현으로 부정적·비판적 시각을 부각했다. 반면 《한겨레》는 "친인척 문제 각별히 신경 써야", "취임 초 홍역 거울삼아야" 같은 표현으로 우려와 염려를 반영했다. 결국 수용자들이 권력과 거대 언론 미디어의 프레임을 파악하고, 객관적이며 포괄적 시각을 갖추기 위해서는 다양한 정보를 얻는 수밖에 없다.

2) 프레이밍 유형과 활용

그렇다면 구체적으로 누가 프레임을 구성하는 것일까? 디트렘 쉐펠(Dietram A. Scheufele)은 언론인의 개인적 차원과 미디어 조직의 차원, 사회적인 압력 등이 프레임 형성에 영향을 미친다고 말한다. 그에 따르면 직접적인 뉴스 생산자인 언론인은 자신의 이데올로기, 태도, 내면화된 전문적인 규범에 근거해 이슈에 대한 프레임을 만들어내고 이에 대한 의미를 부여한다고 한다.

둘째로 뉴스 조직의 형태나 특정 미디어의 정치적 성향 등이 프레임 선택에 영향을 미칠 수 있다. 언론이 헤드라인, 기사 크기, 사진 등 가능한 형식적인 수단을 동원함으로써 또는 기사나 사설의 내용과 관점을 특정 방향으로 몰고 감으로써 이슈에 대한 특정 프레임을 형성할 수도 있다. 예를 들어 동일한 이슈에 대해서도 언론 미디어는 각자의 특성(예: 보수 대 진보, 친정부 대 반정부)에 따라 다른 프레임을 짠다. 마지막으로 보다 광범위한 맥락에서 정치인, 정부, 이익집단, 엘리트 집단 등이 미디어의 프레임 결정 및 형성에 영향을 줄 수도 있다.

미디어 프레이밍과 관련해 또 다른 중요한 이슈는 특정 문제의 취사선택, 첨삭, 강조, 해석을 넘어 해당 문제에 대해 누가 책임이 있고, 그 문제를 해결하기 위해 누가 도울 수 있는가를 암시하는 것이다. 예를 들어 제17대 대선 당시에는 한나라당과 모든 언론이 '경제 위기', '경제 불황', '좌파의 실패한 10년'이라는 프레이밍을 사용했고, 이 프레이밍이 적중해 지도자의 도덕성이나 개혁성과는 상관없이 이명박이 대통령으로 당선됐다. 여기서 중요한 점은 언론이 단순히 문제를 부각하는 것을 넘어 그 문제를 극복하고 해결할 사람마저 선정했다는 것이다. 이처럼 최근 들어 국내에서는 언론들이 직간접으로 선거에 개입하는 프레이밍을 하는 사례가 증가했다.

3) 언론 프레임이 수용자에게 미치는 영향

아옌거(S. Iyengar)는 미국의 네트워크 텔레비전 뉴스가 범죄, 테러리즘, 실업, 빈곤, 인종차별 같은 사회적 이슈를 다루는 과정에서 보인 프레임이 수용자 프레임에도 그대로 반영됐음을 밝혀냈다. 이처럼 기존의 프레임 연구에서 프레이밍의 효과 측정은 주로 언론의 해석적 프레임이 수용자 개인의 프레임에 어떻게 영향을 주는가에 집중해왔다.

먼저 언론은 해석적 프레임을 통해 가치와 규범의 규정자 역할을 하며, 이것이 수용자의 인지적 프레임에 영향을 줄 수 있다. 특히 정치적 현안과 관련된 문제라면 가치와 규범의 프레임 역할은 더욱 커진다. 우리나라 언론에 '프레임'이라는 용어가 본격적으로 등장한 것은 2007년 제17대 대통령 선거 때였다. 당시 한나라당 선거 캠프는 대선 여론 지형에서 노무현 정부의 정치적 기득권을 약화시키고 담론을 주도하는 일종의 '시대정신' 또는 '새로운 바람'을 확산하기 위해 프레임이란 용어를 사용했다. 유권자들은 노무현 정부가 5년 동안 구축한 정치적 사고의 틀 속에서 선거 이슈를 해석하고 판단할 것이기 때문에 한나라당은 이러한 사고의 틀을 전환하지 않으면 선거에서 승리할 수 없다고 인식한 것이다. 이에 한나라당 선거 캠프와 당시 보수적 미디어는 모두 이명박 후보에게 도움이 될 수 있는 프레임을 제시하고 활성화하는 전략을 택했다.

2007년 미국 서브프라임 모기지 사태로 촉발된 글로벌 금융 위기가 몰고 온 경제 위기는 당시 국내 사회의 불안감을 증폭시켰고, 이를 극복할 능력과 리더십을 갖춘 지도자에 대한 국민적 요구를 폭발시켰다. 실제 여론조사에서도 대통령 자질 요소로 유권자들은 '리더십'과 '추진력'을 1위로 선택했다. 이에 한나라당과 보수 언론은 건설회사 CEO 출신인 이명박 후보의 경제적 리더십, 서울시장 당시 환경단체가 반대하는데도 진행한 '청계천 사업'의 추진력 등을 적극 알렸다. 결국 유권자들은 '도덕성'이라는 가치 대신 '리더십', '경제적 추진력' 등을 제17대 대선의 주요 가치로 여기게 됐다.

　다음으로 언론의 해석적 프레임은 정치 현실에 대한 수용자의 인식과 태도에 영향을 준다. 즉 언론이 정치 현실을 어떻게 그리는가에 따라 수용자의 태도가 달라지는 것이다. 정치 상황을 서술하는 언론의 미묘한 변화는 개인의 프레임을 자극할 수 있기 때문이다. 해석적 프레임이 정치 냉소주의 형성에 미치는 영향이 대표적이다. 일반적으로 학자들은 부정적인 정치 보도가 투표율 하락에 큰 영향을 준다고 한다. 여야의 갈등과 대립을 다룬 정치권 보도가 주를 이루면 유권자가 정치 현실을 냉소적으로 인식하고, 이로 인해 정치 효능감이 낮아지기 때문이다. 따라서 투표율이 낮을 경우 혜택을 입는 정파나 그 정파를 지지하는 미디어가 투표율을 낮추기 위해 여야의 일반적인 정치 상황을 갈등으로 묘사함으로써 정치 냉소주의를 야기할 수 있다.

　또한 언론의 해석적 프레임은 논쟁적 이슈에 대한 수용자의 태도와 의견에도 영향을 준다. 수용자가 공적 현안에 대해 판단하고 의견을 형성하는 과정에 언론 보도의 프레임이 강하지는 않더라도 일정한 수준으로 영향을 준다는 것이다. 예를 들어 보수 정권이나 보수 언론은 복지보다는 성장을 우선시하기 때문에 무상 급식이 사회적 쟁점으로 부각됐을 때 일부 언론에서는 무상 급식은 세금 폭탄이므로 전면적 무상 급식은 문제가 많다는 점을 기사화하기도 했다.

인쇄 미디어

인쇄 미디어는 가장 오래된 매스미디어로 신문, 잡지, 책 등이 있다. 가장 오래된 미디어이기 때문에 아직까지 다른 여타의 미디어보다 공신력(credibility)을 인정받으며, 우리가 흔히 언론이라 할 때도 신문을 가장 먼저 떠올린다. 또 역설적으로 이러한 영향력과 평판으로 인해 그만큼 많은 부침도 겪었다. 때로는 정부에 의해 통폐합을 당하기도 했고, 보도지침과 검열로 언론의 자유를 행사하지 못하기도 했다. 게다가 일부 인쇄 미디어는 적극적으로 정권이나 자본 권력과 결탁하기도 했다. 특히 몇몇 신문은 노골적으로 정치에 개입해 이에 반대하는 시민 저항운동이 일어나기도 했다. 요즘은 인터넷과 모바일 미디어의 성장으로 전통적 인쇄 미디어의 영향력이 과거와 같지 않다는 의견도 있다.

제7장에서는 대표적인 인쇄 미디어인 신문과 잡지의 특성에 대해 자세히 살펴본다. 특히 언론을 대표하는 신문의 역사와 발달 과정을 통해 인쇄 미디어의 커뮤니케이션적 특성과 역할을 검토하겠다. 마지막으로 정보화 시대를 맞이해 인쇄 미디어가 나아갈 바를 논의해보자.

1. 인쇄 커뮤니케이션 모형

그림 7-1 ☞ 방송 커뮤니케이션 모형

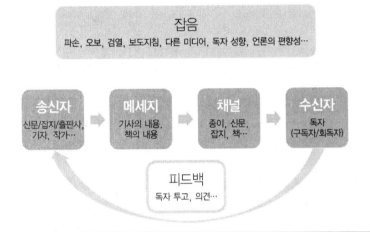

인쇄 커뮤니케이션을 제1장 「커뮤니케이션의 이해」에서 살펴봤던 커뮤니케이션 모형에 대입하면 〔그림 7-1〕과 같다. 먼저 인쇄 커뮤니케이션에서 송신자 또는 정보원(source)에는 기사나 책을 쓰는 기자와 작가, 인쇄 미디어를 생산하는 신문사, 잡지사, 출판사가 해당된다. 이들은 수신자인 독자에게 메시지를 생산해 전달하는 당사자이다. 독자는 구독자와 회독자가 있는데, 구독자란 정기구독을 하거나 가판대, 편의점, 서점 등에서 돈을 주고 미디어를 구입하는 사람들이다. 회독자는 직접 자기 돈을 주고 구매하지는 않았지만 신문이나 잡지 또는 책을 본 사람들이다. 가령 친구가 가져온 신문을 읽은 사람, 미용실에서 잡지를 본 사람, 도서관에서 책을 빌려 읽은 사람들이 이에 해당된다.

인쇄 커뮤니케이션 모형에서 메시지는 송신자가 직접 작성한 기사 내용 또는 책의 내용이다. 송신자는 메시지 내용을 문자나 그림 등으로 기호화해 독자들에게 전달한다. 그리고 채널에 해당하는 요소는 각 신문, 잡지, 책 등이다. 물론 이러한 미디어들은 모두 종이로 구성되어 있기 때문에 종이 자체도 하나의 채널이라 할 수 있다.

인쇄 커뮤니케이션에서 잡음은 여러 형태로 나타난다. 우선 배달이나 전달 과정에서 종이가 파손될 수 있다. 때로는 취재 과정이나 기사 작성 과정에서 오보가 전달될 수도 있다. 오보는 특히 미디어의 공신력에 심각한 악영향을 미치기 때문에 가능한 발생 확률을 줄여야 하고, 혹 발생한다면 바로 정정 보도의 수순을 밟아야 한다.

송신자가 전달하려는 메시지를 정치권력이 보도지침이나 검열을 통해 방해할 수도 있다. 검열과 관련된 또 하나의 문제가 바로 기자나 미디어 스스로의 자기검열(self-censorship)이다. 아무도 강제하지 않는데, 정치권력이나 대기업 같은 자본의 외압으로부터 위협을 피하기 위해, 혹은 그들의 감정을 상하지 않게 할 목적으로 스스로 자신의 표현을 검열하는 것이다. 특히 광고 수주에 재정의 대부분을 의존하는 신문이나 잡지는 자본의 압력을 두려워할 수밖에 없다. 과거 삼성 X파일 사건을 다른 신문들에 비해 집중 보도한 《경향신문》과 《한겨레》는 삼성이 광고 물량을 줄임으로써 일시적으로 재정 압박을 받았다. 이러한 일이 지속되면 해당 신문사나 담당 기자들은 스스로 재벌의 문제를 기사화하기 전에 자기검열에 빠질 수 있다. 외부 검열과 탄압은 여러 방법으로 줄일 수 있으나, 자기검열은 일단 한번 시작되면 제거하기가 매우 어렵다.

또 다른 잡음으로는 경쟁 미디어가 있다. A라는 조간신문은 여타 다른 조간 신문이나 석간신문과 경쟁하므로 신문사 입장에서는 다른 신문들이 모두 잡음이 된다. 최근에는 인터넷과 모바일의 발달로 기사를 온라인으로 접하는 사람들이 많아졌다. 그렇다면 신문사의 입장에서는 온라인 미디어 또한 잡음에 해당한다. 나아가 독자의 성향이나 언론의 편향성 또한 커뮤니케이션을 방해하는 요소가 될 수 있다. 예를 들어 진보 성향의 독자가 보수 신문의 '보편적 복지 반대'에 관한 기사를 접하면, 기사 내용은 신뢰하지 않고 해당 신문사를 비판적인 시각으로 볼 수도 있다. 마지막으로 인쇄 커뮤니케이션에서 피드백으로는 독자들이 신문사, 잡지사, 출판사 등에 보내는 독자 의견이나 투고, 또는 기자나 작가에게 직접 보내는 항의 메일이나 전화 등이 해당된다.

2. 신문의 발달

신문은 4대 매스미디어 가운데 가장 오래된 미디어이다. 신문의 역사를 연구하는 학자들은 고대 로마제국 시대에 집권자의 행정 방침이나 포고령 등을 석고에 새겨 게시판처럼 세워 로마 시민에게 공지했던 '악타디우르나(Acta Diurna)' 같은 공시(公示) 방법에서 중세의 담화 신문, 서한 신문, 필사 신문까지 전부 신문의 역사에 포함시킨다. 중국에서는 8세기경부터 당나라에 '저보(邸報)', 송나라 후기에 '조보(朝報)', 청나라 시대에 '경보(京報)'가 있었다. 이처럼 신문의 초기 형태는 국가기관에서 발행하는 관보(官報)의 성격을 띤다. 관보는 관청이나 공공기관에서 명령, 고시, 기타 고지 사항들을 일반인에게 알리기 위해 발행하는 인쇄물이다.

그러나 부정기적으로나마 현대의 신문에 가까운 인쇄 신문이 발행되기 시작한 시기는 요하네스 구텐베르크(Johannes Gutenberg) 등이 개발한 마인츠 인쇄기가 전 유럽에 보급되면서부터이다. 1609년 독일 슈트라스부르크(Stras-bourg)에서는 《레라치온(Relation)》, 아우크스부르크(Augsburg)에서는 《아비소(Avi-so)》라는 주간신문이 세계 최초로 발행됐다. 세계 최초의 일간신문은 1650년 독일 라이프치히(Leipzig)에서 서적 상인인 티모테우스 리치(Timotheus Ritsch)가 창간한 《아인 콤만데 차이퉁(Ein Kommande Zeitung)》이다. 이는 '뉴스의 도래'라는 뜻이다.

영국에서 역시 1600년대 초반에 처음으로 신문이 발간됐고, 1700년대 초 우편 제도가 개선되면서 일간 신문이 발행됐다. 1788년 창간된 《타임스(The

Times)》는 지금도 영국에서 가장 영향력 있는 신문이다. 미국에서는 1704년 최초의 관보인 《보스턴 뉴스레터(Boston News Letter)》가 주간으로 나오면서 영국의 여러 소식을 전해주었다. 이후 미국에서 선보인 최초의 일간지는 영국으로부터 독립한 후인 1783년에 나온 《펜실베니아 이브닝 포스트(Pennsylvania Evening Post)》였다. 이 신문은 일주일에 세 번 발행되다 1783년 5월 30일부터 매일 발행됐다.

인쇄술에 이어 신문의 발달에 큰 영향을 미친 요인은 철도 교통의 발달이다. 철도 교통은 기자의 취재력 향상과 신문 유통에 큰 기여를 했다. 철도가 발달하기 전에는 기자가 취재를 하려고 먼 거리를 이동하는 것이 힘들었다. 즉 근거리에 있는 소식만 전달이 가능했다. 결국 철도의 발달은 취재 범위의 확장을 의미하며, 이는 곧 기사의 폭이 넓어졌음(정확히 말하면 물리적 범위의 확대)을 의미한다.

신문의 또 다른 발전 요인은 통신의 발달이다. 초창기 언론인은 혼자 기사를 작성, 편집, 인쇄하는 1인 미디어 역할을 했다. 이후 취재와 기사 작성을 주로 하는 전업 기자가 등장했는데, 아무리 철도 교통이 발달했다 하더라도 먼 지역이나 해외에서 취재해 기사를 작성하고 신문을 발행하는 데는 한계가 있었다.

그림 7-2 ☛ 인쇄 미디어 발전의 3대 요소

기자를 해외에 파견하는 경우는 비용의 문제도 고려할 수밖에 없었다. 특히 일간지의 경우는 더 어려웠다. 이와 같은 이유로 신문사에 기사를 공급하는 통신사(news agency)가 등장한다.

통신사는 독자적인 취재 조직을 가지고 신문사, 잡지사, 방송국 및 기타 보도기관을 대신해서 뉴스와 기사 자료를 수집하고 배포하는 기구이다. 대개 신문사나 잡지사는 자력으로 뉴스나 자료를 모으지만, 전술한 것처럼 이들이 독자적으로 세계 곳곳의 뉴스를 모으기 위해서는 막대한 경비와 시간, 인력이 필요하다. 따라서 자력에 의해 기사를 모으는 한편, 취재 비용의 절감을 위해 경비를 공동 분담하는 형식으로 통신사를 조직해 뉴스를 배부받거나, 혹은 독립된 통신사와 계약을 맺어 요금을 내고 뉴스를 제공받게 된다. 즉 통신사가 뉴스 도매상이라면 각 인쇄 미디어는 소매상에 해당한다. 현재적인 인쇄 미디어 업체는 대부분 통신사에서 전국 및 전 세계의 뉴스를 효율적으로 전달받는 시스템을 이용한다. 이처럼 시간과 비용의 절약이 통신사 탄생 및 발전의 첫 번째 이유이다.

뉴스에서 가장 핵심적인 요소는 적시성 또는 신속성이다. 즉 언론사는 세계 어딘가에서 발생한 일에 대해 바로 기사를 작성해 독자들에게 전달해야 한다. 하지만 각 언론사는 세계 각지에서 일어나는 모든 새로운 사건을 직접 수집하고 처리하는 것이 불가능하기 때문에 뉴스 수집과 배급이 주목적인 전문 기관을 필요로 하게 됐다. 이것이 바로 통신사 탄생의 두 번째 이유이다.

유네스코는 사용 언어, 통신 기술, 규모, 뉴스 수집, 배포 조직 등을 고려해 프랑스의 AFP, 영국의 로이터(Reuters), 미국의 AP와 UPI를 '세계 4대 통신사'로 지정했다. 프랑스의 AFP(Agence France-Presse)는 1835년 샤를 루이 아바스(Charles-Louis Havas)에 의해 설립된 통신사로 현재 본사는 파리에 있다. 유럽-아프리카, 아시아-태평양, 북아메리카, 라틴아메리카, 중동 지역에 지역 본사가 있으며, 165개국에 기자가 있고, 2천여 명의 직원이 그곳에서 일한다. 영국의 로이터 통신은 1851년 P. J. 로이터(P. J. von Reuter)가 설립한 국제 통신사로 150개국 230개 도시에 지국이 있고, 19개 언어로 서비스를 제공한다.

AP(Associated Press)는 미국의 통신사로 데이비드 헤일(David Hale)의 제안에 의해 1848년에 설립됐다. 현재 뉴욕에 본부를 두고 있으며, 전 세계에 8천 5백여 개의 언론사가 가맹사로 가입한 상태이다. AP의 기사는 영어, 독일어, 네덜란드어, 프랑스어, 에스파냐어 등 5개 국어로 발행된다. UPI(United Press International)는 1907년 E. W. 스크립스(E. W. Scripps)에 의해 설립됐다. 제2차 세계대전 이후 급속한 발전을 했으며, 이후 경영난에 봉착한 INS(International News Service: 1909년 창립)와 합병해 1958년 5월 24일부터 UPI라는 이름으로 통신 업무를 시작했다.

물론 인쇄술, 철도 교통, 통신사의 발달 외에도 신문의 발전에는 많은 사회적 요인이 영향을 미쳤다. 베르너 좀바르트(Werner Sombart)는 우선 그 요인으로 인간관계의 공간적 분포를 들었다. 이것은 한 지역에 모여 살던 사람들이 넓은 지역으로 흩어지면서 소식을 전해주는 미디어의 필요성이 증대됐음을 의미한다. 특히 자급자족하던 고대 공동체 사회가 해체되면서 생산과 소비가 분리됐고, 그에 따라 상업적 정보의 유통이 인쇄 미디어의 발전에 영향을 미쳤다. 다음으로 우편 제도가 발달함으로써 저렴하게 신문을 멀리 떨어진 지역까지 보급할 수 있게 됐다. 또한 교육의 중요성이 확대되어 문맹률이 낮아지고 인쇄 미디어를 읽을 수 있는 인구가 증가한 것도 인쇄 미디어 증가에 영향을 미쳤다.

① 신문의 유형

신문의 유형은 크게 발행 지역, 제공하는 정보 형태, 발행 주기에 따라 구분할 수 있다. 먼저 발행 지역에 따라서는 전국신문과 지역신문으로 구분할 수 있다. 통상적으로 전국신문은 '중앙지'라고도 한다. 다음으로 제공하는 정보 형태에 따라서도 신문을 구분한다. 우선 특정 분야에 관계없이 모든 소식을 전하는 신문을 종합지라고 한다. 그 외에 특정 분야의 정보를 전문적으로 전달하는 경제지와 스포츠지 등이 있다. 거기에 더해 영자 신문과 소년지 등으로 세분할 수도 있다. 마지막으로 발행 주기에 따라 크게 일간지와 주간지로 구분한다. 물론 열흘에 한 번 발행하거나 계간 형태로 발행하는 신문도 있으나, 보통은 일간지와 주간지가 대부분이다. 예컨대 《한겨레》는 '전국지'면서 '종합 일간지'라 칭한다.

② 기사의 구조와 기사 작성 방식

신문 기사는 크게 세 부분으로 구성된다. 기사의 제목인 '헤드라인(head-line)', 기사의 첫 문장인 '리드(lead)', 리드를 제외한 나머지 본문 내용인 '바디(body)'이다. 헤드라인 밑으로 글자 크기가 다소 작은 소제목을 '서브 헤드라인(sub-headline)'이라 한다.

기사를 작성하는 방식에는 크게 두 가지, 피라미드 방식과 역피라미드 방식이 있는데, 대다수의 신문은 역피라미드 방식을 채택한다. 피라미드 방식은 기사의 핵심 내용이 바디의 마지막 부분에 제시되는 형태이고, 역피라미드 방식은 리드에 기사의 핵심 내용이 제시되는 형태이다. 역피라미드 방식은 미국의 AP통신사에서 처음으로 사용한 방법인데, 통신사와 계약을 맺은 각 언론사는 통신사가 처음 전송한 소식을 전부 지면에 싣기가 어려웠다. 때로는 먼저 작성된 기사로 인해 남은 지면이 크지 않을 수도 있기 때문이다. 이에 언론사들은 통신사가 전송한 기사를 편집해야 했는데, 편집의 용이성을 위해 AP통신사는 핵심 내용을 처음에 제시하고 나머지 부분에 그 핵심 정보를 설명하는 방식을 채택한 것이다.

또한 다수의 독자들은 신문에 게재된 수많은 기사 중에서 헤드라인을 보고 특정 기사를 선별한다. 이때 역피라미드 방식의 기사는 독자들의 입장에서 첫 문장인 리드만 봐도 대략의 내용을 파악할 수 있게 도움을 주므로 신문사는 대부분 이 방식을 채택한다.

3. 한국 신문의 역사

　한국 최초의 근대적 신문은 1883년(고종 20년) 10월에 발간된《한성순보(漢城旬報)》였다. 이 신문은 구한말 정부가 통리아문(統理衙門, 외교통상부)에 박문국(博文局)을 설치해 창간한 것으로 가로 19센티미터, 세로 26.5센티미터의 책자형이었으며, 통상 24쪽을 전부 한문으로 발간한 관보(官報)의 성격을 띤 순보(旬報, 열흘에 한 번 발행하는 신문)였다. 이는 당시 개화파가 국민들에게 외국의 사정을 알려 개화사상을 고취하려는 일종의 계도지였다. 하지만 1884년 12월 4일의 갑신정변으로 박문국이 파괴되어《한성순보》는 40호를 끝으로 폐간된다. 그 뒤 1886년 1월《한성주보(漢城週報)》로 복간되어 1888년까지 발행됐다. 이 신문이 한국 최초의 주간신문이다.

그림 7-3
《한성순보》, 《독립신문》, 《황성신문》

　최초의 민간 신문은 서재필이 1896년 4월 7일 창간한《독립신문》이다. 창간 당시 이 신문은 주 3회 발행하는 격일간지로 네 면 가운데 한 면은 영문판이었다. 영문판을 발행한 이유는 한국의 소식과 입장을 세계에 알려 제국주의 열강의 침탈을 막고 독립국가로서 주권을 지키기 위함이었다. 이후 우리는《독립신문》창간일인 4월 7일을 '신문의 날'로 정해 해마다 기리고 있다.《독립신문》은 최초로 한글 전용과 띄어쓰기를 단행하는 획기적인 업적을 이루었고, 일반 대중도 쉽게 읽을 수 있는 신문을 만들었다는 점에서 의의가 매우 크다. 이후 한

172

국 최초의 일간신문은 배재학당 학생회인 협성회 회원 이승만, 양홍묵, 유영석 등이 1898년 4월 9일에 창간한 《ᄆ일신문》이었으며, 《독립신문》도 1898년 7월 1일부터 일간으로 발행됐다.

1905년 일제가 한국의 외교권을 빼앗기 위해 강제적으로 맺은 을사늑약이 체결되자 장지연이 《황성신문》에 「시일야방성대곡(是日也放聲大哭, 오늘에 목 놓아 통곡하노라)」이라는 논설을 써서 구속됐고, 신문은 정간됐다. 이후 민족 신문들은 일제의 침략성을 규탄하고 반일 사상을 고취하는 등 구국 운동을 계속해 나갔다.

그러나 1910년 우리나라가 일제에 강제 병합되면서 한국의 민간 신문은 모두 폐간됐고 언론의 자유도 잃었다. 조선총독부는 《대한매일신보》의 제호를 《매일신보》로 바꾸어 기관지로 만들었다.

1919년 3.1 운동 후 일제는 조선 민중의 반발을 무마하기 위해 '문화통치'를 실시한다. 이른바 억압적 통치가 조선인의 반발을 유발했기 때문에 이를 완화하고 문화적으로 일제에 대한 순응을 유도하는 일종의 온화적 통치를 시작한 것이다. 이를 반영하듯 1920년 일본은 조선인에게 세 가지 민간지 발행을 허가했다. 그해 3월 5일 《조선일보》가 창간됐고, 《동아일보》와 《시사신문》은 4월 1일 창간됐다. 겉보기에는 일본이 조선인에 대한 차별을 완화하고 행동을 자유롭게 풀어주는 듯하지만, 이 기간 동안 경찰의 수는 더욱 늘어났으며, 일본의 식민 통치에 비판적인 기사를 실은 언론사에는 정간과 폐간, 기사 삭제 등의 조치가 취해졌다. 그리고 많은 신문들이 1940년 8월 10일 일제에 의해 강제로 폐간되면서 조선총독부 기관지인 《매일신보》만 남게 됐다.

1945년 광복이 되면서 한국의 신문은 활기를 찾았다. 미군정은 완전한 언론의 자유를 약속하며 신문 발행을 '허가제'에서 '등록제'로 바꾸었다. 이에 수많은 신문이 창간됐고, 강제 폐간됐던 《조선일보》와 《동아일보》도 1945년 11월 복간됐다. 그러나 무수히 많은 신문과 잡지의 난립으로 자신과 생각이 다른 언론인에 대한 테러와 신문사 습격 등이 시시때때로 발생했다. 이에 미군정은 1946년 5월 29일에 신문 발행을 다시 '허가제'로 환원했다. 이후 1960년 4.19

혁명으로 헌법 개정과 함께 언론의 자유가 보장됐고, 신문 발행은 다시 '등록제'로 환원되어 수많은 인쇄 미디어가 창간됐다.

이후 1961년 5.16 쿠데타 직후 군사 정부는 '신문·통신사 시설 기준령'을 발표해 한 신문사가 조간과 석간을 합해 하루 2회 발행할 수 있던 신문을 둘 중 하나만 선택하도록 했고, 수차례의 언론 통폐합으로 신문의 수도 크게 줄어들었다. 이후 전두환의 신군부 역시 언론 통폐합을 단행해 서울에는 일간지가 조간신문과 석간신문 각각 세 개씩만 남았고, 지방 각 도에는 일간지가 한 개씩만 남았다. 또한 전두환은 1980년 12월 31일 언론기본법을 제정하고 보도지침을 통해 언론을 통제했다. 1987년 6월 민주화 항쟁 이후에야 정기 간행물 등록이 자유로워졌으며 언론기본법이 폐지됐다.

1) 조선일보

《조선일보》는 1920년 3월 5일 창간됐다. 창간 당시에는 친일 경제단체인 대정실업친목회의 기관지로 허가받아 사장 조진태, 발행인 예종석, 편집인 최강 등으로 출발했다. 당시 《조선일보》는 일제에 비타협적이었으며 민족주의 성향을 띠었다. 1920년 8월 27일에는 시민들의 만세 시위를 폭력적으로 진압한 일본 경찰의 대응을 꾸짖는 논설 「자연(自然)의 화(化)」를 써서 정간이 되기도 했다. 1924년에는 좌우 합작 항일운동 단체인 '신간회'의 설립을 주도했다. 또한 문자 보급 운동을 통해 계몽운동을 전개하기도 했다.

그러나 《조선일보》는 이후 친일의 길을 걷는다. 사설을 통해 학도병 징집을 촉구하고, 조선인들에게 일본제국에 황국신민이 된 감격과 감사에 넘쳐 식민의 의무를 다할 것을 촉구하기도 했다. 1939년 이봉창 의사가 일본 천황에게 폭탄을 투척한 사건을 비판하며, 그를 질 나쁜 테러범으로 묘사하기도 했다. 또한 새해를 맞아 일본 천황 부부의 사진을 전면에 싣고 천황 폐하께 충성을 다하겠다고 하는 등 1930년대 후반부터 1940년 강제 폐간을 당할 때까지 《조선일보》는 친일 행적으로 인해 논란이 끊이지 않았다.

1940년 강제 폐간된《조선일보》는 광복을 맞이한 1945년 11월에 복간됐다. 현재 조선일보사는 일간지 외에도 주간지《주간조선》, 스포츠지《스포츠조선》, 관광·숙박 시설에 대한 잡지《월간 산》, 취미 문화에 관한 잡지《월간 낚시》등 여러 시사지와 잡지를 발행한다. 자회사로는 디지틀조선, 월간조선, 에듀조선, 헬스조선 등이 있다. 또한 어린이들을 위해 1931년부터《소년조선일보》도 발행해왔다. 온라인 버전 조선닷컴 이외에 영어판, 일본어판, 중국어판 온라인 신문을 운영한다. 그중 조선일보 일본어판은 자회사 '조선일보 일본어판'(구 조선일보JNS)에서 운영하며, 일본 내 외국 언론기관이 운영하는 온라인 뉴스 가운데 가장 높은 트래픽을 기록한다.

2) 동아일보

《동아일보》는 1920년 4월 1일 '민족의 표현 기관'을 자임하며 창간됐다. 일제 강점기 초반 조선총독부의 무단 통치를 비난한 기사는 수시로 문제가 되어 신문과 윤전기가 압수되는 수난을 여러 번 겪기도 했다.

제1차 정간은 1920년 9월 25일 사설「제사문제를 제론하노라」에서 일본이 신성시하는 3종 신기(神器)를 비판했다는 이유에서 비롯됐다. 제2차 정간은 1926년 3월 6일 자 신문에 국제농민본부가 보내온 3.1절 기념 메시지를 게재했다는 이유 때문이었다. 제3차 정간은 1930년 4월 16일 미국《네이션(The Nation)》의 주필 빌 라지가《동아일보》창간 10주년 기념 축사로 보내온「조선의 현 상황에서 귀지(貴紙)의 역할은 중요하다」는 제목의 글을 게재했다는 이유에서였다. 제4차 정간은 1936년 8월 29일로 베를린올림픽 마라톤 우승자 손기정 선수의 일장기 말소 사건 때문에《동아일보》는 이때 무기 정간을 당했다. 이 사건으로 여덟 명의 기자가 구속되고 송진우 사장 등 열세 명이 사임했다. 1940년 8월 10일 일제가 민족 말살 정책을 펴면서《동아일보》를 강제 폐간 조치했다. 광복 이후인 1945년 12월 1일에서야《동아일보》는 복간된다.

《동아일보》는 1928년 4월부터는 특집 기사를 내며 문맹 퇴치 운동을 제창

했으나, 반일 감정을 고취한다는 이유로 조선총독부의 검열과 금지로 발행이 중단됐다. 3년 만인 1931년부터 '브나로드 운동(Vnarod movement)'을 적극 홍보하고 보도함으로써 문맹 퇴치 운동을 다시 전개한다. 브나로드는 러시아어로 '민중 속으로'라는 뜻이다.《동아일보》는 1931년 7월 '배우자, 가르치자, 다 함께' 라는 기치를 내걸고 브나로드 운동이라 불리는 농촌 계몽운동을 주도했다. 브나로드 운동은 심훈의 대표 소설『상록수』의 주요 내용이 되기도 했다. 이 운동에 대한 적극적인 보도와 홍보는 의식 있는 청년층이 브나로드 운동, 농촌 계몽 활동, 문맹 퇴치 활동에 자발적으로 참여하는 계기를 마련했다.

《동아일보》는 또한 유교 문화와 인습에 얽매여 있던 여성들을 계몽시키기 위해 '여성면'을 고정으로 두고「신여성과 교육」,「여성 해방과 대가족 제도」,「여성과 직업」등 여성의 권익 향상과 사회 참여를 독려하는 기획 기사와 기고를 실었다. 1933년 1월 일간신문사로서는 최초로 여성 월간지《신가정》(《여성동아》의 전신)을 창간했다.《신가정》은 여성 독자를 고려해 제목만 국한문을 섞어 쓰고, 그 외 모든 기사는 순 한글로 제작했다.《신가정》은 여성지라는 특징을 살려 요리, 편물, 염색 등에 관한 각종 강습회를 열었으며, 부인 밤 줍기 대회, 주부 야유회, 부인 고궁 순례단 등 다양한 행사를 열어 집을 벗어나지 못하던 주부들의 숨통을 틔워주었다.

박정희 정권에서《동아일보》는《경향신문》과 함께 야당 성향을 보였다. 이는《동아일보》창시자인 송진우, 김성수 등이 주동적으로 창당한 한민당이 민국당, 민주당 등으로 바뀌면서 친(親)민주당 성향을 띤 것에서 연유한다. 데모, 인권 회복 기도회, 노동자들의 쟁의, 야당의 체제 비판 발언, 개헌 문제를 비롯해 금기시되던 유신 반대 관련 기사를 여러 차례 싣자, 박정희 정권은 1974년《동아일보》의 기사에 대한 검열 등을 실시했다. 나아가《동아일보》에 광고를 게재하려는 광고주에게 압력을 넣어 광고 해약 사태를 일으켰다.《동아일보》는 1974년 12월 26일 신문부터 일부 광고란이 백지로 나갔는데(《동아일보》백지 광고 사태), 이는 1975년 7월 중순까지 계속됐다.

이 기간에 일반 국민 독자들은 수많은 '자유 언론 격려 광고'를 내며《동아일보》를 지지했다. 지식인, 학생, 종교인은 물론 일반 시민과 주부까지도《동아일보》광고란에 격려 광고를 게재했다. 정부는 계속 언론에 압력을 넣었고 유신 정권의 압력을 받은 경영주는 기자를 비롯한 사내 언론인들을 해고했다. 당시 해고된 기자들은 이후《한겨레》의 초기 구성원이 된다. 그러나《동아일보》는 이후 보수 성향을 강하게 띄는 신문으로 변모했다.

3) 경향신문

《경향신문》은 1946년 10월 6일 경성천주교재단에서 창간한 신문이다. 제호는 1906년 프랑스 신부 플로리안 드망쥬가 창간한《주간 경향신문》의 제호를 계승했다. 한국전쟁으로 1950년에 임시 휴간을 했지만, 국군의 북진과 함께 그해 11월 평양에서 '전선판(前線版)'과 '서북판(西北版)'을 발행했고, 우리나라 종군기자 1호인 박성환을 배출했다.

창간 때부터 반공적이고 보수적인 성격을 띠어온《경향신문》은 1959년 들어 자유당 독재 체제가 굳어지자 야당 성향과 반독재 노선을 분명하게 띄기 시작한다. 특히 천주교도인 부통령 장면의 피습 사건 후 이러한 논조는 더욱 강경해졌다.《경향신문》의 태도는 독자들로부터 많은 호응을 얻어서 당시 발행 부수 20만이라는 기록을 세웠다.

1959년 2월 4일《경향신문》은 '여적란(餘滴欄)'에 자유당의 부정선거를 규탄하는 내용을 기재했고, 이로 인해 군정법령으로 강제 폐간됐다. 이러한 강제 폐간 조치는 당시의 언론인, 문인, 종교인 등 사회 인사의 거센 반발을 샀고, 신문사는 폐간 조치에 불복해 법적 투쟁을 이어갔다. 이 시기에 4.19 혁명이 일어났고, 대법원의 판결에 따라《경향신문》은 1960년 4월 27일에 조간부터 복간이 된다. 1974년에는 박정희 전 대통령의 지시로《경향신문》이 문화방송과 통합됐다가 이후 1980년 언론 통폐합에 따라 독립 회사로 분리됐다. 1990년 8월 1일 한국화약그룹과 합작했다. 1991년에는 '경향 기자 윤리 강령'을 발표하기도 했다. 1995년에는 광고 없는 1면을 발행하기도 했다. 1997년 4월 전면

가로쓰기를 단행하면서 제호도 한글로 바꾸었다. 1998년 3월 한화그룹으로부터 경영권 독립을 이루면서 사원주주회사로 전환했다. 자매지로는《스포츠경향》,《주간경향》,《레이디경향》,《경향게임스》가 있다.

4) 한국일보

1954년《태양신문》을 인수한 장기영이 그해 6월 9일 자부터 제호를 고쳐《한국일보》를 창간했다. 1954년 8월 1일 제1기 기자 여섯 명을 시작으로 정기적으로 기자를 공개 채용해 다른 신문사에 이러한 관행을 퍼뜨렸다.《한국일보》에서는 여러 사업을 벌였는데, 1957년부터 '미스코리아 선발대회'를 열어 수상자를 매년 세계 6개 대회에 파견했다. 1980년에는 '미스 유니버스 대회'를 서울에서 개최해 전 세계에 컬러로 방영했다. 이 밖에도 1961년 1월부터 시작한 '10만 어린이 부모 찾아주기 운동', 1976년 7월에 시작한 '1000만 이산가족 친지를 서로 찾자' 운동 등이 대표적이었다. 또 1973년 6월 창간 20주년 기념사업 가운데 하나로 대한산악연맹과 공동으로 한국 에베레스트 등반 계획을 세워, 1977년 9월 15일 고상돈이 한국 최초로 에베레스트 정상 정복에 성공하기도 했다.

1991년 12월 16일에는 석간신문을 발행해 조석간(朝夕刊) 양간제 시대를 다시 열었다. 이러한 변화는 1962년 군사정권에 의해 조석간 양간제가 폐지된 이후 29년 만의 일이었다. 그러나 다른 신문은 양간제를 택하지 않았고,《한국일보》는 전파 미디어의 속보성을 따를 수는 없다는 제약으로 인해 1992년 11월 30일 석간신문을 휴간하고 다시 조간신문만 발행하는 단간제로 되돌아갔다. 자매지로는《코리아타임스》,《서울경제》,《소년한국일보》,《주간한국》,《엘르》,《톱모델》,《프리미어》가 있다.

5) 중앙일보

《중앙일보》는 1965년 9월 22일 삼성의 창립자인 이병철에 의해 창간됐다. 그해 12월 7일 중앙일보는 동양 라디오 및 동양 텔레비전을 통합 운영(동양방송)하면서 이름이 한때 중앙일보·동양방송으로 바뀌었다. 1966년 삼성의 사카린 밀수 사건에 대해 타 언론이 연일 비판 보도를 할 때, 유독《중앙일보》만 "사실과 다르다"는 기사를 실었다. 박정희 전 대통령이 나서서 왜곡 보도가 심각하다며 재벌의 언론 소유를 금지해야 한다는 발언을 하자, 이병철 회장은 기자회견을 열어 '한국비료'를 국가에 바치고 언론에 손을 떼겠다고 밝히고《중앙일보》대신 다른 언론에 사과문을 게재했다.

1980년 언론 통폐합 조치로 인해, 동양방송(TBC)이 KBS에 흡수, 합병됐다. 그와 함께 사명인 중앙일보·동양방송이 중앙일보사로 변경됐다. 1968년에는 《월간중앙》, 1984년에는 《이코노미스트》를 창간했으며, 1991년에는 《뉴스위크》 한국판을 창간했다. 1999년에 제일기획의 방송 사업 부문을 인수해 중앙방송을 출범시켰고, 삼성과 계열 분리를 했다. 자매지로《월간중앙》,《이코노미스트》,《여성중앙》,《코스모폴리탄》,《레몬트리》,《쎄씨》 등이 있다.

6) 한겨레

《한겨레》는 1988년 5월 15일 《동아일보》와 《조선일보》의 해직 기자들과, 1980년 언론 통폐합으로 퇴직한 일부 기자들이 중심이 되어 창간한 종합 일간지이다. 《한겨레》는 국민을 대상으로 주식을 공모했는데, 거대 자본의 침투를 막는다는 의미에서 주주 1인당 출자액을 총 자본금의 1퍼센트 이내로 제한했다. 그렇게 해서 2만 7천여 명에 의해 창간 기금 50억 원이 마련됐다. 1988년 8월 한국 언론계 최초로 편집위원장 직선제를 실시해 제2대 편집위원장 장윤환을 뽑았고, 사내 민주화 실현을 지향했다.

1988년 창간 당시의 제호는《한겨레신문》이었으나 1996년에《한겨레》로 바꾸었다. 기존 신문의 우익보수주의와 달리《한겨레》는 진보적 사회주의 입장을 고수하면서 노동자, 농민, 도시 영세민을 포함한 민중의 입장을 대변했으며, 한글 전용과 가로쓰기를 단행함으로써 기존 신문과 차별성을 보였다. 2007년 1월 29일 7개 장 50개 조항의 '취재 보도 준칙'을 제정, 공표했고,《한겨레》기자는 이 준칙에 따라 취재 보도를 하고 있다. 자매지로는《한겨레21》,《씨네21》,《르몽드 디플로마티크》,《이코노미 인사이트》,《나·들》이 있다.

4. 지역신문

지역신문은 해당 지역, 주로 시나 도를 단위로 발행해 배포되는 신문을 일컫는다. 지역신문은 지역 위주의 기사를 게재함으로써 수도권 집중화로 야기되는 지역의 불만을 어느 정도 해소할 수 있다.

구체적인 지역신문의 역할로는 첫째, 지역 문화의 계승과 발전, 둘째, 수도권과 지역의 균형발전 도모, 셋째, 여론의 다양성 확보가 있다. 즉 지역신문은 지역 고유의 문화를 소개하고 교육시키는 데 중요한 역할을 한다. 또한 한국처럼 정치·경제·사회의 역량 대부분이 수도권에 집중된 국가에 지역신문마저 없다면, 지역의 현안이나 문제를 공론화할 수단이 사라지게 된다. 다시 말해 지역신문은 국가 균형 발전의 한 축을 담당한다. 마지막으로 지역신문은 상대적으로 소수인 지역의 여론을 수렴하고 알리는 역할을 한다. 만약 중앙지만 존재한다면 소수의 지역 여론은 반영되지 않을 것이며, 이는 곧 여론의 독과점으로 진행될 수밖에 없다. 따라서 지역 현안을 공론화해 국가 균형 발전을 도모하며 여론의 다양성을 확보하기 위해서도 지역신문은 반드시 필요하다고 할 수 있다.

그러나 현재 우리나라 언론 시장의 현황을 고려해보면, 지역신문의 생존과

그림 7-4 ☞ **지역신문 경영의 악순환 구조**

발전은 미래가 그다지 밝지 않음을 알 수 있다. 2013년 1월 현재 지역신문발전위원회(http://www.cln.or.kr)에 등록된 지역신문 가운데 일간지 개수만 하더라도 서울 2개, 인천·경기 14개, 대전·충남 6개, 충북 6개, 전북 10개, 광주·전남 12개, 제주 4개, 부산·경남 14개, 대구·경북 8개, 강원 2개로 총 78개이다. 주간지는 그 수가 더 많다. 구체적으로 서울 52개, 인천·경기 91개, 대전·충남 38개, 충북 21개, 전북 19개, 광주·전남 39개, 제주 3개, 부산·경남 59개, 대구·경북 36개, 강원 14개로 총 372개이다. 일간지와 주간지를 합하면 총 450개의 지역신문이 있다. 그러나 전국의 신문 구독 가정 가운데 지역신문을 구독하는 비율은 불과 10퍼센트 남짓이다. 반면 조중동(《조선일보》,《중앙일보》,《동아일보》)의 점유율은 80퍼센트를 넘어 신문 시장의 독과점화가 매우 심각한 상태이다.

이처럼 지역신문이 포화 상태를 넘어 난립하고 있는 상황에서 구독자를 확보하지 못해 경영에 어려움을 겪게 되면 지역신문은 지속적인 발행을 기대할 수 없다. 이를 '지역신문 경영의 악순환 구조'라 하는데, 구체적으로 살펴보면 〔그림 7-4〕와 같다.

먼저 현재 지역신문은 독자들이 매우 적고, 지역신문 간 경쟁으로 그 정도는 더 심화됐다. 이렇게 독자들이 감소하면 광고주는 해당 신문에 광고를 게재하길 꺼린다. 광고 물량의 감소는 결국 신문사 재정의 상당수를 차지하는 광고 수입 감소를 초래한다. 그리고 이렇게 재정의 난관에 봉착한 지역신문은 중앙지와의 경쟁에서 좋은 인재를 빼앗길 수밖에 없다. 마지막으로 좋은 기자를 모집하지 못하고, 경영난으로 기존 기자들에게 재교육을 시키지 못하면, 이는 기사의 품질 저하로 이어진다. 기사의 품질 저하는 기존 독자의 이탈과 신규 독자의 모집 실패로 다시 악순환을 반복하게 한다. 이는 종국에는 폐간으로 이어진다. 지역신문의 폐간은 결국 전술한 것처럼 지역 문화 및 가치관 전수의 실패로 인한 국가 발전의 불균형과 여론의 독과점을 초래할 것이다.

따라서 국가적 차원에서도 지역신문을 지원하는 방안을 마련해야 한다. 물론 국가가 직접 재정을 지원하게 되면 권언유착의 문제를 낳을 수 있기 때문에 장비 지원이라든지 기자 교육 지원, 구독료 지원 같은 간접적인 방안을 모색해야 한다. 특히 향후 지상파 종일 방송 시행이나 다매체·다채널의 확대로 지역신문은 더 어려움을 겪게 될 것이다. 따라서 사전에 지역신문 발전을 위한 다양한 제도와 방안 마련이 시급한 실정이다.

5. 잡지

잡지를 뜻하는 영어 단어 'magazine'은 원래 프랑스어로 '창고'라는 뜻을 지닌 'magasine'이라는 말에서 유래됐다. 세계 최초의 잡지는 1665년에 프랑스에서 발행된 《르 주르날 데 사방(Le Journal Des Savants)》이다. 이 잡지는 주로 신간 도서의 줄거리와 과학 및 문학에 대한 새로운 지식을 소개했다. 그 후 유사한 형태의 잡지들이 유럽 대륙과 영국에서 출판됐고, 점차 시사적인 논평이나 다양한 내용을 담기 시작했다.

그림 7-5
《르 주르날 데 사방》과
《젠틀맨스 매거진》

18세기에 들어서는 영국에서 시사·문예 등의 내용을 다룬 다양한 잡지가 발간됐다. 1731년에는 '잡지(magazine)'라는 용어를 최초로 사용한 《젠틀맨스 매거진(The Gentleman's Magazine)》이 발행됐다. 《젠틀맨스 매거진》에는 시사, 문예, 신간 소개, 각종 인사, 경제 동향, 날씨 등에 관한 기사가 실렸다. 이렇듯 초기 잡지들은 일부 상류층이나 지식층을 위한 학술이나 정치 관련 내용이 주를 이루었다.

그러다 19세기 중반 이후 미국과 유럽의 주요 국가에서는 대중을 상대로 한 간단한 읽을거리로서 대중잡지의 발행이 활발히 이루어졌다. 특히 광고를 유치해 잡지를 싸게 팔 수 있게 되면서 상업 잡지가 번성했다. 20세기 초 미국에서는 급격한 산업화 과정에서 발생한 부정과 비리 등을 폭로하는 이른바 '추문 폭로 잡지(muckraking magazine)'가 유행하기도 했다.

한국에서 잡지가 처음 등장한 것은 1890년대였다. 시기적으로는 1892년 1월 미국 선교사가 창간한 영문 잡지 《코리안 리포지터리(Korean Repository)》

그림 7-6
《코리안 리포지터리》
와 《친목회회보》

가 최초였다. 하지만 한국인이 발행한 것으로는 '대조선인일본유학생친목회'가 1896년 2월 일본에서 창간한《친목회회보》를 들 수 있다. 국내에서 한국인이 발간한 첫 잡지는 1896년 11월 30일 독립협회가 발간한《대죠션독립협회보》였다. 이후 이들보다 진일보한 본격적인 최초의 종합 잡지로는 1908년 11월 1일에 최남선이 창간한《소년》을 들 수 있다. 현재 한국에서는《소년》이 창간됐던 11월 1일을 잡지의 날로 기념한다.

일제 강점 직후에는 강력한 탄압에 한동안 종교 잡지와 문예 잡지만 겨우 명맥을 이어 나갔다. 대표적인 문예지로는 1919년 2월에 창간된 최초의 문예지《창조》와 1920년 7월에 창간된《폐허》, 1922년 1월에 창간된《백조》등이 있었다. 1920년대 이후 문화 통치 시기에는 민족주의나 사회주의 계열의 잡지와 계몽적인 여성 잡지 등이 발간됐다. 1920년에 창간된《개벽》은 통권 제72호로 발행 금지될 때까지 33회나 압수당하거나 벌금형을 받은 당시를 대표하는 잡지였다.

해방 직후에는 언론 자유가 신장되면서 수많은 잡지가 발행됐다.《사상계》,《현대공론》,《현대문학》,《여성계》,《학원》등 건전하고 대중성 있는 잡지들이 창간됐다. 그리고 인쇄 기술이 향상되면서 수준 높은 잡지 제작이 가능해졌다.

1960년대 이후 경제개발과 함께 판형이 대형화되고 컬러 면이 늘어나는 등 시각적 변화가 나타났다. 1975년에는 정기 간행물 수가 1천여 종을 넘어섰다. 그러나 1980년 신군부에 의해 많은 잡지들이 폐간됐고, 잡지 발행은 주로 신문사에 의해 이루어졌다. 이후 언론기본법 폐지 이후 잡지 발행은 다시 늘어났고, 1990년대 이후에는 잡지의 전문화 · 다양화와 함께 제작 공정의 디지털화도 실시됐다.

6. 인쇄 미디어의 조직 구성

인쇄 미디어 조직에는 크게 편집국, 제작부, 영업부 등 세 가지 핵심 부서가 있다. 특히 신문의 경우 대개 매일 발행되기 때문에 세 부서가 효율적으로 업무를 처리해야만 한다. 먼저 편집국은 취재와 기사 작성을 담당한다. 인쇄 미디어의 실질적인 얼굴이라 할 수 있다. 편집국에는 국장과 부국장이 있으며, 각 부서가 소속되어 있다. 일반적으로 정치부, 국제부, 경제부, 산업부, 사회부, 체육부, 문화부, 사진부 등으로 구성되며, 각 부서의 부장과 차장이 업무를 관장한다. 각 부서에는 기자들이 소속되어 있는데, 기자에는 고정 출입처가 있는 출입처 기자와 고정 출입처가 따로 없는 일선 기자(leg man)가 있다. 각 부서 소속 기자들은 직접 취재를 하거나, 국내외 통신사를 통해 기사를 입수하거나, 혹은 다양한 정보원들로부터 보도자료를 통해 입수한 정보를 종합해 취사선택하고 보도 방향을 결정해 실제 게재할 기사를 작성한다. 이때 기자는 게재될 기사를

그림 7-7 ☛ 신문사 조직도의 예(〈경향신문〉)

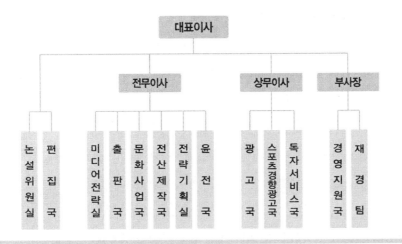

단독으로 선정하는 것이 아니라 데스크(각 부서 부장)와 협의를 거쳐 선정한다. 기사 외에 해당 미디어를 대표하는 콘텐츠는 바로 사설이다. 보통 인쇄 미디어에서는 주필 관할하에 사설을 쓰는 논설위원이 소속된 논설위원실이 따로 분리되어 있다.

편집국과 논설위원실을 통해 작성된 기사와 사설을 지면에 인쇄하는 일은 제작부의 몫이다. 신문사에서는 제작국으로 통용된다. 여기서는 신문의 판형을 만들어서 완성된 판형을 윤전기에 걸고 신문을 인쇄한다. 잡지사의 경우에는 편집을 하는 디자인 부서가 편집국에 속하기도 하고 제작부에서 운영되기도 한다.

인쇄 기술이 발달하고 특히 컴퓨터를 이용한 매체 제작 기술이 도입된 이후로 제작부의 조직도 많이 바뀌었다. 활자 조판 시스템에서 컴퓨터 조판 시스템으로 바뀌면서 작업 인력이 줄었으며 조직도 단순해졌다. CTS(Computerized Typesetting System)라고 불리는 전산 제작 기술이 도입된 이후로는 기자들이 기사를 컴퓨터에 입력하면 제작부에서 모든 기사를 단말기로 불러낼 수 있게 됐고, 제작부는 커다란 단말기를 보면서 화상으로 신문을 편집할 수 있게 됐다. 신문사는 편집된 신문 지면을 필름 형태로 뽑고 인쇄용 원판으로 만들어 윤전기에 걸면 작업이 끝나고, 잡지사는 인쇄소에서 책을 찍어내는 것으로 작업을 마무리한다.

과거 1980년대 말까지만 해도 신문은 원고지에 쓴 기사 내용대로 납 활자를 짜서 인쇄하는 '정판(精版) 시스템'이었다. 그때 사용하는 장비는 하나 같이 손이 많이 가는 납 활자, 활자 주조기, 자모 조각기, 모노타이프, 정판대 등이다. 취재기자가 원고를 쓰면 데스크가 빨간 펜으로 수정해 최종 원고를 만들고 문선공이 그 내용대로 활자를 뽑았다. 문선공은 제목과 기사가 들어갈 자리를 지정하는 등 전체적인 레이아웃을 짜는 편집기자의 지시 아래 기사 꼭지별로 활자를 묶어 얼개를 만들었다. 기사별로 활자를 묶어놓은 터라 중간에 글자를 넣고 빼는 수정 작업이 쉽지 않았다. 그렇기 때문에 숙련된 문선공은 신문 제작의 핵심 인력 가운데 하나였고, '정판 시스템'으로는 많은 지면을 제작하는 데 한계가 있어 과거 신문은 발행 면수가 많지 않았다. 납 활자로 지면 구성이 끝나면 그 위에 두꺼운 종이를 대고 롤러로 밀어 주형 역할을 하는 지형을 뜨고 이를 다시 찍은 연판을 윤전기에 걸어 신문을 인쇄했다.

이후 CTS가 신문 편집에 도입되어 기사 작성, 송고, 데스킹, 편집, 교열, 조판, 인쇄의 전 과정을 컴퓨터로 처리하게 되면서 납 활자 시대가 끝이 났다. 이러한 CTS 도입은 신문 제작 과정을 단순화한 것만이 아니었다. 취재와 편집, 조판과 최종 배송 시간이 획기적으로 줄어들면서 인쇄 직전까지 기사 송고와 마감이 가능해졌다. 예컨대 서울과 인근 지역의 경우 그날 새벽 두 시까지 생긴 사건이나 사고를 조간신문에서 읽을 수 있었다.

마지막으로 영업부는 크게 광고국과 판매 및 발송팀으로 구분된다. 광고국은 인쇄 미디어의 광고 지면을 광고주에게 판매하는 곳이다. 기업이나 개인의 광고를 접수하고, 광고 수입을 증가시키기 위한 전략 수립과 고객 관리, 광고 요금 책정 등의 업무를 맡는다. 판매 및 발송팀은 신문의 판매와 배포를 담당하는 곳이다.

7. 뉴스 가치

세상엔 수많은 소식과 이슈가 있다. 그중 어떠한 소식과 이슈가 실제 기사가 되는 것일까? 물론 그러한 취사선택은 전적으로 미디어의 몫이다. 하지만 어떤 미디어든 기사를 선정하는 공통적인 기준이 있다. 그것은 바로 뉴스 가치(news-worthy or news value)이다. 기사로 작성해 보도할 만한 가치가 있다면, 다시 말해 기사로 게재됐을 때 독자들이 찾아볼 만한 가치가 있다면, 그 소식과 이슈는 실제 기사가 된다.

그림 7-8 📑 뉴스 가치의 구성 요소

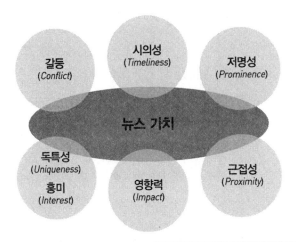

1) 시의성

뉴스(news)는 세상 모든 곳(north, east, west, south)의 이야기이기도 하지만, '새로운 것(new-s)'을 일컫기도 한다. 다시 말해 시의적절하고 새로운 이야기는 모두 기사나 뉴스가 될 수 있다. 장마철에 축대 붕괴 예방과 관련된 정보는 뉴스가 될 수 있다. 명절 귀성길 교통정보 및 교통사고 관련 정보, 새해 첫날 제일 먼저 태어난 아기 소식 등은 평소와는 다르게 훨씬 중요하고 흥미 있는 기사가 된다. 어떠한 사건이나 사고가 발생했을 때 최대한 빨리 기사를 전달해야 하는 것(특종)도 이러한 시의성 때문이다.

2) 저명성

저명성이란 뉴스의 대상이 되는 인물, 기관, 단체가 가진 명성을 말한다. 유명한 사람(celebrity)의 행동은 아무리 사소해도 하나하나가 사회 전반이나 대중에게 영향을 미치기 때문에 기사 가치를 지닌다. 이는 권위가 있는 인물, 흑

륭한 인물뿐 아니라 사회적으로 비난받는 부정적 인물, 비도덕적인 인물에게 도 적용된다. 가령 사범대학 4학년에 재학 중인 일반 학생이 하는 교생실습은 기사거리가 되지 않지만, 김연아 선수가 하는 교생실습은 기사거리가 된다. 바로 저명성 때문이다.

3) 근접성

사람들은 잘 모르는 사람에 관한 뉴스나 먼 곳에서 발생하는 뉴스보다는 내가 아는 사람에 관한 뉴스나 나에게 가까운 곳에서 일어나는 뉴스에 더 많은 관심을 보인다. 우리는 가족, 이웃, 지역사회, 지방, 국가, 세계의 순서로 관심이 줄어든다. 전주에서 버스가 파업했다는 기사는 당장 출퇴근을 걱정해야 하는 전주 시민에게 중요한 정보를 전달하는 뉴스가 되지만, 미국에서 지하철이 파업했다는 뉴스는 우리의 관심을 끌지 못한다. 아이티에서 지진이 발생해 큰 피해를 당했다는 뉴스보다도 상대적으로 근접한 국가인 일본에서 쓰나미 피해가 발생해 큰 피해를 당했다는 뉴스가 더 크게 다가오는 것도 근접성 때문이다. 이러한 물리적 근접성 외에 심리적 근접성도 영향을 미친다. 가령 일본에 쓰나미가 발생했을 때 우리는 일본인의 피해보다는 재일한국인의 피해에 더 관심이 쏠린다. 또한 그래서 미국 한인 유학생의 수상 소식은 우리에게 뉴스가 될 만한 충분한 가치가 있다.

이와 같은 이유에서 신문보다는 잡지가 뉴스 가치로서 근접성을 더 중요하게 여긴다. 잡지는 다양한 종류의 전문화된 인쇄 미디어로서 독자가 자신의 관심거리와 연관이 있을 때에만 구입해서 읽기 때문이다.

4) 영향력

영향력이란 얼마나 많은 사람들에게 영향을 미칠 수 있는가와 연관되는 기준이다. 직간접적으로 우리 생활에 영향을 주는 사건은 큰 의미가 있다. 따라서 어떤 사건이 많은 사람들의 생활에 직접적인 영향을 끼치거나 혹은 그럴 가능성이 있다면 그 사건은 분명히 기사나 뉴스로서의 가치가 크다. 예를 들어 자동차 부품 업체의 파업보다는 지하철이나 버스의 파업이 영향력이 더 크다. 선거의 경우 지자체 선거보다는 국회의원 선거, 국회의원 선거보다는 대통령 선거가 사람들에게 더 큰 영향을 미친다. 따라서 국회의원 선거나 대통령 선거가 있을 때 신문은 지면의 상당수를 선거운동이나 투표 결과에 할애한다.

5) 독특성과 인간적 흥미

인간은 본능적으로 뻔한 것보다는 새롭고 진기한 것, 기존의 통념을 깨는 색다른 것에 호기심을 가진다. 1880년대 뉴욕에서 발행된 《선(Sun)》의 편집자 존 보가트(John B. Bogart)는 "개가 사람이 물면 뉴스가 아니지만, 사람이 개를 물면 뉴스가 된다"고 말했다. 언론 역시 마찬가지이다. 모든 언론 미디어는 뻔한 관습적 이야기에 관심을 기울이지 않는다. 반면 고정관념을 깨는 파격적인 이야기를 선호한다. 독자들 역시 그런 독특하고 파격적인 이야기를 더 찾아보기 때문이다.

또한 인간은 누구나 고난과 역경을 이겨낸 감동적인 이야기, 희노애락이 담긴 이야기를 좋아한다. 평범한 이야기보다는 이른바 성공 '스토리', 인생 역전 '스토리'가 기사화될 가능성이 매우 높다. 2012년 런던올림픽 금메달리스트인 양학선을 보자. 어려운 가정환경, 얼마 되지 않는 지원금, 세계에서 처음 만든 자신의 이름을 붙인 기술. 이는 모두 독자와 언론이 좋아할 만한 '스토리' 요소이다.

6) 갈등

자기 자신이 개입되지 않았다면, 우리에게 가장 재미있는 일 가운데 하나가 싸움 구경이다. 분쟁, 투쟁, 싸움은 모두 갈등의 요소로서 충분한 뉴스 가치가 있다. 국가 간의 분쟁이나 정당 간의 치열한 갈등은 언론이 관심을 갖는 부분이다. 따라서 동일한 사안을 갖고 서로 다른 시각으로 조망하는 정당 대변인들의 논평은 뉴스거리가 된다. 스포츠도 마찬가지이다. 대부분의 스포츠는 상대 팀이나 선수를 상대로 승리하는 것을 목적으로 한다. 따라서 스포츠 중계나 결과 보도는 충분히 좋은 콘텐츠이다.

8. 인쇄 미디어의 미래

현대는 인쇄 미디어의 위기라고들 한다. 아니 종이신문과 잡지의 구독률이나 책의 판매 부수만 놓고 본다면 생존을 걱정해야 할 지경이다. 신문의 구독률은 1996년 약 70퍼센트에서 2008년 36.8퍼센트까지 떨어졌고, 이러한 추세는 계속 이어질 전망이다. 서적 도매상과 서점의 폐업이 늘어났으며, 심지어 문 닫는 인터넷 서점도 나왔다.

종이신문 시장의 축소에 금융 위기까지 겹치며 2008~2010년 미국에서는 여덟 개의 언론 미디어가 부도를 선언했고, 대도시의 유력 지역 일간지 일곱 개가 폐간됐다. 매출과 광고가 급감하며 해마다 언론 종사자 수천 명이 일자리를 잃는다. 일례로 미국 내 1400여 개의 일간지 가운데 정치 중심지인 워싱턴을 직접 취재하는 신문사는 2013년 현재 55개로 10년 전보다 4분의 1로 줄었다.

1933년 2월 창간한 미국의 대표적인 시사 주간지인 《뉴스위크(Newsweek)》는 발행 80년 만에 2012년 12월 31일 자로 지면을 종간하고 인터넷 유료 미디어 《뉴스위크 글로벌》로의 전환을 선언했다. 《뉴스위크》는 2010년 신생 온라인 미디어 《데일리비스트(The Daily Beast)》와 합병해 활로를 모색했으나, 스마트폰 대중화에 따른 뉴스 소비 행태의 변화, 인쇄 미디어의 발행 비용 상승 등 악재가 겹치면서 2012년 적자만 약 250억 원에 이르러 종이 잡지 폐간을 결정한 것이다. 영국의 유력 일간지인 《가디언(Guardian)》도 종이신문 발행 중단을 심각하게 고려 중이라고 영국의 《텔레그래프(Telegraph)》가 보도했다.

그러나 오프라인 인쇄 미디어의 구독률이 하락한다고 해서 전통적 신문과 잡지의 영향력마저 감소하는 것은 아니다. 2012년 한국의 대통령 선거를 되돌아보면, 보수 일간지의 프레이밍 능력은 오히려 그 이전보다 커지면 커졌지 작아졌다고 보기 힘들다. 즉 오프라인 인쇄 미디어의 구독률은 줄어들었으나, 인터넷 포털 사이트나 스마트폰 애플리케이션을 통해 기사를 열독하는 사람들을 고려하면, 인쇄 미디어의 뉴스는 오히려 확대됐다고 볼 수도 있다. 이에 각 언론사도 애플리케이션을 비롯해 트위터와 페이스북 계정을 만들었다. 물론 적절한 수익 모델을 만들어내지 못한다면 무료 기사 배포만 늘어날 수도 있으나, 이를 잘 활용한다면 현재의 인쇄 미디어 위기는 위협이 아닌 기회로 전환될 수도 있다.

결국 중요한 것은 콘텐츠의 질이다. 언론이 강한 사명감으로 정확하고 공정하며 객관적인 보도를 한다면, 나아가 단편적인 사실 보도를 넘어 독자의 요구를 충족시킬 수 있는 진실을 추구한다면, 오히려 언론은 그 영향력을 확장할 것이다.

memo

방송 미디어

방송은 영어로는 'broadcast'이고 한자로는 '放送'이다. 'broadcast'는 'broad'(넓다)와 'cast'(던지다, 전송)의 합성어이고, '放'은 '놓다 혹은 내치다', '送'은 '보내다'라는 뜻이다. 결국 이를 종합해보면, 방송이란 '광범위하게 어떤 메시지를 보내는 것'이다. 이를 현대적 의미에 맞춰 정의 내리면, 방송이란 '불특정 다수의 사람들에게 전파를 이용해 메시지, 즉 프로그램을 전송하는 행위'라 할 수 있다.

　일반적으로 라디오나 텔레비전을 일컫는 방송은 현대인의 삶에 매우 큰 영향을 미친다. 오전에 일어나 텔레비전을 켜고 밤새 발생한 세상 소식을 듣고, 드라마와 오락 프로그램을 보면서 고달픈 현실을 잊고 즐거움을 느낀다. 출근길에 뉴스와 교통 흐름 소식을 라디오를 통해 듣고, 공부하거나 작업하는 중에 라디오를 켜놓고 최신 곡을 듣기도 한다. 인터넷을 비롯해 새로운 미디어가 계속해서 등장하지만 방송의 영향력은 결코 줄어들지 않는다. 때로 사람들은 방송을 보면서 세상에 대한 어떤 상(像)을 그린다. 방송에서 일어난 일을 마치 현실인 양 착각하기도 한다. 또 어떤 경우에는 프로그램 속 캐릭터를 현실의 친구처럼 여기고 감정이입을 하기도 한다. 이처럼 방송은 현대인의 생활에 막대한 영향을 미치는 매스미디어이다. 제8장에서는 구체적으로 방송의 발달과 역사, 방송의 영향력, 방송사 조직의 구성 및 제작, 다양한 방송 유형에 대해 설명하겠다.

1. 방송 커뮤니케이션 모형

그림 8-1 ☞ 방송 커뮤니케이션 모형

방송 커뮤니케이션을 제1장 「커뮤니케이션의 이해」에서 살펴봤던 커뮤니케이션 모형에 대입하면 〔그림 8-1〕과 같다. 먼저 방송 커뮤니케이션에서 송신자는 방송사와 제작진, 출연진이 해당된다. 여기에 더해 방송 프로그램을 전송하려면 전파를 이용해야 하므로 전파를 송출하는 중계소와 관련 인력도 송신자라 할 수 있다. 이들은 방송 프로그램을 제작하고 수신자에게 전달하는 당사자이다.

수신자에는 라디오 청취자와 텔레비전 시청자가 있다. 그러나 비교적 최근 등장한 방송 유형은 기존 방송처럼 수동적인 청취자나 시청자를 대상으로 하지 않는다. 즉 방송사로부터 일방적으로 메시지를 받기만 하지 않고, 때로는 생방송 시간이 아닌 자신이 필요한 시간에도 주도적으로 프로그램을 선정해 이용한다. 따라서 최근에는 청취자와 시청자라는 용어 외에 능동성을 강조한 이용자(user)라는 용어를 사용한다.

방송 커뮤니케이션에서 메시지는 각 프로그램 및 세부 내용이라 할 수 있다. 일반적인 프로그램 유형에는 뉴스, 다큐멘터리, 토론/대담, 드라마, 코미디, 영화, 만화/인형극, 버라이어티 쇼, 토크 쇼, 퀴즈 게임, 스포츠, 생활 정보, 학습, 문화 예술, 광고, 기타 등이 있다. 채널에 해당하는 요소는 라디오, 텔레비전, 인터넷, 스마트폰, 전파가 있다. 방송은 기본적으로 전파를 송수신하는 것이므로 전파 자체도 하나의 채널이라 할 수 있다.

방송 커뮤니케이션에서 잡음은 매우 다양하다. 우선 정전이나 천재지변으로 인해 방송을 송수신하지 못하는 경우가 있다. 또한 생방송 중에 일어나는 다양한 실수도 방송사 측에서 사전에 통제하기 힘들다는 점에서 일종의 잡음이다. 때로는 방송 프로그램 후반 작업 시 발생하는 자막의 실수도 이에 포함된다. 방송 미디어 역시 인쇄 미디어와 마찬가지로 뉴스나 토론 프로그램 등에서 오보가 전달될 수 있다. 또한 인터넷이나 스마트폰 같은 여타의 미디어, 동시간대에 방영되는 경쟁 프로그램은 모두 해당 방송사의 커뮤니케이션을 방해하는 요소이다.

다음으로 수신자의 성향도 잡음이 될 수 있다. 가령 진보적인 성향을 가진 시청자는 종합편성채널(이하 종편)의 뉴스나 토론 프로그램을 있는 그대로 받아들이지 않으려 한다. 반대로 보수적인 시청자는 종편 뉴스를 보면서 내용의 진위나 이면의 진실을 파악하기보다는 그것을 있는 그대로 받아들인다. 마지막으로 방송사의 편향성 또한 잡음이 된다. 특히 현재 KBS, MBC, YTN 등 주요 방송사의 사장은 대통령이나 여당이 임명할 수 있다. 따라서 정부의 압력이나 방송사 사장의 성향 등에 의해 보도 방향이 결정될 수도 있다.

2. 방송의 발달

방송의 발달은 라디오에서 시작됐다. 라디오의 발전에서 가장 중요한 것은 1837년 새뮤얼 모스(Samuel Morse)의 이진법〔단점(dot, ·)과 장점(dash, -)을 이용〕 신호를 이용한 유선전신의 발명과 전자파의 발견이다. 영국의 물리학자 제임스 맥스웰(James Maxwell)이 1864년 공중에 있는 전자파의 존재를 확인하고 그 특성을 이론화하면서 비로소 전파를 이용한 송수신의 가능성이 열렸다. 이 이론을 바탕으로 전자파의 존재를 실제 증명한 과학자는 독일의 하인리히 헤르츠(Heinrich Hertz)였고, 실제 통신수단으로 응용한 사람은 이탈리아의 굴리엘모 마르코니(Guglielmo Marconi)였다. 마르코니는 전화가 유선을 이용해 전기신호로 메시지를 전달할 수 있는 것처럼, 전자파를 이용한다면 무선으로도 공중으로 메시지를 전달할 수 있을 것이라 생각해, 모스 부호로 메시지를 송수신할 수 있는 장치를 개발해냈다.

1906년 캐나다의 레지널드 페센든(Reginald Fessenden)은 주파수 변조 방식을 통해 무선으로 소리를 송신하는 실험에 성공하면서 이를 재생시키는 라디오 텔레폰을 발명했다. 그리고 1907년 리 드 포레스트(Lee De Forest)가 3극 진공관을 발명하면서 전파를 이용해 소리, 음성, 음악을 본격적으로 송수신하는 것이 가능해졌다.

사람들이 라디오의 존재에 대해 확실하게 인식하기 시작한 것은 1912년 타이타닉 호 침몰 사건 때문이다. 타이타닉 호의 조난이 무선을 통해 전 세계에 타전됐고, 구조 노력과 사고 소식이 무선을 통해 신속하게 전해지면서 무선통신의 위력이 증명됐다. 타이타닉 호는 당시 최첨단이라 할 수 있는 무선통신을 장착하고 있었다. 충돌이 일어난 직후 대서양을 지나던 배 10여 척이 타이타닉 호가 내보낸 조난 신호를 수신했고, 밤안개를 헤치며 타이타닉 호를 향해 달려갔다. 93킬로미터 떨어져 있던 카파티아 호가 현장에 제일 먼저 도착했다. 타이타닉 호가 가라앉은 지 거의 두 시간이 지난 후였으나, 그래도 차가운 밤바다에서 죽음에 직면한 사람들을 구할 수 있었다. 한편 세기의 조난 사고는 이튿날 오전 1시 20분부터 무선을 통해 세계에 전해졌다.

당시 '아메리칸 마르코니 무선전신회사'에 근무하던 데이비드 사노프(David Sarnoff)는 타이타닉 호의 침몰 소식을 접하고 72시간 동안 교신하면서 이를 일반 대중과 신문에 전했다. 타이타닉 호의 침몰로 사람들은 멀리 떨어진 곳에서 일어난 사건을 발생과 거의 동시에 알 수 있다는 사실을 깨달았다. 사노프는 이에 대한 보상으로 아케리칸 마르코니 무선전신회사의 주요 임원이 됐다. 그 뒤 그는 미국라디오주식회사(RCA, Radio Corporation of America)의 총지배인이 되어 라디오 수신기 보급에 기여했고, 텔레비전 시대의 도래를 예견하면서 NBC 방송국을 설립에 참여해 텔레비전의 보급과 확산에 공헌하기도 했다.

세계에서 최초로 방송 전파가 발사된 것은 1920년 1월 미국 워싱턴의 아나고스티아 해군 비행장에서 나온 군악대 연주 방송이었다. 같은 해 11월 웨스팅하우스의 KDKA국이 개국해 대통령 선거에 관한 속보를 방송했는데, 이것이 정규 라디오 방송국의 시초가 됐다. 라디오의 광고 방송은 1922년 개국한 AT&T가 세운 WEAF에서 처음으로 나왔다. AT&T는 방송 프로그램을 유료로 전송해주듯이 기업의 제품을 방송에서 대신 소개해주는 대가로 광고 요금을 받았는데, 회계 용어로 이러한 방송 광고를 커머셜(commercial)이라 불렀다. 지금도 커머셜은 방송 광고를 의미한다. 이후 라디오가 각 가정에 빠르게 보급되면서 광고주는 제품 판매를 위해 라디오에 의존했고, 그 결과 대규모 청취자를 대상으로 광고할 수 있는 기회를 갖게 됐다.

세계 최초로 텔레비전 방송을 실시한 나라는 독일이다. 1928년부터 다섯 개 방송국에서 실험 방송을 실시했다. 최초의 정기 방송은 1935년 3월 22일부터 베를린에서 시작했는데, 일주일에 사흘간 하루 한 시간 반씩 정기적으로 방송했다. 특히 1936년 올림픽 기간에는 시내 28개 장소에 텔레비전 수상실을 설치하여 경기 실황을 중계하기도 했다.

세계 최초의 정규 텔레비전 방송은 1936년 11월 2일 영국 BBC가 시작했다.

미국은 1952년 포틀랜드에서 정규 방송을 시작했고, 일본은 1953년 NHK 동경 텔레비전 방송국이 정규 방송을 시작했다.

3. 한국 방송의 역사

우리나라의 방송은 일제가 식민 정책과 대륙 침략을 효율적 수행하기 위해 1927년 2월 16일 개국한 경성방송국(JODK)이 출력 1킬로와트(kw), 주파수 690킬로헤르츠(kHz)의 전파를 송출한 것이 시작이다. 처음에는 일본인에게 오락을 제공하는 것이 주목적이었기 때문에 일본어로만 방송을 했다. 그 후 조선어 채널을 늘려 조선인에게 주로 정치 선전물을 방송했다.

해방 이후에 미군정청이 라디오 방송을 통제하면서 미국식 오락 방송의 체제를 이식받은 가운데 1947년 9월 3일 국제무선통신회의(ITU)로부터 한국의 독자적인 호출 부호로 HL을 할당받았다. 현재 한국에서는 '방송의 날'을 9월 3일로 정해놓았는데, 이는 세계적으로 한국 전파의 독립성이 공인된 날을 기념하기 위해서이다. 해방과 전쟁을 거치면서 한국의 방송은 국영방송으로서의 틀을 갖추어 나갔다.

1954년 12월 15일 비록 종교방송이지만 기독교방송(CBS)이 한국 최초로 정부 소유 및 운영 형태가 아닌 전국 규모의 민간 라디오 방송망을 형성했다. 한국 최초의 민간 상업 라디오 방송국은 1959년 4월에 개국한 부산 문화방송이다. 1960년대에 들어서는 MBC, DBS, TBC 등 민간 상업방송이 개국함으로써 본격적인 경쟁 시대를 맞이했다. 지금까지의 한국 텔레비전 방송의 주요 역사를 정리하면 [도표 8-1]과 같다.

1956년 5월 HLKZ-TV가 국내 최초로 서울을 가시청 권역으로 하루 두 시간씩 텔레비전 방송을 시작했다. HLKZ-TV는 경영상 어려움으로 《한국일보》사

일시	내용
1956년 5월 12일	HLKZ-TV
1961년 12월 31일	KBS TV 개국
1964년 12월 7일	TBC TV 개국(1964년 12월 7 DTV, 1965년 11월 JBS와 합병)
1969년 8월 8일	MBC TV 개국
1980년 11월 14일	방송사 통폐합
1981년 12월 1일	공영방송제도 도입, 컬러 방송 도입, UHF 교육TV(KBS 3TV) 실시
1990년 12월 27일	한국교육방송국(EBS) 개국
1991년 12월 9일	SBS 개국

주에게 양도되어 DBS로 개편하고 미국식 상업 텔레비전처럼 종합 편성을 했으나, 1959년 화재로 시설이 소실되자 AFKN의 도움을 받아 운영하다가 1961년 문을 닫았다.

박정희는 1961년 쿠데타 성공 후 12월 31일 KBS TV를 개국했다. 1964년 12월 7일에는 DTV가 개국하고 1965년 11월 JBS와 합병해 TBC TV가 된다. 본격적인 민영 방송의 시대가 시작된 것이다. 1969년 8월 8일에는 MBC가 텔레비전 방송을 시작하면서 본격적인 3사 시대가 시작됐다. 1973년 3월 3일 국영 KBS가 한국방송공사로 새롭게 태어나면서 우리나라에도 공영방송이 등장하는 계기가 됐다. 이후 1980년 전두환 신군부의 방송 통폐합으로 한국의 텔레비전 방송은 KBS와 MBC의 공영방송 이원 체제가 확립됐고, 1991년 SBS의 개국으로 다시 공민영 체제로 전환됐다.

여기서 하나 알아두어야 할 것이 바로 MBC의 소유권 이전이다. 이는 우리나라 방송사에서 아주 중요한 사건이다. 2013년 1월 현재까지 MBC 사장의 임명권과 해임권은 방송문화진흥회(이하 방문진: http://www.fbc.or.kr)가 갖는 있다. 방문진의 이사진 임명권은 방송통신위원회(이하 방통위: http://www.kcc.or.kr)에 있고, 방통위 위원장은 대통령이 임명한다. 방문진의 기본 업무에는

'문화방송의 경영에 대한 관리 및 감독'이 있으며, 사무처 산하 정책지원팀의 업무에는 'MBC 관련 심사 및 경영 평가'가 있다. 한마디로 MBC의 사장 임명과 해임 및 경영은 방문진의 관리와 감독을 받는다.

원래 MBC는 민영방송으로 출발했다. 부산의 거부 김지태(1~3대 MBC 사장)가 1959년 부산 문화방송을 인수해 1961년 서울에 MBC를 설립한 것이다. 당시 김지태는 국회의원을 역임하고,《부산일보》, 문화방송, 삼화고무 등의 회사를 설립해 운영하며, 부일장학회를 만들어 장학 사업도 하고 있었다. 그러나 5.16 쿠데타로 집권한 박정희는 김지태를 부정 축재자 혐의로 구속하고 7년형을 구형했다. 그리고 재산을 기부하면 석방해주겠다고 제안했다. 결국 김지태는 자신이 소유하고 있던《부산일보》, 부산 MBC, MBC, 부일장학회를 나라에 헌납하게 된다.

이후 부일장학회는 5.16장학회를 거쳐 다시 정수장학회(박정희의 '정'과 육영수의 '수'를 딴 이름)로 이름을 바꾸었다. 국가에 헌납한 장학회의 이사장은 줄곧 박정희의 측근이 맡았고, 전두환 정권 출범 이후에는 박근혜가 이사장을 맡았으며, 이후에는 최필립이라는 박근혜 최측근이 이사장을 역임했다. 박근혜가 대통령에 취임한 2013년 4월에는 대구 출신으로 정수장학회 장학생 출신들의 모임인 '상청회' 회장을 지내고, '한국문화재단'(이사장: 박근혜)의 감사로 활동한 김삼천이 신임 이사장에 선임됐다.

2013년 현재 정수장학회는《부산일보》주식 100퍼센트, MBC 주식 30퍼센트,《경향신문》사옥 723평, 현금 185억 원을 소유하고 있다. MBC의 경우에는 전두환의 '언론 통폐합' 이후 MBC 주식의 70퍼센트를 KBS가 넘겨받아 KBS가 MBC의 대주주가 됐다. KBS가 갖고 있던 MBC 주식은 1988년 12월 방문진에 이관됐다. 이후 MBC 사장은 실질적으로 대통령이 임명하는 구조가 됐다.

현행 법규상으로는 방통위가 방문진 이사 아홉 명 전원을 선임하도록 되어 있으나, 관행적으로는 여당 여섯 명, 야당 세 명씩 이사진을 추천한다. KBS 이사의 경우에는 여당 일곱 명, 야당 네 명씩 이사 선임권을 행사해왔다. 방통위는 여당 추천 상임위원 세 명(위원장 포함)과 야당 추천 상임위원 두 명으로 구성된다. 다시 말해 현재의 한국 공영방송은 정권의 입맛에 맞는 사람을 사장으로 낙점할 수 있는 구조이다. 정권이 바뀔 때마다 방송의 공정성 시비가 불거진 것도 이와 같은 관행 때문이다.

4. 방송사의 조직과 구성

방송사의 조직은 크게 제작 및 편성, 경영 및 관리, 기술 등의 부문으로 구성된다. 먼저 제작 및 편성 부문을 보자. 방송사들은 뉴스, 시사, 교양, 드라마, 예능, 스포츠 등 다양한 프로그램을 제작하고 편성한다. 일반적으로 뉴스와 스포츠, 시사 부문을 담당하는 보도 본부와 그 이외의 프로그램을 제작하는 부문(MBC의 경우 드라마 본부와 예능 본부, 편성 제작 본부 등)으로 나뉜다. 방송사의 얼굴이라 할 수 있는 뉴스를 취재하고 제작하는 부서는 보도국이다. 보도국은 인쇄 미디어의 편집국과 유사한데, 여기에는 정치외교부, 경제부, 사회부, 문화과학부, 국제부가 소속되어 있다. 편성 부문의 핵심 기능으로는 라디오와 텔레비전 프로그램의 편성 기획과 편성 운영이 있으며, 그곳에는 아나운서실이나 아나운서국이 소속된다.

두 번째는 경영 및 관리 분야인데, 이들 조직은 일반 기업의 조직 구성과 유사하다. 일반적으로 기획, 총무, 재무, 인사, 홍보, 회계, 광고 등의 부서가 소속되어 있으며, 마지막으로 기술 분야는 스튜디오 장비를 비롯한 기기와 현장 중계, 송출과 관련된 업무 전반을 담당한다.

5. 방송의 영향

인터넷과 스마트폰 같은 뉴미디어의 등장으로 방송의 영향력이 과거와 같지 않다는 말도 있으나, 아직도 여가 시간 대부분을 방송 시청이 차지하는 것을 보면 사람들의 방송 의존도는 결코 작지 않은 것으로 보인다. TNmS의 시청률 조사에 따르면, 2012년 대한민국 국민의 평균 텔레비전 시청 시간은 8시간 34분으로 나타났는데, 이는 2011년보다 45분 증가한 것이다. 성별과 연령별로는 60대 이상 남성이 5시간 37분으로 가장 높았고, 60세 이상 여성(5시간

도표 8-2 ☞ **주요 가정용 미디어 평균 이용 시간**(단위: 분)

		TV	가정용 오디오	데스크탑 PC	가정용 전화기 (인터넷전화기 포함)
성별	남성(N=5,488)	155.7	1.9	83.0	11.2
	여(N=6,512)	219.4	4.0	45.1	16.3
연령별	만 6~9세(N=616)	117.6	3.1	36.6	5.7
	만 10~19세(N=1,789)	94.2	0.8	63.2	3.8
	만 20~29세(N=0,071)	136.0	4.5	117.0	7.7
	만 30~39세(N=2,061)	185.4	3.6	102.1	17.0
	만 40~49세(N=2,259)	187.1	4.0	67.5	18.9
	만 50~59세(N=1,637)	234.2	3.1	36.5	17.4
	만 60~69세(N=1,216)	279.6	1.7	13.4	17.8
	만 70 이상(N=1,351)	311.0	1.4	3.2	17.5
	전체(N=12,000)	187.9	2.9	63.9	13.8

출처: 하태림, 「TV 이용 현황 분석」, 「KISDI STAT Report」, 정보통신정책연구원, 2012.

26분), 50대 여성(5시간 15분) 순이었다. 반면 20대 남성이 1시간 32분으로 텔레비전을 가장 적게 시청했다. 하태림의 조사에서는 70세 이상(5시간 11분), 60대(4시간 40분), 50대(3시간 54분)의 순으로 텔레비전 시청 시간이 많았다. 특히 다른 대체 미디어의 이용 시간과 비교해봐도 텔레비전의 이용 시간은 월등히 높다고 할 수 있다.

이러한 텔레비전의 과다 이용은 단순히 텔레비전이 여가 활용의 중심이라는 사실만 의미하는 것은 아니다. 텔레비전은 시청자들에게 세상을 규정하는 기준을 제공해 그들의 현실 인식에 영향을 미치기도 하며, 때로는 시청자들이 텔레비전 속 캐릭터와 사회적 상호작용을 함으로써 실제 삶의 변화도 겪기도 한다. 다시 말해 방송, 특히 텔레비전은 여전히 사람들에게 강력한 영향을 미친다고 할 수 있는데, 이 책에서는 배양 이론과 준사회적 상호작용을 바탕으로 이를 설명하려고 한다.

1) 배양 이론

배양 이론(cultivation theory)은 1970년대와 1980년대 펜실베니아대학교의

그림 8-2 ☛ 배양 이론의 기본 전제

① • 텔레비전은 미국 사회의 가장 중심적 문화 무기이다.

② • 텔레비전은 많은 시간 동안 다양한 이야기를 전달하는 주요 구성원이다.

③ • 네 시간 이상 중시청자(heavy viewer)는 텔레비전을 통해 정보, 지식, 기타 의식의 원천들을 포섭당한다.

④ • 동일 메시지에 대한 노출은 계발 효과를 가지거나 보편적 세계관과 가치관을 생산한다.

조지 거브너(George Gerbner) 등에 의해 제창된 이론인데, 다른 용어로 문화 계발 이론이나 문화 규범 이론(cultural norm theory)이라고도 불린다. 배양 이론은 텔레비전의 효과를 증명하는 여러 실험 결과를 바탕으로 제안됐다. 이 이론은 현대의 미디어 가운데 텔레비전이 주요 학습 수단으로 역할하며, 일상생활에서 우리의 환경을 지배하는 규범(norm)을 제시하는 중요한 위치를 차지한다고 주장한다.

배양 이론에 의하면, 시청자들이 텔레비전을 계속해서 시청할수록 텔레비전 프로그램이 묘사하는 것처럼 획일적이며 때로는 왜곡되고 매우 선택적인 관점으로 현실을 받아들이게 된다고 한다. 즉 이 이론은 텔레비전의 점진적이고 누적적인 효과를 다룬다. 시청자들이 텔레비전의 메시지를 받아들이는 이유는 텔레비전이 많은 사람들에게 행동 규범과 실제 삶의 상황에 대한 신념을 알려주는 일관된 상징적 환경을 제공하기 때문이다. 결국 텔레비전은 세계를 보는 창이나 세계의 모습을 반영하는 거울을 넘어 오히려 그 자체가 하나의 세계인 셈이다.

그렇다고 해서 텔레비전을 시청하는 모든 사람들이 텔레비전 속 가상 세계와 현실 세계를 동일하게 인식하는 것은 아니다. 텔레비전 시청 정도에 따라 현실에 대한 생각에 차이가 난다. 다시 말해 텔레비전을 많이 시청하는 사람들은 이미 알려진 실제 사회 세계와는 다른 현실에 대한 인식을 가지며, 텔레비전이 그리는 것처럼 사회를 보게 된다.

가령 텔레비전에서 폭력물을 자주 시청하는 사람들은 실제 세계가 아닌 폭력물 속 세계를 마치 현실인 양 인식하게 된다. 그들은 범죄와 사기 등의 범죄율이 실제 현실에서 발생하는 비율보다 높다고 여기고(폭력물에서는 범죄 건수가 많으므로), 세계를 불안한 장소라고 느낀다. 게다가 폭력물에서는 경찰이 주요 등장인물이므로 폭력물을 많이 시청하는 사람들은 경찰의 수도 실제 경찰의 수보다 더 많다고 생각한다. 심지어 미국의 텔레비전 중시청자(heavy viewer) 중에는 텔레비전 속 주인공이 거의 미국인이기 때문에 미국 인구가 세계에서 가장 많다고 응답하는 사례도 있었다.

우리나라 텔레비전 드라마에서 가장 인기 있는 소재는 바로 여성들의 '신데렐라 콤플렉스'이다. 일시에 자신의 인생을 화려하게 변모시켜주는 남자가 등장하는 드라마가 많다 보니, 그것을 시청하는 젊은 여성들은 동화 속 왕자가 언젠가는 자신에게도 나타날 것이라는 착각에 빠진다. 즉 텔레비전이 사람들에게 왜곡된 심상을 심어주는 것이다.

요약하면, 배양 이론은 매스미디어, 특히 텔레비전이 시청자들의 머릿속에 어떤 상(pictures in our heads)을 형성시킨다는 사실을 설명한다. 그리고 그러한 심상은 텔레비전을 많이 시청할수록 더욱 또렷해지며, 중시청자는 텔레비전 속 세계와 현실 세계를 동일한 것으로 여기게 된다. 따라서 텔레비전의 영향력은 매우 크다고 할 수 있다.

2) 준사회적 상호작용

시청자들은 때때로 텔레비전에 등장하는 캐릭터를 보며 현실에서 맺을 수 없는 인간관계에 대한 대리 만족을 느끼며, 그들을 실제 자신의 가족이나 친구로 간주한다. 이러한 현상을 준사회적 상호작용(para-social interaction)이라 한다. 예를 들어 여성 시청자들은 〈넝쿨째 굴러온 당신〉이라는 텔레비전 드라마에 몰입한 나머지 주인공 차윤희(김남주 역)에게 감정이입이 되어 마치 그녀를 실제 친구 또는 딸로 여길 수 있다. 그래서 극중 시누이인 방말숙(오연서 역)을 얄밉게 생각하고 때로는 미워하는 것이 일종의 준사회적 상호작용이다.

시청자들이 텔레비전 속 어떤 캐릭터에게 애착을 더 느낄수록, 그 캐릭터는 준거적 타인이 되며, 그 결과 더 큰 영향을 받는다. 시청자들은 때로는 극중 차윤희의 행동에 감정이입되어 통쾌함을 느끼기도 하고, 때로는 같이 슬퍼하기도 한다. 준사회적 상호작용을 실증적으로 분석한 연구들은 미디어 캐릭터에 대한 이러한 수용자의 상상 속 인간관계가 매스 커뮤니케이션의 전 과정에서 발생하는 보편적인 현상이며, 미디어와 수용자의 상관관계를 이해하는 데 중요하게 취급해야 할 요소라고 주장한다.

매스 커뮤니케이션의 과정을 미디어 이용 전(前) 상황, 이용 중(中) 상황, 이용 후(後) 상황으로 구분할 때, 준사회적 상호작용은 세 가지 상황 모두에서 발생할 수 있다. 예를 들어 미디어 이용 전 상황에서는 시청자가 어떤 인물이 등장하는 특정 프로그램을 시청하려고 기다린다. 마치 친한 친구를 만나서 수다를 떨기 위해 커피숍에서 그 친구를 기다리듯이 말이다. 이용 중 상황에서 시청자는 그 인물에 보다 집중해 주목하며 감정이입 같은 상호작용을 한다. 이용 후 상황에서도 그들은 그 인물의 특성을 닮기 위해 노력하거나 행동을 따라하기도 한다.

텔레비전 속 캐릭터와 이루어지는 준사회적 상호작용은 나아가 동일시 (identification) 현상을 유도한다. 특히 유명인(celebrity)은 그들을 동경하는 대중이 그들의 행동이나 외모, 스타일을 모방하도록 이끄는 강한 영향력을 갖고 있는데, 이는 대중이 유명인을 동일시하는 데서 비롯된 것이다. 동일시는 개인이 자기가 동경하는 실제 인물 또는 가공의 캐릭터의 이미지를 기준으로 삼아 자신의 태도, 가치관 또는 행동을 재구성하는 과정이다. 즉 동일시는 개인이 어떤 사람과 똑같아지려는 열망에 따라 그들의 태도나 행동 등을 수용하는 과정이라 할 수 있다. 동일시 과정을 통해 사람들은 본인이 동일시하는 인물의 관점을 통해 세상을 바라보게 되는데, 특정 인물에 대한 동일시의 정도가 강해지면 순간적으로 자기 자신의 정체성을 잊어버리고 마치 자신이 그 사람인 것처럼 인식하기도 한다.

예컨대 시청자는 준사회적 상호작용을 하는 캐릭터의 말투를 흉내 내고, 특정 상황에서 해당 인물처럼 행동하며, 때로는 그들이 텔레비전 속에서 착용하는 옷, 액세서리, 가방, 신발 등을 구입한다. 이는 모두 텔레비전 속 인물과 동일해지려는 열망 때문이다. 마치 현실에서 내가 가장 좋아하는 남자친구와 커플 티를 입는 것처럼 말이다.

6. 방송의 유형

지금까지 살펴본 내용은 대부분 텔레비전, 그중에서도 지상파 텔레비전 방송에 관한 것이었다. 지상파방송(terrestrial television)란 지상의 송신탑에서 각 가정으로 전파를 송신하는 텔레비전 방송으로 공중파(空中波)라고도 한다. 우리나라의 경우 KBS1, KBS2, MBC, SBS, EBS, OBS를 비롯해 각 지역 민영방송이 있다.

방송의 유형은 전파의 송수신 유형에 따라 구분할 수 있는데, 지상파방송 외에 전선(케이블)을 통해 송수신하는 케이블방송, 위성을 통해 송수신하는 위성방송, 이동 수신기를 통해 음성이나 영상을 송수신하는 DMB, 인터넷 망을 통해 송수신하는 IPTV 등이 있다. 여기서는 지상파방송을 제외한 나머지 방송 유형에 대해 알아본다.

1) 케이블방송

케이블방송은 동축케이블(coaxial cable)이나 광케이블(optical cable)이라는 유선을 통해 가입자에게 방송 프로그램을 제공하는 미디어이다. 원래 초기의 케이블방송은 현재와 같은 다채널 방송이 아닌 지상파방송을 재송신하는 것으로 출발했다. 케이블방송은 1940년대 말 미국에서 산발적으로 처음 시작됐는데, 1949년 미국 오리건 주의 지역 라디오 방송사인 아스토리아(Astoria)의 소유주인 파슨스(Parsons)가 약 200킬로미터 떨어진 시애틀의 텔레비전 방송을 수신하기 위해 안테나를 설치하고 이를 유선을 통해 직접 가입자들에게 전달했다. 즉 지상파 신호의 수신이 좋지 않은 지역에서 수신이 잘되는 곳에 공동 안테나를 설치하고, 동축케이블을 통해 각 가정에 전파를 분배한 것이다. 이를 공동 시청 안테나 방송(CATV, community antenna television)이라 하며, 우리나

그림 8-3 ☞ 전파 송수신 유형에 따른 방송 유형

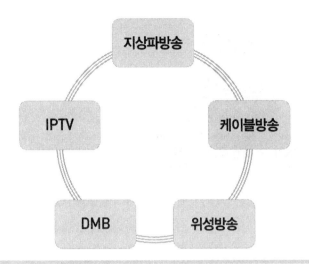

라 방송법상 용어로는 '중계유선방송'이다. 국내의 경우에도 1960~1980년대 산간이나 농어촌 등에 지상파 KBS나 MBC 프로그램이 나오지 않는 난시청 지역이 많았다. 이를 해소하기 위해 중계유선방송 사업자들은 지상파방송을 재송신했다. 초기에는 미국이나 한국 모두 자신의 프로그램을 더 많은 가구에 전달하기 위해 지상파방송사가 CATV를 지원했다. 시청자들에게 따로 재송신 비용을 받지 않은 것이다. 그래야 시청 가구 수가 증가해 광고 요금을 더 받을 수 있기 때문이다.

미국에서는 1972년 이후 민간 사업자가 위성을 이용할 수 있게 되면서 케이블방송 전문 채널인 HBO(Home Box Office)가 독자적인 편성 프로그램을 미국 전역에 전송하기 시작했다. 즉 지상파방송의 전파를 단순히 재전송하던 사업 방식을 탈피하고 자체 프로그램을 제작해 방송하는 개념이 도입된 것이다. 이후 많은 케이블 네트워크에서 이를 활용해 전국 네트워크를 구축하면서 케이블방송이 지상파방송의 경쟁 매체로 부각했다. 우리가 말하는 현대적 의미의 케이블방송이 시작된 것이다. 기존 지상파방송은 사용 가능한 주파수의 제

그림 8-4 ☞ 케이블방송 사업자

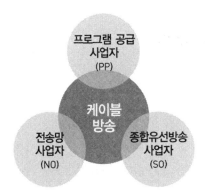

한으로 인해 최대 일곱 개 정도의 채널만 운용할 수 있는데 반해, 케이블방송은 백 개 이상의 채널을 제공할 수 있다. 광케이블을 이용할 경우 운용 가능한 채널의 수는 그 몇 배를 상회한다. 우리나라는 1995년 3월 본격적으로 다채널 독자 편성 프로그램을 제공하는 케이블방송, 이른바 '종합유선방송'이 출범했다.

케이블방송이 방송되기 위해서는 기본적으로 세 부류의 사업자가 필요하다. 우선 프로그램을 편성, 제작해 제공하는 프로그램 공급 사업자(PP, Program Provider)와 PP로부터 프로그램을 받아 가입자 가정에 연결해주는 지역별 종합유선방송 사업자(SO, System Operator)가 있다. SO는 방송국을 설립하고 전송망을 직접 부설하거나 타인의 전송망을 빌려 사업 지역에 프로그램을 공급한다. SO는 일부 프로그램을 자체적으로 제작하기도 하지만, 대부분은 PP로부터 이를 공급받아 전송한다. PP를 미국에서는 케이블 네트워크라 한다. 다음으로는 PP로부터 프로그램을 SO에게 제공하는 전송망을 운영하는 전송망 사업자(NO, Network Operator)가 있는데, SO가 각 가입자에게 전송하는 설비를 제공하는 경우 SO가 겸하는 것을 허용한다. 각 운영 사업자로 PP에는 YTN, tvN, 채널 CGV, SBS ESPN, MBC 드라마, KBS joy 등이 있고, SO에는 Tbroad, CJ 헬로비전, C&M, HCN, CMB 등이 있으며, NO에는 KT, SK, LG가 있다.

도표 8-3 ☞ **국내 SO별 케이블방송 가입자 현황**(2012.10.31 기준)

구분	SO수	가입자(대수 기준)		
		소계	디지털방송	아날로그방송
티브로드	21개사	3,145,899	970,464	2,175,435
CJ헬로비전	19개사	3,500,631	1,430,642	2,069,989
씨앤앰	17개사	2,460,156	147,684	1,012,472
CMB	9개사	1,347,309	74,128	1,273,181
현대HCN	8개사	1,302,831	533,772	769,059
개별SO	19개사	3,157,258	574,427	2,582,831
합계	93개사	14,914,084	5,031,117	9,882,967

※2012.7.27기준 씨앤앰 울산케이블TV: 개별 SO로 분류(JCN울산중앙으로 합병 진행 중)
※전국 93개 SO사업자 현황임
출처: 한국케이블TV방송협회, 「2012년 10월 케이블 TV 방송 가입자 현황」, 2012.

초기 국내의 케이블방송 산업은 세 운영자 간 교차 소유나 겸영을 금지했다. 그러나 2000년 방송법을 개정하면서 규제를 완화해 교차 소유와 겸영을 허용했다. 즉 각 SO 사이의 수평적 통합을 통한 MSO(Multiple System Operator), PP들 간 수평적 통합을 한 MPP(Multiple Program Provider)가 생겨났으며, SO와 PP가 수직적 결합을 한 MSP(Multiple SO & PP)도 탄생했다. 전술한 Tbroad와 CJ헬로비전 등이 MSO이고, MPP로는 KBS, MBC, SBS, CJ E&M이 있다. 그중 CJ E&M은 기존 CJ미디어와 온미디어가 합병한 것으로 tvN, 채널 CGV, XTM, 투니버스, OCN, 수퍼액션, 온게임넷, 바둑TV, 캐치온, Mnet 등 국내 최대 PP들을 보유하고 있다. MSP로는 CJ헬로비전과 CJ E&M을 소유한 CJ그룹이 있다.

현재 국내 케이블방송 가입 가구 수는 약 1500만 가구로 유료 방송 가운데 가장 많다. 케이블방송이 가입자에게 제공하는 서비스로는 우선 첫 번째로 기본 채널 서비스(basic service)가 있다. 가입자가 일정한 가입비와 이용료를 지불하면 이용할 수 있는 서비스로 기본 30~70여 개의 채널이 제공된다.

다음 두 번째는 프리미엄 서비스(premium service 혹은 pay service)로 기본 채널 서비스와 별도로 특정한 채널을 수신하기 위해서 추가 비용을 지불할 때 이용할 수 있는 서비스이다. 영화 채널이나 성인 채널 등이 이에 해당하는데, 미국의 영화 채널인 HBO와 우리나라의 영화 전문 채널인 캐치온이 대표적인 프리미엄 채널이다.

세 번째는 프로그램당 유료로 제공되는 서비스(PPV, Pay Per View)이다. 가입자가 특정 프로그램을 시청하고 싶을 때, 프로그램별로 약 1천 원 정도의 비용을 지불하면 시청할 수 있다. 또한 방송 시간에 미처 보지 못하는 프로그램을 이후 이용자가 편리한 시간에 언제든지 볼 수 있는 VOD(Video On Demand) 서비스가 있다.

네 번째 서비스 유형은 지역 채널 서비스(local channel service)로 SO가 가입자를 대상으로 독자적으로 편성한 채널에서 프로그램을 제공하는 것이다. 예컨대 Tbroad가 자체 채널을 갖고 자체 프로그램을 제작하거나 외부 프로그램을 구입해 방송하는 것이 이에 해당한다.

2) 위성방송

위성방송은 지상 3만 6천 킬로미터의 우주 공간에 위치하는 지구 정지 궤도에 방송위성(BS, Broadcasting Satellite)이나 통신위성(CS, Communication Satellite)을 발사하고, 이 위성을 매개로 광범위한 시청자에게 직접 텔레비전 프로그램을 송출하는 것이다. 대표적인 사업자로는 미국의 DirecTV, 일본의 Sky PerfecTV!, 영국의 Sky Digital, 프랑스의 Canal+가 있으며, 국내의 위성방송은 2002년 디지털위성방송인 스카이라이프가 서비스를 실시하면서 시작됐다. 스카이라이프에는 KT, KTF, KBS, MBC 등 여러 회사가 컨소시엄 형태로 참여했으나, 지금은 KT가 이를 인수했다. 국내 위성방송 가입 가구 수는 2012년

도표 8-4 ☞ 2012년 3월 유료 방송 가입 현황(단위: 만 명)

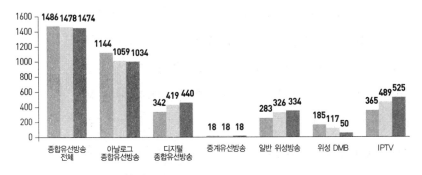

출처: 방송통신위원회, 「2012년 방송산업 실태조사 보고서」, 2012, 37쪽.

3월 현재 약 334만 가구이다.

위성방송은 여타 방송이 프로그램의 송수신 과정에서 요구했던 송신소, 중계소, 케이블 등 방송 통신용 중계 설비가 필요 없다. 시청자들은 가정이나 사무실에서 접시형 안테나만으로 위성방송 시청이 가능하다. 최근 세계 각국에서는 케이블방송의 확산에 따라 케이블방송 네트워크를 이용한 공동 수신 방식도 널리 활용되고 있는 추세이다.

위성방송은 케이블방송과 마찬가지로 난시청 장벽을 거의 받지 않는 장점이 있고, 광범위한 지역을 대상으로 방송 서비스가 가능하다. 도서 벽지와 대도시 고층 빌딩에 아주 경제적으로 적합한 방송 서비스이기도 하다. 더욱이 지상파와 케이블이 사용하는 주파수와 달리 높은 주파수대를 사용하기 때문에 많은 채널과 양질의 화면을 제공하는 것은 물론이고, 방송 서비스 이외에 다양한 형태의 새로운 서비스도 가능해진다. 또한 중계 시설이 필요 없으므로 지상에서 발생하는 자연재해로 인한 피해도 받지 않는다. 하지만 전파월경(spillover)이 발생할 수 있기 때문에 문화 종속 등의 문제가 야기될 수 있다.

3) DMB

DMB(Digital Multimedia Broadcasting)는 위성과 지상파 서비스로 구분되며, 주로 차량용 내비게이션, 휴대전화, PDA 등 이동형 단말기로 영상과 음악을 감상할 수 있는 미디어이다. 국내 방송법에서는 DMB를 '이동 중 수신을 주 목적으로 다채널을 이용하여 텔레비전 방송, 라디오 방송 및 데이터 방송을 복합적으로 송신하는 방송'이라고 정의 내린다. 위성 DMB는 세계무선통신주관청회의(WARC)에서 방송용 주파수로 할당된 2535~2655메가헤르츠(MHz) 대역을 이용한 방송 서비스이다. 지상파 DMB는 위성 DMB에 비해 낮은 주파수 대를 활용하고 지상파 중계를 통해 전달된다.

DMB 서비스는 원래 디지털 오디오 방송(DAB, Digital Audio Broadcasting)용으로 개발된 기술에 멀티미디어 압축 기술을 결합해 이동하면서도 작은 화면으로 동영상 서비스를 볼 수 있게 변환한 것이다. 국내에서는 위성 DMB가 2005년 5월 세계에서 두 번째로, 지상파 DMB는 2005년 12월 세계에서 최초로 서비스가 시작됐다. 그러나 불과 7년 만에 예상치 못한 결과가 나타났다. 위성 DMB 서비스는 2006년 100만 명 가입을 돌파하고, 2009년에는 200만 명을 넘기는 등 성장세를 이어갔다. 하지만 2010년 가입자가 감소세로 돌아선 뒤 스마트폰 대중화의 영향으로 2012년 6월에는 가입자가 3만 9천 명으로 감소했다. 결국 2012년 7월 국내 위성 DMB 사업자인 SK텔링크가 방통위에 사업 종료 계획서를 제출함으로써 위성 DMB 서비스는 역사 속으로 사라졌다.

위성 DMB의 실패 요인은 크게 두 가지 측면에서 찾아볼 수 있다. 첫 번째는 비용 문제이다. 위성 DMB 가입자들은 시청 가능한 단말기 구입비 외에 추가적으로 가입비와 월 수신료를 지불해야 한다. 물론 휴대전화 기술의 발달로 단말기 구입비가 따로 들지 않더라도 가입비와 월 수신료는 이용자에게 큰 부담일 수밖에 없다. 어떤 미디어든 이용자가 추가 비용을 지불한다면, 그에 상응하는 킬러 콘텐츠(killer content)가 있어야 한다. 킬러 콘텐츠란 다른 미디어 또는 다른 채널과의 경쟁에서 이용자를 확보할 수 있을 만한, 해당 미디어 채널만의 경쟁력 있는 콘텐츠를 말한다. 예컨대 유럽 축구나 메이저리그 야구, 또는 국내 프로야구는 여러 제약으로 지상파방송에서 방송하기가 힘들다. 반면 케이블방송에서는 해당 프로그램을 시간적 제약 없이 방송한다. 따라서 해당 프로그램을 좋아하는 사람들은 케이블방송에 가입해 이를 시청할 수밖에 없다. 결국 케이블방송은 스포츠 중계 프로그램을 킬러 콘텐츠로 선정해 이용자를 확보했다.

여기서 두 번째 문제가 발생했다. 위성 DMB는 지상파방송이나 케이블방송이 공급하지 못하는 자신만의 킬러 콘텐츠를 갖추지 못했을 뿐 아니라, 지상파 3사의 텔레비전 채널도 공급하지 못한다. 특히 아직까지도 지상파방송의 시청점유율이 매우 높은 실정을 고려했을 때, 지상파 프로그램을 볼 수 없는 위성

도표 8-5 📣 **2011년 방송 사업자별 광고비**(단위: 억 원, %)

구분	매체	광고비			성장률(%)		구성비(%)	
		2011년	2010년	2009년	2011년	2010년	2011년	2010년
방송	지상파	20,775	19,307	16,709	7.6	15.5	21.7	22.4
	라디오	2,604	2,565	2,231	1.5	15.0	2.7	3.0
	케이블TV	11,421	9,649	7,794	18.4	23.8	11.9	11.2
	종합편성채널	320	-	-	-	-	0.3	0.0
	IPTV	170	205	114	-17.1	79.8	0.2	0.2
	스카이라이프	122	153	95	-20.3	61.1	0.1	0.2
	DMB	267	271	176	-1.4	53.4	0.3	0.3
	SO	664	590	524	12.5	12.6	0.7	0.7
	방송 계	36,343	32,740	27,643	11.0	18.4	38.0	38.0

출처: *Cheil Communications*, 2012년 3월 호, 36쪽.

DMB는 존재 이유가 희박할 수밖에 없었다. 결국 비용 문제와 고유의 킬러 콘텐츠 부재로 인해 위성 DMB는 이용자가 감소해 사장됐다고 볼 수 있다.

이에 반해 지상파 DMB는 무료로 서비스가 제공되기 때문에 위성 DMB에 비해 유리한 입장이었다. 또한 지상파 DMB는 휴대전화로도 시청이 가능하기 때문에 추가로 단말기 구입 비용이 들지 않는다. 하지만 지상파 DMB의 미래도 그리 밝은 상황은 아니다. 지상파 DMB의 역설은 무료라는 점이다. 무료이기 때문에 재정을 광고 수입에 의존할 수밖에 없다. 하지만 아직까지 광고주는 지상파 DMB에 광고 투자를 꺼리는 경향을 보인다.

2011년 방송 사업자별 광고 수입을 보면 지상파 DMB는 267억 원을 기록했다. 이 수치는 IPTV나 위성방송보다 높지만, 이 두 사업자는 모두 유료 방송이다. 따라서 광고 수입에만 의존해야 하는 지상파 DMB와 직접 비교할 수 없다. 그렇다면 광고주가 이용자도 충분히 확보된 지상파 DMB에 투자를 기피하는 이유는 무엇인가? 가장 큰 이유는 시청률 자료 같은 광고 관련 데이터의 부족 때문이다. 기본적으로 광고주는 어떤 미디어의 어떤 프로그램에 광고를 내보냈을 때, 얼마나 많은 사람들이 광고를 보는지 알아야 한다. 그래야 체계적인 광고 계획을 수립할 수 있다. 케이블방송만 하더라도 시청률 자료가 제공되지 않은 초기 10년간은 광고 수입이 매우 적었다. 따라서 지상파 DMB도 광고 관련 데이터가 충분이 제공되지 않는 한, 그 미래는 불투명할 수밖에 없다.

국내 DMB의 위기와 실패를 '미디어 발전 선순환 구조'를 통해 다시 한 번 정리해보자. 어떤 미디어든지 생존을 위해서는 무엇보다 충분한 이용자가 확보되어야 한다. 그래야만 광고주가 해당 미디어에 관심을 갖기 때문이다. 기업의 입장에서는 해당 미디어에 광고를 내보내려면 미디어 전반, 또는 각 콘텐츠의 정확한 광고 노출 자료(예: 시청률이나 구독률 등)가 필요하다. 그래야 광고주가 어느 미디어, 어떤 콘텐츠에 광고를 집행했을 때 얼마나 많은 소비자들이 보는지 알 수 있고, 이를 바탕으로 광고 계획을 수립하고 예산을 책정하기 때문이다. 광고주 기업들이 해당 미디어에 광고를 많이 게재할수록 미디어는 수입이 증가하고, 그 수입으로 더 좋은 콘텐츠를 생산할 수 있다. 또한 특정 미디어가

그림 8-5 ☛ 미디어 발전의 선순환 구조

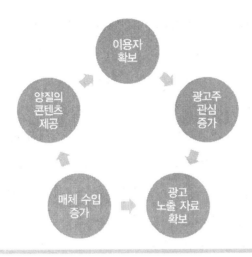

다른 미디어보다 양질의 콘텐츠를 제공하면 이용자는 더욱 늘어나게 된다. 이 것이 바로 '미디어 발전의 선순환 구조'이다.

하지만 앞서 살펴보았듯이, 국내 위성 DMB는 과다한 비용 부담과 고유의 킬러 콘텐츠 부족으로 인해 이용자가 급격히 감소했다. 이에 따라 위성 DMB 는 광고주 기업의 관심을 유도하지 못했기 때문에 실패로 끝날 수밖에 없었다. 또한 지상파 DMB는 많은 이용자를 확보했으나, 아직까지 정확한 광고 노출 자료가 부족하기 때문에 광고주가 투자를 꺼리는 상황이다. 이러한 상황이 지속 된다면 지상파 DMB도 성공을 예단하기 어려운 실정이다.

4) IPTV

IPTV(internet protocol TV)는 기존 초고속 인터넷망을 기반으로 다채널의 고선명 동영상 서비스와 다양한 양방향 부가 서비스(VOD, 이메일, 쇼핑 정보 등) 를 각 가정의 컴퓨터와 텔레비전에 제공하는 디지털 미디어이다. 즉 IPTV는 기 존의 방송, 통신, 인터넷의 특징을 함께 결합한 전형적인 융합 서비스이다.

IPTV가 인터넷 방송과 다른 점은 컴퓨터 모니터가 텔레비전 수상기, 키보드와 마우스가 리모컨으로 바뀔 수 있다는 것이다.

IPTV는 2002년부터 시험 서비스가 시작됐고, 2003년부터 상용 서비스가 개시됐다. 국내에서는 방송과 통신의 규제 기관이 분리되어 있는 탓에 도입이 미루어지다가 방통위가 출범하면서 2008년 디지털멀티미디어방송사업법을 제정해 2008년 말부터 본격적인 서비스를 제공했다.

현재 국내에서는 KT, SK, LG가 IPTV 사업을 운영하며, 2012년 12월 현재 KT올레 383만 명, SK브로드밴드 138만 명, LG유플러스 105만 명 등 총 626만 명이 IPTV에 가입했다. 증가 추세로 본다면, 유료 방송 가운데 가장 성장률이 높다. 특히 최근 들어서 텔레비전, 인터넷, 가정용 전화, 휴대전화 등을 결합한 서비스를 제공함으로써 케이블방송이나 위성방송 등 기존 유료 방송 이용자들을 흡수하고 있다.

5) 디지털방송

모든 정보를 0과 1로 전환하는 디지털 기술은 서로 다른 형태의 정보를 통합해 처리, 저장, 가공, 전송할 수 있도록 한다. 디지털방송이란 이러한 디지털 신호를 통해 방송을 제공하는 것을 일컫는다. 구체적으로 디지털방송은 다음과 같은 기술적 특성을 가진다. 먼저 첫 번째로 탁월한 신호 재생 능력이다. 이를 통해 디지털방송은 고화질 영상과 음향을 제공한다. 두 번째로 디지털방송은 다양한 신호 양식을 통합적으로 처리할 수 있다. 디지털신호는 상이한 종류의 방송 신호를 통합적으로 결합하고 편집, 가공하기에 매우 용이하기 때문이다. 세 번째는 디지털 영상 압축 기술로 디지털방송은 방송 채널의 수를 대폭 확대했을 뿐 아니라 고화질·고선명 서비스를 제공한다. 네 번째로 다중화 전송 능력이다. 디지털방송은 하나의 채널 주파수를 가지고 복수의 언어를 제공하는 음성 다중 방송이나 데이터 방송을 동시에 내보낼 수 있다(MMS, Multi Mode Service). 고화질·고선명 서비스가 가능하기 때문에 이를 HDTV(High

Definition Television)라고 통칭하기도 한다.

아날로그 방송 신호를 사용하는 텔레비전 방식에 비해 디지털방송은 주사선 수와 화소 수를 증가시켜 선명한 화질을 대형 화면으로 볼 수 있다. 기존의 아날로그 방송 방식과 비교해보면, 디지털방송 방식은 주사선 수가 약 두 배로 많고 화면 비율도 3:4에서 9:16으로 가로비가 넓어져 와이드 화면을 제공한다. 또한 디지털방송 방식은 화소 수가 네 배 이상으로 늘어나 고도의 선명한 화면은 물론이고 다섯 개 채널의 고음질로 현장감과 실재감을 동시에 제공한다.

영국에서 1998년 9월 BBC가 세계 최초로 네 개 채널에 대한 디지털방송을 시작했다. 미국은 1998년 11월 디지털지상파방송을 시작했고, 거의 대부분의 텔레비전 방송사에서 디지털방송을 전송한다. 일본은 2000년부터 시험 방송을 개시하고, 2003년 말 도쿄와 오사카, 교토, 나고야 등으로 디지털방송을 확대했다. 한국도 아시아 최초로 2002년부터 수도권 전역을 대상으로 디지털방송 서비스를 실시했으며, 이는 광역시에 이어 도청 소재지 방송사로 확대됐고, 뒤이어 2013년 1월 1일 0시부터는 전국적으로 아날로그 방송을 종료하고 디지털 방송만을 송출한다.

7. 시청률 측정

1) 시청률 조사 개요

시청률(rating)이란 전체 텔레비전 수상기 보유 가구(household)나 전체 국민 중에서 특정 날짜에 특정 프로그램을 시청한 가구 또는 사람의 비율을 뜻한다. 전자를 가구 시청률(household rating)이라 하고, 후자를 개인 시청률(personal rating)이라 한다. 시청률 조사는 특정 텔레비전 프로그램에 대한 시청자

도표 8-6　☞ 역대 드라마 시청률 순위

순위	프로그램	시청률	방영일
1위	첫사랑(KBS2)	65.8%	1997년 4월 20일
2위	첫사랑(MBC)	64.9%	1992년 5월 24일
3위	모래시계(SBS)	64.5%	1995년 2월 06일
4위	허준(MBC)	63.7%	2000년 6월 27일
5위	젊은이의 양지(KBS2)	62.7%	1995년 11월 21일
6위	그대 그리고 나(MBC)	62.4%	1998년 4월 12일
7위	아들과 딸(MBC)	61.1%	1993년 3월 21일
8위	태조 왕건(KBS1)	60.2%	2001년 5월 20일
9위	여명의 눈동자(MBC)	58.4%	1992년 2월 06일
10위	대장금(MBC)	57.8%	2004년 3월 23일

의 반응 정도를 조사하는 것이다.

[도표 8-6]는 우리나라 역대 드라마 시청률 순위를 정리한 내용이다. 예를 들어 1위를 차지한 KBS2 드라마 〈첫사랑〉은 1997년 4월 20일에 가구 시청률이 65.8퍼센트였다. 이는 당일 전체 텔레비전 보유 가구 수의 65.8퍼센트가 〈첫사랑〉을 시청했다는 뜻이다. 당시 〈첫사랑〉을 시청하지 않은 34.2퍼센트는 동 시간대에 방영된 다른 방송사의 프로그램을 시청했거나, 혹은 텔레비전을 켜지 않은 것이다. 만약 동 시간대에 텔레비전을 켠 사람을 기준으로 한다면, 수치는 65.8퍼센트를 상회하는데, 이 지수를 점유율(share)이라 한다.

만약 시청률 자료가 없다면 방송사는 시청자들이 선호하는 프로그램 유형을 알 수가 없다. 다시 말해 시청자의 요구와 관계없이 생산자 중심으로 프로그램의 편성과 제작이 이루어질 수밖에 없다. 또한 시청률 자료가 없으면, 광고주 기업은 광고 전략 수립에 어려움을 겪는다. 자사의 광고를 어느 프로그램에 방지상파 - 주간시청률 _ 세계 최고의 미디어 리서치 그룹 AGB Nielsen Media Research ● 홈 >시청률순위> 지상파 주간시청률 >전국시청률

Data Search 2013년 ▼ 05월 ▼ 20130519~20130519 ▼ 검색

● 2013년 05월 13일 ~ 2013년 05월 19일

전국 시청률 수도권 시청률

순위	채널	프로그램	시청률
1	MBC	주말특별기획드라마(백년의유산)	27.2
2	KBS2	주말연속극(최고다이순신)	27.1
3	MBC	일일연속극(오자룡이간다)	20.3
4	KBS1	일일연속극(지성이면감천)	17.8
5	KBS1	KBS9시뉴스	17.7
6	SBS	정글의법칙IN히말라야	15.8
7	MBC	월화특별기획드라마(구가의서)	15.2
8	KBS2	개그콘서트	15
8	KBS2	TV소설(삼생이)	15
10	MBC	주말드라마(금나와라뚝딱)	14.6
11	MBC	일밤1부(아빠어디가)	14.5
12	MBC	무한도전	14.3
13	KBS2	월화드라마(직장의신)	13
14	KBS1	전국노래자랑	12.9
15	SBS	순간포착	11.8
16	MBC	일밤2부(리얼입대프로젝트진짜사나이)	11.4

그림 8-6
AGB닐슨의 주간 시청률 순위
출처:www.agbnielsen.co.kr

영했을 때, 어느 정도의 소비자가 봤는지 알아야 비용 효율성을 제고하고 효과적인 광고 전략 수립이 가능하다. 방송사 또한 시청률을 토대로 과학적으로 광고 요금을 산정할 수 있다.

현재 국내에서 텔레비전 시청률을 측정해 자료를 제공하는 회사는 AGB닐슨(www.agbnielsen.co.kr)과 TNmS(www.tnms.tv)가 있다. 이들은 자사 패널을 중심으로 지상파방송, 케이블방송, 위성방송의 시청률을 측정해 일간 시청률과 주간 시청률 순위를 제공한다.

2) 시청률 측정 방법

① 일기식 조사

간단히 말해 일기식 조사는 시청자에게 모든 방송사의 편성표가 담긴 책자를 나눠준 후, 매일 시간대별로 시청한 프로그램을 기록하도록 요청하는 방식

이다. 측정 시간대는 보통 15분 단위이며, 각 단위에 시청하고 있는 프로그램을 표기하면 된다.

일기식 조사는 텔레비전을 보는 내내 시청자가 책자를 옆에 두고 시청 채널을 기록해야 하는데, 만약 평소의 습관대로 특별히 시청하고 싶은 프로그램이 없어 계속해서 채널을 돌리는 경우에도 다 기록해야 한다. 또한 집 밖에서 시청하는 것도 측정해야 하므로 이는 시청자에게 매우 귀찮은 일이다. 즉 일기식 조사는 시청률 측정에 조사 대상자의 노력이 매우 많이 요구된다. 따라서 시청자가 처음에는 열심히 기록하다가 나중에는 제대로 기록하지 않을 수 있다.

② 전화 조사

전화 조사는 먼저 조사원(interviewer)이 무작위(random)로 각 가정에 전화를 걸어 현재 어떤 프로그램을 시청하고 있는지를 묻는 방식이다. 이때 전체 응답자 가운데 특정 프로그램을 시청한다고 응답한 비율이 그 프로그램의 시청률이다. 전화 조사는 일기식 조사에 비해 응답자들이 정확하게만 대답한다면, 귀찮음으로 인한 오류는 발생하지 않으므로 상대적으로 정확하다.

그러나 전화 조사도 심각한 문제가 있다. 가령 응답자가 조사원의 전화를 받았을 때, 〈7급 공무원〉을 시청하고 있어서 그렇게 대답했으나, 전화를 끊은 후 채널을 돌려 〈아이리스 2〉를 봤다면 이 사람은 어느 프로그램의 시청자일까? 즉 전화 조사는 통화 시점의 시청률만 파악할 수 있다. 이를 피하려면 예컨대 한 시간 내내 전화 통화를 하면서 채널이 돌아갈 때마다 이를 기록해야 한다. 또한 모든 조사원이 같은 시점에서 모든 응답자에게 전화를 걸어 시청 프로그램을 물은 후 기록해야 그 시점의 각 프로그램 시청률을 정확하게 알 수 있다. 하지만 이는 모두 거의 불가능에 가까운 일이다.

③ 기계식 조사

기계식 조사는 조사회사가 선정한 패널의 집에 시청률 측정 기계를 텔레비전 수상기에 연결한 후 측정하는 방식이다. 조사 기기로는 우선 미터(meter)가 있다. 조사회사는 각 패널의 가정에 리모컨을 하나씩 나누어준다. 리모컨에는 온(on)/오프(off) 버튼이 있는데, 텔레비전을 켤 때는 온 버튼, 끌 때는 오프 버튼을 누르기만 하면 자동으로 미터가 시청 중인 프로그램을 기록한다. 전화 조사나 일기식 조사에서 나타난 채널 이동으로 인한 기록의 귀찮음 문제나, 특정 시점이 아닌 지속적 측정 문제 모두가 미터에서는 해결된다.

두 번째 조사 기기는 피플미터(people meter)이다. 피플미터는 영국 칸타 미디어(Kantar Media)의 전신인 영국 AGB에서 세계 최초로 개발한 조사 기기이다. 피플미터는 간단히 말해 미터식 측정에 개인별 정보를 추가한 것이다. 피플미터의 리모컨은 온/오프 버튼 외에 각 가족 구성원에게 할당된 고유 번호 버튼이 있다. 예를 들어 아버지는 1번, 어머니는 2번, 형은 3번, 자신은 4번 이런 식으로 말이다. 그리고 각 번호에는 해당 가족 구성원의 인구통계학적 정보가 저장된다. 가령 1번에는 50대, 서울 거주, 대학 졸업, 월 소득 400만 원 이상, 남성 등의 정보가 저장된다. 조사자는 미터와 달리 단순히 온/오프 버튼만 누르는 것이 아니라, 정확히 누가 시청하느냐에 따라 구성원 고유의 번호를 누르고 꺼야 한다. 만약 내가 집에 와서 혼자 텔레비전을 시청하기 시작하면, 온 버튼과 4번 버튼을 누른다. 잠시 후 형이 집에 와서 같이 텔레비전을 보면 3번 버튼을 누른다. 이후 어머니가 시장에서 장을 보고 오신 후 텔레비전을 시청하면 2번 버튼을 누른다. 세 명이 동시에 텔레비전을 보다가 어머니가 저녁을 준비하러 나가면 2번 버튼을 끈다.

미터보다 조금 복잡하긴 하지만 이처럼 피플미터로 시청률을 측정하면, 미터 측정보다 훨씬 더 다양한 정보를 얻을 수 있다. 즉 미터로 특정 프로그램의 가구 시청률만 알 수 있으나, 피플미터로는 성별, 연령별, 거주 지역별, 소득 수준별, 학력별 시청률을 알 수 있다. 일반적으로 방송사, 특히 광고주가 알고 싶어 하는 시청률은 이러한 개인별 시청률이다. 예를 들어 20대 초반의 여성을 타깃으로 하는 화장품의 경우 광고주에게 필요한 건 20대 초반 여성의 시청률이지 모든 시청자의 시청률이 아니다. 즉 피플미터는 개인 특성에 따른 시청률을 측정하기 때문에 광고주의 광고 전략 수립에 도움이 된다. 또한 방송사 입장에

서도 타깃 시청자를 선정하기에 용이한 자료가 바로 피플미터를 통한 시청률
이다.

3) 피플미터 조사 방법

다시 한 번 정리하면, 피플미터 조사는 가구 시청률과 개인 특성별 시청률을
모두 조사할 수 있고, 텔레비전을 시청할 때와 시청을 중단할 때 개인 고유 버
튼을 누르기만 하면 시청 중 채널 전환까지 모두 측정할 수 있다. 또한 프로그
램 시청률 외에 프로그램 전후나 중간(지상파방송 제외)에 방영되는 광고의 시청
률도 측정 가능하다.

피플미터를 통한 시청률 측정에서 가장 중요한 사항 가운데 하나가 바로 패
널(panel)의 선정이다. 조사회사는 우선 텔레비전 시청 환경에 대한 기초 조사
를 통해 시청자를 대표할 수 있는 가구를 패널로 선정한다. 특정 가정이나 어떤
사람이 시청률 조사를 하고 싶어도 조사회사의 기초 조사에서 우리나라 시청
자에 대한 대표성을 갖지 못했다고 인정되면 참여할 수 없다.

TNmS는 전국 16개 시도에 살고 있는 3천 가구를 대상으로 패널을 구성한
다. 프로그램이나 광고를 인지할 수 있다고 판단되는 만 4세 이상부터 연령 제
한 없이 남녀노소 모두 패널이 될 수 있다. 그러나 조사 대상에서 제외하는 사
람도 있는데, 먼저 정신장애자는 제외된다. 또한 지상파방송 및 케이블방송, 광
고회사 등 방송 광고 관련 산업에 종사하는 사람이나 가족 중에 그러한 사업 종
사자가 포함된 경우 패널이 될 수 없다. 국내에 거주하는 외국인도 조사 대상에
포함되지 않는다.

패널의 수상기에 부착된 피플미터에서 측정한 시청률 데이터는 보통 새벽
두 시 이후에 조사회사 본사의 컴퓨터실로 전송되어 통계 처리된다. 그리고 이
자료는 매일 아침 일곱 시경에 방송사와 광고회사 등으로 보내진다. 이러한 분
석 자료에는 단순히 프로그램의 시청률만 나온 것이 아니다. 광고주와 대행사
에서 필요한 광고주/브랜드/소재별 광고 시청률 분석 자료도 포함되며, 계약

사항과 동일하게 광고가 집행되었는지도 확인 가능하다. 또한 광고주는 경쟁사의 광고가 어느 시간대 어느 채널에서 어느 정도 길이로 방송했는지 알 수 있고, 과거의 광고량도 파악할 수 있다.

4) 평균 시청률

조사회사를 통해 측정된 시청률 수치는 무엇을 의미하는 것일까? 앞에서 보았던 〔그림 8-6〕을 다시 한 번 보자. 그림을 보면, 시청률 순위 8위에 KBS2 TV의 〈개그콘서트〉가 15퍼센트의 시청률을 기록했다. 〈개그콘서트〉 방송이 시작되고 끝날 때까지 15퍼센트가 계속 유지되는 것일까? 아니면 특정 시점에서만 측정하고 조사한 수치일까?

시청자들은 특정 프로그램을 시작부터 끝까지 아무런 변화 없이 시청하는 것이 아니다. 화장실에 다녀와서 프로그램이 시작된 5분 후 시청할 수도 있으며, 중간에 별 재미가 없어서 다른 채널로 이동할 수도 있다. 전술한 대로 피플미터는 수상기가 켜진 상태에서 계속해서 시청 채널을 측정한다. 채널이 전환되는 것까지 모두 측정 가능하다. 즉 피플미터는 일정 시간(예: 10초나 1분 등) 단위로 모든 프로그램의 시청률을 측정하는데, 가령 〈개그콘서트〉가 9시부터 10시까지 방송된다면 1분 단위로 시청률을 측정해 합산한 후 60으로 나누어 평균 시청률을 산정한다. 그 수치가 바로 15퍼센트라는 것이다. 실제로는 9시 10분에 12퍼센트였다가 9시 50분에 18퍼센트가 됐을 수도 있다.

이처럼 평균 시청률 외에 특정 시점의 시청률도 알 수 있는 것이 피플미터의 또 다른 강점이다. 이를 통해 방송사는 어느 장면 또는 어느 코너의 시청률을 평균 시청률과 비교해볼 수 있다. 일례로 〈개그콘서트〉는 코너별 시청률 추이를 코너 개편에 활용할 수 있다. 광고주나 대행사 또한 자사의 광고가 방영되는 시점의 시청률을 정확히 알게 된다.

정보사회와
뉴미디어

많은 사람들이 현대사회를 정보혁명, 컴퓨터 혁명, 또는 커뮤니케이션 혁명으로부터 파급된 정보사회, 또는 정보화 사회라 칭한다. 정보사회(information society)란 정보의 생산이나 분배, 유통, 소비 등이 그 자체로 중요한 동력이 되어 경제가 발전하고 가치가 창조되는 사회를 의미한다. 즉 사회체제가 전반적으로 정보의 수집, 처리, 전송 등에 크게 의존하는 사회이다.

　정보사회는 컴퓨터, 인터넷, 모바일 기술 등 정보 통신 기술의 혁신으로 도래했는데, 과거 산업사회와 달리 자본이나 공장, 물리적 상품이 없더라도 정보 자체가 거대한 부(富)를 창출할 수 있다. 제9장에서는 정보사회의 개념을 알아보고, 정보사회의 대표적인 미디어라 할 수 있는 인터넷과 모바일에 대해서 자세히 검토한다. 또한 정보사회의 장점 외에 여러 문제점들을 파악함으로써 정보사회를 올바로 이해하는 데 도움을 주고자 한다.

1. 정보사회와 뉴미디어의 특성

정보사회란 정보 통신 기술(ICT: Information & Communication Technology) 의 혁신과 함께 정치, 경제, 문화 등 사회구조 전반에 걸쳐 정보와 지식의 가치 가 높아지는 사회현상을 지칭한다. 1962년 프리츠 매클럽(Fritz Machlup)은 자 신의 저서 『미국에서의 지식의 생산과 분배(*The Production and Distribution of Knowledge in the United States*)』에서 지식산업이 전체 국민총생산(GNP)의 29 퍼센트를 차지한다고 분석했다. 그는 이런 수치를 근거로 미국이 정보 시대에 진입했다고 주장했다. 즉 매클럽은 자본주의사회에서 지식이 다른 상품과 마 찬가지로 산업적인 방식으로 생산되고 분배된다고 보았다.

정보사회라는 용어는 1960년대 중반 일본의 연구자들에 의해 처음 사용됐 다. 비슷한 시기 미국에서는 후기 산업사회라는 개념이 대두됐다. 그리고 시사 용어로서 정보화라는 개념이 확산된 것은 1970년대 초반 컴퓨터 및 ICT의 대 중화가 가시화된 이후부터이다.

1973년 다니엘 벨(Daniel Bell)은 그의 저서 『탈산업사회의 도래(*The Coming of Post-Industrial Society*)』를 통해 미국 사회가 산업사회에서 탈산업사회로 이 동했다고 분석했다. 이 시점을 계기로 정보사회론에 대한 사회과학적 설명이 본격적으로 이루어지기 시작했다. 이후 미래학자인 앨빈 토플러(Alvin Toffler) 는 그의 저서 『미래의 충격(*Future Shock*)』과 『제3의 물결(*The Third Wave*)』에 서 탈산업사회가 정보사회라고 주장했다. 그는 『제3의 물결』에서 인류 역사의 혁명적 변화를 설명했다. 첫 번째 변화는 농업혁명이고, 두 번째 변화는 산업혁 명이다. 그리고 마지막 세 번째 혁명이자 변화로 토플러는 정보화 혁명, 즉 정 보사회를 지적했다. 그는 정보사회를 산업사회의 특징인 표준화와 동시화의 제 약을 벗어난 새로운 사회로 전망했다.

그렇다면 혁명(revolution)이란 무엇인가? 단재 신채호는 혁명을 '문화상 혹은 정치상 뚜렷이 시대를 구분할 만한 진화의 의의를 가진 인위적 대변혁'이라 말했다. 사이먼(H. Simon)은 혁명을 '비교적 짧은 기간 동안 광범위한 사회구조의 변동을 파급시키는 갑작스러운 사건'으로 정의했다. 이러한 정의에 근거해 여기에서는 인류 역사를 변모시킨 세 가지 혁명을 설명하고자 한다.

먼저 농업혁명은 수렵과 유목을 하던 인간의 삶을 농경과 정착 사회로 변화시켰다. 그로 인해 먹을 것을 풍부하게 생산해내고, 그 풍부한 잉여물 덕분에 인류 문명이 꽃피우게 됐다. 산업혁명은 기계의 발달로 제품의 대량생산을 이끌어 이전과는 다른 물질적 풍요를 가져왔다. 산업혁명으로 인한 산업사회에서는 자본, 물질, 에너지 또는 산업 기술이 경제적 활동의 동인이다.

정보화 혁명은 ICT의 발달로 이루어진 정보화 시대를 이끌었다. ICT의 발달로 특정 사회 내의 정보가 대량으로 생산되고, 그렇게 생산된 지식과 정보가 대량으로 유통되고 소비됐다. 그에 따라 무형의 지식이나 정보의 사회적·경제적 가치가 높게 부여되는 사회가 정보사회라 할 수 있다. 그런 관점에서 정보사회는 사회 구성원 다수가 정보를 생산, 가공 또는 처리, 유통, 소비하는 데 관련되어 있으며, 그것이 경제활동의 핵심이 된다. 정보사회의 핵심적 현상으로는 상품으로서 정보의 가치 증가, ICT의 확산, 미디어와 의사소통 방법의 증가, 정

도표 9-1 ☞ 산업사회와 정보사회의 특징

구분	산업사회	정보사회
핵심 기술	동력 기관, 기계	ICT(컴퓨터, 통신망)
사회적 상징	공장	컴퓨터 정보 시스템
시장 확대 요인	대량 소비	지식 탐구 및 개발기회
선도 산업	기계 및 화학 공업	정보 통신 산업
생산 방식	분업, 전문화, 기업과 가정 간 생산소비 분리	사용자와 정보자가 생산 축적된 정보 공동 이용
사회구조	중앙집권적	자발적, 개방적

출처: 박진우, 「정보기술론」, 전석호 외, 『정보정책론』, 서울: 나남, 1997, 272쪽.

보 산업에 종사하는 노동력의 증가, 전문 지식의 고부가가치 등이 있다.

정보사회의 특징을 보여주는 ICT 또는 미디어에는 컴퓨터, 초고속통신망, 인터넷과 모바일 미디어 등이 있는데, 이들은 커뮤니케이션적 측면에서 뉴미디어(new media)라 할 수 있다. 뉴미디어는 기존의 매스미디어(old media)에 새로운 정보 처리 및 정보 전달 기술이 결합된 미디어라 할 수 있다. 이러한 뉴미디어는 기존의 전통적 매스미디어보다 짧은 시간에 많은 정보를 생산해 전달할 수 있다. 또한 정보가 전달될 때에도 소수의 생산자에서 불특정 다수의 수신자에게로 일방적(one-way)으로 흐르기보다 상대적으로 양방향(two-way)으로 흐른다. 이와 관련된 더 자세한 내용은 〔그림 9-2〕에서 설명하겠다.

현대사회에서 말하는 뉴미디어에는 케이블방송, 위성방송, DMB, IPTV, 인터넷, 모바일 미디어 등이 해당된다. 나머지 미디어는 제8장 「방송 미디어」에서 검토했기 때문에 이 장에서는 인터넷 커뮤니케이션, 그리고 현 시점에서 가장 크게 영향력을 확산시킨 스마트 미디어의 특성에 대해 자세히 알아보고자한다.

2. 인터넷 커뮤니케이션

1) 인터넷 커뮤니케이션 모형

1960년대 컴퓨터 기술이 도입된 후 정보사회라는 용어가 사용되기는 했지만, 정보사회 시대 뉴미디어의 총아는 바로 인터넷이었다. 이러한 인터넷을 기반으로 발생하는 사람들 간의 커뮤니케이션을 인터넷 커뮤니케이션이라 한다. 이 책의 주제는 커뮤니케이션 현상이므로 인터넷의 도입이나 발전, 기술적 특성과 같은 내용은 생략하기로 한다. 대신 인터넷 커뮤니케이션이 기존 커뮤니

그림 9-1 ☛ 전통적 커뮤니케이션 모형

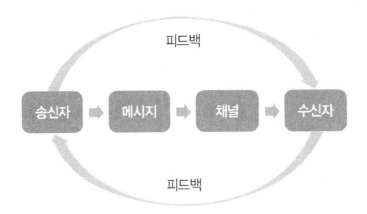

케이션과 어떻게 다른지, 그리고 그 차이를 가져온 원인이 무엇인지에 초점을 맞추고자 한다.

먼저 제1장「커뮤니케이션의 이해」에서도 살펴봤지만, 다시 한 번 전통적 커뮤니케이션 모형부터 검토해보자. 〔그림 9-1〕에 나와 있듯이, 전통적 커뮤니케이션 모형을 흔히 SMCR 모형이라 한다.

송신자가 마음속 메시지를 기호로 구성해 채널을 통해 전달하면, 수신자는 그 기호를 해석해 의미를 파악한다. 그리고 메시지에 대한 반응으로 피드백을 보내면, 송신자는 다시 피드백에 대한 피드백을 보낼 수 있다. 이때 〔그림 9-1〕에서는 송신자와 수신자의 피드백을 모두 표현했으나, 피드백은 나타나지 않을 수도 있고, 한 번만 발생할 수도 있다. 특히 매스커뮤니케이션 상황에서는 피드백이 거의 나타나기 힘들며, 수신자의 피드백에 대해 송신자가 바로 피드백을 하기도 매우 힘들다.

일례로 텔레비전 뉴스를 생각해보자. 방송사가 어떤 이슈에 대한 보도를 뉴스에서 시청자들에게 전달한다. 만약 인터넷이 없다면, 그 뉴스 내용에 시청자가 불만이 있어도 불만(피드백)을 직접 전달하는 방법은 기껏해야 방송사에 항의 전화를 하는 것뿐이다. 항의 전화를 하는 사람은 극소수일 것이다. 또한 그러한 피드백은 커뮤니케이션 과정 후에 전달될 가능성이 크고, 방송사가 시청자의 피드백에 바로 반응할 가능성은 거의 없다. 즉 [그림 9-1]의 SMCR 모형에 그려진 화살표에서도 알 수 있듯이 전통적 매스 커뮤니케이션에서는 메시지가 송신자에게서 수신자에게로 거의 일방적으로 흐른다. 그러다 보니 두 당사자 사이에 흐르는 정보의 양은 매우 제한적이다.

반면 인터넷 커뮤니케이션 모형은 전통적 커뮤니케이션 모형과 매우 다르다. 우선 [그림 9-2]에 나와 있는 개념부터 살펴보자. 그림에 나타나 있듯이 인터넷 커뮤니케이션 모형에서는 따로 송신자와 수신자가 구분되지 않는다. 대신 의사소통의 당사자로 '생산자 겸 소비자(producer & consumer)'가 있다. 인터넷 커뮤니케이션에서는 누구나 메시지의 생산자이자 소비자가 될 수 있음을 의미한다. 사람들은 때때로 인터넷을 통해 정보를 얻어 사용하기도 하지만(소비자), 또 때로는 인터넷상에 정보를 올리기도 한다(생산자). 그래서 간단하게 인터넷 커뮤니케이션에 참여하는 당사자를 이용자(user)라고 표현하기도 한다. 또한 인터넷 커뮤니케이션의 특징은 전통적인 매스 커뮤니케이션과 달리 다수의 이용자들이 서로 동시에 참여해 정보를 공유할 수 있다는 점이다.

그림 9-2 ☞ 인터넷 커뮤니케이션 모형

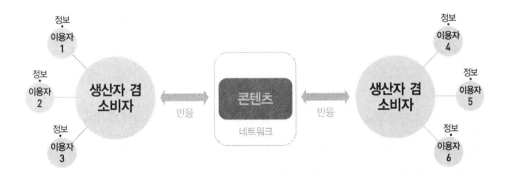

다음으로 인터넷 커뮤니케이션에서 메시지는 보통 콘텐츠(contents)로 통용된다. 그리고 그 콘텐츠를 전달하는 매개체는 온라인 네트워크라 할 수 있다. 여기서 네트워크는 콘텐츠의 단순한 전달 수단이 아니다. 네트워크 자체가 수많은 이용자들이 모이는 공간으로 네트워크 특성에 따라 콘텐츠의 성격도 달라지며, 이용자들의 구성과 분포에도 차이가 난다. 따라서 인터넷 커뮤니케이션에서 네트워크는 단순한 채널이 아닌, 커뮤니케이션 성격과 효과를 규정하는 주요한 영향 요인이다.

마지막으로 인터넷 커뮤니케이션의 핵심은 바로 상호작용(interaction)이다. 전술했듯이 전통적 커뮤니케이션에서는 메시지의 흐름이 거의 일방적이라면, 송신자와 수신자가 따로 구분하기 힘든 인터넷 커뮤니케이션에서는 메시지가 양방향(two-way)으로 흐른다. 즉 단순히 메시지를 전달하는 것이 아니라 커뮤니케이션 당사자들끼리 활발하게 메시지와 정보를 네트워크상에서 공유하는 것이다.

앞서 예로 들었던 텔레비전 뉴스를 보자. 뉴스 내용에 대해 찬성 또는 반대하는 다수의 시청자들은 방송이 진행되는 시점부터 방송사 인터넷 게시판 등에 다양한 반응을 올릴 수 있다. 그리고 그러한 반응을 보고 역시 다수의 이용자들이 커뮤니케이션에 참가한다. 방송사도 이용자의 반응을 보고 피드백을 할 수 있다. 이처럼 인터넷 커뮤니케이션에서는 누구든 자유롭게 시공간적 제약 없이 상호작용을 한다. 이 과정에서 발생해 전달되는 정보의 양은 거의 무제한이다.

2) 공론장

비판 이론과 실증주의를 연구한 독일의 대표적인 철학자이자 사회학자이며 언론인이었던 인물은 위르겐 하버마스(Jurgen Habermas)이다. 하버마스는 단순히 가난과 빈곤이 사라진 상황을 진정한 인간 해방으로 보지 않았다. 그의 이론에 의하면 해방된 사회란 억압이 사라지고 사람들 간 자유로운 토론과 대화

그림 9-3
18세기 공론장으로서의
유럽의 찻집

가 가능한 사회라고 한다. 그는 해방된 사회가 이성을 통한 논쟁과 가르침, 즉 '합리적인 의사소통'을 통해 가능하다고 주장했다.

하버마스는 합리적인 의사소통과 관련해 '공론장(public sphere)'이라는 개념을 제시한다. 공론장은 공론 창출 능력이 있는 시민들이 사회적 지위와 상관없이 아무런 제약도 받지 않고 의사 표현, 출판, 집회 결사의 자유 등을 보장받아 어떠한 주제든 상호 협의, 토론, 논쟁이 가능한 공간을 말한다. 17~18세기 유럽의 시민적 사교 모임에서는 시민들이 공동으로 공개적인 토론장을 형성해 서로 합의를 이끌어냄으로써 공론을 창출했다. 특히 당시에는 도시의 찻집, 술집, 살롱, 클럽, 음식점 등이 토론의 장으로서 역할을 했다. 이러한 공론장에서 시민들 간 합리적인 의사소통이 가능할 때, 진정한 해방 사회의 구현이 가능하다.

과거 한국에서는 술집 등에서 정부와 최고 권력자를 비판했다는 이유만으로도 시민들이 구속을 당했다. 사상적으로 가장 자유로운 공간이어야 할 대학 캠퍼스에 사복 경찰이 상주하거나, 군대가 출동한 적도 있었다. 시민들의 자유로운 토론과 의사소통이 불가능했다는 점에서 과거 권위주의 시대의 한국은 진정한 공론장이나 인간 해방을 구현하지 못했던 것이다.

2013년 5월 16일 대법원에서 위헌·무효 선언을 한 유신 체제의 '대통령긴급조치 제4호'(이하 긴급조치 4호)를 한 번 보자. 긴급조치 제4호는 1974년 4월 발령된 것으로 전국민주청년총학생연맹(민청학련) 등 학생들의 정부 비판 조직이나 활동을 강하게 규제하는 내용을 담고 있다. 학생들이 긴급조치를 위반할 경우 문교부(현 교육부) 장관이 퇴학 처분을 명하거나 그 학생이 소속된 학교의 폐교까지도 결정할 수 있도록 한 것이다. 이에 대법원은 "긴급조치 제4호의 내용이 언론·출판과 집회·결사의 자유를 침해하고, 문교부 장관이 긴급조치를 위반한 학생 및 소속 학교에 대한 퇴학과 폐교 조치를 하게 하는 등 학문의 자유와 대학의 자율성을 침해했다"며 위헌성을 인정하고 무효를 선언했다.

민주주의는 구성원 간 합의에 도달하는 과정이지만, 또한 합의를 하게 해주는 근본적인 환경을 만들어가는 방법이기도 하다. 이러한 점을 고려하면, 과거 한국의 권위주의 정부는 구성원 간 합의를 위한 환경(공론장)을 구축하는 데 실패했으며, 이는 결국 민주주의의 퇴보라는 결과를 초래했다.

초기에 찻집 등의 토론장에서는 단순한 예술적 또는 문화적 토론이 주를 이루었으나, 시장경제의 팽창과 이에 따른 국가와 시민사회의 분화로 그곳은 점차 정치적 토론장으로 변모했다. 그 후 의식이 강화된 시민들에 의해 공론장은 봉건적 권력 제도에 반대하면서 시민 영역의 공론 집적장으로 꾸준히 발전해 나갔다. 기본적으로 공론장은 권력을 견제하고 감시하며 시민들의 개별적 관심과 집단적 관심을 정치에 중재하는 마당이 된 것이다.

우리나라의 경우 1898년 세 차례나 개최됐던 '만민공동회'가 근대적 공론장의 원형이라고 할 수 있다. 만민공동회는 집회를 통해 공론을 형성하고, 이를 국정에 반영하고자 했던 새로운 형태의 정치 운동이었다.

이러한 공론장은 현대에 와서 정당과 의회로 발전했다. 그러나 정당이나 의회, 특히 국내 정당은 아직까지 진정한 의미의 공론장으로서 역할을 수행하지 못하는 경우가 많았다. 아래로부터의 풀뿌리 민주주의가 아니라 당권을 장악한 주류 세력이나 카리스마 있는 당 총재나 당 대표가 공천권을 가졌기 때문에 진정한 의미의 자유 토론이 이루어지기 힘들었다. 또한 국회의원으로 선출되더라도 당론을 거스르기 힘든 분위기가 만연했다. 정당이나 의회만이 아니라 일반 시민들의 토론에서도 일부 의견 선도자들이나 사회적 지위가 높은 사람들이 자유 토론을 하기보다는 자신의 의견을 강요하는 경우가 대부분이다.

이에 반해 인터넷은 진정한 의미의 공론장을 실현할 수 있다. 그것은 바로 익명성(anonymity) 때문이다. 인터넷 커뮤니케이션은 특정 장소가 없어도 가상의 공간에서 수많은 사람들이 자유롭게 토론에 참여할 수 있으며, 자신의 지위나 실명을 밝히지 않고 활발한 의사소통을 할 수 있다. 제3장 「커뮤니케이션의 잡음」에서 보았듯이, 사람들 간 커뮤니케이션에서 권위나 지위는 의사소통을 방해하는 요소이다. 인터넷상에서는 익명성이 보장되므로 참여자는 지위 공포에서 벗어날 수 있고, 그로 인해 자유롭고 활발한 토론이 가능해진다.

3) 웹 2.0

인터넷상에서 다양한 사람들의 활발한 토론 참여와 정보 공유를 가능하게 한 것 가운데 하나가 바로 웹(web) 2.0이다. 웹 2.0은 미국의 IT 기업인 오라일리 미디어(O'Reilly Media Inc.)의 팀 오라일리(Tim O'Reilly)가 컨퍼런스를 위한 회의 중에 "닷컴의 붕괴에서 살아남은 구글(Google), 아마존(Amazon), 야후(Yahoo)와 같은 기업들의 성공 요인에는 어떤 공통점이 있다"고 지적한 데서 비롯됐다.

기존의 웹 1.0은 사업자가 인터넷상에서 정보를 전적으로 생산하고 관리하며 배급하기 때문에 일반 이용자들은 정보를 수동적으로 취득하기만 했다. 반면 웹 2.0은 사업자가 모두에게 개방된 열린 공간을 제공하고 이용자가 적극적으로 참여해 정보와 지식을 생산, 공유, 소비하는 이른바 '열린 인터넷' 또는 '참여의 웹'을 의미한다. 즉 정보나 지식에 소유자나 독점자가 없으며, 누구나 손쉽게 정보와 지식을 생산하고 이를 타인과 공유할 수 있도록 한 이용자 참여 중심의 새로운 인터넷 환경을 말한다.

과거에는 이용자가 인터넷상에 사진이나 음악을 올리기가 매우 어려웠다. 초창기 웹에서는 문서 하나를 올리는 데도 HTML 문법과 FTP 사용법을 익혀

그림 9-4 ☞ 웹 2.0의 특징

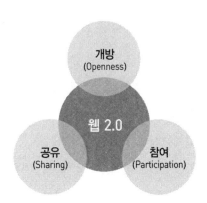

야 했기 때문에 보통 사람들이 콘텐츠를 올리는 것은 거의 불가능에 가까웠다. 따라서 이용자들은 인터넷에 올라와 있는 정보를 단순히 받는(catch) 수준이었다. 또한 홈페이지를 운영하려면 두꺼운 HTML 문법책을 외워야 했고, HTML 편집기, FTP, 리눅스 호스팅 사용법 등 많은 지식이 필요했다.

하지만 블로그, 싸이월드, 페이스북을 한 번 생각해보자. 간단한 클릭 몇 번으로 음악, 사진, 심지어 동영상을 올리는 일까지 용이해졌다. 2012년 전 세계적으로 인기를 끌었던 싸이(PSY)의 노래 〈강남스타일〉이 히트한 원동력도 유튜브(Youtube)에 올라온 뮤직비디오 덕분이었다. 그 비디오를 보고 전 세계 많은 이용자들이 패러디 동영상을 업로드했다. 이처럼 웹 2.0은 이용자 누구나 다양한 방식의 정보를 올릴 수 있도록 했다. 그래서 웹 2.0을 '개방의 웹', '참여의 웹', '공유의 웹'이라 한다.

웹 2.0으로 과거와 달리 전 세계 수천만, 수억 명의 이용자가 누구나 인터넷상에서 정보를 공유하는 일이 가능해졌다. 또한 최근의 이용자들은 과거처럼 수동적이지 않다. 이른바 자기 PR을 즐기는 세대이다. 이처럼 자기표현의 욕구가 강하며 디지털 기기의 이용이 자유로운 세대를 '홍보(publicity)'와 '시티즌(citizen)'의 합성어인 '퍼블리즌(publizen)'이라 한다. 즉 기술적 변화 및 진보,

이용자들의 능동적 변화 등으로 인터넷상에서 정보의 숫자가 기하급수적으로 증가했고, 결국 진정한 의미의 공론장과 정보사회가 구현됐다. 이처럼 정보의 숫자가 많아졌기 때문에 그중 중요하고 의미 있는 정보를 얻을수록 정보사회에서는 큰 힘을 발휘할 수 있다.

3. 스마트 미디어

스마트 미디어(smart media)는 간단히 말하면 스마트폰이나 태블릿 PC 등 휴대용 인터넷 미디어를 지칭한다. 이는 단순한 통화나 간단한 메시지 전달을 넘어 인터넷을 기반으로 다른 이용자들과 사회적 상호작용을 용이하게 해주는 일종의 소셜 미디어(social media)이다. 스마트 미디어의 등장에는 모바일 기술의 진화가 필수적으로 수반된다. 따라서 이 절에서는 우선 모바일 통신의 진화에 대해서 간략히 알아보고, 다음으로 스마트 미디어의 특성을 분석해본다.

1) 모바일 통신의 진화

제3장 「커뮤니케이션 미디어의 진화」에서 살펴본 것처럼, 현대적인 의미에서의 무선통신은 1921년 미국 디트로이트 경찰이 흔히 '삐삐'로 불리는 페이저(pager)와 같은 형태의 육상 무선통신 시스템을 경찰 업무용으로 도입하면서부터 시작됐다.

이후 1947년 미국 AT&T의 링(Ling) 연구팀에 의해 휴대전화가 개발됐다. 당시 휴대전화의 네트워크는 전체 지역을 작은 구역(cell)으로 나누어 구성됐다. 이러한 연유로 휴대전화를 '셀룰러 폰(cellular phone)'이라고도 한다. 이후 차량 전화로 사용되던 휴대전화는 1977년 미국 시카고를 기점으로 본격화되기 시작해 1세대(1G) 이동전화 시대를 열었다. 800~900메가헤르츠(MHz)의 주파수를 사용하는 1G 휴대전화는 음성 서비스만 가능했을 뿐, 데이터 전송은 불가능했다.

디지털 기반의 2G 기술은 이미 1980년대부터 개발됐다. 미국에서는 1990년대 초 2기가헤르츠(GHz) 주파수 대역을 디지털통신을 위해 할당하고, 다시 미국 연방통신위원회(FCC)가 2G 모바일 서비스인 PCS(Personal Communication Service) 시스템을 위해 주파수를 할당하면서 본격적으로 2G 시대가 개막됐다. 국내에서는 1990년대 중후반 2G 서비스가 확산됐다. 1G와 달리 2G에서는 음성과 데이터 서비스가 모두 가능했다.

3G 기술은 유럽과 미국이 서로 다른 모바일 기술을 통합해 전 세계적으로 통용될 수 있는 기술 표준을 만들려는 노력의 일환으로 탄생됐다. 3G 서비스는 2G 서비스에 비해 음성과 데이터 전송 속도가의 비약적으로 향상됐을 뿐 아니라 인터넷, 멀티미디어 전송 및 재생, 게임, 이용자의 위치 기반 서비스(LBS, Location-Based Service), 이동 시 데이터 송수신 등의 다양한 기능을 제공했다. 대표적인 서비스인 위치 기반 서비스는 GPS를 통해 사용자의 현재 위치를 기준으로 음식점, 친구 찾기, 주요 뉴스와 날씨, 대중교통과 여행, 각종 상점 등에 관한 정보를 제공해준다. 3G 서비스는 2001년 일본에서 세계 최초로 상용화됐고, 한국에서는 2000년대 후반부터 서비스를 시작했다.

한편 3G 서비스에서는 본격적으로 모바일 애플리케이션(application)이 제공되면서 휴대전화는 단순한 커뮤니케이션을 넘어 컴퓨터와 같은 역할을 하게 됐다. 이 단계에서 스마트폰과 태블릿 PC 같은 스마트 미디어가 등장했다. 초기에는 림(RIM)의 블랙베리(Blackberry), 애플(Apple)의 아이폰(iPhone), 구글(Google)의 구글폰 등이 스마트폰 시장에서 큰 반향을 일으켰다.

2010년부터 본격적으로 휴대전화에 적용되어 보급된 4G 기술은 기본적으로 3G 기술보다 높은 수준의 영상과 음향을 보다 안정적으로 사용할 수 있도록 큰 전송 용량과 빠른 속도를 지향한다. 3G WCDMA 기술의 후속 모델인 3G LTE(Long-Term Evolution)가 통상 4G로 간주된다.

2) 스마트 미디어의 긍정적 영향

스마트 미디어의 가장 큰 장점은 시간과 장소에 상관없이 인터넷에 접속할 수 있다는 점이다. 인터넷 접속이 용이해진다는 것은 결국 정보 탐색과 접근이 쉬워지고, 예전에 비해 더 많은 정보를 얻을 수 있음을 의미한다. 일례로 수업에서의 변화를 보자. 예전에 '광고 카피 제작'이라는 수업을 할 때는 교수가 컴퓨터와 빔 프로젝터로 카피를 써야 할 제품을 제시해도 학생들은 제품에 관련된 자료가 당장 없기 때문에 이후 이를 과제로 제출할 수밖에 없었다. 그러나 스마트 미디어의 확산으로 수업 중 처음 보는 제품을 제시해도 검색을 통해 제품의 세세한 정보까지 바로 얻을 수 있다. 수업 중에 카피를 써보라는 팀별 프로젝트를 제시해도 충분히 해결 가능하다. 그 외에도 정보 탐색과 정보 획득이 용이해져서 나타나는 긍정적 사례는 매우 많다. 다양한 애플리케이션을 통해 대중교통 도착 시간을 예측하기도 하고, 맛집을 검색해 찾아가기도 하고, 스마트 미디어로 예금에 가입해 오프라인에서 가입한 것보다 더 많은 이자를 받기도 한다.

이러한 개인적 이점 외에 스마트 미디어는 인간의 사적 또는 공적 사회관계(social relations)에도 긍정적 변화를 가져올 수 있다. 한 사회 속에서 개인의 삶은 자연적으로 혹은 특정한 의도를 갖고 타인과 관계를 형성함으로써 영위된다. '인간은 사회적 동물', 또는 '인간은 커뮤니케이션 동물'이라는 표현은 이를 반영한 것이다. 인간은 때로 혈연, 지연, 학연 등 기본적인 연결 고리를 통해 네트워크를 구축하기도 하고, 때로는 직업, 관심 분야, 취미 등 다양한 영역에서 커뮤니티를 형성하고 참여하기도 한다. 인간은 그러한 네트워크와 커뮤니티를 통해 타인과 정보를 교환하고 소통하며 원활한 사회적 관계를 맺는다.

스마트 미디어는 기존의 사회적 지위나 시공간적 제약 등 다양한 커뮤니케이션 장벽이 존재하는 상황에서 다양한 사람들이 서로 소통하고 사회에 적극 참여할 수 있는 기회와 가능성을 제공한다. 스마트 미디어는 휴대용 온라인 기기이기 때문에 기존 다른 미디어보다 이용의 편리성이 높고 사회적 관계의 비용도 감소시켜준다. 따라서 스마트 미디어는 메신저나 SNS(Social Network Service)를 통해 지인들 외에 이전에 접촉이 없었던 사람들까지도 연결해줌으로써 긍정적인 사회관계를 구축하는 데 도움이 된다. 즉 스마트 미디어를 이용한 온라인 커뮤니케이션이 오프라인 사회관계를 보완하고 강화시킨다고 할 수 있다.

예를 들어 스마트 미디어는 아니지만, J. E. 카츠(J. E. Katz) 등은 설문 조사를 통해 인터넷이 사람들의 사회적 관계 형성 및 참여에 긍정적 영향을 미친다는 사실을 밝혔다. 그들은 인터넷 이용이 증가하더라도 민주 시민으로서의 참여나 사회적 관계가 더 늘어나면 늘어났지, 적어도 감소하지는 않았다고 주장했다. 또한 A. 블랑샤르(A. Blanchard)와 T. 호란(T. Horan)은 지역 주민들의 게시판 활동이나 초등학교 자모회와 같은 지역 기반 인터넷 활동이 대면적인 사회관계를 증가시키는 데 긍정적인 역할을 한다고 주장했다. 그 외에 지역사회에서 통신 기기의 사용 및 인터넷의 활용이 사회적·기술적 결합을 통해 새로운 유대를 불러일으킨다는 결과도 있었다. 특히 기존에 나타나지 않았고 자발적으로 연대하기 힘든 잠재적 유대를 활동적으로 발전시키는 데 기여한다는 것이다.

또한 시공간적 제약이 없는 인터넷의 사용과 사회적 네트워크의 증가는 정보 확산의 양과 속도를 높였다. 중동 및 북아프리카의 혁명과 민주화에서 SNS의 역할이나, 긴급 상황에서 SNS나 메신저 등을 통한 메시지 전달과 구호 활동이 이를 방증한다.

나아가 구성원들 간 형성된 긍정적 사회관계는 단순히 친목 도모로 끝나는 것이 아니라, 한 개인이 타인으로부터 사회적 지지(social support)를 얻게 한다. 관계를 통해 누군가가 자신을 지원해준다는 사실은 우리가 일상생활을 보다 안정되게 영위할 수 있도록 하는 중요한 요소이다. 관계로부터 얻을 수 있는 안정감의 미시적 근거는 무엇보다도 미래에 나타날 수 있는 불확실성을 줄여준다는 점에서 찾을 수 있다. 즉 미래에 대한 예측이 어려운 경쟁적 구조나 급

변하는 환경 속에서 개인들은 대인적 · 상황적 불확실성에 직면하게 된다. 이러한 현실에서 타인과 관계를 맺음으로써 형성되는 상호 신뢰는 불확실성의 크기를 줄여준다. 그리고 불확실성의 감소는 안정적인 일상의 운영이나 과업의 수행에 매우 효과적으로 작용하는 근거가 된다. 예를 들어 이용자들은 페이스북에 자신의 상태를 단문 형태로 올리거나, 혹은 자신을 표현하는 사진을 올려서 친구들로부터 '좋아요'나 긍정적 댓글을 얻음으로써 안정감을 찾기도 한다.

최근 일부 연구에 의하면, 불투명한 미래에 대한 좌절 외에 사회적 지지의 부족도 자살의 주요 원인으로 판명됐다. 따라서 스마트 미디어를 통한 긍정적 유대 관계 형성과 사회적 지지는 여러 사회문제를 해소하는 데 기여한다고 볼 수 있다.

3) 스마트 미디어의 부정적 영향

스마트 미디어는 개인 및 사회에 부정적 영향도 미칠 수 있다. 가령 스마트 미디어의 사용이 오히려 오프라인에서의 사회적 네트워크 구축을 저해해 개인의 심리적 행복이나 사회적 관계에 부정적 영향을 끼치기도 한다. 이러한 주장을 하는 학자들은 인터넷이나 스마트 미디어를 이용한 온라인 커뮤니케이션이 오프라인상에서의 사회참여 시간을 빼앗고 지인들과 보내는 시간을 대체함으로써 개인의 행복과 사회적 관계를 저해한다고 주장한다. 예를 들면, 친구들끼리 카페나 식당, 술집에 모여도 대부분 각자의 스마트폰을 꺼내놓고 메신저를 하거나 기사를 검색한다. 예전에 비해 확실히 대화가 줄어들었다. 또한 인터넷이나 게임 중독에 빠지면 가족이나 친구 관계조차 무시하게 되고, 이용자는 더 외롭고 우울해져 스트레스가 심화되며 친교도 감소함으로써 심리적 행복이 저해될 수도 있다.

특히 스마트 미디어는 기존 미디어보다 물리적 크기가 작으므로 이용할 때 더 높은 주의 집중이 요구된다. 따라서 주변의 물리적 환경을 주의 깊게 보지 못하고, 관심도 덜 갖게 된다. 즉 스마트 미디어는 온라인 결합을 증대시켜줄 수는 있지만, 오프라인 결합은 감소시킬 수도 있다.

M. 올린스(M. Orleans)와 M. C. 레이니(M. C. Laney)는 이를 제로섬(zero sum)의 관점에서 바라봤다. 제로섬 관점은 새로운 미디어나 기술을 이용하는 것이 기존의 다른 활동에 할애하던 시간과 인간관계를 줄여야만 가능하다고 보는 입장이다. 즉 이용자들이 타인과의 관계를 유지하는 데 필요한 시간과 노력을 인터넷을 하는 데 사용하다 보니 오히려 대면 관계의 빈도는 낮아지게 됐다는 것이다. 결국 상호 간 친밀한 관계를 형성하고 유지하는 데에는 뉴미디어가 큰 도움이 되지 못한다. 특히 기존 미디어보다 인터넷 접속을 더 용이하게 하는 스마트 미디어의 확산으로 이러한 상황이 일시적인 것이 아니라 지속적 추세로 확인된다면, 사회관계의 해체로 인한 심각한 사회문제가 야기될 수도 있다.

4. 정보사회와 관련된 문제점

1) 저작권 침해

전 세계 이용자들의 컴퓨터가 네트워크를 통해 연결되고 스마트 미디어의 확산이 증가함에 따라 어느 누구나 어떤 정보에든 접근해 이용할 수 있게 됐다. 그러나 정보사회는 손쉬운 정보 접근과 이용이라는 양지만 있는 것이 아니다. 그 이면에는 타인의 지적 재산권, 즉 저작권 침해라는 문제도 도사리고 있다.

지적 재산권은 인간의 정신적 산물인 사상(思想), 아이디어 활용, 또는 창의력을 보호하고 보상함으로써 지적 창조 활동을 활성화해 국가 산업과 인류 문화 발전에 기여하게 하려는 최소한의 보완 장치이다. 여기서 유의할 점은 정보, 사상, 아이디어 자체가 보호 대상이 아니라, 그러한 것들의 표현(expression)이 보호 대상이라는 것이다.

지적 재산권은 재산권적 측면과 인격권적 측면을 둘 다 가진 법체계이다. 재산권적 측면은 전통적으로 경제적 보호 가치를 중시하는 것으로 미국의 저작권법이 이에 해당한다. 반면 유럽의 저작권법은 정신적이고 도덕적인 인격권적 측면을 강조한다. 물론 현재는 구분 자체가 의미 없을 정도로 양자의 성격이 융합됐으나, 재산권적 성격은 저작권자와 이용자, 또는 국제적 분쟁의 문제와 맞물려 있다.

영어로 저작권은 'copyright'라고 표현되는데, 이는 'right to copy'를 의미한다. 즉 저작권자는 자신의 저작물을 마음대로 복제할 수 있는 권리를 가진다. 반면 타인은 저작권자의 동의를 얻지 않는 한 저작물을 복제할 수 없음을 의미한다. 그러나 인터넷상의 블로그나 웹사이트, SNS 등에는 마치 자신의 사상이나 아이디어인 것처럼 표현된 정보가 너무 많다. 그리고 그러한 정보를 또 다른 누군가가 쉽게 접근해 다시 자신의 것처럼 재표현하는 경우도 많다. 자신의 글이 아니라면, 반드시 각주나 참고 문헌을 통해 원 출처를 밝혀야 한다. 그렇지 않으면 이는 마치 직접 쓴 것처럼 아무런 인용 표기도 없이 리포트나 논문을 쓰는 일과 일맥상통한다.

2) 표현의 자유와 규제

제4장 「언론의 역할과 중요성」에서 살펴봤던 것처럼, 대부분의 민주국가에서는 헌법에 표현의 자유를 보장하지만, 이에 대치되는 개인의 명예나 프라이버시 같은 인격권 역시 헌법에서 보장한다. 즉 표현의 자유를 보장하되 경우에 따라서는 개인의 여타 기본권을 보장하기 위해 이를 제한할 수도 있음을 헌법에 명시한 것이다. 이런 측면에서 볼 때, 언론 및 표현의 자유는 상대적 의미의 자유라 할 수 있다. 다시 말해 언론 및 표현의 자유는 여타 기본권적 자유와 비교해 우월한 지위를 갖는다는 뜻이지, 결코 절대적 자유는 아님을 의미한다.

예컨대 우리나라의 경우는 헌법 제21조 제1~2항에서 언론과 표현의 자유를 보장하지만, 제3항(통신·방송의 시설기준과 신문의 기능을 보장하기 위하여 필요한 사항은 법률로 정한다)과 제4항(언론·출판은 타인의 명예나 권리 또는 공중도덕이나 사회윤리를 침해하여서는 아니되며, 언론·출판이 타인의 명예나 권리를 침해한 때에는 피해자는 이에 대해 피해의 배상을 청구할 수 있다)에서는 표현의 자유가 제한될 수 있음을 명시한다. 국제인권규약 제19조 제3항에서도 '타인의 권리와 신용을 존중하기 위해 경우에 따라 언론의 자유를 제한'할 수 있도록 한다. 표현의 자유와 관련된 문제점으로는 프라이버시 침해, 명예훼손, 음란물 유포 등이 있다.

계속해서 설명했듯이, 정보사회에서는 ICT 기술의 발전에 따라 과거와 비교할 수 없을 정도로 정보량이 급증했다. 그러다 보니 타인의 프라이버시 침해나 명예훼손, 음란물 유포 발생 비율이 예전에 비해 증가했다. 이른바 '증권가 찌라시'에 올라온 연예인 루머가 SNS를 통해 급속히 확산되기도 하고, 타인을 비방하거나 욕설을 담은 글이 무차별적으로 유포되기도 한다. 최근 국내 법원은 다수의 지인이 모인 '카카오톡' 방에 특정인을 비방하는 글을 게시한 혐의(정보통신법 위반)로 이용자에게 유죄를 선고했다. 평소 친한 사람들끼리 모인 공간에서 아무 생각 없이 다른 곳에서 읽은 글로 타인의 흉을 보는 것도 사법처리의 대상이 되는 것이다.

국내에서는 2007년 익명에 의한 악성 댓글의 폐해를 줄일 목적으로 '인터넷 실명제'가 도입된 적이 있다. 과도한 표현의 자유로 타인의 명예나 프라이버시를 침해할 수 있다는 것이 도입 취지였다. 그러나 2012년 헌법재판소는 인터넷 실명제에 대해 위헌 선고를 내렸다. 이른바 익명 표현의 자유가 사회적 약자를 보호하고 민주주의를 발전시키는 데 도움이 된다는 이유에서였다. 이처럼 표현의 자유는 양날의 검이 될 수 있다. 타인의 명예훼손이나 프라이버시 침해를 막기 위해 표현의 자유를 제한하자니 민주주의의 원칙에 어긋나는 일이고, 모든 표현의 자유를 허용하자니 악용하는 사람들이 있기 때문이다. 어떤 대상이든 마찬가지겠지만, 자유를 누리기 위해서는 그만큼의 책임이 따르기 마련이라는 사실을 유념해야 한다.

3) 미디어 중독

이제 인터넷과 스마트폰은 단순한 미디어를 넘어서 현대인의 필수품이 됐다. 그리고 어린 학생들일수록 인터넷이나 스마트폰 의존도와 중독 정도가 심하다. 몇 가지 관련 조사 결과를 살펴보면 다음과 같다. 먼저 경남청소년종합지원본부가 2012년 5월 31일 초·중·고에 재학 중인 학생 950명을 대상으로 실시한 조사에서, "스마트폰을 사용하지 못하면 패닉에 빠진다"라는 질문에 59.5퍼센트, "온 세상을 잃은 것 같다"라는 질문에 58.1퍼센트가 "그렇다"고 응답했다. 또 스마트폰 사용으로 성적이 저하되거나, 사용하다가 지적을 받은 적이 있으며, 그만해야지 하면서도 계속한다고 답변한 비율도 매우 높았다.

2012년 경기도 교육청이 도내 초등학교 3학년에서 고등학교 3학년까지 145만여 명을 대상으로 '스마트폰 이용 습관 전수조사'를 한 결과, 스마트폰 없이는 한순간도 견디기 힘들다고 느끼는 '스마트폰 고위험 사용자군'에 속하는 학생들이 '인터넷 위험 사용자군' 학생들보다 두 배 많은 것으로 나타났다. 또 이들은 스마트폰의 지나친 사용으로 학교 성적이 떨어지고, 가족이나 친구들과 같이 있는 것보다 스마트폰을 사용하는 것이 더 즐겁고, 스마트폰을 사용하지 못하면 온 세상을 잃은 것 같은 생각이 든다고 답변했다.

스마트폰 중독은 연령이 어릴수록 더 심한 경향을 보인다. 스마트폰에 중독

도표 9-2 📣 경남 청소년 인터넷 위험군 스마트폰 사용 실태(단위: 명)

	그렇다	아니다
학교 성적이 저하됐다	702(80.9%)	116(19.1%)
사용하다 지적을 받은 적이 있다	822(94.7%)	46(5.3%)
그만해야지 하면서도 계속한다	645(74.3%)	223(25.7%)
없을 땐 패닉 상태에 빠진다	516(59.5%)	352(40.5%)

도표 9-3 🖝 일상생활에서 필요한 미디어

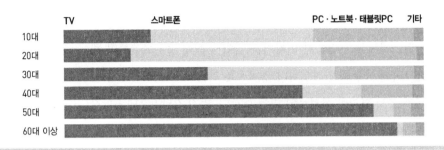

된 초등학생들은 화장실에 갈 때도 스마트폰이 있어야 안심이 된다고 말한다. 학교 수업 시간에도 카카오톡으로 친구들과 대화를 한다. 친구들이 모두 스마트폰을 사용하기 때문에 자신만 쓰지 않을 경우 소외감을 느낀다. 무료 게임이나 메신저로 보내는 시간이 하루 평균 대여섯 시간에 달하며, 스마트폰이 심심할 때 같이 있어 주는 유일한 친구라고 대답한 학생도 있었다. 스마트폰 보급이 늘어날수록 청소년의 독서율은 이와 정비례해 감소했으며, 청소년 네 명 중 한 명은 1년에 책을 한 권도 읽지 않은 것으로 조사됐다.

이러한 정보사회의 미디어 중독은 일상생활을 하는 데 장애가 되며, 값비싼 사회적 비용을 초래한다. 가령 인터넷 메신저, 온라인 쇼핑, 스마트폰 게임 등에 중독되면, 학습 및 작업 능률이 감소할 뿐 아니라 사회적 측면에서도 생산성 감소로 인한 비용과 노력이 추가로 요구된다. 나아가 인터넷이나 스마트폰 도박 중독은 심각한 사회문제로 비화되기도 한다.

《경향신문》 2013년 4월 10일 자 보도에는 다음 같은 사례가 나온다. 전 국가 대표 선수가 부상으로 잠시 쉬는 동안 우연히 인터넷에서 불법으로 운영되는 스포츠토토 사이트를 알게 됐다. 그는 스마트폰을 이용해서 하루에도 수차례씩 배팅을 하며 시간을 보냈는데, 결국 저축해놓았던 1500만 원을 모두 잃고 빚까지 생기자 돈벌이를 위해 운동을 포기했다. 한 학원 강사도 스마트폰으로 6개월간 총 2119차례 스포츠토토에 배팅을 해 7억 8천여만 원을 날리고 신용

불량자가 됐다.

이처럼 언제 어디서나 쉽게 인터넷 접속이 가능한 스마트폰이 불법 도박의 통로로 악용되는 사례가 급증했다. 도박 중독자 일부는 수천만 원을 잃고 생활고를 견디지 못해 스스로 목숨을 끊기도 했다. 경찰청 광역 수사대의 발표에 의하면, 도박을 한 사람들은 학생, 군인, 회사원, 가정주부 등 사실상 거의 모든 직업과 계층을 망라한 것으로 나타났다.

4) 지식 격차

정보사회가 무한의 정보를 제공하게 된 것은 사실이지만, 정보량의 확대가 반드시 모든 사회 구성원들 간에 균등한 정보의 확대를 의미하는 것은 아니다. 정보사회가 유발할 수 있는 가장 큰 사회적 문제 가운데 하나는 정보 격차(information gap)이다.

정보 격차의 개념은 1970년대 미국의 커뮤니케이션 학자 필립 티치노(Phillip J. Tichenor), 도너휴(Donohue), 올리엔(Olien)이 매스미디어의 효과에 관해 발표한 지식 격차 가설에 기초한다. 정보 격차는 정보의 접근과 이용이 각 개인마다 다르게 작용되는 정보 불평등 현상을 의미한다. 자본주의 산업화 과정에서 나타나는 계층 간 경제적 불평등과 같이 정보화의 과정에서도 정보 불평등이 발생할 수 있다. 그리고 이러한 정보 격차는 필연적으로 지식 격차(knowledge gap)를 가져온다. 지식 격차설에 따르면, 사회 체계 내에서 매스미디어가 확산되고 정보 유통량이 증가할 때, 사회적·경제적으로 높은 계층이 낮은 계층보다 정보 매체를 더 잘 이용하고 정보도 더 많이 획득한다고 한다. 그 결과 계층 간 지식 격차가 나타나는데, 이러한 격차는 시간이 흐름에 따라 감소하기보다는 오히려 증가하는 경향을 보인다.

정보 격차로 인한 지식격차의 원인에는 여러 가지가 있다. 가령 장년층이나 노년층보다는 청년층, 상대적으로 여성보다는 남성이 정보의 접근과 이용이 더 용이하다. 그러나 이러한 인구통계학적 차이보다 중요한 것이 바로 디지털 격

그림 9-5 ☞ 디지털 격차, 정보 격차, 지식 격차 사이의 관계

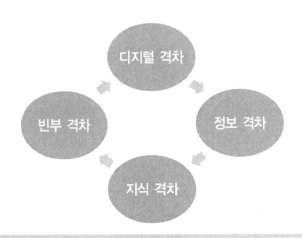

차(digital divide)이다. 정보사회에서 새롭게 등장하는 디지털 기기를 특정 이용자들은 재정 문제로 인해 구입하지 못할 수도 있으며, 설령 구입한다 하더라도 이용이 쉽지 않기에 구입하지 않을 수도 있다. 뉴미디어가 확산될수록 이른바 디지털 부자(digital rich)와 디지털 빈자(digital poor) 사이의 격차는 더욱 벌어진다. 이러한 디지털 격차는 다시 정보 격차와 지식 격차를 유발한다. 그리고 지식 격차는 정보사회에서 다시 빈부 및 삶의 질 격차를 초래할 수도 있다. 따라서 정부나 사회적 차원에서 '알뜰폰' 보급이나 '무료 인터넷 교실' 등을 통해 구성원들 간 디지털 격차와 정보 격차를 줄이려는 노력을 하는 것이다.

또한 '시간 낭비의 격차'가 발생하기도 한다. 이는 빈곤층 자녀들이 부유층 자녀들에 비해 컴퓨터, 게임기, 텔레비전 등 각종 ICT 기기 앞에서 더 많은 시간을 보낸다는 것을 의미하는 용어이다. 전술한 디지털 격차, 정보 격차, 지식 격차 등은 ICT 기기의 가격 하락과 다양한 제도적 지원(예: 알뜰폰 등) 등으로 어느 정도 해소됐으나, 그 후유증으로 시간 낭비의 격차가 발생했다.

2012년 5월 《뉴욕타임스》는 최종 학력이 고졸 이하인 부모의 자녀들이 디지털 기기와 함께 보내는 시간이 대졸 이상인 부모의 자녀들에 비해 하루 평균

90분이 많다고 보도했다. 1999년에는 양측의 격차가 16분이었으나, 10여 년 만에 다섯 배 증가한 것이다. 맞벌이 가정이나 부모가 자녀를 보살필 여유가 없는 빈곤층 자녀들에게서 시간 낭비의 격차가 발생했기 때문이다. 미국 시카고 대학교 오퍼 맬러머드(Ofer Malamud) 교수 팀은 저소득층 가구를 대상으로 한 컴퓨터 구입 지원 정책 후 자녀들의 학업 성취도를 측정했다. 그 결과 컴퓨터를 지원받은 저소득층 자녀들은 성적이 하락한 것으로 나타났다. 우리나라의 경우도 저소득층 맞벌이 가정 자녀들이 인터넷 중독에 더 쉽게 노출되는 것으로 확인됐다.

이처럼 시간 낭비의 격차는 ICT 기기를 정보화 시대에 필요한 생산적인 일에 사용하지 않고 게임이나 채팅 등에 주로 사용하다 보면, 성적 하락이나 원만한 사회생활 저해 등의 문제가 유발될 수 있음을 보여준다. 이는 단순한 하드웨어 지원만을 통한 디지털 격차 해소가 정보사회의 발전에 큰 도움이 되지 않는다는 것을 의미한다. 결국 정보사회의 구성원으로서 ICT 기기를 효율적으로 사용하고, 사회적으로 진정한 의미의 지식 격차를 해소하기 위해서는 국가와 사회 차원에서 미디어 정보 해독력(media literacy) 교육이 병행되어야 한다.

대안 미디어

언론은 사회의 공기로서 권력의 편에 서지 않고 약자를 보호하며, 정치 및 자본 권력을 감시하고 비판해야 한다. 그것이 대다수 국민들이 바라는 바이다. 그래야 국민은 언론을 신뢰하며, 정치권력이나 자본권력이 언론을 탄압하거나 부당한 영향력을 행사할 때 언론의 편에 선다. 과거 유신 정권이 《동아일보》를 탄압할 때, 국민들이 격려 광고와 유료 구독으로 《동아일보》를 지지한 일이 좋은 사례이다. 그러나 현재 언론 미디어들은 어떠한가? 대부분 특유의 정파성을 노골적으로 드러내며 객관성과 정확성, 균형성을 상실했다. 또한 자본주의 체제하의 언론이라는 특성을 차치하더라도, 경제적 이익만을 주요 가치로 여기는 언론 미디어가 다수이다. 사장부터 나서서 공개적으로 시청률 1위 탈환이 자사 방송의 목적이라 주장하는 공영방송사도 있다.

이러한 상황에서 언론을 통해 세상을 보는 다수의 국민들은 갈증을 느낄 수밖에 없다. 다양한 사안에 대한 객관적이며 공정한 보도, 사회 이면의 이야기를 원하는 국민들에게 기존 언론 미디어는 충족감을 주지 못한다. 이에 대한 반향으로 나온 것이 바로 대안 미디어, 또는 대안 언론이다. 물론 대안 미디어의 출현과 확산을 기존 언론에 대한 불신으로만 볼 수는 없다. 인터넷과 모바일 미디어의 확산도 대안 미디어의 출현을 과거보다 용이하게 해주었다. 제10장에서는 최근 들어 그 숫자가 증가했으며, 기존 언론 생태계에서 영향력을 확산시킨 대안 미디어를 분석했다. 구체적으로 대안 미디어의 특성과 탄생 배경을 비롯해 국내 사례들을 소개한다. 특히 2012년 총선과 대선을 거치며 파급력을 보였던 팟캐스트(podcast)에 대해서도 알아보겠다.

1. 대안 미디어의 정의와 특성

대안 미디어(alternative media) 또는 대안 언론(alternative press/journalism)에서 '대안적(alternative)'이라는 개념은 '(기존의 것과는) 다른', '하부 문화적', '반대', '독자적' 혹은 '토대 민주주의적'이라는 의미를 포괄한다. 물론 이러한 형용사의 분류에 일정한 원칙이나 틀이 있는 것은 아니다. 오히려 이는 기존의 상업적 이익 추구나 특정 당파성에 입각해서 운영되는 매스미디어 질서에 반대하고, 일상생활에서 정치적 주도권을 가지거나 그러한 사회운동 단체에 도움을 주고 기여하는 미디어에 대한 수식어라 할 수 있다.

즉 대안 미디어란 '기존의 정치 질서에 편승하지 않고, 영리 추구만이 주목적인 자본주의 언론 체계를 비판하며, 제도권 미디어에 대한 대안으로 창립된 언론 조직체'를 일컫는다. 따라서 대안 미디어에는 무엇보다 상업적 거대 미디어 구조, 고착화된 커뮤니케이션 양식, 기성 사회질서에 대한 대안이라는 의미가 내포된다.

그림 10-1 ☞ 대안 미디어의 패러다임

①상업적 거대 미디어 구조에 대한 대안
• 자본의 지배를 벗어나 사회적 가치를 구현할 수 있는 조직 및 운영 원리 실천

②고착화된 커뮤니케이션 양식의 대안
• 지배층의 이데올로기 전파를 거부

③기존 사회질서에 대한 대안
• 모순적 사회관계를 변화시켜 건전한 사회 발전 도모

이를 자세히 살펴보자. 먼저 '상업적 거대 미디어 구조에 대한 대안'이란 대안 미디어가 무엇보다 기성 매스미디어가 갖는 과도한 상업주의적 속성과 자본의 지배를 거부한다는 뜻이다. 그럼으로써 시민사회가 구현하려는 가치를 충실히 실천할 수 있는 조직을 구성하고 그러한 운영 원리를 구축하는 것이다. 즉 대안 미디어는 거대 자본으로부터 비교적 자유로워야 한다. 가령 대부분의 대안 미디어가 광고를 게재하지 않거나, 시민들의 자발적 기금 등으로 운영되는 것이 이에 해당한다. 이러한 자율성은 미디어 경영 측면에서 약점이 될 수 있지만, 자본으로부터 자유로울수록 언론의 독립성은 강화되고, 권력 감시 및 비판과 심층 취재도 가능해진다. 제5장 「언론과 사회체제」에서 살펴보았던 〈프로퍼블리카〉가 대표적인 사례라 할 수 있다.

예를 들어 대안 미디어는 기존 매스미디어와 달리 조합원들의 투자로 협동조합을 만들거나, 대중의 자발적 참여, 후원, 기부로 미디어 조직을 구성한다. 자본주의 체제하의 미디어는 주로 광고로 재정을 충당하기 때문에 콘텐츠의 편성이나 구성 등에서 자본의 압력을 거부하기 힘들다. 광고 게재를 볼모로 부정적 기사를 작성하지 못하게 하거나, 홍보성 기사를 부당하게 요구하는 기업이 많다. 나아가 이러한 상황이 반복되면, 언론사와 기자가 자기검열에 빠지는 악순환이 거듭된다. 반면 대안 미디어는 상대적으로 상업적 속성을 배제하기 용이하므로 국민들의 요구에 부합할 수 있다.

둘째, '고착화된 커뮤니케이션 구조 양식에 대한 대안'이란 대안 미디어가 소수 지배 세력의 이익만을 반영하는 이데올로기적 기구로 변모한 기성 미디어의 양식을 거부한다는 뜻이다. 이를 위해 피지배 세력과 사회운동 세력은 스스로 자신들의 미디어를 소유해 기존 매스미디어의 일방적인 횡포에 맞선다. 다시 말해 대안 미디어는 기존 정치권력과 자본의 이데올로기적 기구가 되어버린 주류 언론에 대해 매우 비판적이며, 쟁점이나 주제를 다루는 보도 방식뿐 아니라 뉴스에 대한 인식론 자체가 다르다.

제5장 「언론과 사회체제」에서 보았던 것처럼, 민주주의가 완벽하게 구현되지 못한 사회에서는 언론이 사회 구성원 전체의 이익을 대변하기보다는 주로

지배 세력의 이익과 관점을 전파하는 경우가 많다. 그럼으로써 정치적·사회적·경제적 피지배 세력이 지배 세력의 이데올로기를 당연한 것으로 받아들이게끔 하는 것이다. 예컨대 일부 보수 언론은 '부자 감세'와 '보편적 복지'에 대한 정부의 투자를 비판하고, 이러한 정책이 사회적 혼란을 가져올 수 있다고 주장한다. 이러한 기사나 뉴스가 확산되면, 일반 대중은 그러한 정책이 잘못된 것이라는 신념을 갖게 되어 결국 지배 세력의 주장을 지지하게 된다. 따라서 대안 미디어는 지배 이데올로기의 확산을 막고, 사회 전체의 이익을 도모해야 할 당위성을 갖는다.

셋째, '기존 사회질서에 대한 대안'이란 가장 궁극적이며 포괄적인 것으로서, 앞에 나온 두 가지 변화를 통해 대안 미디어가 고착화된 사회질서를 변경시키고자 하는 것이다. 이는 기존의 모순적 사회관계를 변화시키고 새로운 사회의 정체성을 모색하기 위한 실천적 의지를 대안 미디어가 반영해야 함을 의미한다. 이런 관점에서 대안 언론은 주류 언론과 대척점에 있으며, 사회 변화와 개혁, 진보라는 목적 아래 사회운동이나 정치운동과 관련이 있는 경우가 많다.

또한 대안 미디어는 비전문가나 일반인에 의해 운영되는 경우가 종종 있다.

그림 10-2 ☞ 대안 미디어의 주요 활동

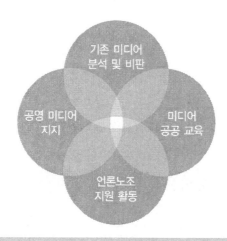

때로는 언론인으로서 충분한 자질이나 훈련을 거치지 못한 아마추어에 의해 운영되기도 한다. 하지만 그들은 시민으로서, 공동체 구성원으로서, 활동가로서 혹은 마니아로서 취재를 하며 기사를 작성하고 뉴스를 보도한다. 기성 언론이나 기자처럼 기사의 형식이 수려하지는 못할지라도 다양한 정보를 제공하고 사회의 이면을 감시한다는 측면에서는 비전문가의 언론 활동도 큰 의미를 가질 수 있다.

이러한 제도권 미디어 패러다임의 변화와 대안 미디어의 활성화를 위해 마크 라보이(Mark Raboy)는 몇 가지 활동 방향을 제안했다. 구체적으로 살펴보면, 첫째, 기존 미디어의 활동에 대한 비판적 분석, 둘째, 미디어 공공 교육, 셋째, 기성 언론 노동자들의 활동 지원, 넷째, 상업 미디어나 국영 미디어 시스템을 반대하고 공영 미디어를 지지하는 정책적 간섭 등이 있다.

대안 미디어는 주류 미디어의 내용을 모니터링해 보고서 등을 작성한다. 또한 미디어 공공 교육을 실시해 국민들에게 여러 이슈에 관한 사실 외에 진실을 볼 수 있는 시각을 길러준다. 이를 통해 대안 미디어는 다수의 국민들이 정치·자본·언론 권력을 제대로 감시할 수 있는 능력을 배양하도록 돕는다. 나아가 기성 미디어의 노조를 지원해 노조원들의 경영진 감시를 도와 투명한 미디어 경영을 이끌 수도 있다. 또한 미디어 공공성 강화를 위한 정책 지지를 통해 대안 미디어는 거시적 관점에서 사회 발전에 기여한다.

2. 대안 미디어의 등장 배경

1) 시민사회의 성장과 신사회운동의 등장

1970~1980년대 한국 경제는 국가 주도의 압축 성장으로 정의할 수 있다.

이로 인해 농촌 공동체가 해체되고, 급격한 도시화가 이루어졌다. 이러한 변화는 결국 중산층의 탄생과 성장을 가져왔다. 하지만 한국의 기존 정치 지형은 다수 중산층의 이해관계를 반영하는 데 많은 문제점이 있었다.

과거 한국 사회의 구조는 협소한 정치 이데올로기적 지형에 의해 일방적으로 형성된 일종의 단층 구조였다. 지배층에는 일제시대 이후 형성된 친일·친미 세력과 군부 독재 세력, 그 밑에서 양성된 독점 재벌, 지역 기득권층이 있었던 반면, 피지배층에는 권위주의적 통제에 억압을 받았던 노동자, 농민, 도시빈민 등이 있었다. 이러한 사회구조로 인해 그간 한국의 정치는 지배 세력과 대중 사이의 대립과 투쟁으로 점철될 수밖에 없었다. 즉 사회운동으로는 계층 간 계급투쟁이 거의 전부였기 때문에 늘어난 중산층의 이해관계를 반영하기는 어려웠다.

결국 이와 같은 시대적 여건은 다면화된 사회문제 해결을 위한 시민사회의 형성을 가속화하고, 시민사회의 민주 세력이 활성화될 수 있는 토양을 구축했다. 한국에서 시민사회 성장의 분기점은 1987년이다. 1987년 6월 민주 항쟁은 그동안 누적된 정치적 불만과 자본주의적 모순이 전국적으로 표출된 범국민적 저항운동이었다. 이후 시민사회의 민주화 요구 앞에 군부 독재 정권은 지배의 정당성과 통치력을 회복하기 위해 시민사회의 동의를 구하는 것으로 전략을 수정했다. 이른바 제한적이지만 형식적인 민주화가 이루어진 셈이다.

특히 1987년 6.29 선언으로 16년 만에 실시된 대통령 직선제를 통해 집권한 노태우 정부는 형식적으로나마 시민사회의 지원과 협조, 지지를 요청했고, 그것은 자연스럽게 시민사회의 성장을 가져왔다. 또한 사회가 점차 변화함에 따라 민주화운동이나 노동운동 외에 새로운 형태의 사회운동에 대한 요구가 분출됐다. '신사회운동(new society movement)'이라 불리는 이 운동은 기존의 전통적인 사회운동과는 달리 '탈계급' 논리에 기초하고 있으며, 보편적인 인간의 이해와 가치를 내포한다는 특징을 갖는다.

전 세계적으로 볼 때, 신사회운동은 1960년대 후반부터 기존의 사회질서와 정치권력에 변화를 추구하며 나타났다. 이후 1970년대부터 환경운동, 반전평화운동, 민권운동, 여성운동, 소비자운동 등 다양한 형태로 등장한 신사회운동은 기존의 사회운동이 제기했던 계급적 문제와는 달리 일상생활의 문제를 주요 이슈로 제기했다. 예컨대 전통적인 노동운동이 경제성장과 분배를 통한 진보를 중심 이슈로 채택했다면, 신사회운동은 이러한 물질적 진보보다는 해방적이고 비판적인 자율성과 정체성을 추구했다. 이들이 '새로운(new)' 운동으로 불리는 이유는 이처럼 기존 산업자본주의의 대표적인 사회운동 형태인 노동운동과 비교해 명확한 차이점을 보이기 때문이다. 즉 이는 신사회운동이 기존 노동운동의 형식과 주체, 조직 구성, 목표, 행동 수단과 비교할 때 새로운 형태라는 사실에서 기인한다.

또한 신사회운동은 기존 사회운동에 비해 운영 주체 측면에서도 차이가 있다. 신사회운동의 주체는 상대적으로 높은 교육 수준과 경제적 안정을 갖추었으며, 다수가 서비스 분야와 공공 분야에 종사한다. 이들의 연합 세력으로는 노동시장에서 직접 규정되지 않으며 시간적 여유가 있는 '주변적' 내지는 '탈상품화된' 집단(주부, 학생, 실직자, 미취업자 등)과 구(舊) 중간계급의 일부가 해당된다. 즉 신사회운동에서는 신(新) 중간계급이 중심 세력이 되지만 운동의 이슈와 전략에 따라 여타의 집단이 중심으로 부각되기도 한다는 것이다.

신사회운동의 가장 중요한 조직 특성으로는 전통적 의미의 '대표 부재'와 '직접 참여주의'를 들 수 있다. 이들은 통제와 조작의 메커니즘을 낳을 수 있는 모든 종류의 매개를 거부하며 직접 행동과 직접 참여를 우선시한다. 나아가 의사 결정 방식이 집단적이며, 전통적인 의미의 지도자가 없다는 점에서 반(反)엘리트적이라 할 수 있다. 또한 외부 조직과의 관계에서 볼 때, 신사회운동 조직은 상대적으로 개방되어 있다. 즉 신사회운동은 폐쇄적인 목적을 설정하지 않고 끊임없이 자신을 초월하는 개방된 정치를 지향한다. 따라서 신사회운동에서는 자발적인 집단의 의견이 중시되며, 여러 조직의 다양한 쟁점과 역동적으로 상호작용을 한다.

국내에서는 특히 1993년 김영삼 정부 집권 이후 민주화에 대한 국민들의 기대감이 고조되면서 시민사회의 영역이 더욱 확대되는 계기가 됐다. 많은 사람들은 김영삼 정부의 개혁에 시민운동의 주체들이 적극적으로 참여해 시민사회의 형성 과정에 일조를 해야 한다는 생각을 가졌다. 그리하여 많은 사회운동 단체들, 가령 경실련, 환경운동연합, 참여연대 등이 등장하며 시민운동의 필요성을 입증하기도 했다.

이상에서 살펴본 정치 구조 변화에 따른 시민사회의 성장과 신사회운동의 등장으로 다양한 목소리를 담아낼 수 있는 수단이 필요해졌다. 하지만 기존의 언론 미디어는 그때까지 기성 체제의 이데올로기를 전달하는 데 급급했으며, 새로운 사회질서를 능동적으로 받아들이지도 못했다. 이에 각종 사회운동 및 시민사회 단체들은 새로운 대안적 미디어를 만들기 위해 노력했다.

2) 기성 언론에 대한 불만

한국에서는 약 30년간의 군사정권을 거치며 고도의 경제성장을 거두었으나, 다른 한편으로는 사회 전 분야에 걸쳐 국가의 개입이 과도하게 증가했다. 언론도 마찬가지이다. 군사정권은 언론을 일종의 정권 홍보 도구로 간주해 때로는 극심한 탄압을 가하기도 했고, 때로는 언론에 대한 특혜 금융, 세제 혜택 등 각종 특혜를 제공하기도 했다. 특히 1961년과 1980년 언론 통폐합을 통해 자연스럽게 소수 언론이 독과점 체제를 구축했으며, 이때 정부는 신문 판매 가격 담합, 발행 부수 미공개 등의 행위를 묵인했다.

이러한 정부의 특혜와 독과점 구축을 통해 한국의 언론 미디어는 거대 독점 자본으로 변모했다. 또한 이는 정부에 대한 비판 감소와 독재 권력 찬양, 자본 권력의 감시 소홀로 귀결됐다. 다시 말해 기성 언론은 사회의 공기라는 언론의 기본 역할에 충실하지 못했으며, 이는 대중들과 시민사회의 다양한 욕구를 충족시키지 못하는 결과를 초래한다.

즉 더 나은 정보 서비스를 위한 질적 경쟁보다 신문은 증면과 판매 경쟁, 방송은 시청률 경쟁이라는 양적 경쟁을 당연시했다. 그러면서 언론의 생명이라 할 수 있는 진실성과 공정성은 훼손됐고, 언론은 집권 세력을 위해 편파적으로 행동했다. 특히 선거 때만 되면 노골적인 편향성으로 집권 세력과 기득권을 대변했다. 게다가 소수의 거대 미디어가 언론계를 지배하고 과도한 힘을 행사하는 경향이 뚜렷해졌으며, 사주(社主)의 영향력이 확대되어 언론의 사적 도구화가 심화됐다. 언론 자유를 위한 최소한의 보장 장치인 편집권의 독립도 요원했다. 그나마 국민의 지지를 받아왔던 일선 언론인조차 자사 이기주의에 매몰됐다. 또 방송사의 책임자는 여전히 정권에 의해 임명됐기 때문에 정권의 눈치를 보는 점도 달라지지 않았다.

다시 말해 과거 한국의 언론은 정권의 각종 특혜와 함께 강제적 통폐합으로 거대 독점자본으로 변했고, 고고한 언론/기자 정신은 훼손됐다. 심지어 권력과 결탁해 권력 창출의 주역임을 자임했고, 상업주의적 경쟁을 통한 이윤 추구에만 집착하는 반(反)언론적 행태도 보였다. 이렇듯 불공정한 과열 경쟁을 일삼으며, 권력을 비판하고 감시하기보다는 스스로의 입맛에 맞는 권력을 만들기에 혈안이 됐던 소수의 거대 언론은 결국 국민의 여론을 왜곡했고, 건전한 시민 의식의 성장을 억눌러왔으며, 사회운동 단체의 요구를 충실하게 반영하지도 못했다.

한국 언론이 계속 왜곡된 모습으로 나타나자 시민운동 진영에서는 기성 언론을 바로잡고 주체적으로 언론에 참여할 수 있는 기반을 마련하기 위해 시민 언론운동을 전개했다. 또한 제도 언론에 의지하기보다는 사회운동 주체별로 언론 미디어를 스스로 만들어 자신들의 영역을 확장해왔다.

한국 사회에서 시민언론운동이 전개되기 시작한 것은 1980년대 중반 이후로 볼 수 있다. 물론 1970년대에도 《동아일보》 격려 광고 운동이나 언론 자유 실천 운동 등 그릇된 언론 현상에 대한 집단적인 대응이 있긴 했지만, 이는 일시적이고 재야 단체의 임시 기구 등을 통한 비조직적 대응이었다. 그러나 1980년대 중반을 전후해 군사 정권의 강압적인 언론 통제와 언론을 통한 여론 조작이 노골적으로 드러나자 이에 대한 시민적 저항은 더욱 격렬해졌다. 그 과정에서 시민운동 역시 하나의 부문 운동으로 발전할 수 있는 계기를 만나게 된다.

① KBS 시청료 거부 운동

1986년 'KBS 시청료 거부 운동'은 언론의 중요성과 동시에 언론의 폐해에 대한 광범위한 사회적 인식을 제고했다. 또한 언론에 대한 시민적 불복종 저항 운동이 하나의 사회운동으로서 발전할 수 있다는 실천적 가능성을 열어놓았다

공영방송인 KBS는 전두환 정권하에서 공익성을 상실하고 정부의 지침만을 충실히 전달하는 관제 언론으로 전락했다. 공익을 우선시하기보다는 이른바 '땡전뉴스'를 만드는 등 전두환 정권의 하수인으로 전락한 KBS에 대해 국민들의 실망과 분노는 날로 커져만 갔다. 이런 가운데 1980년대 초중반 농민들로부터 시작돼 재야와 종교 단체로 확산되어오던 텔레비전 시청료 납부 거부 운동이 1986년 1월 20일 'KBS-TV 시청료 거부 기독교 범국민운동본부'(이하 운동본부)가 발족되면서 새로운 전기를 맞이했다.

그해 2월 14일 운동본부는 "KBS-TV를 보지 않습니다"라는 문구가 적힌 스티커 5만 부와 홍보 유인물 1만 부를 제작해 배포하면서 "KBS-TV가 1985년 2.12 국회의원 선거 보도의 경우에서처럼 여당인 민정당의 홍보·선전 매체로 전락해 대중의 정치의식 잠재우기로 일관하고 있다"고 규탄했다. 시청료 거부 운동에 대한 당시 국민들의 호응과 지지는 매우 높았다. 3월 25일에는 민주화추진협의회(이하 민추협)에서 김대중, 김영삼 공동의장 명의로 '회직자(會職者)에게 드리는 서신'을 발송했다. 거기서 그들은 '정권의 여론 조작에 이용당해 언론의 본질을 망각한 채 왜곡·편파 보도를 일삼는 KBS, MBC를 규탄하며, 텔레비전 시청료 납부 거부 운동이 범국민운동으로 확산되도록 하기 위해 서신과 전화를 통한 캠페인의 전개'를 당부했다. 4월 8일에는 야당인 신민당 정무회의에서 'KBS 뉴스 안 보기'와 '시청료 납부 거부 운동'을 국민운동으로 확산시키기로 결의했다.

이에 대해 전두환 정부는 시청료 거부 운동을 '반체제적 공세'라고 규정했지만, 다른 한편으로는 운동의 범국민적 지지를 의식해 KBS 운영 개선 방안을 내놓았다. 그러나 시청료 거부 운동에 대한 김수환 추기경의 공개적 지지 발언 이후 이 운동은 더욱 확산되어갔다.

1986년 5월 15일 《동아일보》 기사에 의하면, 김수환 추기경은 "언론 자유가 민주화를 위해 가장 중요한 요소로 어느 의미에서는 개헌보다도 중요하다"고 말했다고 한다. 김수환 추기경은 이날 아침 CBS 대담 프로그램인 〈오늘을 생각하며〉에서 "언론의 자유를 떼어놓고는 신앙의 자유를 비롯해 모든 다른 자유도 완전할 수 없다"고 강조했다. 김수환 추기경은 공영방송의 운영 문제에 대해 "현재 정부는 공영방송인 KBS나 MBC의 보도 태도 때문에 신뢰를 잃고 있으며, 정부가 참된 말을 전하고 싶어서 KBS를 통해 방송해도 국민들이 믿지 않아 큰 손해를 보고 있다"면서 "영국의 BBC나 일본의 NHK처럼 공영방송답게 공정한 보도를 한다면, KBS나 MBC에 대한 믿음은 정부의 믿음으로 연결돼 정부가 얻는 면이 더 클 것"이라고 말했다.

7월 11일에는 운동본부 임원단을 중심으로 가두 홍보 캠페인까지 전개했다. 이러한 활동 결과 9월 29일 '시청료 거부 및 언론자유 공동대책위원회' 결성이 결의됐다. 여기에는 운동본부와 민주통일민중운동연합(민통련), 민주언론운동협의회, 천주교 정의평화위원회, KBS 시청료폐지운동 여성단체연합 외에 신민당과 민추협까지 참여했다. 이들은 "KBS는 공영방송임을 자처하며, 국민의 시청료와 방대한 독점적 광고료 수입으로 운영하면서도 계속하여 현 정권의 하수인으로 왜곡·편향 보도를 일삼는 등 공정한 보도와 건강한 공영방송으로서의 회귀를 포기하고 있다"고 지적했다. 또한 이들은 '시청료는 공정보도를 하고 그 대가로 받는다는 국민과의 계약이며 의무로서 KBS가 이를 지키지 아니할 때 시청료납부를 거부하는 것은 원천적으로 정당한 국민적 권리'임을 확인하면서 시민불복종운동을 본격적으로 전개했다. 이 운동은 국민들의 광범한 지지를 받았고 6월 항쟁의 기반 형성에 큰 역할을 했다.

물론 시청료 거부 운동이 방송의 공영성 확립을 위한 실제적인 목표를 완전히 달성하지는 못했으나, 그래도 다음과 같은 소기의 성과를 거두었다. 첫째, 편파 보도와 왜곡 보도에 항의하는 운동 과정을 통해 국민의식의 성장에 공헌했으며, 방송 민주화에 기여했다. 둘째, 운동 방법이 평화적인 형태로 전개되어 대다수 시민들이 참여 의식과 저항 의식을 쉽게 고취할 수 있었다. 이는 기존의 언론 운동이 일회적이며 소수 집단에 의해 추진된 것에 비해 지속적으로 많은 단체들이 연대하는 모습을 보임으로써 사회문제로 인식되는 사건에 대해 새로운 운동 형태가 전개될 수 있음을 보여준 것이다.

② 언론 모니터링

1986년 시청료 거부 운동이 1987년의 민주화운동을 전후한 비교적 한시적이고 사회적 민주화를 위한 수단적 수용자 운동이었다면, 1980년대 중반부터 본격화된 시민운동으로서의 언론 감시 운동 또는 언론 모니터링은 현재까지도 지속력을 갖는 전문화된 수용자 운동의 성격을 갖는다.

모니터 운동은 미디어의 콘텐츠를 감시하거나 비평함으로써 언론의 활동을 감시하고 견제해 언론의 불공정하고 편파적인 보도를 시정하기 위한 것이다. 한국의 언론이 오랫동안 왜곡 보도, 편파 보도, 불공정 보도를 계속해왔다는 사실을 감안하면 모니터 활동은 언론에 의한 일방적이고 권력 지향적인 보도 행위를 어느 정도 견제했다는 성과가 있다.

구체적으로 1987년 대통령 선거와 1988년 국회의원 선거는 정치사회적인 문제를 다루는 언론 보도에 대한 시민적 감시 기구를 태동시키는 계기로 작용했다. 대통령 선거에서는 선거 과정의 공명성 이외에도 언론 보도의 공정성이 요구됐고, 이에 따라 민주쟁취국민운동본부 공정감시단 산하에 언론감시위원회가 설치됐다. 또한 시청료 거부 범시민운동 여성연합과 YMCA에도 모니터 그룹이 결성되어 당시의 대선 및 총선 기간 동안 선거 보도 감시 활동을 전개했다.

이러한 활동은 1992년 총선부터 특정 단체에 소속된 하부 운동 조직에 의한 것이 아닌 독자적인 시민언론운동으로 전환됐다. 이를 위해 제14대 국회의원 선거의 "무비판적 공약과 지방색 조장 보도, 정치냉소주의·허무주의 보도, 사회 불안감 조장 보도를 비판, 감시하여 국민 대중이 정확한 정보를 가지고 선거에 임하며, 언론 종사자들이 민주적이고 양심적인 보도를 할 수 있도록 격려한다"는 취지하에 1992년 2월 20일 선거보도감시 연대회의가 결성되어 언론의 공정 보도를 위한 활동을 실시했다.

이후 언론 모니터 활동은 지금까지도 여러 시민단체에서 활발하게 진행되어왔다. 예를 들어 '민주언론시민연합'이나 《미디어오늘》 등의 시민단체 및 대안 미디어에서 기성 언론에 대한 모니터링을 시행한다.

3. 대안 미디어 유형

1) 전통적 형태의 대안 미디어

전통적 형태의 대안 미디어란 새로운 시민사회의 요구를 전달하고 신사회 운동의 확산을 목표로 하지만, 기존 매스미디어(4대 매체와 서적 등)와 비슷한 형태의 미디어를 일컫는다. 국내의 경우 초기 대안 미디어가 주로 이 유형으로 분류되는데, 주로 유력 시민사회 단체가 발행하는 신문이나 서적, 보고서, 소식지 등이 이에 속한다. 이 책에서는 주요 시민사회 단체를 간단하게 소개한 후, 이들의 대안 미디어를 살펴보도록 하겠다.

① 경제정의실천시민연합

경제정의실천시민연합(이하 경실련, http://www.ccej.or.kr)은 1987년 6월 항쟁 이후 경제적 불의를 시정하기 위해 탄생한 시민운동 단체이다. 1988년 서울 올림픽의 화려함 뒤에 도시 무주택 서민이나 철거민은 생존을 위한 고통이 계속됐다. 일부 상류층의 부동산 투기에 따른 불로소득이 성실히 일하는 사람들 다수를 박탈감과 생계 위협 속에 몰아넣었던 1989년, 경제 정의의 기치를 내걸고 경실련의 시민운동이 첫발을 내딛었다. 이들이 지향하는 경제 정의는 우리 사회에 범람하는 경제적 불의(부동산 투기, 정경 유착, 불공정한 노사 관계, 농촌과 중소기업의 피폐, 부와 소득의 불공정한 분배, 재벌로의 경제력 집중)를 척결하기 위한 제도적인 개혁을 통해서 경제적 공의(economic public justice)를 추구하는 것이다.

경실련은 주요 활동으로 재벌의 경제력 집중 저지와 중소기업 보호, 건전 재정 확보를 위한 예산 편성 및 세제 개편 대응, 한미 FTA 대응, 3대 부채 중 PF(project financing) 대출 부실 대응, 물가 대응 및 한국은행 독립성 강화 대응, 금융 문제를 비롯해 각종 정치문제나 사회문제(건강보험, 의료 민영화, 국민연금 등) 대응, 부동산 정책 정상화 활동, 통일운동 등을 펼친다. 대표적인 대안 미디어로는 뉴스레터와 격월로 발행되는 《월간 경실련》이 있다.

② 민주언론시민연합

민주언론시민연합(이하 민언련, http://www.ccdm.or.kr)은 우리나라의 대표적인 재야 언론운동 단체이다. 민언련은 1975년 언론 자유를 외치다 해직된 《동아일보》와 《조선일보》의 젊은 기자들과 1984년 군사 정권에 의해 해직된 언론인들이 '참된 언론'을 만들기 위해 1984년 12월 19일 창립했다.

민언련은 1985년 월간지 《말》을 창간했다. 모든 언론이 침묵할 수밖에 없었던 암흑의 시대에 이들은 《말》을 발간해 제도 언론이 외면한 민중의 진실을 알리는 데 앞장섰다. 민언련은 1986년 군사 정권의 '보도지침'을 폭로했다. 권력의 언론 통제

그림 10-3
월간지 《말》

실상을 보고한 보도지침 폭로 사건은 제도 언론에는 자성의 계기가 됐고, 군사 정권에는 커다란 타격을 주었다. 이후 1988년에는 민언련이 《한겨레》의 창간을 주도했다. 6월 항쟁이 남긴 중요한 성과물이라 할 수 있는 《한겨레》는 세계 유일의 국민주 신문으로 《말》의 발간과 보도지침 폭로를 통해 얻은 민언련에 대한 국민들의 신뢰를 바탕으로 창간됐다. 《한겨레》는 신문사(新聞史) 측면에서 볼 때, 최초로 국문 가로쓰기를 시도한 신문이기도 하다.

민언련의 주요 사업으로는 ① 대국민 언론 교육(언론학교, 글쓰기 강좌, 대학언론 강좌, 사진 강좌 등), ② 언론 모니터, ③ 선전 홍보(《시민과 언론》, 《회원통신》 등 회지 발간, 언론 교육 자료집, 모니터 자료집, 언론 관련 문헌 발간 사업), ④ 조사 연구 (언론 제반 및 시민언론운동 관련 조사 연구, 토론회 개최 등), ⑤ 연대 사업(언론 유관 단체 및 제 시민단체와의 연대, 지역 민언련 간의 연대 강화, 미디어수용자주권연대 참여, 선거보도감시연대회의 참여, 조선일보반대시민연대 참여 등)이 있다.

③ 전국언론노동조합

전국언론노동조합(이하 언론노조, http://media.nodong.org)은 전국의 신문, 방송, 출판, 인쇄 등의 미디어 산업에 종사하는 노동자들이 가입한 단일 산업별 노조로 2000년 11월 24일 창립됐다. 언론노조는 전국언론노동조합연맹(언론노련, 1988년 11월 창립)의 민주 언론 실천과 언론노동운동의 성과를 계승하는 조직으로, 125개의 기업별 노조를 하나의 조직으로 통일한 것이다.

언론노조는 미디어 산업 종사자들의 임금 및 근로조건의 개선과 향상, 고용 안정을 위해 투쟁하며 한국 사회의 평화와 민주주의, 통일을 위한 다양한 사업도 전개한다. 아울러 언론 개혁을 위한 지속적 사업(편집권과 편성권 독립, 소유 지분 분산, 신문 공동 배달제, 언론인 자정 등)도 펼친다.

언론노조는 민주언론실천위원회를 통해 민주적 시민사회 단체와 연대해 언론을 감시함으로써 이들이 공정한 언론으로서의 역할을 다할 수 있도록 노력한다. 또한 PD연합회, 기자협회와 공동으로 '통일언론상'을 제정해 매년 10월 시상하며, 창립 기념일에는 우리 사회 민주화에 기여한 프로그램이나 기사를 선정해 '민주언론상'을 수여한다. 기관지로는 《언론노보》가 격주로 발행되며, 국내 유일의 매체 비평 전문지인 《미디어오늘》(http://www.mediatoday.co.kr)은 매주 발간된다.

그 외에 언론 관련 단체로는 '한국PD연합회'(http://www.kpda.co)와 '한국기자협회'(http://www.journalist.or.kr) 등이 있으며, 이들이 발행하는 대안 미디어로 각각 《PD저널》과 《기자협회보》가 있다.

270

2) 인터넷 대안 미디어

한국에서는 2000년부터 통신 분야 기간 시설에 대규모 투자가 이루어졌는데, 이로 인해 온라인 언론사의 설립이 용이해졌다. 이 또한 내용적인 측면과 기고자들의 다양성 측면에서 보수적인 주류 언론에 대한 민주적 도전으로 발전하는 계기가 됐다. 인터넷 대안 미디어란 인터넷 이용이 활성화된 2000년 이후 등장한 온라인 대안 미디어를 말한다. 이들은 특히 2002년 대선 전후에 탄생해 기존 전통적 매스미디어와 다른 정치적 논조를 펼치며, 인터넷 이용이 활발한 20~40대 이용자들에게 큰 영향을 미쳐왔다.

① 오마이뉴스

2000년 2월 22일 오후 2시 22분. 2로 연속된 바로 그 시각, 《오마이뉴스》(http://www.ohmynews.com)가 창간됐다. 《오마이뉴스》는 20세기 언론 문화와의 철저한 결별과 공정성을 상실한 한국 언론 구조에 대한 혁파 의지를 담은 매체였다. 《오마이뉴스》는 언론인에서 사회 활동가로 변신한 오연호에 의해 설립된 미디어로 세계에서 가장 두드러진 대안 미디어 프로젝트가 됐다. '모든 시민은 기자다!' 라는 콘셉트로 창간된 《오마이뉴스》는 과거에 단순한 기사의 수용자였던 시민들이 직접 기사를 작성하고 전달하는 새로운 패러다임을 구축했다. 《오마이뉴스》는 그러한 시민들을 '시민기자' 또는 '뉴스게릴라'라 부른다. 그리고 그 '뉴스게릴라들의 뉴스 연대'가 바로 《오마이뉴스》이다. 시민기자들은 《오마이뉴스》에 기사를 하루 평균 200개 이상 올린다고 한다.

《오마이뉴스》는 한국어 사이트 외에도 국제판, 영어판, 웹 TV(오마이TV), 오프라인 주간신문을 보유하고 있다. 《오마이뉴스》 조직은 기본적으로 전문 직업 기자들이 소속된 편집국을 중심으로 이루어져 있다. 이러한 전문기자들은 깊이 있는 조사를 필요로 하는 시의성 있는 진지한 이슈를 담당한다. 반면 시민기자들은 주변에서 일어나는 다양한 이야기를 기사로 작성한다. 시민기자들은 특별한 훈련이 필요하지 않다. 그저 개인적 경험을 통해 기사를 작성하기 때문에 특별하거나 전문적인 기술을 요하지는 않는다. 모든 기고문은 게재되기 전에 전업 기자들에 의해 편집되고 평가된다. 사이트에 올라간 기사에는 누구라도 댓글을 달 수 있다. 이처럼 《오마이뉴스》는 상업적 주류 언론에 비해 일반인들도 기자가 될 수 있는 기회가 훨씬 넓다는 점을 고려하면, 확실히 참여적 언론 행태를 띤다고 볼 수 있다.

반면 개인이 기자 회원이 되는 과정에는 통제가 따른다. 모든 기고자는 정식 등록을 해야 하며, 《오마이뉴스》의 윤리와 규제 사항을 준수한다는 데 동의해야 한다. 누구나 소재의 제한 없이 기사를 작성할 수 있지만, 그 내용에 대한 책임도 각자에게 부여된다. 따라서 《오마이뉴스》는 대안 미디어의 실행 방식과 주류 미디어의 실행 방식을 동시에 추구한다고 볼 수 있다.

② 프레시안

기존 신문사에서 일하던 유수한 중견 기자들이 모여 국내 유일의 인터넷 고급 정론지를 표방하고 창립된 《프레시안》(http://www.pressian.com)은 'PRESS(언론)'와 'Internet Alternative News Media(인터넷 대안 뉴미디어)'의 합성 신조어이다. 즉 명칭에서도 알 수 있듯이 《프레시안》은 대표적인 인터넷 대안 미디어라 할 수 있다.

《오마이뉴스》와 달리 《프레시안》은 기성 기자들이 주를 이루는 대안 미디어인데, '관점이 있는 뉴스'를 모토로 제도 언론의 시각과는 다른 관점을 제시하며, 심층 분석 기사에 주력한다. 대학 교수나 각계 전문가를 편집/전문위원, 기획위원, 고문으로 선임하기 때문에 다른 미디어보다 심층적인 기사가 많은 편이다.

《프레시안》은 창간 12년 만인 2013년 5월 협동조합으로 언론사 지배 구조를 바꾸기로 결정하고, 설립 인가 절차를 거쳐 6월 말 협동조합으로 전환을 완료했다. 생존의 문제를 궁극적으로 풀지 못한 현실을 인정하고 정치·경제 권력의 영향으로부터 자유로운 언론, 기자와 독자가 함께 주인이 되는 새로운 언론 모델에 도전한 것이다. '뉴스는 공짜로 보는 것'이라는 인식이 팽배한 상황에서 광고 수입에 절대적으로 의존할 수밖에 없는 언론은 대개 매출에 직결되는 독자들의 '클릭 수'를 늘리기 위해 '낚시성 제목'을 남발한다. 선정적이고 자극적인 기사나 광고가 홈페이지를 도배하는 것도 같은 이치이다. 이에 《프레시안》은 생존 방식에 대한 근본적 고민 끝에 시민들의 적극적 참여를 통한 협동조합으로의 전환이 그 답이라고 결정 내렸다. 언론 협동조합은 조합원이 늘어나 경영이 안정될수록 광고주 등 사회적 강자의 이익에 봉사하는 대신 사회 공동체의 미래를 위한 뉴스에 매진할 수 있다. 《프레시안》은 "조합원이 1만 명이 되는 순간 선정적인 광고를 싣지 않을 것"이라고 밝혔다.

③ 뉴스타파

이명박 정부 들어 해직된 언론인과 전국언론노동조합이 2012년 1월 시작한 탐사보도 전문 인터넷 동영상 뉴스가 〈뉴스타파〉(http://www.newstapa.com)이다. 2012년 1월 27일 「10.26 투표소 변경… 선관위의 거짓말」을 메인 뉴스로 첫 방송을 시작했다. 후원 회원은 제18대 대선 뒤 2만 5천여 명(연말 기준)으로 급증했다. 대선 전 6천 5백여 명과 비교하면 네 배 가까운 수치이다. 2013년 3월에 시즌3을 시작한 〈뉴스타파〉는 각계 유력 인사들을 참여시키고, 일주일에 한 번 하던 방송 횟수도 늘렸다. 미국의 비영리 탐사보도 전문 매체인 〈프로퍼블리카〉를 모델로 하는 〈뉴스타파〉는 카메라맨, 편집자, 조사 인력 등 전문 인력을 계속해서 충원해 규모를 확대했다. 〈뉴스타파〉는 홈페이지와 유튜브, 팟캐스트, 포털 사이트 다음을 통해 동영상 뉴스를 공급한다.

대표적인 인사로는 MBC 〈PD수첩〉의 간판 PD였으나, 이명박 정권에서 해직된 최승호 PD가 있다. 최승호 PD는 〈PD수첩〉을 통해 「황우석 신화, 어떻게 만들어졌나!」, 「검사와 스폰서」, 「4대강 수심 6M의 비밀」 등을 보도했던 대한민국 탐사저널리즘의 대표적 인물이었다. 이러한 공로로 '한국PD대상'에서 '올해의 PD상'을 두 차례나 수상했으며, 2012년 현직 PD들이 뽑은 '가장 영향력 있는 시사교양 PD'에 선정되기도 했다. 그러나 김재철 사장 퇴진을 위한 파업에 참여했다는 이유로 2012년 6월 해직당해 25년 넘게 몸담았던 MBC를 떠나게 됐다. 최승호 PD는 〈뉴스타파〉 시즌 3의 앵커로서만이 아니라 제작에도 참여해 프로그램의 질을 한층 높였다.

2012년 3월 〈뉴스타파〉는 일반 방송으로의 전환은 비용이 많이 드는 현실을 고려해 인터넷 기반을 유지하면서 질 높은 콘텐츠로 지속적인 도약을 모색한다는 방침을 세웠다. 공익재단화나 사단법인화도 검토 중이다. 〈뉴스타파〉 제작에 참여하는 박중석 언론노조 민주언론실천위원장은 "대선 이후 〈뉴스타파〉에 대한 관심이 높아져 회원이 하루에 9천 명이 몰린 날도 있다. 기성 언론에 대한 불신과 대선 결과에 대한 건강한 문제 제기일 것이다. 망가지고 구부러진 저널리즘을 펴보자는 취지에서 출발한 〈뉴스타파〉는 (야당 후보를 지지한) 48퍼센트를 위한 정파적 방송이나 정권 교체를 위한 방송을 추구하지 않고 지금처럼 정론 보도를 계속하겠다"고 말했다.

2013년 5월 22일 〈뉴스타파〉는 영국령 버진아일랜드를 비롯한 조세 피난처에 페이퍼컴퍼니(서류로만 존재하는 유령회사)를 운영해온 한국인이 245명이라고 발표했다. 유령회사 명의로 개설된 해외 은행 계좌에서 외화 밀반출이나 탈세 등의 불법 행위가 적발될 경우 사회적으로 큰 파장이 예상되는 사건이었다. 〈뉴스타파〉가 공개한 한국인 명단은 조세 피난처에 페이퍼컴퍼니 설립을 대행해주는 회사인 '포트컬리스트러스트넷(PTN)'과 '커먼웰스트러스트(CTL)'의 내부 자료에 담긴 13만여 명의 고객 명단과 12만 2천여 개의 페이퍼컴퍼니 정보를 분석해 작성된 것이다.

내용의 파급력이 전 세계에 미칠 이 자료는 제라드 라일(Gerard Ryle) '국제탐사보도언론인협회(ICIJ)' 대표가 처음 입수한 것으로 알려졌다. 호주 출신 언론인인 라일 대표는 호주 기업의 탈세 취재 중에 이 자료를 확보한 뒤 국제탐사보도언론인협회와 함께 취재를 진행해왔다. 〈뉴스타파〉는 2013년 4월부터 국제탐사보도언론인협회와 함께 '조세 피난처 프로젝트'라는 이름으로 한국 관련 공동 취재를 해왔다. 최승호 PD는 "원 자료를 가진 국제탐사보도협회 쪽이 장기간 독립적으로 탐사보도에 전념할 수 있는 비영리 언론이라는 점에서 우리를 파트너로 선정했다"며 "명단 공개는 사회 지도층 인사나 공공의 이익에 부합하는 경우 등으로 국한하고 정부 기관에는 자료를 제공하지 않는다는 것이 우리의 원칙"이라고 설명했다.

〈뉴스타파〉는 방대한 분량(260기가바이트)의 자료 분석을 위해 취재진 세 명을 미국으로 보내 국제탐사보도협회 인력과 함께 작업을 진행했다. 한 달여간 미국과 한국에서 십여 명이 데이터 분석에 매달린 결과 245명의 명단이 추려졌다. 〈뉴스타파〉는 2013년 5월 22일부터 주기적으로 조세 회피를 위해 페이퍼컴퍼니를 이용한 주요 인물들의 명단을 공개했다.

④ 국민TV

〈국민TV〉(http://kukmin.tv)는 조합원들이 책임과 권리를 함께 지니는 미디어 협동조합의 형태로 10만 명을 모아 새 방송을 만든다는 구상으로 설립됐다. 한 구좌에 최소 5만원씩 50~100억 원을 목표로 설정했다. 미디어 협동조합은 한국에선 다소 생소한 개념이다. 국제협동조합연맹에 따르면 협동조합은 '공동으로 소유되고 민주적으로 운영되는 사업체를 통해 공통의 경제적·사회적·문화적 필요와 욕구를 충족시키고자 하는 사람들이 자발적으로 결성한 조직'이다.

2012년 12월 26일과 12월 31일에는 대안 방송 설립을 위한 준비 모임을 두 차례 열어 다양한 논의를 진행했다. 김용민 PD와 김어준《딴지일보》총수, 선대인 선대인경제전략연구소 소장, 우석훈 성공회대학교 교수, 이재정 변호사 등 10여 명이 논의에 참여했다. 2013년 초 추진위원회를 결성해 정관을 만들고 월말에 조합 설립 인가를 받아 조합원을 모았으며, 50~70여 명을 뽑는 인력 공채 공고를 내고 2013년 3월 시험 방송을 시작했다.

초기의 관건은 방송을 지속하기 위한 재원과 인력을 어떻게 확보하느냐였다. 운영 경비는 신문 구독료처럼 월 1만 8천 원을 조합비로 걷는 것을 검토 중이다. 인터넷 망으로 보내는 뉴스를 셋톱박스를 설치해 텔레비전으로 시청하게 만드는 방식도 모색하고 있다. 자금력이 된다면 케이블 채널 진출도 검토하겠다는 구상이다. 김용민 PD는 "권력과 자본을 감시하는 언론으로서, 편향성이 아니라 경향성을 띨 것"이라고 말했다. 그는 "KBS와 MBC의 편파 보도가 최소 5년은 더 이어질 것이 자명하고, 종합편성채널(이하 종편) 4사와 보도 채널(YTN, 뉴스Y)까지 친여 성향의 뉴스를 내보내는 상황에서 방송 영역에 진출하는 것은 필연적이고 불가피하다"고 강조했다. 설립 초기에는 지상파와 종편 방송에 맞서기는 쉽지 않을 것이다. 그러나 왜곡된 주류 언론을 바로잡기 위한 다각적 노력은 중요한 의미가 있으리라 평가된다.

2013년 5월 현재 〈국민TV〉는 라디오 방송을 제작해 방송하는데, 유무선 인터넷 망을 통해 청취가 가능하다. 당일 웹 사이트[국민TV(http://kukmin.tv)나 팟빵닷컴(http://podbbang.com)]와 스마트폰 애플리케이션('국민TV' 또는 '팟빵' 검색)을 통해 전국은 물론, 전 세계에서 방송을 접할 수 있다. 〈국민TV〉 라디오는 2013년 4월 1일 오전 여섯 시부터 하루 열두 시간 생방송, 열두 시간 재방송을 송출하며, 방송 센터 입주 시에는 생방송 시간을 확대 편성할 예정이다.

3) 팟캐스트

팟캐스트(Pod cast)는 오디오 파일 또는 비디오 파일 형태로 뉴스나 드라마 등 다양한 콘텐츠를 인터넷 망을 통해 제공하는 서비스이다. 팟캐스트란 단어는 애플의 아이팟(iPod)과 방송(broadcasting)을 합성한 신조어이다. 이는 기존 방송 프로그램과 달리 방송 시간에 맞춰 보고 들을 필요가 없으며, MP3플레이어나 스마트폰 등을 통해 구독 등록만 해놓으면 자동으로 업데이트되는 관심 프로그램을 내려받아 아무 때나 들을 수 있어 인기를 얻고 있다. 한국에서는 〈나는 꼼수다〉로 인해 팟캐스트가 대중에게 인기를 끌게 됐고, 2013년 현재 다양한 분야의 팟캐스트가 제공되고 있다.

① 나는 꼼수다
〈딴지라디오〉(radio.ddanzi.com)에서 방송된 팟캐스트 〈나는 꼼수다〉(이하

〈나꼼수〉). 〈나꼼수〉는 2011년 서울시장 보궐 선거에서 나경원 후보의 '1억 원 피부과 출입' 폭로로 박원순 후보의 당선에 결정적인 기여를 했으며, 2012년 대선까지 젊은 세대의 정치·사회 참여에 커다란 영향력을 발휘했다.

'가카 헌정방송'을 표방한 〈나꼼수〉는 스마트폰 시대 팟캐스트라는 기술적 기반이 없었다면 불가능했다. 〈나꼼수〉는 '정치적 코미디'라는 콘텐츠를 청취자를 공략하는 강력한 무기로 장착했다. 〈나꼼수〉는 방송 시작 석 달 만에 수백만 명의 청취자를 확보하면서 주류 미디어보다 높은 영향력을 발휘했다. 수십만 명이 동시에 콘텐츠를 다운로드하는 등 세계적으로도 팟캐스트 열풍의 선봉에 섰다. 〈나꼼수〉의 성공 요인은 기술적 변화의 틈새시장을 비집고 들어가 대중의 욕구를 반영한 콘텐츠를 결합한 점이라는 데 이견이 없다.

하지만 무엇보다 〈나꼼수〉의 출현을 앞당긴 것은 사회적·정치적 배경이었다. 기성 언론들이 편향된 뉴스를 스스럼없이 보도하는 모습이 잦아지고, 대중의 열망과 괴리된 정치권력과 기득권에 대한 염증이 폭발하면서 대안 미디어로서 〈나꼼수〉가 자리 잡았던 것이다. 특히 〈나꼼수〉는 방송에서 제기한 의혹이 사실로 밝혀지는 등 기존 미디어를 뛰어넘는 기획력 및 취재력을 보여주면서 영향력이 극대화됐다. '선관위 디도스 공격'과 '새누리당 알바 댓글 의혹' 등이 대표적인 소재였다. 팟캐스트 방송 외에 수만 명이 모인 집회를 주동하기도 했고, 대학로에 벙커1(http://bunker1.ddanzi.com)이라는 카페를 만들기도 했다. 벙커1에서 공개 라디오를 진행해 수백 명이 몰린 것도 〈나꼼수〉가 만들어낸 독특한 현상이다.

역으로 기성 제도 언론에서는 〈나꼼수〉가 만들어낸 뉴스가 아무리 파급력이 크더라도 이를 경계했고, 심지어 이를 보도하지 않는 경향마저 보였다. 〈나꼼수〉는 2012년 제18대 대선을 끝으로 방송을 끝마쳤지만, 〈나꼼수〉의 출현은 또한 탈정치화로 낙인이 찍힌 20~30대의 정치적 관심을 증폭시키는 데 중요한 역할을 했다. 2012년 제18대 대선에서 20~30대 투표율이 65~72퍼센트로 나온 것도 〈나꼼수〉의 영향이라고 보는 분석이 많다.

② 이이제이

〈시사대담〉 헌정 방송을 표방한 〈이박사와 이작가의 이이제이〉(이하 〈이이제이〉)는 김구라, 황봉알, 노숙자의 팬클럽인 '구봉숙의 도시탈출'(www.dotal.org)의 회원 세 명이 정치와 사회, 문화, 역사 등을 소재로 진행하는 팟캐스트이다. 한국 현대사 및 정치 관련 도서의 저자인 '이작가(이동형)', 명문대 연구소에서 선임 연구원으로 재직 중인 '이박사', 운동권 출신으로 사업을 하는 '세작'이 그 주인공들이다.

평균 열흘에 한 번 정도 업로드되는 〈이이제이〉는 신작을 올릴 때마다 조회수만 수십만을 기록하며 팟캐스트 순위 1~2위를 다툰다. 2013년 8월 20일까지 총 48회의 방송이 업로드됐으며, 한국의 역대 유력 정치인, 기업인, 언론, 역사적 인물 등에 관한 내용이 주를 이룬다. 이들은 평균 두 시간 안팎의 방송을 올리는데, 전문기자나 연구자 못지않은 풍부한 자료와 해설을 곁들인다. 때론 딱딱하고 지나치게 전문적일 수도 있는 소재지만, 〈이이제이〉는 일반인들도 편하게 들을 수 있는 대표적 팟캐스트라 할 수 있다.

memo

정치와
미디어

현대의 정치를 미디어 정치(media politics)라 한다. 텔레폴리틱스(telepoli-tics), 텔레크라시(telecracy), 텔레데모크라시(teledemocracy), 전자민주주의(electro democracy) 등 미디어 정치 시대를 지칭하는 용어도 매우 다양하다. 이는 미디어, 특히 매스미디어가 정치 영역에까지 중대한 영향을 미치고 있음을 의미한다. 각종 선거에 출마하는 정치인은 여야를 막론하고 인지도가 높을수록 유리하다. 그리고 인지도를 높이는 가장 빠른 지름길은 언론 미디어에 노출되는 것이다. 때로는 스스로 부정적인 루머를 흘리는 정치인도 있다. 처음에는 자신에게 부정적인 이미지가 심어질지 몰라도, 선거 때는 높은 인지도로 인해 당선될 수도 있기 때문이다. "나쁜 퍼블리시티란 없다(There is no such thing as bad publicity)"란 말이 그것을 잘 표현한다. 또한 미디어는 정치 관련 주요 이슈들을 사회적 의제로 설정하기도 하고, 게이트키핑(gatekeeping)을 통해 해당 이슈에 대한 국민들의 인식에 영향을 끼치기도 한다.

정당과 정치인은 특정 의제를 갖고 국민들의 여론에 영향을 미쳐 정권을 획득하는 것이 목적이다. 이를 위해서는 현재 여론의 향방과 향후 추세를 파악해야 한다. 이 과정에서도 미디어는 중요한 역할을 한다. 정당과 정치인뿐 아니라 국민들도 대부분 언론 미디어의 보도를 통해 관련 정보를 획득하며 서로에게 영향을 끼친다. 2011년 서울시장 보궐선거에서 나타난 팟캐스트 〈나는 꼼수다〉의 영향력이나, 2010년 이후 선거에서 나타난 SNS의 영향력을 상기해보면 이를 잘 알 수 있다. 나아가 고비용 저효율 정치를 대체할 수 있는 텔레비전 토론이나 정치 광고 역시 기본적으로 미디어의 힘을 빌려야 한다. 제11장에서는 이러한 정치 커뮤니케이션 과정에서 미디어의 역할 및 영향력을 알아본다.

1. 정치 커뮤니케이션

　정치 커뮤니케이션은 정치적 문제(political issue)에 관한 의사소통이다. 즉 이는 정치의 본질인 공동체의 문제 해결 과정에 개입되는 커뮤니케이션 활동이라고 정의 내릴 수 있다. 정부, 정당, 시민단체, 정치인 같은 다양한 정치권력이나 국민들은 여러 경로를 통해 정치적 문제에 관해 상호 의사소통을 한다. 먼저 정부와 정당은 여론의 주도권을 잡거나 정권을 획득하기 위해 다수의 집단과 국민을 설득하려 한다. 기본적으로 정치권력은 그 정당성을 국민들의 참여와 동의에서 찾는다. 국민들의 참여와 동의를 기반으로 하지 않은 정치권력은 궁극적으로 정당성을 상실한다. 특히 정치에 미치는 여론의 힘이 증대된 이후로 어떤 정치체제이든 그 정통성을 배양하고 그것을 유지하기 위해서는 커뮤니케이션의 역할을 강조하지 않을 수 없다.

　다양한 사회집단과 국민들 역시 주체적으로 정치권력과 커뮤니케이션을 한

그림 11-1 ☞ 정치 커뮤니케이션 모형

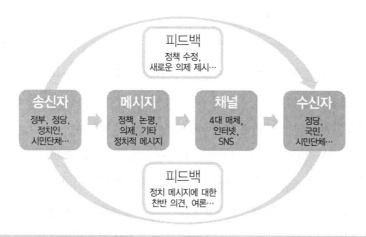

다. 정권을 획득하기 위해 정치인이나 정당은 국민들의 의견을 기반으로 한 정책을 수립해야 한다. 즉 유권자인 국민들이 정치 및 사회 문제에 관한 의견을 전달해야 정당에서도 타당한 정책 수립이 가능하다. 때로 정치권력이 제대로 작동되지 못할 때, 국민들이 시위나 서명운동을 펼치는 것도 일종의 정치 커뮤니케이션이라 할 수 있다. 이처럼 정치 커뮤니케이션 과정에서 국민이나 시민단체 등은 정치권력의 메시지에 대한 찬반 의견이나 그에 따른 여론을 정치권력에 피드백한다. 그리고 정치권력은 이러한 국민들의 피드백을 바탕으로 다시 정책을 수정하거나 새로운 의견을 제시할 수 있다.

2. 매스미디어와 정치

정치 커뮤니케이션 과정에서 매스미디어는 정치권력의 메시지를 국민들에게 전달하는 매개체 역할을 한다. 예를 들어 정부와 각 정당의 대변인은 특정 정책이나 정치적 이슈에 대해 논평을 하는데, 일반 국민들은 신문 기사나 방송 뉴스를 통해 그 내용은 접한다.

나아가 매스미디어는 단순한 메시지 전달자의 역할 이상을 수행한다. 즉 정치권력의 메시지를 있는 그대로 국민들에게 전달하는 것이 아니라 때로는 특정 이슈를 부각하거나 특정 정보를 제외하기도 한다. 또한 미디어는 특정 이슈에 대한 국민들의 의견이나 여론의 흐름을 정치권력에 다시 전달하기도 한다. 정치권력이 미디어에 관한 긍정적 정책(예: 미디어 지원제도, 새로운 광고 도입 등)을 입안할 경우, 언론은 반대급부로 해당 정치권력에 대해 긍정적인 보도를 할 수도 있고, 보도 기회를 많이 제공할 수도 있다. 즉 정치 커뮤니케이션 과정에서 미디어는 단순히 정치적 메시지의 전달자라기보다 그 과정에 능동적으로 참여해 때로는 권력 창출에 기여하기도 하고 국민들의 여론 형성을 조정하기도

그림 11-2 🕭 중간자로서의 미디어

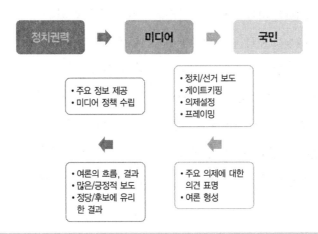

하는 권력의 대리인(agent of power)이라고 볼 수 있다.

1) 게이트키핑

게이트키핑(gatekeeping)이란 직역하면 '문을 지키는 행위'라는 뜻이고, 이를 수행하는 당사자를 게이트키퍼(gaetkeeper), 즉 '문지기'라 한다. 가장 간단한 예로 '댐의 수문'을 생각해보자. 보편적인 자연의 법칙에 의하면 물은 상류에서 하류로 흘러 바다로 향한다. 그러나 댐은 하류로 흐르는 상류의 물을 가두어놓는다. 이후 하류 지역에 가뭄에 닥치거나, 혹은 홍수가 나서 댐의 물이 넘칠 때는 수문을 개방해 물을 하류로 흘려보낸다. 이때 댐에 모여 있는 상류의 물을 세상의 모든 이슈나 정보로, 하류를 일반 국민들이라 가정해보자. 일반적으로 세상의 모든 소식은 미디어를 통해 일반 국민들에게 전달된다. 하지만 전체 미디어의 수, 미디어의 한정된 지면이나 시간을 고려할 때 세상 모든 소식을 다 전달하는 것은 무리이다. 그렇기 때문에 모든 미디어는 주요 소식을 선별해 전달한다. 즉 댐의 역할을 하는 미디어는 상류에서 흘러온 물을 모두 흘려보내는 것이 아니라 어떤 물은 수문을 열어 그 형태 그대로 흘려보내고, 또 어떤 물은 수문을 닫고 흘려보내지 않는다. 때로는 수문을 조금만 열어 변형시켜서 일부만 하류로 흘려보내기도 한다. 하류에 있는 국민들은 댐이 보낸 물만 볼 수 있을 뿐이다. 즉 미디어는 세상의 소식들 가운데 무엇을 사람들에게 전달할 것인지, 이를 어떻게 변형시킬 것인지를 결정하는 게이트키핑을 한다.

[그림 11-3]을 보면, A에서 E까지 다섯 가지 정보 중에서 언론 미디어를 거쳐 일반 국민에게 내용 그대로 전달된 것은 A 하나뿐이다. A 또한 내용이 변형되어 A1로 전달되기도 했다. 반면 C와 D는 변형되어 전달됐고, B와 E는 아예 전달되지 않았다. 이처럼 언론 미디어는 정보원(source)의 정보를 선별하고 변형시키는 게이트키퍼이다.

그렇다면 어떤 기준으로 게이트키핑을 할까. 절대적인 기준이 있을까? 단언하자면 그런 기준은 없다. 각 미디어가 자의적으로 결정하는 것이다. 물론 매우 중요하고 시급한 소식이 있을 때 이를 보도하지 않을 미디어는 없다. 하지만 그 소식의 중요성을 통제하는 것 또한 미디어가 할 수 있는 일이다. 가령 주요 공직자의 비위 사실을 신문 1면에 싣거나 메인 뉴스로 다룰 수도 있지만, 반대로 단신 처리하거나 보도하지 않을 수도 있다. 또는 여권 후보에 대한 뉴스는 다섯 가지를 내보내면서 야권 후보에 대한 소식은 두 가지만 보도할 수도 있다. 여권에 대한 부정적인 제보가 접수됐을 때, 특정 언론은 사건의 본질보다는 다른 측

그림 11-3 ☞ 게이트키핑

면을 강조하여 논점을 흐리게 하기도 한다.

제18대 대선에서 벌어진 '국정원녀 댓글 사건'을 보자. 사건의 본질은 현행 법에 금지되어 있는 국가정보원(이하 국정원)의 정치 개입 여부이다. 그러나 여권과 일부 미디어는 본질보다는 야권의 현장 출동 문제를 부각해 해당 사건에 대한 국민들의 오판을 일으켰다.

2) 의제 설정

제6장 「매스미디어 효과 이론」에서 보았듯이, 매스미디어는 특정 이슈를 자주, 그리고 강조해 보도함으로써 국민들이 해당 이슈를 중요한 의제(agenda)로 여기게 할 수 있다. 나아가 이러한 미디어 의제는 사회의 공공 의제(public agenda)가 된다.

예컨대 국회의원 선거에서 A라는 정당은 '무상 급식과 보편적 복지'를, B라는 정당은 '법치국가'를 주요 정책으로 제시했다고 가정해보자. 이때 각 미디어가 이제는 무상 급식과 무상 교육 같은 보편적 복지 문제가 중요하며, 향후 고령화 사회에서도 시급한 문제가 될 것이라고 반복해서 보도한다면, 사람들은 복지를 주요 공공 의제로 여기게 된다. 즉 미디어의 반복 보도와 보도의 경중(輕重)으로 인해 사람들은 복지가 이번 선거의 핵심 의제라 여기게 되고, 궁극적으로 A당이 선거에 유리한 위치를 차지하게 된다. 이처럼 미디어는 정치 커뮤니케이션 과정에서 특정 이슈를 의제로 만들기도 하고, 어떤 이슈는 사람들의 기억 속에서 지우기도 한다.

2013년 4월 30일 대다수 신문들의 1면 머리기사는 전날 개성공단에서 남측 인원이 전원 철수했다는 내용이었다. 2003년부터 10년 동안 남북 내부 강경파들의 반대를 물리치고 진행되어왔던 남북 화해의 상징이 북한의 군사 위협과 남한의 개성공단 철수로 막을 내린 것이다. 물론 국민의 생명과 안전 문제가 결부된 것이었기 때문에 우리 정부의 공단 철수를 일방적으로 비난할 수는 없다. 문제는 그 전날인 4월 29일 원세훈 전 국정원장이 제18대 대선에서 '국정원 댓글 사건'으로 인한 현행법 위반(국정원의 정치 개입 금지) 혐의로 소환 조사를 받은 중대한 사실이 개성공단 철수로 묻혔다는 사실이다.

그림 11-4
의제 설정 기능을 보
여주는 만평
출처: 「김용민의 그림
마당」, 《경향신문》
2013년 4월 30일.

이처럼 언론 미디어가 특정 이슈를 강조해 보도할 경우, 다른 이슈들의 중요성은 낮아지게 된다. 결국 미디어를 통해 세상을 보는 국민들은 미디어의 보도 경중에 따라 이슈를 지각하는 정도도 차이가 나게 마련이다.

3) 프레임 설정

프레임 이론 역시 제6장 「매스미디어 효과 이론」에서 살펴본 바 있다. 의제 설정 이론이 미디어의 특정 이슈 부각을 설명한다면, 프레임 이론은 한 발 더 나아가 미디어가 아예 사람들의 '생각의 틀'을 규정한다는 것을 설명하는 이론이다. 즉 의제 설정 이론은 사람들이 '무엇'에 대해 생각할 것인지에 영향을 미친다면, 프레임 이론은 그 무엇을 '어떻게' 생각할 것인지에 영향을 미친다.

2012년 제18대 대선에서는 미디어(특히 보수 미디어)가 후보들의 정책 내용을 자세히 비교하기보다는 '세대 갈등', '이념 대립', '박정희 대 노무현' 등의 프레임을 만들었고, 실제 투표에서도 이러한 프레임이 작동했다. 보수적인 미디어는 상대적으로 젊고 진보적인 야권 지지자들에게 국론 분열을 일으켰던 노무현의 후계자를 선택할 것인지, 아니면 현재와 같은 안보 및 경제 위기 상황에서 강력한 지도력을 발휘했던 박정희 밑에서 국정 경험을 배웠던 박근혜를 선택할 것인지를 물었다. 해당 미디어의 기사를 접했던 야권 성향의 유권자 혹은 지지 후보를 결정하지 못했던 유권자는 박근혜 후보를 긍정적으로 평가했을 수 있다.

프레임 이론의 문제는 국민들이 미디어의 프레임 밖에서 사고하고 판단하지 못하게 한다는 데 있다. 특정 후보가 어떤 이슈를 얼마나 잘 인지하고 그에 관한 문제점을 얼마나 잘 파악했는지는 중요하지 않다. 단지 미디어의 프레임 속에서 해당 후보가 우리 편인지 아닌지 같은 진영 논리만 남게 될 뿐이다. 평소 지지하지 않던 후보라도 나에게 또는 국민 다수에게 좋은 정책을 내놓을 수 있다. 하지만 프레임 이론은 이러한 판단을 불가능하게 한다. 따라서 과거부터 현재까지 권력을 획득하려는 정치인이나 정당은 자사에 유리한 프레임을 구축하게끔 때로는 미디어를 회유하기도 한다.

4) 선거 보도의 공정성

오늘날 민주정치는 대부분 정치권력과 국민들 사이의 상호 소통을 바탕으로 이루어지지만, 어느 때보다도 쌍방향 정치 커뮤니케이션이 활발하게 작용하는 시기는 선거 기간이다. 선거는 국민이 정치권력의 정당성을 일정 기간 보장해주는 대의제 민주주의의 기본적·핵심적 장치이다. 따라서 언론 미디어의 공정한 선거 보도는 선거 후 일정 기간 동안 국민의 생활 전반에 걸쳐 커다란 영향을 끼친다. 즉 국민들이 올바른 선택의 기회를 보장받기 위해서는 무엇보다 선거에서 언론 보도의 공정성이 보장되어야 한다.

공정한 보도란 어느 한쪽의 주장이나 견해에 치우치지 않고 정확하고 균형 있게 행해지는 객관적 보도나 논평을 의미한다. 또한 모든 대상을 동일한 기준에서 판단하고 보편타당한 규칙, 즉 사리에 맞게 보도하는 것이라고 할 수 있다. 과거 한국에서는 대부분의 선거 커뮤니케이션 채널들, 즉 텔레비전이나 신문 등을 포함한 모든 매스미디어가 정치권력에 의해 조정되어 일반 국민들이 공정한 보도를 접할 수 없었던 적도 있었다.

선거 보도에서 공정성(fairness or impartiality)으로는 여러 요소가 있을 수 있지만, 대표적으로는 '균형성(equality)'과 '객관성(objectivity)'을 꼽는다. 먼저 균형성은 다시 두 가지로 구분된다. 첫 번째는 양적 균형성이다. 양적 측면의 균형성이란 선거에서 경쟁 중인 후보들이나 정당에 관해 보도할 때, 동등한 지면과 시간을 할애함으로써 특정 후보에 치우친 보도 행태를 방지하는 것이다. 이러한 양적 균형성은 특히 방송에서 '동등한 시간의 원칙(equal time)'으로 널리 적용되어왔다. 이러한 균형성은 신문에서도 예외일 수 없다. 그러나 지금까지도 신문은 지명도 혹은 현직자 위주의 보도로 균형성을 위배하는 경우가 많다. 결국 이러한 보도 경향은 후보자 개개인에게 '부익부 빈익빈 현상'을 낳아 지명도가 낮은 사람이나 신진 인사의 정계 진출을 어렵게 한다.

양적 측면 다음으로 선거 보도의 균형성에 있어서 고려해야 할 두 번째 사항은 메시지의 내용과 관련된 질적 측면이다. 예를 들어 특정 후보의 유세장 발언이나 캠페인 활동에 관한 보도에서 기자들이 밖으로 드러난 사실에 기초해 대상 후보들에게 똑같은 분량의 지면이나 시간을 할애했다 하더라도, 한쪽 후보에게는 긍정적인 내용을 중심으로 다룬 반면 다른 쪽 후보에게는 부정적인 내용만을 부각했다면 그것은 균형성을 지킨 것으로 보기 어렵다.

이상회(1981)는 질적인 균형과 관련해 다음 네 가지 유형으로 왜곡 보도를 구분해 설명했다. 첫 번째는 대상이 되는 사건의 전모를 덮어두고 이를 부분적으로 선택해 보도하는 경우이다. 이른바 전체 맥락(context)을 모두 소개하지 않고 일부 단어나 문장만 인용해 수용자들이 오인하게 하는 것도 이에 해당한다. 두 번째는 필름이나 테이프를 편집 과정에서 교묘히 취사선택해 사건을 잘못 표현(mis-presentation)하는 경우이다. 세 번째는 사건을 조작해 보도하는 경우이고, 네 번째는 사건을 조작해 연출(staging)하는 경우이다.

현재 언론중재위원회에서는 이러한 점과 관련해 심의 기준을 마련해놓고 있다. '선거 기사 심의 기준' 제2장 일반 심의 기준, 제5조(형평성) 제1항은 "선거 기사의 편집 및 기사 배열에 있어서 합리적 근거 없이 특정 정당 또는 후보자에 대한 내용을 확대, 과장, 누락, 축소 또는 사실과 다르게 변형한 기사"를 형평성 위반 기사로 정하고 있다.

2013년 2월 8일 MBC 〈뉴스데스크〉는 서남대학교 교비 횡령에 개입한 이사장 석방 소식을 전하면서 문재인 제18대 대선 후보의 사진을 음영 처리해 방송했다. 앞서 설명한 두 번째 사례에 해당하는 것이다. 물론 대통령 선거가 끝난 이후의 보도이므로, 선거 보도와는 직접 연관이 없는 사고였다. MBC 측에서는 실무자의 실수라고 주장했으나, 단순한 실수로 보기에는 야권과 다수 국민들의 오해를 불러일으킬 소지가 충분했다.

이러한 왜곡 보도는 특히 선거에 관한 기사에서 의도적이든 비의도적이든 특정 후보나 당의 승패에 결정적 역할을 할 수도 있기 때문에 질적 균형성은 매우 중요하다. 그러나 이러한 중요성에도 보도의 왜곡이나 불균형은 명확하게 입증하기가 힘들 뿐 아니라 제도적 규제를 논의하는 것 또한 더더욱 쉬운 일이 아니다. 즉 특정 사건에 대한 보도에서 객관적으로 드러나는 문장이나 수치의 경우에는 사실 여부를 확인할 수 있으나, 주관적 오보인 경우에는 각각의 시각에 따라 달리 인식될 수도 있기 때문에 이를 판단하기가 극히 힘들다. 이러한 난점 때문에 제도적 규제가 힘든 것이다. 게다가 불분명한 사안에 대해 제도적 규제가 자칫 남용되면 언론의 자유를 침해할 수도 있다. 결론적으로 왜곡 보도의 문제는 사회적 책임에 입각한 기자의 양심에 호소할 수밖에 없다.

공정성과 관련된 또 하나의 문제는 객관성이다. 언론의 객관적 보도는 현대 저널리즘에서 필수 원칙으로 설정되어 있으며, 특히 정당, 국회, 각종 선거 등을 다루는 정치 관련 기사에서 보다 중요한 기준으로 인정되어왔다. 정치 관련 기사는 궁극적으로 전 국민의 이해관계에 큰 영향을 주고, 특히 선거 기간에는 당락에 결정적인 역할을 할 수도 있기 때문이다.

언론중재위원회에서는 '객관성 및 사실 보도 의무'를 위반한 기사를 다음과 같이 정의 내린다. ① 선거의 쟁점이 된 사안에 대해 다양한 관점과 견해를 객관적으로 다루지 않은 기사, ② 유권자의 판단에 영향을 미칠 수 있는 선거와 관련된 사실을 정확하게 보도하지 않고 과장, 부각 또는 축소, 은폐하거나 이와 관련해 사실과 의견을 명백히 구별하지 않은 기사, ③ 선거와 관련해 특정 정당이나 후보자에 대한 허위의 사실이나 비방 발언을 취재를 통해 사실 여부를 확인하지 아니하고 그대로 전달하거나 허위 사실을 사실인 것처럼 보도하는 기사, ④ 공직의 수행 능력이나 자질과는 무관한 사실 또는 허위 사실을 적시해 후보자, 그의 배우자 또는 직계존비속이나 형제자매를 비방하는 기사, ⑤ 정당한 근거 없이 선거 결과를 예측하는 기사, ⑥ 정당이나 후보자의 정책이나 공약에 관한 비교 평가 결과를 보도하면서 정당이나 후보자별로 점수 부여, 또는 순위, 등급을 정하는 등의 방법으로 서열화하거나 비교 평가를 하면서 평가 주체, 평가단 구성, 운영, 평가 지표, 기준, 방법 등 평가의 신뢰성, 객관성을 입증할 수 있는 내용을 함께 보도하지 않은 기사, ⑦ 기사의 제목이 기사의 내용과 다르게 축소, 과장 또는 왜곡된 기사이다.

그러나 객관적 보도가 필요하다 할지라도 단순히 '사실의 나열'에 기초한 보도는 지양되어야 한다. 특히 정치 현상이 원래 복잡하고 난해한 것이므로 단순한 사실의 나열은 부지불식간에 특정 정당이나 후보자에게만 유리하게 작용할 수 있고, 유권자들의 사고를 혼란스럽게 할 수도 있다. 균형성, 정확성, 객관성의 문제는 사실 엄밀히 구분되지 않고, 상호 연관을 맺으면서 궁극적으로 진실과 공정의 문제로 귀결된다.

5) 정치권력의 미디어 이용

미디어의 정치적 영향력은 특히 특정 인물이나 집단이 권력을 획득하고 유지하고 확대하는 과정을 살펴보면 좀 더 쉽게 알 수 있다. 정치적 수단으로서의 언론의 성격은 인류 최초의 신문 유사물로 기록된 로마 시대의 《악타 세나투스(Acta Senatus)》와 《악타 디우르나(Acta Diurna)》에서도 잘 나타난다. 줄리어스 시저(Julius Caesar)가 로마의 지배를 위해 좀 더 강력하고 유용한 커뮤니케이션 수단으로서 개발한 이러한 유사 신문은 좋은 정치 선전의 수단이었다.

《악타 디우르나》는 시저가 자신의 행정 방침과 포고령을 알리기 위해 발간했고, 《악타 세나투스》는 선언문, 포고문, 원로원의 정치적 결정 사항 등을 알리기 위해 발간했다. 특히 《악타 디우르나》는 공직 인사 등 집권자들이 자의로 선택한 뉴스만을 실은 관보(官報)의 일종으로 지금의 정치 선전물과 유사한 역할을 했다.

20세기 미국의 프랭클린 루스벨트(Franklin D. Roosevelt)와 독일의 아돌프 히틀러(Adolf Hitler)는 당시 가장 지배적인 미디어였던 라디오를 통해 정권을 획득하고 유지했다. 루스벨트는 1930년대 미국이 대공황으로 어려움을 겪자 라디오에 출연해 국민과의 노변담화(爐邊談話, fireside chat)를 통해 국민적 에너지를 한곳으로 모았고, 결국 국가 위기를 극복했으며, 공고한 권력을 갖출 수 있었다. 히틀러 역시 선전 장관이었던 파울 괴벨스(Paul Joseph Goebbels)를 통해 국민 모두에게 라디오를 공급하고 여론을 조작해 권력을 획득했으며, 이를 확대 재생산할 수 있었다.

오늘날 정치 선진국과 후진국 모두 텔레비전을 중요한 정치 커뮤니케이션 수단으로 이용해 권력을 획득한다. 선진국은 아주 교묘한 여론 조작을 하는 반면, 후진국은 언론을 노골적으로 통제하고 도구화한다. 특히 후진국에서 권력을 탈취하는 집단은 국가기관이나 산업 시설에 앞서 방송사를 먼저 점령해 언로(言路)를 장악한다. 이러한 사실은 1961년 5.16 쿠데타나 1980년 5.17 쿠데타에서도 나타났다. 쿠데타 집단이 언론을 장악하는 이유는 쿠데타에 대한 국민들의 저항이나 반대를 사전에 억제하고 새로운 권력 집단으로서 자신들의 지위를 강화하고 권력 장악을 기정사실화하기 위해서이다. 이른바 정치 선전 수단으로 언론 미디어를 활용하는 것이다.

이러한 강제 장악 외에 최근에는 좀 더 교묘하면서도 노골적인 방식을 동원하기도 한다. 주요 방송사 사장을 최고 권력자인 자신의 최측근으로 기용하거나, 자당에 우호적인 사업자에게 방송 허가를 내줌으로써 자신에게 유리한 언론 환경을 구축하는 것이 그것이다. 2012년 제18대 대선의 경우 야당이었던 민

도표 11-1 ☞ 종편의 보도 시사 프로그램 편성 비율(2012년 12월 3일~12월 9일)

종편 보도시사 프로그램 편성 비율			
	TV조선	채널A	JTBC	MBN
시간 합계	92시간 40분	111시간 10분	44시간 55분	106시간 50분
편성 비율	55.20%	66.20%	26.70%	63.60%

주요 시간대 보도시사프로그램 편성 비율			
	TV조선	채널A	JTBC	MBN
10시~19시	59시간 30분	59시간 40분	26시간 55분	56시간
편성 비율	94.40%	94.70%	42.70%	88.90%

출처: 언론개혁시민연대

주통합당의 대선 실패 원인으로 국회의원들조차 '종합편성채널(이하 종편)'에 출연을 하지 않아 자당에 우호적이지 못한 언론 환경이 조성된 것을 들었다.

종편은 2009년 7월 22일 국회에서 통과된 미디어 관련 법에 따라 탄생됐다. 종편은 케이블이나 위성을 통해 송출되지만, 뉴스 보도를 포함해 드라마, 오락, 교양, 스포츠 등 모든 장르를 편성해 방송할 수 있다. 즉 종편 방송은 지상파방송에 맞먹는 영향력을 발휘할 수 있는데, 이명박 정부에서는 친정부 성향의 신문 재벌(《조선일보》, 《중앙일보》, 《동아일보》, 《매일경제》)에게 종편 사업을 허가해주었다. 이에 반발해 야권에서는 종편 프로그램 출연을 일절 거부했는데, 제18대 대선 과정에서 종편들은 보도 프로그램의 편성 비중을 매우 높이고 거의 일방적으로 여권 편향적 방송을 진행했다. 이처럼 특정 정파 편향적인 방송 환경 조성은 결국 일방적인 여론 조작을 초래할 수 있다.

3. 정치와 여론

1) 여론의 정의와 중요성

여론(輿論, public opinion)은 정치 커뮤니케이션 과정에서 가장 흔하게 사용되는 용어이다. 통상적으로 여론이란 한 사안을 중심으로 일단의 사람들(공중)이 함께 공유하는 의견을 지칭한다. 중요한 점은 하나의 사안에 대해 다양한 여론이 존재할 수 있다는 것이다. 간단히 말해 특정 사안에 대해 공중의 여론이 100퍼센트 일치하는 경우는 거의 없으며, 한번 정해진 여론도 향후 다양한 추이를 보일 수 있다.

또한 그 정의에서도 알 수 있듯이 공중(public)을 누구로 규정하느냐에 따라 동일한 사안에도 상이한 여론이 존재한다. 일례로 이명박 정권의 '4대강 사업'

도표 11-2 　☞ 박근혜 당선인과 제18대 대통령직인수위원회 활동에 대한 여론(단위: %)

국무총리 인사에 대한 평가

대통령직인수위원회 활동에 대한 의견

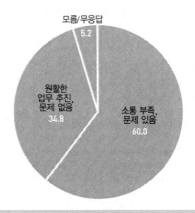

을 보자. 정부와 여당에서는 4대강 사업에 대해 여론이 "지지한다"고 공언했다. 반면 야당은 "여론이 등을 돌렸다"고 말하고, 일부 언론에서는 "여론은 4대강 사업에 대해 찬반 의견이 팽팽하다"고 보도했다. 이렇게 의견 차이가 큰 데도 각 당사자는 모두 여론이라는 용어를 전가의 보도처럼 사용했다. 그 이유는 그들이 말하는 여론의 주체가 서로 다르기 때문이다. 가령 정부와 여당에서는 4대강 사업을 찬성하는 토목학자들의 의견을 여론으로 본 반면, 야당에서는 환경 전문가들의 의견, 언론에서는 구독자들이나 시청자들의 의견을 여론으로 봤을 수 있다.

따라서 여론이라는 용어를 조금 더 정확히 사용하기 위해서는 누가 그 의견의 주체인지를 밝혀야 하며, 여론조사를 어떤 방식으로 실시했는지를 구체적으로 명시해야 한다. 예를 들어 귀족정치나 왕권에 의존했던 17~18세기 유럽에서는 사회적 의사 결정 과정에 참여하는 일부 엘리트 계층의 의견을 여론이라 지칭했다. 그러나 19세기에 들어와서는 부르주아 시민의 의견, 20세기에 들어서는 일반 대중의 의견을 지칭하는 말로 여론이 인식된다. 즉 현대적 의미의 여론은 대부분 특정 사안에 대한 일반 대중의 의견을 말한다. '4대강 사업에 대한 여론조사'라면 해당 사업에 대한 일반 국민들의 인식을 말하는 것이다. 만약 그것이 아닐 경우, 정확한 공중을 명시해야만 한다. 예컨대 '4대강 사업'에 대한 '학자 및 시민단체의 의견'이라는 식으로 표현해야 한다.

특히 정치 커뮤니케이션 과정에서 여론이 중요한 이유는 여론이 바로 공중의 인식이기 때문이다. 어떠한 정부, 어떠한 정당의 정책이라도 국민을 비롯한 모든 이해 집단의 지지를 받기는 매우 힘들다. 따라서 이들을 설득해서 비판적 의견을 최소한으로 줄여야 한다. 이때 설득의 가장 큰 근거가 바로 여론이다. 민주 사회에서 공공 정책의 입안자나 결정자는 가능하면 다수의 의견을 존중하고 반영해야만 한다. 정부나 정당, 정치인들에게는 특정 사안에 대한 공중의 합의의 정도(degree of consensus)를 높이고, 그에 맞는 정책을 입안하는 역할이 요구된다. 나아가 정치 과정에서 이러한 여론의 반영은 결국 선거에서 승리를 담보하는 중요한 요인이다.

또 하나 중요하게 고려해야 할 요소 가운데 하나는 국민 전체의 여론, 또는
다수의 의견만을 따라가서는 안 된다는 점이다. 특히 시사 문제에 대한 사람들
의 정보 접촉과 지식 수준에 대한 연구 결과를 보면, 질적 수준이 높은 의견을
갖춘 사람은 소수에 불과하다고 한다. 즉 공공 문제에 대한 지식수준이 높은 의
견 선도자(opinion leader)에서 그렇지 않은 비엘리트층으로 내려갈수록 해당
사안에 대한 이해도는 급격히 낮아진다. 또한 교육 수준이 높은 엘리트 집단에
속한 사람일수록 그렇지 못한 사람에 비해 의견이 쉽게 변하지 않는 경향을 보
이고, 의견에 대한 이념적 일관성을 갖는다고 한다. 따라서 사안에 관계없이 현
재 전체 국민들의 여론보다는 사안별로 의견 선도자들을 선별하고, 이들의 여
론을 파악하는 것이 선행되어야 한다. 그리고 그러한 의견 선도자들의 의견이
일반 대중에게 충분히 확산될 수 있도록 일조해야 하며, 각 사안에 대한 여론의
변화 추이를 면밀히 검토해 정책에 반영해야 할 것이다.

2) 여론조사

언론의 선거 여론조사는 1824년 미국《해리스버그 펜실베이니아(Harrisburg
Pennsylvania)》신문이 당시 대통령 선거 캠페인에서 앤드루 잭슨(Andrew
Jackson)이 앞선다는 결과를 발표한 것이 최초라고 기록되어 있다. 20세기 들
어 1930년대까지는 여러 신문들에 의해 간이 여론조사(straw poll)가 실시되다
가 1936년 대통령 선거에서 갤럽(Gallup), 로퍼 폴(Roper Poll) 등이 루스벨트
의 압도적인 승리를 정확히 예측하면서 여론조사는 대통령 선거가 실시되는 해
에 하나의 중요한 보도 기사로 자리 잡게 됐다.

여론조사를 제대로 이해하기 위해서는 우선 조사 방법과 관련된 몇 가지 중
요한 개념들을 이해해야 한다.

① 모집단과 표본
조사자가 정보나 지식을 얻고자 하는 대상 전체를 모집단(population)이라 하

그림 11-5 ☞ 모집단 대 표본

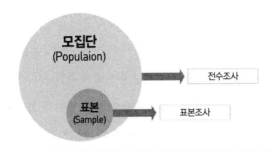

고, 대상의 일부를 표본(sample)이라 한다. 가령 우리나라 인구 가운데 만 19세 이상 유권자가 4천만 명이라면 이들 전체가 모집단이고, 그중 일부(예: 1천 명)를 선택하는 것을 표집(sampling)이라 하며, 그 1천 명이 바로 표본이다. 또한 모집단의 구성원 전체를 대상으로 하는 조사를 전수조사(全數調査)라 하며, 표본을 대상으로 하는 조사를 표본조사라 한다. 예컨대 2012년 12월 19일 제18대 대통령 선거 투표는 전수조사이며, 그 이전에 전국 1천 명을 대상으로 후보 지지도를 조사하는 것은 표본조사이다.

전수조사의 가장 큰 장점은 오차(error)가 없다는 점이다. 조사 결과 수집된 데이터를 단순히 요약하면 그것으로 조사가 종료된다. 하지만 전수조사는 대부분 많은 사례 수를 대상으로 조사를 진행하기 때문에 많은 시간과 비용이 소모된다. 따라서 상당수의 조사는 모집단이 아닌 표본을 대상으로 진행된다.

표본은 모집단의 부분집합이다. 전술했듯이 전수조사는 경제적 측면에서 비효율적이다. 생각을 바꿔 "일부 데이터를 보는 것만으로도 전체 데이터를 파악할 수 있지 않을까?"라는 의문을 제기할 수 있다. 이런 발상의 전환이 바로 표본조사이다. 표본조사는 전수조사에 비해 시간이나 비용을 적게 들기 때문에 효율적이지만, 모집단의 일부만을 조사했기 때문에 오차가 발생한다는 단점이 있다.

② 표집 오차

표집 오차 또는 표본 오차(sampling error)란 전수조사가 아닌 표본조사를 실시했기 때문에 필연적으로 발생하는 오차를 말한다. 표본을 아무리 잘 선정하더라도 표본조사의 결과와 전수조사의 결과가 완벽하게 일치할 수는 없다. 그 불일치의 정도가 바로 오차이고, 표본조사는 반드시 오차가 발생할 수밖에 없다. 다시 말해 표본의 크기가 모집단의 크기와 동일하지 않다면, 표본은 모집단의 특성을 완벽하게 재현하지 못하므로 오차가 발생할 수밖에 없는데, 이를 표집오차라 한다. 그렇다고 오차를 완전히 없애기 위해 전수조사를 하는 것은 앞서 보았듯이 경제적이지 못하다. 현실적인 방법은 그 오차의 정도를 줄이는 것이다.

먼저 표본의 크기를 증가시키면 우연에 의한 오차를 줄일 수 있다. 예를 들어 95퍼센트 신뢰 수준에서 표본 수가 500명(±4.38퍼센트), 1000명(±3.1퍼센트), 1500명(±2.53퍼센트), 2000명(±2.19퍼센트)으로 증가할수록 표본 오차는 감소한다. 단 표본 수가 증가하면 오차는 감소하지만, 조사 비용은 증가한다. 다음으로 표본 선정(표집)을 엄격하게 하면 오차를 줄일 수 있다.

③ 표본 선정 방법

표본 선정 방법은 크게 두 가지, 즉 확률적 표집(probability sampling)과 비확률적 표집(nonprobability sampling)으로 나눌 수 있다.

모집단의 모든 요소는 표본으로 추출될 개연성을 가지며, 각각의 요소가 표본으로 추출될 확률이 동등한 상태에서 표본을 선정하는 것이 확률적 표집이다. 예를 들어 로또를 보자. 로또는 1부터 45까지 번호가 붙은 공을 한곳에 넣고, 그중에서 6개의 공을 차례로 선정해 당첨 번호를 결정한다. 이때 45개의 공이 각각 모집단의 요소라 하고, 그중 6개의 공을 뽑는 것을 표집이라 할 때, 첫 번째로 뽑히는 공은 어떤 공인지 아무도 모른다. 그러나 45개의 공 전부가 각각 45분의 1의 선정 확률을 동등하게 갖는다. 다음으로 두 번째 뽑힐 공 역시 어떤 공인지 모르지만, 나머지 44개의 공은 44분의 1의 선정 확률을 동등하게 갖는다. 이것이 바로 확률적 표집이다. 이처럼 모집단 전체 요소에 번호를 부여하고 그 가운데 무작위로 추출하는 것을 '단순 무작위 표집(simple random sampling)'이라 한다. 단순 무작위로 표본을 추출할 경우 표본조사의 결과는 전수조사의 결과와 매우 비슷하다.

그러나 단순 무작위 표집 역시 문제가 있다. 가령 '현역 군 복무자 가산점 제도'에 관한 여론조사의 경우, 전국에서 표본 100명을 무작위로 뽑아도 우연에 의해 여성이 80명 선택될 수 있다. 이때 남성과 여성은 해당 제도에 대해 대체로 상반되는 견해를 가지므로 표본에 여성이 많으면 전수조사와 큰 차이가 발생한다. 이처럼 모집단의 하위 집단이 계층별로 뚜렷한 시각차가 있는 사안의 경우, 오히려 단순 무작위 표집은 모집단의 특성을 제대로 반영하지 못하게 된다. 이때 사용하는 것이 바로 층화 표집이다.

층화 표집(stratified sampling)은 모집단의 하위 집단이 가진 특성을 반영해 모집단을 다시 분류한 후, 각 분류 집단에서 표본을 비율에 맞게 무작위로 뽑아내는 표집이다. 즉 단순 무작위 표집보다 한 단계를 더 거치는 방법이다. '현역 군 복무자 가산점 제도'에 관한 여론조사에서 남녀에 따라 상반된 결과가 예상된다면, 전체 표본의 비율을 모집단 성비에 맞추는 것이다. 가령 한국인의 남녀 성비가 6 대 4라면 층화 표집은 우선 사전에 정한 표본 수 100명을 다시 남자 60명, 여자 40명으로 나눈다. 그리고 전체 남자들 중에서 60명, 전체 여자들 중에서 40명을 무작위로 추출한다. 주로 지역에 따라 정치색이 뚜렷하게 나타나는 경우나 성별에 따라 결과가 상반되게 나타나는 경우에 층화 표집을 많이 사용한다.

확률적 표집, 그중에서도 단순 무작위 표집을 사용하면 표집 오차를 최대한 줄일 수 있으나, 이 역시 쉬운 방법이 아니다. 우선 모집단의 전체 요소를 모두 포함한 목록이 있어야 한다. 이를 표집 틀(sampling frame)이라 하는데, 예를 들어 전 국민이 모두 포함된 표집 틀을 가진 사람은 거의 없다. 설령 그렇다 하더라도 모든 요소에 번호를 부여하고 무작위로 뽑는 것은 사실상 어렵다. 따라서 대부분의 조사에서는 비확률적 표집을 사용한다.

비확률적 표집은 확률적 표집과 달리 모집단의 모든 요소가 표본으로 선정될 확률이 동등하지 않은 상태에서 표집을 하는 것이다. 일례로 '전국 대학생들의 직업관 조사'를 한다고 가정해보자. 이때 모집단은 전국 대학생들이다. 만약 조사자가 원광대학교에 재학 중인 학생 500명을 대상으로 조사를 했다면, 이것이 바로 비확률적 표집에 의한 표본조사이다. 전국 대학생이 100만 명이라 가정하면, 100만 명은 각각 표본 500명에 뽑힐 확률이 동등하지 않다. 원광대학교 이외의 대학 학생들은 조사자가 아예 표본으로 고려하지 않았기 때문이다. 따라서 원광대학교 학생들과 다른 대학 학생들은 모두 모집단의 사례이지만, 표본으로 선정될 확률이 동등하지 않으므로 이는 비확률적 표집이 되는 것이다.

비확률적 표집은 편의(bias)에 의한 오차를 증가시키므로 조사 결과는 확률적 표집보다 모집단의 특성과 더 차이가 날 수밖에 없다. 다시 말해 조사 결과를 일반화하기에는 한계가 있다. 그러므로 현실적인 문제를 고려해 비확률적 표집을 사용했다면, 조사나 연구 결과의 말미에 그러한 사실을 서술하고 조사 결과를 해석하는 데 주의하라는 제언을 해야 한다.

④ 표본 크기의 결정

조사자가 정보를 얻고 싶은 모집단과 적절한 표집 방법을 선정했다면, 다음으로는 구체적인 표본의 크기를 결정해야 한다. 표본의 크기를 결정하는 데 영향을 미치는 몇 가지 요인이 있다. 먼저 표본의 크기는 조사 비용과 조사 기간에 따라 영향을 받는다. 표본의 크기가 커질수록 조사 비용이 많이 들고 조사 시간도 오래 걸린다.

다음으로는 '모집단의 이질성(heterogeneity)'이 표본의 크기를 결정하는 데 영향을 미친다. 이질성이란 어떤 특징과 관련해 모집단 내의 각 사례가 유사하지 않은 정도를 말한다. 대체로 모집단 내 요소들이 어떤 사안과 관련해 이질성이 높을수록 더 많은 표본 수가 요구된다. 반대로 모집단 내 요소들이 사안에 관계없이 거의 동질적이라면 적은 수의 표본을 대상으로 한 조사 결과로도 충분히 모집단의 특성을 예측할 수 있다. 예를 들어 한국의 대학생들이 모집단일 때, '대학 축제에 대한 인식 조사'보다는 '현 정부에 대한 인식 조사'의 결과가 더 이질성이 크기 때문에 더 많은 표본이 필요하다.

마지막으로 연구자가 표본조사의 결과가 얼마나 정확하길 원하느냐에 따라 표본 수가 달라진다. 전술한 바와 같이 아무리 엄밀하게 표본을 선정하더라도, 그 자체로 오차는 존재할 수밖에 없다. 단지 연구자는 오차를 줄여서 결과의 정확성을 제고할 뿐이다. 일반적으로 표본의 수가 증가할수록 그 결과는 모집단의 결과에 근접한다. 중심극한 정리(central limit theorem)에 의하면, 표본조사 결과의 오차는 표본 사례 수의 제곱근에 반비례한다. 예컨대 1백 명보다는 1만 명을 조사할 때 오차는 10분의 1로 줄어든다.

⑤ 응답률과 조사 방식

여론조사를 실시할 때 관심을 가져야 할 사항 가운데 하나가 응답률이다. 응답률은 조사 대상으로 선정된 응답자들 가운데 질문이 시작되기 전 응답을 거부하거나, 혹은 질문에 응답하던 중 더 이상의 응답을 거부하는 행위 없이 모든 질문에 응답을 한 응답자의 비율을 말한다. 낮은 응답률은 두 가지 이유로 인해 여론조사에 부정적 영향을 미친다. 첫째, 낮은 응답률은 표본의 대표성을 손상시키기 때문이다. 즉 조사에 응하는 응답자는 그렇지 않은 응답자와 그 속성이 달라 표본이 모집단을 정확하게 대표하지 못할 가능성이 있다. 둘째, 면접원이 응답을 거부하는 것을 방지하기 위해 응답자에게 질문을 서두르는 등 비정상적인 조사를 할 수 있기 때문이다.

응답률 외에 또 하나 고려해야 할 사항은 조사 방식이다. 현재 정치에 관련된 여론조사에서 사용되는 조사 방식은 자동 응답 전화(ARS), 유선전화 면접, 휴대전화 면접 등이 있는데, 각 방식에 따라 결과에는 큰 차이가 나타난다. 먼저 ARS는 사전에 조사 자체를 거부하는 비율이 매우 높으며(응답률이 2~3퍼센트 정도), 실제 응답자는 평소에 정치에 관심이 많거나 열성적인 유권자일 경우가 많기 때문에 일반 유권자의 의사와 다를 수 있다. 반면 유선전화 면접은 응답률이 15~20퍼센트 정도로 ARS에 비해 상대적으로 높지만, 휴대전화만 가진 사람이 전체 인구의 20퍼센트가 되며, 유선전화 가입자 중에는 전화번호부에 이름을 올리지 않은 사람도 매우 많다. 따라서 유선전화 면접은 확률 표집을 사용하더라도 모집단을 정확하게 대표하기 힘들다.

이러한 점을 보완하기 위해 최근에는 휴대전화 면접이 증가했다. 하지만 현재 우리나라에서는 여러 선거 가운데 대통령 선거 때에만 휴대전화 면접을 사용할 수 있다. 가령 국회의원 선거나 지방선거에서는 휴대전화 사용자를 무작위로 표집하려고 해도 사전에 그들이 어느 지역에 사는지 알 수 없기 때문에 조사 대상에 포함시킬 수 없다. 따라서 일부 조사회사에서는 자체 모집한 패널의 휴대전화 번호를 사용하기도 하나, 자발적인 패널 가입자는 일반 유권자의 성향과 다를 수 있기 때문에 역시 결과를 전적으로 신뢰하기 힘들다.

3) 미디어의 여론조사 보도 관련 문제점

① 해석의 오류 및 사견 개입

언론 미디어가 여론조사 결과를 보도할 때 발생할 수 있는 가장 큰 문제는 해석의 오류와 편향적 사견 개입이다. 특히 가장 빈번한 오류는 표본 오차에 대한 정확한 의미를 이해하지 못한 경우이다. 예를 들어 95퍼센트 신뢰 수준에서 오차 한계가 ±4퍼센트인 경우, 설문 항목에 대한 응답이 각각 42퍼센트와 44퍼센트가 나왔다면 각 응답 간에는 차이가 없다고 보는 것이 일반적이다.* 따라서 95퍼센트 신뢰 수준에서 표본 오차가 ±4퍼센트인 조사의 경우 두 후보의 지지율이 42퍼센트와 44퍼센트라면 한 후보가 다른 후보를 앞섰다고 기사를 쓸 수 없다. 이런 경우 사실상 대등한 지지율을 보인다고 기술해야 한다.

> 95퍼센트 신뢰 수준에서 표본 오차가 ±4퍼센트일 때, 응답의 비율이 43퍼센트 나왔다는 것은 동일한 방식으로 1백 번 조사할 경우 39퍼센트와 47퍼센트 사이에 속하는 비율이 95번 나온다는 의미이다.

또한 조사 결과를 해석할 때 기자 개인의 의견은 배제되어야 한다. 그러나 실제 여론조사 결과를 보도하는 기사에는 기자의 사견이 개입되는 경우가 많다. 예를 들어 "선거 분위기 과열이라는 응답은 30퍼센트 미만으로, 의외로 과열됐다는 반응이 적었다"라는 식으로 말이다. 여기서 '의외'라는 근거는 무엇인가. 여기서 의외는 기자에게 의외라는 의미이다. 따라서 여론조사를 해석해 기사를 작성할 때는 사회 보편적인 가치가 아닌 기자의 주관적인 의견이 개입되는 것을 최대한 지양해야 한다.

더욱 심각한 문제는 각 언론의 '특정 후보 편들기'이다. 한 예로《조선일보》는 제15대 대선 당시 김대중 34.2퍼센트, 이인제 30.2퍼센트, 이회창 15.5퍼센트로 나온 1997년 11월 4일 자 후보 지지율 조사 결과를 보도하지 않다가, 11월 8일 김대중 35.7퍼센트, 이인제 28퍼센트, 이회창 21.4퍼센트로 후보 지지율 결과가 뒤바뀌자, 그제야 두 조사 결과를 함께 보도했다. 《중앙일보》도 이회창 후보의 지지도가 낮게 나온 10월 말 여론조사 결과는 보도하지 않다가 그의 지지율이 25퍼센트로 상승하자 「이회창 지지율 11월 대약진」이란 제목으로 이를 보도했다. KBS에서는 그해 11월 22일 〈9시 뉴스〉에서 여론조사 결과를 보도하려 하자 국민회의와 국민신당이 항의 방문단을 보내 보도를 철회시킨 사례도 있다. 양당이 이같이 반발한 이유는 KBS가 여론조사를 의뢰한 코리아리서치의 박영준 사장이 한나라당 정세분석위원으로 활동하는 등 이회창 후보와 긴밀한 관계를 맺고 있었기 때문이다. 게다가 방송의 공정성 확보를 위해 여론조사 보도를 일체 하지 않겠다던 KBS가 선거운동 직전 '의심스러운' 여론조사 기관에 조사를 의뢰해 보도하려 했다는 점은 특정 후보 편들기의 의혹을 사기에 충분했다는 지적이다.

② 조사 전문기자의 부족

여론조사 전문기자의 부족으로 인해 발생되는 '나눠 쓰기 식' 기사 작성은 비싼 비용을 들여 시행한 조사를 충실하게 활용하지 못하는 결과를 초래하기 쉽다. 가장 바람직한 것은 여론조사 전문기자가 조사의 기획부터 설문 작성, 실사, 보도에 이르는 전 과정에 참여하는 것이다. 하지만 현실은 선거 관련 조사의 경우 정치부 기자, 사회 관련 조사의 경우 사회부 기자가 기사를 쓰게 된다. 따라서 특히 정치 관련 조사의 경우 동일한 조사 결과를 놓고도 출입하는 정당별 이해관계에 따라 해석이 다른 경우가 많다.

일반적으로 언론사 내부에서 직접 기획한 여론조사보다 오히려 외부에서 제공되는 여론조사가 더 많다. 언론사에는 청와대, 각 정당 및 산하 연구소, 각종 이익 단체, 기업 등으로부터 여론조사와 관련된 수많은 보도자료가 하루에도 몇 건씩 제공된다. 그러나 이런 조사는 자기들에게 일방적으로 유리하게 여론을 유도하기 위해 제공하는 것일 가능성이 크다. 특히 정부에서 실시한 조사는 단지 정부에서 실시했다는 이유로 무조건 크게 보도되는 경우가 많은데, 이런 관행은 언론이 책임감을 갖고 고쳐 나갈 필요가 있다.

결론적으로 언론 미디어는 외부에서 발표한 여론조사 결과를 기사화할 때, 누가 그 여론조사를 실시했는가, 설문 자체에는 문제가 없는가와 같은 기본적인 사항을 확인한 후 기사로서 가치가 있을 때만 기사화할 필요가 있다. 특히 선거 때는 자당에 유리한 여론조사 결과를 흘리는 경우가 많은데, 이를 그대로 신문이나 방송에서 인용한다면, 결국 신문이나 방송은 어떤 의도를 지닌 집단에 이용당하고 독자들도 현혹되고 만다.

③ 불분명한 용어 남용

부적절한 형용사나 부사의 남용으로 기사 작성자의 주관이 들어가는 경우도 많다. 예를 들어 후보 간의 격차가 '크게' 줄어들었다든지, 지지율이 '급격히' 하락했다든지, '압도적'으로 이기고 있다든지 하는 표현이 그것이다.

대부분의 여론조사 결과는 수치, 특히 퍼센트로 표현되는 경우가 많다. 그런데 이런 수치를 해석하고 표현하는 과정에서 불분명한 용어가 자주 사용된다. 예를 들어 '대부분', '상당수', '극소수', '훨씬', '매우' 등인데, 이러한 용어는 명확하게 정의되지 않은 것들이다. 가령 '압도적 다수'는 몇 퍼센트 이상을 말하고, '대부분'은 또 몇 퍼센트를 가리키는가? 동일한 여론조사 기사를 쓰더라도 사람마다 이런 용어를 쓰는 기준이 달라 결과를 설명하는 데 매우 큰 차이가 나타날 수 있다.

④ 경마식 보도 경향

경마식 보도(horse racing report)란 선거 과정에서 각 정당이나 후보의 주요 정책을 파악하고 비교해 국민들에게 알리기보다는 여론조사 결과 어떤 후보들이 앞서는지만 보도하는 것이다. 마치 경마에서 어떤 말이 1~2위를 차지하고 있는지 중계하는 경마장 아나운서처럼 말이다. 물론 유권자 역시 정당이나 후보의 지지율 순위에 관심이 많다. 하지만 언론 미디어가 해야 할 임무는 각 후보의 정책을 분석하고 이를 유권자에게 자세히 알려주는 것이다. 만약 모든 언론 미디어가 지지율 순위만을 보도한다면, 좋은 정책을 마련했으나 지지율이 떨어지는 군소 후보는 자신들과 정책을 유권자에게 알릴 수 있는 출구가 사전에 봉쇄되어버릴 수밖에 없다.

⑤ 여론조사 결과 보도 자체의 부정적 영향

때로는 여론조사(예: 후보 지지도) 결과의 보도 자체가 여론이나 실제 투표에 부정적 영향을 미치기도 한다. 예컨대 지지도가 A 후보는 55퍼센트, B 후보는 35퍼센트, C 후보는 5퍼센트, 부동표는 5퍼센트라서 A 후보가 오차 범위를 넘어 앞서고 있을 때, 다른 후보를 지지하는 사람들이나 아직 지지 후보를 결정하지 않은 사람들은 어차피 A 후보가 이길 것으로 판단할 수 있다. 그로 인해 "될 사람을 밀어주자"라는 식의 지지나 투표 행위가 나타날 수 있다. 이를 우세자 편승 효과(bandwagon effect)라 한다.

반면 위와 같은 지지율 현황에서 특히 지지 후보를 결정하지 않은 유권자는 C 후보의 지지도가 너무 낮다는 이유로 동정표를 던질 수도 있다. 이를 열세자 동정 효과(underdog effect)라 한다. 이와 같은 편승 효과나 동정 효과는 모두 정확한 여론이라 보기 힘들며, 오히려 언론의 여론조사 보도로 인해 유권자가 실제 지지하지 않는 후보에게 투표하게 할 수도 있다.

4. 텔레비전 토론

1) 토론의 정의

　토론(討論, discussion/debate)은 변론(辯論, argumentation)의 특별한 적용 사례라 할 수 있다. 리케(Rieke)와 실라(Sillars)는 변론을 다음과 같이 정의했다. 한쪽이 먼저 자신의 주장을 말하고 이를 뒷받침하는 증거를 제시하면 다른 쪽에서도 그 주장에 맞서는 자신의 주장을 제시하고 이를 지지하는 발언을 한다. 양쪽이 서로 상대방의 주장을 비판하는 과정에서 양쪽의 주장을 듣고 의사 결정을 내려야 하는 제3자가 어느 한쪽의 주장을 수용하거나 거부하게 되는 지속적 상호작용이 바로 변론이다. 대표적인 사례가 바로 법정에서 특정 사건이나 피의자를 놓고 검사와 변호사가 변론하는 과정이다.

　한편 옌센(Jensen)은 그리스 철학자인 아리스토텔레스가 『수사학』이라는 책에서 밝혔던 세 가지 소구법을 이용해 변론을 정의했다. 그는 변론을 논자(論者)가 자신의 공신력(ethos)을 이용해 청중의 감정(pathos)에 호소하는 동시에 이성(logos)을 강조하는 인간 커뮤니케이션 과정으로 규정했다. 그는 또한 변론이 공공 담론이나 공식적 토론에서만 아니라 비공식적이고 대인적인 일상적 상호작용에서도 발생한다고 설명한다.

　토론은 이러한 변론의 특별한 사례인데, 공식적 상황에서 특정한 주제에 관해 체계적으로 주장하는 모든 과정을 포함한다. 양측 토론자는 자신의 요점을 제시하고 반대쪽 토론자의 반론에 응답하는 데 동일한 시간과 기회를 갖는다. 사회자는 양측 토론자를 중재하고 주제를 제시하는 중요한 역할을 맡는다. 토론에서 중요한 것은 어떠한 토론이든 토론자가 상대방의 견해를 바꾸는 것이 아니라, 제3자의 의사 결정에 영향을 미치고자 노력하는 데 있다. 아우어(Auer)는 토론의 기본 조건으로 ① 대결과 직면, ② 동등하고 적절한 시간 분배, ③ 서로 경쟁적인 논쟁자, ④ 주어진 명제와 진술, ⑤ 청중들이 결정을 내릴 수 있게 해주는 유용성 등을 제시했다.

그렇다면 정치 커뮤니케이션 과정에서의 토론은 정치적 입장에서 서로 배타적인, 혹은 차이가 있는 둘 이상의 당사자가 제3자(주로 유권자)의 의사 결정에 영향을 미치기 위해 특정 장소에서 자신의 입장을 옹호하고 상대의 입장을 반박하는 논쟁 과정이라 할 수 있다. 그리고 그 과정을 텔레비전이 중계해 일반 대중에게 전달하는 커뮤니케이션이 바로 텔레비전 토론이다.

2) 텔레비전 토론의 역사

최초의 본격적인 텔레비전 정치 토론은 미국에서 1960년 9월 26일 당시 대통령 후보였던 민주당 상원의원 존 F. 케네디(John F. Kennedy)와 부통령인 공화당 리처드 닉슨(Richard M. Nixon)이 벌인 것이었다. 케네디와 닉슨의 텔레비전 토론은 9월부터 10월까지 총 4회에 걸쳐 각기 다른 주제로 ABC, NBC, CBS 방송국이 주관해 진행됐다. 당시 미국 사람들 가운데 7천만 명이 이를 시청했으며, 57퍼센트 이상이 이 토론으로 인해 투표에 영향을 받았다고 밝혔다. 닉슨에 비해 상대적으로 무명이었던 케네디는 텔레비전 토론으로 일약 정치 스타가 됐고, 결국 대통령에 당선됐다. 이른바 텔레비전 정치 시대가 도래한 것이다.

당시 닉슨은 드와이트 아이젠하워(Dwight D. Eisenhower) 대통령의 러닝메이트로 부통령에 당선된 이래 8년 동안 정치와 행정 경력을 쌓아온 지명도가 높은 후보였던 반면, 케네디는 43세로 경험이 부족한 상원의원에 불과했다. 그러나 케네디는 텔레비전이라는 미디어를 철저하게 분석해 활용했다. 양복도 연한 회색을 입은 닉슨에 비해 짙은 색을 입어 이미지를 살렸고, 패널들의 질문에 응답할 때도 시청자들의 마음에 설득력 있게 호소하는 등 토론 기술도 뛰어났다.

우리나라에서 텔레비전 토론은 1995년 6.27 지방자치단체 선거 때 처음 실시됐다. 이것이 본격화된 것은 1997년 12월 제15대 대통령 선거 때였다. 당시 정치권은 국민들의 여망을 받아들여 선거법을 개정, '대통령선거방송토론위원회'를 구성해 1997년 12월 1일, 12월 7일, 12월 14일 모두 세 차례에 걸쳐 각 120분씩 합동 토론회를 개최했다. 당시의 텔레비전 토론은 우리나라 대통령 선거 캠페인 방식을 크게 바꿔놓았고, 선거의 승패를 결정짓는 가장 중요한 요소로 자리하게 됐다는 점에서 중요한 의미를 갖는다.

3) 텔레비전 토론의 장단점

첫 번째, 텔레비전 토론은 무엇보다 과거 한국 정치의 가장 큰 문제점이었던 '고비용 저효율' 선거를 변화시켰다는 데 의의가 있다. 물론 지금도 각 정당과 후보가 거리 유세를 하지만, 과거 대통령 선거에서는 수십만 명에서 백만 명 이상을 동원하는 장외 유세를 선거운동의 핵심이라 여겼다. 그러다 보니 후보마다 세 과시를 위해 더 많은 청중들을 동원했고, 이는 많은 비용을 초래했다. 하지만 텔레비전 토론은 한 장소에서 후보와 정책을 자세하게 비교해주므로 유권자는 집에서 후보를 선택할 수 있다. 또한 후보와 정당은 대규모 장외 유세를 하지 않아도 되기 때문에 선거 비용을 줄일 수 있다.

두 번째, 텔레비전 토론은 선거운동의 과열이나 부정·타락 선거를 줄이는 데 기여한다. 우리의 역대 선거, 특히 대선은 예외 없이 과열됐고 부정과 탈법으로 얼룩졌다. 금전 살포, 향응 제공, 운동원 매수, 폭력, 흑색선전, 유언비어 유포, 지역감정 조장 등이 자행됐다. 그 결과 선거 기간 동안 혹은 선거 이후에 고소나 고발이 남발되는 경우가 많았다. 선거의 과열과 타락을 방지하기 위해서는 무엇보다 후보자 및 선거운동원과 유권자의 직접 접촉을 줄이는 선거운동 방식이 필요한데, 대표적인 것이 바로 텔레비전 토론이다.

세 번째, 텔레비전 토론은 선거에 대한 유권자의 관심을 증대시켜 정치적 참여를 높이는 데 도움이 된다. 텔레비전 토론은 후보자와 그들의 정책에 대한 유권자의 지식을 향상시키며, 그에 따라 지지 후보를 결정하는 데 많은 영향을 미친다. 실제로 1997년 제15대 대선에서 실시된 세 차례의 합동 토론회는 모두 50퍼센트 이상의 높은 시청률을 기록했고, 지지 후보를 결정하는 데 텔레비전 토론의 영향을 받았다는 응답자가 63.8퍼센트에 달했다.

일부를 제외하고 대부분의 유권자는 각 후보의 주요 정책에 대해 자세히 알기 힘들고, 후보 간 정책을 비교 평가하기도 매우 어렵다. 텔레비전 토론에서는 각 후보가 상호 논쟁을 통해 주요 정책을 공격하거나 반박함으로써 유권자는 상대적으로 용이하게 정책을 비교 판단할 수 있다. 즉 텔레비전 토론은 정책 선거를 이끄는 중요한 동인이다.

반면 텔레비전 토론의 가장 큰 문제점은 토론에서 후보 간 우열이 정치적 능력이나 정책 등의 본질적인 문제보다는 사소한 단서나 피상적인 이미지에 의해 가려질 수 있다는 것이다. 즉 유권자는 대통령의 직무 수행과 직접 연관이 없는 후보의 용모, 표정, 말솜씨, 연기력 등을 단서로 각 후보를 평가할 수 있다.

또 다른 문제점으로는 군소 후보의 경우에는 토론에 참가하지 못한다는 점을 들 수 있다. 2012년 12월 현재 현행 공직선거법에서 규정하는 텔레비전 토론 참가 자격은 대통령 선거 때 '국회에 5인 이상의 소속 의원을 가진 정당이 추천한 후보자', '직전 대통령 선거, 비례대표 국회의원 선거, 비례대표 시·도의원선거 또는 비례대표 자치구·시·군 의원 선거에서 전국 유효 투표 총수의 100분의 3 이상을 득표한 정당의 후보자', '여론조사 결과를 평균한 지지율이 100분의 5 이상인 후보자' 가운데 어느 한 가지를 충족해야 한다. 따라서 정당에 소속되지 않은 무소속 후보나 지지율이 높지 않은 후보는 토론에 참여할 기회조차 받지 못하는 것이 현실이다.

한편, 미국 대선의 텔레비전 토론 참여 기준은 다섯 개 여론조사 기관의 조사 결과 전국 지지율 15퍼센트 이상으로 설정되어 있다. 프랑스의 경우는 1차 투표 결과 1~2위 후보 간 결선 텔레비전 토론을 하도록 한다. 일본은 텔레비전 토론 참여 기준이 우리와 비슷하지만(중의원·참의원 선거 2퍼센트 이상 득표 또는 당선자 다섯 명 이상 배출한 모든 정당의 대표), 여론조사 지지율에 상응해 발언 횟수를 배분한다.

5. 정치광고

1) 정치광고의 특징

　정치광고(political ad)란 정당이나 후보자가 매스미디어를 통해 유권자들의 정치적 신념, 태도, 행동 등에 영향을 미치려는 의도로 미디어에 비용을 지불하여 정치적 메시지를 전달하는 커뮤니케이션 수단이다. 선거 캠페인의 커뮤니케이션 도구로서 정치광고는 후보자를 위해 다양한 기능을 한다. 정치광고는 우선 후보자의 이름을 알리고, 특정한 인구통계학적 유권자 집단과 후보자를 연결시키고, 새로운 지지자를 만든다. 또한 유권자들의 선거 캠페인 참여를 이끌고, 선거 비용을 모금하며, 때로는 상대 후보를 공격하는 기능을 하기도 한다. 특히 텔레비전 정치광고는 후보자의 이미지를 형성하고 변화시킬 수 있으며, 선거 캠페인의 쟁점을 설명하는 중요한 수단이다.

　그러나 정치광고는 몇 가지 문제점도 내포한다. 첫째, 무엇보다 정치광고는 후보자의 참모습보다는 허상을 과대 포장해 조작된 이미지를 확산시킨다. 그럼으로써 유권자의 이성적 판단을 흐리게 할 수 있다. 둘째, 광고는 반드시 게재되는 미디어에 지면(space)과 시간(time)에 대한 비용을 지불해야 한다. 따라서 많은 선거 비용을 소요할 수밖에 없으며, 군소 후보의 경우 광고를 집행하지 못할 수 있다. 셋째, 가장 큰 문제점은 상대 후보를 공격하는 부정적 광고이다. 상대방에 대한 지나친 비난은 유권자들에게 선거에 대한 혐오감과 냉소주의를 조장해 투표율을 저하시킬 수 있다.

2) 이슈 광고와 이미지 광고

　정치광고 가운데 이슈 광고는 선거와 관련된 핵심 이슈를 강조하는 것이고,

311

이미지 광고는 후보의 특정 이미지를 부각하는 것이다. 즉 이슈 광고는 주로 후보자가 제시하는 정책과 관련이 있으며, 이미지 광고는 후보자의 개인적 특징과 관련이 있다.

일반적으로 정치광고의 내용은 이슈 광고가 더 바람직하다는 의견이 많으나, 현실에서는 이슈 광고의 내용조차 점차 이미지화되는 사례가 많다. 또한 텔레비전 광고의 경우 시간의 한계가 있기 때문에 정책을 자세히 설명하기 매우 어렵다. 따라서 후보자의 정책을 알리기보다는 대중의 지지를 쉽게 얻을 수 있는 후보자의 독특한 이미지 확립이 정치광고의 주요 목표가 되고 있다. 물론 정치광고를 그 내용에 따라 이슈 광고나 이미지 광고로 완벽하게 분류하기는 어렵다. 때로는 이미지 광고가 이슈를 포함할 수도 있고, 이슈 광고가 이미지를 포함할 수도 있다.

3) 긍정적 광고와 부정적 광고

긍정적 정치광고(positive political ad)란 후보자 자신의 장점을 부각하는 광고이다. 가령 그 내용으로 특정 치적을 강조한다든지 인간미나 지도력을 강조하는 것이다. 주로 후보자 자신이 직접 호소하거나 시민이나 유명인의 입을 빌리는 형식이 많다.

긍정적 광고는 첫째, 후보자의 배경, 전력, 업적, 선거 이슈에 대한 입장, 가족과 친우 관계에 대한 정보를 제공해 유권자들에게 후보자에 대해 명확히 인지시킨다. 둘째, 선거 이슈에 대한 후보자의 입장을 설명한다. 셋째, 지지자 및 소속 당원이 후보자에게 지닌 긍정적 감정을 강화한다. 넷째, 후보자의 이미지를 개선하거나 재정립한다.

부정적 정치광고, 또는 공격적 정치광고(negative political ad)는 상대 후보자나 정당을 공격하는 것에 초점을 맞추는 광고이다. 부정적 광고는 상대 후보를 불리한 입장에 빠뜨리거나 유권자들이 상대 후보에게 불편한 감정을 가지도록 하는 데 목적이 있다. 이는 긍정적 광고처럼 후보자의 강점을 강조하기보다 상대방의 약점을 들추어내어 그에 대한 부정적 시각을 유권자들 사이에 퍼뜨리는 목적으로 사용된다. 부정적 광고는 메시지에 대한 다양한 논란을 불러일으키고, 비방, 중상 등의 문제로 인해 윤리적인 문제를 야기하지만, 높은 효과로 인해 1980년대 이후 많이 사용되어왔다.

하지만 부정적 정치광고는 다음과 같은 악영향을 미치기도 한다. 첫째, 전술한 바와 같이 공격하는 정당이나 후보뿐 아니라 상대 정당이나 후보 모두에 대해 국민들의 혐오감을 초래하고, 나아가 그들이 정치 자체를 부정적 시각으로 보게 한다. 둘째, 유권자가 상대 후보보다 부정적 광고를 집행한 후보에게 더 나쁜 감정을 갖는 역효과(backlash effect)가 나타날 수도 있다. 특히 겸손을 미덕이라 여기는 우리나라의 문화적 특수성은 부정적 정치광고의 역효과를 더욱 확대시키기도 한다. 셋째, 유권자가 부정적 광고의 내용이 공정하지 않거나 거짓이라고 인식하는 경우, 공격당하는 상대 후보를 더 긍정적으로 평가하는 피해자 응원 심리(victim syndrome)가 발생할 수 있다.

설득
커뮤니케이션

설득 커뮤니케이션(persuasive communication)이란 말 그대로 설득을 목적으로 하는 커뮤니케이션이다. 설득(說得)은 '타인의 생각, 의견, 태도, 행동 등을 자신의 의도대로 변화시키는 것'이라 할 수 있다. 즉 송신자가 타인과의 의사소통을 통해 사전에 자신이 의도했던 대로 그들의 의견, 태도, 행동을 바꾸는 것이 바로 설득 커뮤니케이션이다.

설득 커뮤니케이션은 크게 세 가지 측면에서 다른 커뮤니케이션과 차이가 있다. 첫째, 커뮤니케이션을 시작하기 전에 송신자는 수신자로부터 어떤 반응을 얻고자 하는 목적 또는 의도를 갖는다. 둘째, 송신자가 사전에 원하는 반응을 효과(effect)라 한다. 설득 커뮤니케이션은 일반 커뮤니케이션과 달리 효과가 나타나야만 의미가 있다. 수신자가 송신자의 의도와 달리 설득되지 않았다

그림 12-1 ☞ **설득 커뮤니케이션 모형(SMCRE 모형)**

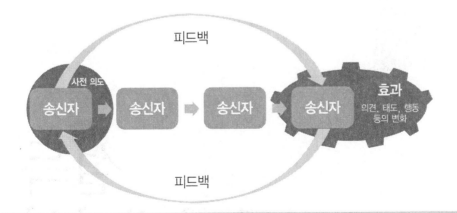

면 커뮤니케이션은 실패한 것이다. 따라서 설득 커뮤니케이션 모형은 SMCR이 아닌 SMCRE 모형이라 한다. 셋째, 효과가 나타나려면 1회성 메시지 전달로는 부족하다. 제1장 「커뮤니케이션의 이해」에서 설명했듯이 송신자는 첫 번째 메시지 전달에서 수신자로부터 원하지 않았던 반응이 나타나도, 다시 수정된 피드백을 통해 계속해서 설득을 시도할 수 있다. 즉 설득 커뮤니케이션은 다른 유형과 달리 당사자 사이에서 많은 피드백이 지속으로 발생한다. 그리고 지속적 피드백의 결과로 효과가 나타날 가능성이 높아진다.

실제로 인간의 의사소통 가운데 다수는 타인을 설득하기 위한 것이다. 학생은 부모님께 용돈을 올려달라고 애원하고, 남성은 애인을 만들기 위해 예쁜 여성에게 접근해 말을 걸고, 새집에 이사 온 사람은 주변 사람들에게 좋은 이미지를 얻기 위해 노력한다. 정치인은 당선을 위해 유권자에게 악수하며 그들의 민원을 듣고, 신자는 자신의 종교를 알리기 위해 포교 활동을 한다. 피고인은 판사에게 정상참작을 해달라고 호소하고, 전쟁 시에 국가는 군인들의 사기를 올리기 위해 적군에 대한 적개심을 전파하고 애국심에 호소하며, 기업은 자신의 제품을 팔기 위해 소비자에게 광고를 한다. 그 외에도 일상생활이나 사회생활에서 상대방을 설득해야 할 일은 너무나 많다.

제12장은 바로 설득 커뮤니케이션에 관한 내용이다. 먼저 설득 커뮤니케이션의 효시라 할 수 있는 수사학에 대해서 살펴본다. 다음으로 대표적인 설득 커뮤니케이션 유형인 선전과 광고, PR에 대해 설명한다.

1. 수사학

1) 수사학의 정의

흔히 수사학(修辭學, rhetoric)이라 하면 화려한 문체나 과장법, 또는 기교가 뛰어난 웅변술을 떠올린다. 가령 어떤 정치 현안에 대해 대중의 관심을 사로잡을 만한 용어나 표현을 사용하는 것을 '정치적 레토릭'이라 한다. 유력 대선 후보 사이에서 단일화 협상이 실패했을 때, 돌이킬 수 없는 선택을 한 것을 두고 "루비콘 강을 건넜다"라고 표현하는 식이다. 물론 이러한 기교 역시 수사학의 한 부문이라 할 수 있으나, 기교 그 자체가 수사학은 아니다.

먼저 고대부터 여러 학자들이 내린 정의를 통해 수사학의 진정한 의미를 찾아보자. 먼저 코랙스(Corax)는 수사학을 '청중으로부터 화자(話者)가 바라는 반응을 불러일으키기 위한 설득술(art of persuasion)'이라 정의했다. 플라톤(Plato)은 목적보다 수단에 치중하는 사이비 소피스트(sophist)들의 수사학을 반박하면서, 진정한 의미의 수사학이란 '언어를 통해 심령(soul)을 일깨우는 예술로서 대화법에 심리학을 곁들인 학문'이라고 정의를 내렸다. 그리고 수사학을 최초로 집대성한 아리스토텔레스(Aristotle)는 수사학을 '어떤 경우에나 쓰일 수 있는 모든 가능한 설득의 수단을 관찰 또는 발견하는 학문'이라고 정의했다.

이러한 정의를 종합해보면, 수사학은 화려한 문체 또는 언어적 기교나 궤변이라기보다 설득의 원리를 발견해내는 학문이라고 볼 수 있다. 즉 말이나 글을 통해 다른 사람들을 설득하고자 하는 사람들의 관심과 욕구가 수사학을 탄생시켰으며, 현대적 의미로 표현하면 '설득 커뮤니케이션의 원리 또는 연구'가 바로 수사학이라 할 수 있다. 따라서 현대 사회에서 설득을 목적으로 하는 커뮤니케이션 유형, 즉 광고, PR, 정치 선전이나 포교 등은 모두 수사학에 그 근원을 두고 있다.

2) 수사학의 역사

설득이라는 커뮤니케이션 현상을 연구 대상으로 하는 수사학이 탄생한 배경부터 살펴보자. 수사학이 탄생한 직접적인 계기가 된 사건은 기원전 467년 시실리의 시라큐스(Syracuse)에서 트라시발루스(Thrasybalus)라는 독재자가 쫓겨난 후 이루어진 민주 정부의 수립이었다고 한다. 그가 물러나자 그에게 빼앗겼던 재산과 권리를 되찾으려는 시민들이 법정에 몰려들어 어떻게 자신의 주장을 법정에서 효과적으로 표현하고 전달할 수 있느냐 하는 방법에 관심을 갖게 됐다. 이러한 시민들의 요구에 부응해 코락스가 『수사술(*Rhetorike Teche*)』이라는 책을 써서 시민들에게 법정에서 효과적으로 논증하는 방법을 가르쳤다. 현대 사람들은 이를 수사학의 효시로 본다.

이후 아테네에서 민주정치가 시행되면서 수사학도 발달하기 시작했다. 아테네에서는 정치가가 되려면 누구든지 우선 대중을 설득해 당선이 되어야 하고, 당선이 되고 나면 다시 설득과 대화를 통해 시민을 지도해야 했는데, 이때 수사학에 대한 지식과 연구가 필요했다.

수사학은 아테네의 민주주의 아래 시민들 상호 간 대화와 설득 수단으로서 지속적으로 발전해왔으나, 마케도니아 제국의 탄생으로 인한 도시국가의 몰락과 더불어 쇠퇴하고 말았다. 왜냐하면 마케도니아 제국 지배하에서는 명령만 있을 뿐, 시민들 사이에 대화나 상호 설득에 의한 자치활동은 엄금됐기 때문이었다. 따라서 수사학은 민주주의라는 온실을 찾아 다시 로마 공화정에서 발전했다.

로마 공화정 시대의 수사학은 그리스의 수사학을 기본 바탕으로 삼았다. 즉 그리스와 마찬가지로 수사학의 주제를 설득에 두고, 이성적 방법에 의해 어떻게 자유 시민의 자유행동을 계도하느냐가 그 목적이었다. 이들은 정의와 부정을 판단하게 하고, 법안을 통과시키거나 부결시키게 하며, 선을 찬양하고 악을 규탄하는 데 시민을 참여시키도록 계도하는 것을 기본 기능으로 삼아 수사학을 연구하고 가르쳤다.

이후 소위 암흑시대라 일컫는 중세에 접어들자, 수사학은 다시 변질되어 본래의 정치적 설득 수단에서부터 가톨릭의 포교 수단으로 전락했다. 가톨릭은 교세를 굳히기까지 많은 이교 및 이단과의 싸움에서 이겨야만 했는데, 그 과정에서 설득 방법에 관한 수사학적 지식을 이용해 교리를 갈파하고 포교 운동을 전개했다. 그러나 교세가 일단 확립되자, 수사학은 교황이나 주교에게 아부하는 편지를 쓸 때 문장을 수식하기 위한 지식으로 전용됐다. 학교에서도 수사학은 단순한 작문 연습을 위한 교과목으로 존재하며 겨우 명맥만을 유지했다. 즉 중세 시대의 수사학은 유효한 설득 수단과 민주정치의 도구라는 본질은 경시한 채, 논리학에 수사학의 정수를 귀속시키고 주로 문체만을 관심 영역에 두었다.

르네상스 시기를 거쳐 근대에 이르기까지 수사학은 특히 영국에서 발전하게 된다. 그 이유는 영국에서 의회정치가 시행되면서 사람들이 그리스나 로마 공화정에서처럼 수사학을 필요로 했기 때문이다. 이때 영국에서 수사학을 연구하고 발전시킨 이들은 크게 네 부류로 나눌 수 있다. 첫 번째는 고전 수사학을 계승한 학파로 이들은 그리스와 로마에서처럼 정치적이고 실용적인 입장에서 주로 설득의 방법을 연구했다. 두 번째는 문체론에 초점을 맞춘 부류로 이들은 수사학을 문학적 입장에서 연구하고 가르쳤다. 세 번째는 형식주의 학파로 이들은 수사학을 교육 수단으로 보면서 과거의 훌륭한 글이나 연설문 등을 분석하고 모방하는 데 이용했다. 마지막 유파는 수사학을 대화법 또는 논리학에 포함시켜 논증법 연구의 수단으로 삼았다.

여기에 더해 프랜시스 베이컨(Francis Bacon)을 위시로 한 수사학 연구 학파가 있었는데, 이들은 과거의 전통적인 체계에서 탈피해 좀 더 과학적이고 심리학적인 측면에서 수사학을 연구했다. 베이컨은 『학문의 진보(*The Advancement of Learning*)』라는 저서에서 수사학의 목적을 "의지(will)를 좀 더 잘 움직이게 하기 위하여 이성(reason)을 상상(imagination)에 적응시키는 것"이라 말했다. 즉 수사학의 목적인 설득을 심리적 접근 방법을 통해 연구해보려 한 것이다.

이후 18세기 말부터 20세기 초까지의 수사학은 종래의 전통적 수사학 이론을 수정하고 경험적 연구 방법을 도입했다. 과거의 수사학이 대중을 타깃으로 연설 등을 통한 설득에 주안점을 두었던 반면, 경험론자는 대화라는 일상 커뮤니케이션 현상을 중심으로 설득보다는 이해라는 커뮤니케이션 목적에 초점을 맞추었다. 즉 전통적 수사학이 설득이라는 좁은 의미의 커뮤니케이션 현상만을 주로 연구했다면, 이들에 의해 확립된 새로운 수사학은 우리가 흔히 말하는 대인 커뮤니케이션 현상을 전반적으로 연구했다고 볼 수 있다. 이후 언어적 커뮤니케이션을 주로 취급하던 수사학은 점차 신문, 잡지, 서적 등에 대한 인쇄 커뮤니케이션으로 확장되면서 저널리즘과 스피치 학문으로 발전했다.

3) 아리스토텔레스의 수사학 체계

전술했듯이 예전부터 연구되고 교육됐지만, 실제 수사학이 학문으로서 이론 체계를 갖춘 것은 기원전 4세기 아리스토텔레스에 의해서였다. 그는 『수사학(Rhetoric)』이라는 책을 저술함으로써 수사학을 하나의 기술이나 기교가 아닌 과학적 학문으로 체계를 수립했다.

『수사학』은 총 3권 60장으로 구성되어 있다. 제1권은 수사학의 필요성, 제2권은 청중의 심리, 제3권은 메시지 고안의 문제를 다룬다. 아리스토텔레스가 활동한 시기에는 매스미디어가 없었기 때문에 수사학은 자연히 대인 커뮤니케이션을 중심으로 한다. 아리스토텔레스는 커뮤니케이션을 "화자(speaker)가 말(speech)이라는 수단을 사용해 청자(listener)의 태도나 행동을 변화시키는 설득 과정"으로 보았다. 즉 커뮤니케이션 현상 자체를 설득 커뮤니케이션과 동일한 것으로 여겼다. 현대 학문에서는 사회심리학이 주로 이 관점을 반영한다. 또한 『수사학』의 핵심은 메시지와 관련된 것인데, 아리스토텔레스는 화자가 청자를 설득해 자신이 의도한 반응을 얻기 위해 메시지 고안과 전달에 필요한 업무로서 5단계의 작업이 필요하다고 주장했다.

그림 12-2 ☞ 설득을 위한 메시지 고안과 전달의 5단계 과정

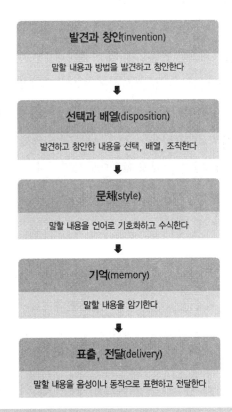

발견과 창안(invention)

말할 내용과 방법을 발견하고 창안한다

선택과 배열(disposition)

발견하고 창안한 내용을 선택, 배열, 조직한다

문체(style)

말할 내용을 언어로 기호화하고 수식한다

기억(memory)

말할 내용을 암기한다

표출, 전달(delivery)

말할 내용을 음성이나 동작으로 표현하고 전달한다

① 발견과 창안

메시지의 고안과 전달을 위한 첫 번째 단계는 화자가 자신의 주장을 입증할 자료를 발견하고 입증 방법을 구상하는 것이다. 입증이나 논증에는 비기술적 (non-artistic) 방법과 기술적 방법이 있다. 비기술적 방법은 증거물이나 법안문 등을 있는 그대로 제시해 화자 자신의 주장을 입증하고 이를 청자가 믿게 하는 방법이다. 기술적 방법에는 다시 이성적 방법(logos: rational appeal), 감정에 호소하는 방법(pathos: emotional appeal), 화자의 인격이나 공신력을 통한 방법 (ethos: ethical appeal)이 있다.

② 선택과 배열

두 번째 단계는 발견된 자료를 어떻게 정선하고 배열, 조직해서 효과적인 메시지를 만드느냐 하는 것이다. 이것은 단순하게 자료를 선택하고 배열하는 것을 넘어 자료를 꾸미고, 때로는 과장하거나 축소하고, 강조하거나 배분하는 것도 포함한다.

메시지의 조직은 대체로 서론, 해설, 논증, 결론으로 구성된다. 서론에서 화자는 청자에게 메시지를 주목하게 하고 호의를 갖게 해 메시지의 수용을 유도한다. 해설에서는 논제와 논제를 뒷받침하는 설명이 포함된다. 논증은 수사학에서 가장 핵심적인 부분인데, 이는 주어진 논제를 입증하거나 반박하는 것으로 귀납적 방법과 연역적 방법이 있다. 마지막 결론은 앞서 이야기 한 내용을 요약하고 정리하는 것이다.

③ 문체

문체에서는 주로 수식에 대한 이론을 다루는데, 기본 원칙은 정확성(correctness), 명확성(clearness), 적합성(appropriateness), 화려함(ornateness)이다. 문장을 화려하게 만드는 방법으로는 비유(figures: 은유, 직유, 과장법 등)와 율동감 있게 문장을 표현하는 방식이 있다.

④ 기억과 표출

네 번째와 다섯 번째 단계에서는 메시지의 내용을 암기했다가 효과적으로 표출하고 전달하는 방법을 다룬다. 기억의 방법으로는 연상법을 제시하는데, 이 부문은 사실 수사학에서는 가장 경시되는 분야로 로마 시대 이후에는 수사학에서 제외되는 경향이 있었다. 마지막 표출과 전달은 음성이나 동작을 통해 메시지를 청자에게 보내는 것인데, 여기서는 발음과 음성, 제스처, 표정 등이 포함된다.

2. 선전

1) 선전의 정의와 역사

해럴드 라스웰(Harold Lasswell)은 『세계대전에서의 선전 기법(*Propaganda Technique in the World War*)』이라는 책에서 선전(propaganda)을 "이야기, 루머, 보도, 그림을 비롯한 여러 커뮤니케이션 형태를 통해 의견을 통제하는 것"으로 정의했다. 몇 년 후 그는 "음성, 문자, 그림, 음악 등의 표상을 조작함으로써 인간의 행동에 영향을 미치는 기술"이라고 선전의 정의를 다소 수정했다. 옥스퍼드 사전에는 "특정한 원칙이나 행위를 전파하기 위한 제휴나 체계화된 계획 또는 일치된 운동"으로 선전이 정의되어 있다. 또한 로저 브라운(Roger Brown)은 조금 더 구체적으로 선전을 여타 설득 노력과 구분했다. 그는 타인의 행동을 유발시키기 위해 설계된 상징 조작을 설득으로 정의했는데, 이때 그 "설득의 노력이 설득자에게만 이득이 되고 피설득자에게는 최상의 이익이 되지 않을 경우 선전"이라고 지칭했다.

이러한 정의들을 종합해보면, 선전은 크게 다음과 같은 특징을 갖는다. 첫

그림 12-3 ☞ 선전의 특징

① 선전은 주체가 타인의 의견이나 행동을 변화시키려는 기법이다

② 주체가 자신의 의도대로 의견과 행동을 변화시킨다

③ 주체는 반드시 이익을 보지만, 설득 대상자는 이익을 보지 못할 수도 있다

째, 선전은 선전의 주체가 타인의 의견이나 행동에 영향을 미치려는 설득 커뮤니케이션이다. 둘째, 선전의 주체는 타인의 의견이나 행동을 자신의 의도대로 변화시키려 한다. 가령 선교사가 다른 종교를 믿는 사람이나 종교를 갖지 않은 사람을 설득해 종교의 필요성, 나아가 기독교의 좋은 점을 알리고 종국에는 교회에 나오도록 하는 것이 일종의 선전이다. 마지막으로 선전 활동의 결과, 주체는 이득을 보지만, 선전의 대상이 되는 수신자는 최상의 이익이 가지 않는 경우가 많다. 선전 커뮤니케이션의 송신자는 대개 목적 지향적이므로 수신자의 반응 자체에 큰 비중을 두지 않는다. 단지 애초 자신의 목적을 달성할 수만 있다면 말이다.

선전(propaganda)이라는 용어는 1622년에 처음 사용됐다. 당시 교황 그레고리우스(Gregorius) 15세는 전 세계를 무대로 한 프로테스탄티즘 및 과학적 발견의 급속한 확산을 방지하기 위해 로마 교황청에 '포교성성(신앙 전파 선교회, Congregatio de Propaganda fide)'을 설립했다. 이 부서는 신대륙과 다른 지역에서 교회의 선교 활동을 감독했던 기관이다. 당시 종교개혁운동뿐 아니라 과학적 발견도 가톨릭교와 갈등을 빚었다. 예컨대 갈릴레오 갈릴레이(Galileo Galilei)는 망원경 관찰을 통해 지구가 태양 주위를 돈다는 니콜라우스 코페르니쿠스(Nicolaus Copernicus)의 주장을 확인했다. 이는 가톨릭교회가 금지한 명제였다. 결국 1633년 종교재판에서 갈릴레이는 유죄를 선고받으면서 강압에 의해 자신의 진술을 포기한다. 이렇게 당시 가톨릭교회가 과학적으로 증명될 수 있는 사실을 거짓으로 주장했다는 점에서 선전은 부정적 의미도 지니게 됐다.

선전이 본격적으로 영향력을 발휘하고, 나아가 더 부정적 의미로 사용되게 된 것은 제1차 세계대전 이후이다. 전쟁을 대서양 '문명권'과 프로이센 '야만주의' 간 충돌로 몰아가려는 영국과 미국의 노력은 선전에 대해 아주 강력한 인상을 남겼다. 일례로 미국 연방공보위원회 위원장이었던 조지 크릴(George Creel)은 미국인들에게 "독일인은 늘 거짓말만 일삼고 미국인은 언제나 진실만을 말한다"는 이중 논리를 주입했다. 즉 연합국은 선전을 통해 적에 대한 증오심 조성, 연합국 간의 선린 관계 유지, 중립국의 협력 추구, 적군의 사기 저하 및 아군의 사기 고양 등을 모색했다. 하지만 전쟁에서 다치거나 불구가 된 군인들이 고향으로 돌아간 후 회고록, 일기 등을 출간함으로써 연합국의 추악한 선전술의 본질이 드러났다. 심지어 언론에서도 선전을 새빨간 거짓말로 몰고 갔다.

이후 제1차 세계대전에서 선전을 담당했던 전문가들은 GM, P&G, GE 같은 기업의 이익을 대변하는 홍보 및 PR 전문가로 변모했고, 선전의 부정적 의미는 조금씩 회석됐다. 예컨대 선전 담당자들은 P&G 비누의 판매를 증진시키기 위해 전국 학생들을 대상으로 비누조각대회를 개최하기도 하고, 머리망(hair net) 제조 회사의 판촉 의뢰를 받고 여성 노동자의 길게 풀어헤친 머리카락이 위험하다는 사실을 선전해 여성 노동자는 반드시 머리망을 착용해야 한다는 법률을 통과시키기도 했다.

2) 선전의 용도

아직도 선전이라고 하면 많은 사람들이 부정적인 이미지를 떠올리지만, 선전은 여전히 많은 분야에서 계속 사용되고 있다. 그만큼 선전이 타인의 생각이나 행동을 변화시키는 데 효과적이기 때문이다. 선전은 그 역사에서도 알 수 있듯이, 특히 군사적 · 정치적 · 종교적 목적으로 많이 사용된다.

전쟁에서 가장 중요한 것은 아군의 사기를 고양하고 적군의 사기를 저하시키는 것이다. 특히 아군과 국민이 적국과 적군에 대한 증오심을 느끼면 부도덕한 전쟁도 명분이 생기는 법이다. 제1차 걸프전은 이라크가 약소국인 쿠웨이트를 침공한 것이기 때문에 이라크를 징벌해야 한다는 전 세계적인 공감이 있었다. 하지만 제2차 걸프전은 미국이 이라크가 알 카에다(Al-Qaeda)를 지원하고 대량 살상 무기를 제조, 판매했다고 주장했음에도 뚜렷한 증거도 명분도 없는 전쟁이었다. 하지만 조지 부시(George W. Bush) 정부는 9.11 테러 사건과 오사마 빈 라덴(Osama Bin Laden) 및 알 카에다의 범죄 사실을 지속적으로 선전함으로써 전쟁 초기 미국인들의 높은 지지를 얻었다. 아직 분단국가인 우리나라

가 북한과 대치 중인 휴전선 근처에서 체제의 우월성을 방송하는 것도 일종의
선전이라 할 수 있다.

정치에서도 선전은 필수 요소라 할 수 있다. 정당의 목적이 정권을 획득해
국가 운영을 통해 자신들의 이상을 펼치는 것이라 할 때, 각 정당은 자신들의
정책을 국민들에게 적극 알려야 한다. 때로는 자신들의 당과 반대되는 정책을
펴는 정당을 비판함으로써 여론에 영향을 미치기도 한다. 또한 정책이 유사하
더라도 경쟁 정당에 대한 국민들의 지지를 하락시키기 위해 사소한 이슈를 침
소봉대하는 경우도 있다. 따라서 동일한 사안이라도 각 정당은 대변인을 통해
서로 다른 내용의 기자회견을 하거나 보도자료를 배포한다. 이러한 모든 것이
정파적 우월성을 확보하려는 정치 선전 활동이다.

종교적 목적의 선전을 포교라 한다. 모든 종교는 자신들의 교리를 널리 알려
교세를 확장하려고 한다. 이를 위해 교인들이 직접 선교 활동을 펼치기도 하며,
현대 사회에서는 방송을 통해 포교를 하기도 한다. 종교 단체의 자선 활동은 건
강한 사회를 구축하는 데 도움이 되지만, 한편으로는 자기 종교의 이미지를 고
양시켜 교세를 확장하는 일종의 선전 활동으로도 볼 수 있다.

3) 선전 기법

1937년 설립된 미국의 선전분석연구소(Institute for Propaganda Analysis)는
독일에서 나치의 탄생 및 성공을 이끌었던 선전의 위력이 미국에서도 가능할
것인가에 관심을 가졌다. 미국에서도 아돌프 히틀러(Adolf Hitler)와 같은 인물
이 나타나 권력을 잡을지도 모른다고 우려했기 때문이다. 실제로 당시 미국에
서도 나치당이 결성되어 뉴욕 메디슨 스퀘어가든에서 연일 시위를 벌였는데,
대표적인 인물이 천주교 신부였던 찰스 콜린(Charles E. Coughlin)이었다. 그는
전국에 47개 네트워크를 가진 라디오 방송을 이용해 파시즘을 전파했는데, 청
취자만 무려 3천만 명이었다고 한다. 또한《사회 정의(Social Justice)》라는 잡지
도 발행해 나치의 선전 노선을 그대로 전파했다.

미국 선전분석연구소는 이러한 콜린의 라디오 연설 내용을 분석해 일곱 가지 선전 기법을 제시한 『선전의 예술: 콜린 신부의 연설 연구(*The Fine Art of Propaganda: A Study of Father Coughlin's Speech*)』라는 단행본을 출판했다.

① 매도하기

매도하기(name calling)란 어떤 인물, 사물, 관념 등에 부정적 이름을 붙이는 것이다. 즉 실체적 증거와 관계없이 대중이 그 대상을 거부하거나 비난하도록 만드는 데 사용된다. 요즘도 특히 정치 분야에서 많이 사용된다.

예를 들어 일제와 친일파는 예전부터 지금까지 김구 선생이나 안중근 의사를 테러리스트라 불러왔다. 일부 정치인이나 특정 단체 및 언론은 야당이나 그 지지자를 '종북 빨갱이'라고 매도한다. 중요한 점은 객관적 증거 하나 없이 일방적으로 그렇게 매도한다는 것이다. 인류 역사상 선전을 가장 효과적으로 활용했던 나치의 선전 장관 파울 괴벨스(Paul Joseph Goebbels)는 "거짓말은 처음에는 부정되고, 그 다음에는 의심받지만, 되풀이하면 결국 모든 사람이 믿게 된다"고 주장했다.

② 미사여구

미사여구(glittering generality)는 매도하기와 달리 사람들이 듣기 좋은 말로 특정 대상을 연상시키는 기법이다. 하지만 매도하기와 마찬가지로 뚜렷한 증거를 제시하지 않고 어떤 이미지를 인정하도록 하는 데 사용된다. 실제로 너무 자주 사용되기 때문에 일반인들이 무의식 중에 받아들이는 경우가 매우 많다.

가령 각 정당이 선거 기간에 자신들의 정책에만 긍정적이고 매혹적인 용어를 사용하는 것이 이에 해당된다. 그들은 '국제화 시대의 선도 국가', '복지의 천국', 또는 '지상낙원' 같은 말로 국민들을 현혹할 수 있다.

③ 전이

전이(transfer)는 존경받고 숭배되며 사람들이 좋아하는 어떤 권위, 인기, 명성 같은 긍정적 이미지를 끌어들여 다른 대상에게 그 특성을 옮겨 대중이 그 대상을 쉽게 받아들이고 호감을 갖게 하는 기법이다. 유명인을 광고 모델이나 홍보 대사로 위촉하거나, 인기 많은 가요나 팝을 광고 배경음악으로 사용하는 것도 일종의 전이를 이용하는 방법이다. 1997년 제15대 대선에서 이인제 후보는 유권자들이 자신을 평가할 때 박정희 전 대통령의 이미지를 쉽게 떠올리도록 하기 위해 1970년대 작업복 차림으로 선거 유세에 나서기도 했다.

④ 증언

증언(testimony)은 존경 혹은 증오의 대상이 되는 사람이 어떤 생각, 계획, 제품, 사람에 대해 좋다고 혹은 나쁘다고 말하게 하는 방법이다. 특히 정치나 광고에서 많이 사용되는 기법이다. 일례로 박정희 전 대통령에 대한 향수를 가진 60대 이상 유권자들에게 "위대한 대통령인 박정희 대통령도 이렇게 말했다"라고 선전하거나, "보편적 복지는 공산당들이 주장하는 것이다"라고 말하는 것이 증언 기법이다.

⑤ 서민적 기법

서민적 기법(plain folks)은 송신자가 자신 또는 자신의 생각이 '일반 국민', '평범한 서민'과 같기 때문에 믿을 수 있다고 설득하는 방법이다. 선거에 나온 유력 후보가 "나도 어렸을 때 시장에서 일을 해봐서 서민의 마음을 잘 헤아린다"고 말하는 것이 이에 해당한다. 특히 우리나라에서는 대통령 선거 때만 되면 각 후보자가 서민 이미지를 심으려 한다. 그래서 시장에 가서 김밥, 어묵, 붕어빵을 먹기도 한다. 자신도 서민이니 서민을 가장 잘 아는 자신을 선택하라는 고도의 이미지 포장술이다.

⑥ 카드 쌓기

카드 쌓기(card stocking)는 어떤 생각, 계획, 제품 또는 사람을 최상 또는 최악으로 묘사하기 위해 한쪽으로 치우친 편향된 정보만 제공하는 것인데, 그 정보의 진위 여부는 중요하지 않다. 가령 독재자의 이미지를 호도하기 위해 인권이나 헌정 질서를 파괴한 사실은 숨긴 채 경제를 발전시키고 뛰어난 추진력을 지녔다는 내용만 사람들에게 알리는 것이 카드 쌓기 기법이다.

⑦ 부화뇌동

부화뇌동(附和雷同) 또는 편승(bandwagon)은 대다수의 사람들이 그렇게 생각한다고 말함으로써 타인을 설득하는 기법이다. "모든 사람이 이렇게 생각하는데, 넌 왜 그렇게 하지 않니?"라고 설득하는 것이다. 일반적으로 특정 의견을 마치 소수의 의견으로 몰아 다수의 의견을 따르도록 할 때 사용한다.

3. 광고

1) 광고의 정의

광고는 한자어로서 '넓을 광(廣)'과 '알릴 '고(告)' 자를 쓴다. 직역하면 '널리 알린다'는 뜻이다. 또한 영어로 광고를 뜻하는 'advertising'과 'advertisement'는 모두 라틴어 'adverter'라는 말에서 유래됐다. 'adverter'는 '돌아보게 하다', '주의를 돌리다'라는 의미이다. 한편 독일어와 프랑스어에서는 광고를 각각 'Die Reklame'와 'Reclame'라고 하는데, 이 둘은 모두 '부르짖다'라는 의미를 지닌 라틴어 'Clamo'에 어원을 두고 있다. 종합하면, 어원 혹은 의미로서 광고는 '사람들의 주의를 끌어 널리 알린다'는 뜻이다. 그러나 좀 더 구체적으로 광고의 정의를 내리기 위해서는 몇 가지 핵심적인 개념이 포함되어야 한다.

광고의 첫 번째 핵심 개념은 '명시된 혹은 확인 가능한 광고주(identified sponsor)'이다. 이 말은 광고에서 그 주체인 광고주(廣告主)나 브랜드가 반드시

그림 12-4 ☞ 광고의 핵심 개념

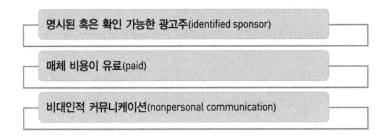

명시된 혹은 확인 가능한 광고주(identified sponsor)

매체 비용이 유료(paid)

비대인적 커뮤니케이션(nonpersonal communication)

드러난다는 의미이다. 광고주나 브랜드가 명시되지 않는 광고는 없다. 예외적으로 광고주나 브랜드를 드러내지 않는 티저(teaser) 광고가 있으나, 이는 소비자의 호기심을 유도하기 위해 초반에만 일부러 감추는 것이다. 캠페인이 진행되는 동안 조금씩 호기심을 유도하다 종국에는 반드시 광고주와 브랜드가 명시된다.

두 번째 개념은 '매체 비용이 유료(paid)'라는 것이다. 광고주가 자신의 제품이나 브랜드에 대한 정보를 소비자에게 전달하기 위해서는 우선 효과적인 광고물을 제작해야 한다. 그리고 제작된 광고물을 텔레비전이나 신문 등 미디어에 게재해야 하는데, 이때 광고주는 미디어에 반드시 비용을 지불해야 한다. 미디어는 광고 시간(time)이나 지면(space)을 광고주에게 제공하고 그 비용을 받아 재정을 확보한다. 우리가 텔레비전 콘텐츠를 무료로 보고 신문이나 잡지, 인터넷 등을 무료 또는 저렴한 가격으로 이용할 수 있는 이유는 바로 미디어가 광고로 재정을 충당하기 때문이다. 단 국내에서는 방송 공익광고만 매체 비용을 지불하지 않는다.

세 번째 핵심 개념은 '비대인적 커뮤니케이션(nonpersonal communication)'이다. 즉 광고는 대인 커뮤니케이션이 아닌 매스 커뮤니케이션이다. 그렇다고 모든 광고가 매스 커뮤니케이션인 것은 아니다. 이메일이나 휴대폰 등으로는 특정 소비자에게만 메시지를 전달하는 경우도 있다. 하지만 대부분의 광고는 아직까지 매스미디어를 통해 전달되는 매스 커뮤니케이션이다.

　이러한 핵심 개념을 바탕으로 광고에 대한 정의를 내릴 수 있다. 예컨대 광고란 '명시된 광고주가 자신의 제품 또는 브랜드에 대한 메시지를 유료로 미디어의 시간이나 지면을 구입해서 비대인적으로 전달하는 커뮤니케이션'으로 정의할 수 있다.

2) 광고의 유형

　광고의 유형을 구분하기 위해서는 우선 몇 가지 기준이 필요하다. 첫 번째 기준은 타깃(target) 소비자이다. 광고의 타깃이 최종 소비자일 때 그러한 광고를 소비자 광고라 한다. 반면 타깃이 다른 기업이나 유통업자일 때는 비즈니스 광고라 한다. 예를 들어 우리가 텔레비전이나 신문에서 보는 광고는 대부분 소비자 광고이다. 반면 의료 기기를 제조하는 회사나 컴퓨터 서버를 만드는 회사는 최종 소비자가 아닌 병원이나 다른 IT 업체에 제품을 판매한다. 따라서 이들이 하는 광고는 최종 소비자가 보기 힘들다. 이들은 주로 전문 업계지 등에 비즈니스 광고를 게재한다.

　두 번째 기준은 지역이다. 광고를 어느 지역에 하느냐에 따라 국제 광고와

그림 12-5　☞ 지역에 따른 광고 유형

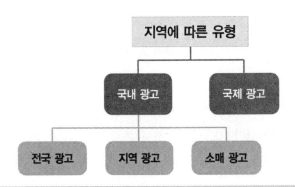

국내 광고로 구분할 수 있다. 국제 광고는 기업의 소속 국가 외에 다른 국가에서도 내보내는 광고이다. 일례로 우리가 한국에서 보는 나이키나 맥도날드 광고가 바로 국제 광고이다. 반면 국내 광고는 기업의 소속 국가에서만 하는 광고이다. 예를 들어 텔레비전이나 극장에서 보는 원광대학교 신입생 모집 광고가 바로 국내 광고이다. 국내 광고는 다시 전국 전체를 커버하는 전국 광고, 광역단체나 시(市) 단위에서 하는 지역 광고, 주로 동네 상권에서 하는 소매 광고(예: 동네 중국집 전단지)로 나뉜다.

세 번째 기준은 광고의 목적이다. 먼저 소비자에게 유형의 제품이나 무형의 서비스(예: 여행, 의료, 교육 등)를 판매할 목적으로 하는 광고를 제품광고라 한다. 다음으로 특정 제품이나 서비스가 아니라 기업 같은 조직의 이미지를 고양하기 위해 하는 광고를 기업광고라 한다. 세 번째로 정당이나 후보자가 이미지를 제고하거나 득표를 목적으로 하는 광고를 정치광고라 한다. 네 번째는 특정

그림 12-6 ☛ 목적에 따른 광고 유형

제품광고
• 특정 제품이나 서비스의 판매를 위해

기업광고
• 조직의 이미지 제고를 위해

정치광고
• 정당이나 후보자 이미지 제고 또는 득표를 위해

의견광고
• 집단의 의견을 알려 여론에 영향을 주기 위해

공익광고
• 사회 전체의 이익을 위해

이익 집단이 자신들의 의견을 국민에게 알려 여론에 영향을 미치고자 하는 광고가 있는데, 이를 의견광고라 한다. 마지막으로 특정 개인이나 집단이 아닌 사회 전체, 즉 공공의 이익을 위해 하는 광고를 공익광고라 한다.

네 번째 기준은 광고를 집행하는 매체이다. 텔레비전에 광고를 한다면 텔레비전 광고, 신문에 광고를 한다면 신문 광고라 한다. 즉 광고가 게재되는 매체 뒤에 광고라는 명칭만 붙이면 된다. 라디오 광고, 잡지 광고, 인터넷 광고, 옥외 광고 등이 있다.

3) 광고 관련 직종

일반적으로 광고주 기업은 직접 광고를 하지 않고 대부분이 광고대행사(advertising agency)를 이용한다. 따라서 광고 관련 직종을 구체적으로 살펴보기 위해서는 광고대행사에서 어떤 업무를 수행하는지 알아야 한다. 초기의 광고대행사는 주로 매체사의 업무를 대신 수행해주고 수수료를 받았다. 신문사를 예로 들어보자. 신문사 재정의 대부분은 광고로 충당되는데, 신문사는 수입을 올리기 위해 광고주에게 자신의 지면을 판매해야 한다. 그런데 이 업무가 쉬운 일이 아니다. 특히 광고의 위력을 잘 알지 못했던 과거에는 더욱 그러했다. 이에 몇몇 브로커가 신문사를 대신해서 전국의 광고주를 찾아다니면서 광고 집행을 권유하고 광고주를 모집했다. 신문사 입장에서는 복잡하고 어려운 업무를 대신해준 것이다. 따라서 신문사는 해당 브로커에게 광고 한 건당 일부 금액을 수수료로 지불해주었다.

이러한 브로커가 바로 지금의 광고대행사이다. 하지만 실제 광고 내용이나 전략과 관련된 업무를 제공한 것은 아니었다. 이후 이들은 단순한 광고주 모집을 넘어 대행사가 광고의 문구나 도안을 만들어주었는데, 그제야 비로소 진정한 광고대행사의 업무를 제공하게 된 것이다.

현대의 광고대행사는 크게 세 가지 기본 업무를 수행한다. 첫 번째는 기획 및 영업 업무이다. 광고대행사가 수입을 올리기 위해서는 광고주를 모집해야 한

그림 12-7 ☞ **광고대행사의 업무 구분**

다. 광고대행사 입장에서는 일종의 영업에 해당한다. 그렇다고 무작정 광고주를 찾아가서 우리를 이용해달라고 할 수는 없다. 다시 말해 광고대행사는 특정 광고주를 위해 광고 기획안을 만들고 광고주를 설득해야 한다. 이처럼 광고주를 영입하고, 광고주를 관리하며, 광고주를 위한 전반적인 광고 기획과 광고주 설득을 담당하는 업무를 어카운트(account) 서비스라 한다. 이를 담당하는 책임자가 바로 AE(account executive)이다. AE는 우리말로 광고 기획자라고 하는데, 광고 전략 전반을 수립하는 플래너(planner)이자, 제작과 매체 등 사내 스태프들을 조율하는 코디네이터(coordinator) 겸 프로듀서(producer)이며, 경쟁 프레젠테이션(PT)에서는 대행사를 대표하는 프레젠터(presenter)이다. 최근 들어서는 AE를 다시 광고주 관리를 담당하는 어카운트 핸들러(account handler)와 광고 기획을 담당하는 어카운트 플래너(account planner)로 구분하기도 한다.

광고대행사의 두 번째 업무는 광고물을 실제 제작하는 제작 부문이다. 이 제작 부문을 크리에이티브(creative)라고 한다. 말 그대로 하나의 창작물을 만드는 곳이다. 광고물 제작은 크게 광고의 문안 작성과 문안을 제외한 나머지(예: 사진, 그림, 영상 등)의 작성으로 구분된다. 광고 문안을 카피(copy)라 하며 담당자를 카피라이터(CW, Copy Writer)라고 부른다. 그리고 광고물에서 카피를 제외한 나머지 부문을 담당하는 제작 담당자를 아트 디렉터(AD, Art Director)라 한다. 아트 디렉터는 회사에 따라 아트 플래너(art planner)라고도 불린다. 최근 들어 아트의 중요성이 커졌다. 현대 광고의 특징은 시각적 요소를 강조하는 데 있다. 눈을 확 잡아끄는 시각언어로 충격을 주어 강렬한 인상을 남기는 광고가 효과적이라는 뜻이다.

크리에이티브를 총 책임지는 책임자인 제작팀장을 크리에이티브 디렉터 (CD, Creative Director)라 한다. 크리에이티브 디렉터는 광고 제작 업무를 총지 휘한다. 대개 제작팀 한 팀에는 크리에이티브 디렉터 한 명과 두 명 내외의 카 피라이터와 아트 디렉터가 소속되어 있다. 제작 부서에서 일하는 크리에이티 브 디렉터, 아트 디렉터, PD(producer) 가운데 대략 10년 이상 경력을 지닌 사 람이 팀장인 크리에이티브 디렉터를 맡는다. 크리에이티브 디렉터는 광고를 잘 만드는 일 외에 광고주와의 원활한 관계 유지, 프레젠테이션, 제작까지 세세한 부분에서 많은 역량이 요구된다. 크리에이티브 디렉터의 프레젠테이션은 AE의 그것과 좀 다르다. AE가 광고 캠페인 전반에 대한 프레젠테이션을 한다면, 크 리에이티브 디렉터는 제작물의 의도와 스토리, 제작 단계까지 구체적인 광고 내용을 프레젠테이션한다. 마지막으로 최종안이 선정되면 PD, CF 감독과 함 께 몇 차례의 사전 제작 회의(PPM, Pre-Production Meeting)를 갖고, 촬영장 에서 전체 진행 과정을 체크하고 녹음과 편집 작업을 점검한다.

그 외에 제작과 관련된 직종으로 PD와 CM 플래너가 있다. 광고대행사 PD 는 광고 기획 단계부터 제작 진행, 소재 인계까지 CF 예산을 관리하며 커뮤니 케이션을 조율하는 직책이다. PD는 광고주에게 판매한 스토리보드(story-board)를 토대로 감독을 선정하고, 감독과 크리에이티브 디렉터의 커뮤니케이 션이 원활하도록 돕고, 촬영과 편집, 녹음 등을 총괄하는 사람이다. CM 플래너 는 광고 콘셉트와 스토리보드를 광고주에게 판매하는 일을 하는 사람, 즉 광고 촬영 전 단계만을 담당하는 사람이다.

세 번째 업무는 미디어 부문이다. 미디어 부문은 제작된 광고물을 소비자에 게 적절하게 노출(exposure)시키는 일을 담당한다. 광고는 광고물을 만드는 것으로 끝나지 않는다. 완성된 광고를 타깃 소비자가 자주 접하는 미디어의 시간이나 지면을 구입해 적절한 횟수로 소비자에게 노출시켜야 한다. 이를 담당하는 것이 바로 미디어 부문이다. 미디어 부문의 책임자를 미디어 플래너(media planner)라 한다. 광고 예산의 80~90퍼센트는 모두 매체 비용이다. 텔레비전 프로그램을 구입하고 신문이나 잡지의 지면을 사는 데 드는 비용이 광고 예산의 대부분을 차지한다. 따라서 광고물이 아무리 뛰어나도 매체 계획이 효과적이지 못하다면 광고 캠페인은 실패할 뿐 아니라 예산까지 낭비하게 된다.

4. PR

1) PR의 정의

다른 개념과 마찬가지로 PR도 단 한마디로 규정하기가 매우 어렵다. 학자마다 혹은 여러 학회나 협회마다 다양한 정의를 내리기 때문이다. 1900년대 초기부터 1976년까지 PR에 대한 정의를 수집했던 PR 학자이자 전문가 렉스 할로우(Rex F. Harlow)에 의하면, PR에 대한 정의만 해도 472개에 달한다고 한다.

미국PR협회(PRSA: Public Relations Society of America)는 기존 정의에서 공통적으로 포함된 요소들을 정리해 발표했는데, 그 내용은 다음과 같다.

① 조직 관리의 한 부분으로 계획되고 지원적인 프로그램을 실행한다.
② 조직과 공중 사이의 관계를 다룬다.
③ 조직 내외의 인식, 의견, 태도와 행위 등을 모니터한다.
④ 정책, 절차, 행위가 공중에게 미치는 영향력을 분석한다.
⑤ 공중의 이익과 조직의 생존의 갈등에서 발견되는 정책, 절차, 행위를 조

정한다.

⑥ 조직과 공중에게 상호 호혜적인 새로운 정책, 절차, 행위의 수립에 대해 경영진에게 자문한다.

⑦ 조직과 공중 사이의 쌍방향 커뮤니케이션을 수립하고 유지한다.

⑧ 조직 내외의 인식, 의견, 태도와 행위에 구체적인 변화를 준다.

⑨ 이상의 활동의 결과로 조직과 공중 사이의 새로운 지속적 관계가 형성된다.

기존의 정의를 종합해보면, PR은 조직과 공중이 쌍방향 커뮤니케이션을 통해 상호 이해하며 상호 호혜적인 관계를 형성하고 유지하기 위한 관리 기능이라 할 수 있다. 그리고 PR 활동의 결과로 조직과 공중은 모두 새롭고 건설적인 관계를 수립하도록 변화된다. 요약하면, PR이란 '개인 또는 조직(PR주)이 자신과 이해관계가 있는 다양한 공중과 쌍방향 커뮤니케이션을 통해 상호 우호적 관계를 형성하고 유지하기 위해 계획하는 관리 활동'이라 할 수 있다.

PR에서 가장 중요한 개념 가운데 하나가 바로 공중(public)이다. 공중이란 PR주에게 영향을 미치고, 영향을 받는 주요 이해 당사자들(stakeholders)이다. 따라서 조직은 공중을 대상으로 다양한 PR 활동을 펼쳐서 부정적 영향을 최소화하고 긍정적 영향을 최대화하려고 노력한다.

PR 공중은 크게 외부 공중(external publics)과 내부 공중(internal publics)으

그림 12-8 ☞ PR의 핵심 개념

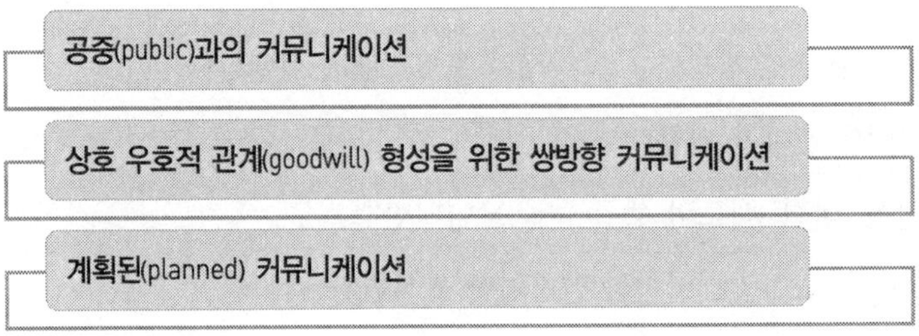

공중(public)과의 커뮤니케이션

상호 우호적 관계(goodwill) 형성을 위한 쌍방향 커뮤니케이션

계획된(planned) 커뮤니케이션

그림 12-9 ☞ 기업의 공중

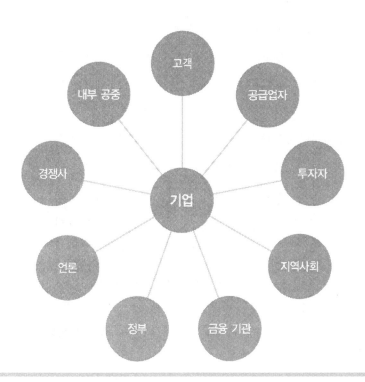

로 나뉜다. 외부 공중은 조직 밖의 공중으로서 이들은 조직의 일부분은 아니지만 조직과 관련을 맺으며 조직에 영향을 미칠 수 있는 집단이다. 기업의 주요 외부 공중으로는 정부, 재계, 업계를 비롯해서 언론 매체, 교육 기관, 각종 시민단체, 지역사회, 소비자 등이 포함된다. 반면 내부 공중은 조직이나 기업이 가장 긴밀한 관계를 맺는 집단으로서 경영진, 직원, 투자자 등과 같이 조직의 실체를 공유하는 사람 또는 단체를 말한다.

2) 퍼블리시티

PR주는 다양한 공중과 상호 우호적 관계를 구축하기 위해 여러 프로그램을 이용한다. PR 프로그램은 몇 가지로 단정하기 힘들 정도로 매우 많다. 대표적

PR 프로그램으로는 퍼블리시티(publicity), 후원 활동(sponsorship), 기업광고, 공익 활동, 기부, 홍보 대사 등이 있다.

그중 PR 역사에서 가장 오래 사용되어왔으며 가장 영향력이 큰 수단은 바로 퍼블리시티이다. 퍼블리시티를 직역하면 '언론 홍보(言論弘報)'이다. 다시 말해 신문이나 잡지 혹은 방송에서 기사나 뉴스로 기업의 메시지를 널리 알리는 것이다. 좀 더 구체적으로 표현하자면, '외부 정보원(개인 또는 조직)으로부터의 정보가 그 뉴스 가치로 말미암아 언론 미디어에 실리는 것'을 말한다.

기업의 입장에서 보면, 퍼블리시티는 '기업의 PR 목표나 마케팅 목표를 달성하기 위해 공중이 접하는 언론 미디어에 일정한 요금을 지불하지 않고 뉴스나 기사의 시간 혹은 공간을 획득하는 일'이라 할 수 있다. 즉 기업 자신이나 제품에 대한 홍보이다. 이는 기업이 표적 공중, 특히 소비자에게 메시지를 전달하는 데 가장 자주 사용하는 수단이다. 언론 미디어 입장에서 퍼블리시티는 기업과 제품에 관한 뉴스 가치가 있는 정보의 취재라 할 수 있다. 굳이 기자가 외부로 취재를 나가지 않더라도 독자나 시청자가 찾아서 읽고 볼 만한 기사거리나

그림 12-10 ☛ **PR 프로그램**

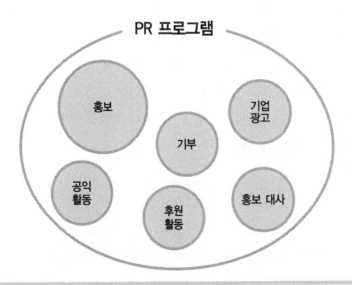

뉴스거리를 큰 수고를 들이지 않고 취재하는 것이다. 다시 말해 퍼블리시티는 기업과 언론이 서로 상생할 수 있는 수단이다.

PR 커뮤니케이션의 실무자가 기본적으로 담당해야 할 일은 언론과 관계를 맺는 일이며, 그중에서도 자사에 유리한 기사가 나가도록 보도자료를 배포(news release/press release)하는 것은 가장 기본적이면서도 중요한 일이다. 물론 인터뷰나 기자회견을 통해서도 퍼블리시티를 할 수 있으나 가장 기본적이면서 자주 사용되는 방법은 보도자료를 배포하는 것이다.

보도자료는 한마디로 자료라고 하지만 실은 거의 완성된 기사와 마찬가지로 작성해 배포해야 한다. 또한 기업이 보낸 자료가 기사로 선택되게 하려면 뉴스 가치(news worthy)가 있어야 한다. 아무리 기자들에게 팩스나 이메일로 보도자료를 보내더라도 그 내용이 보도할 만한 가치가 없다면 실제 기사화되지는 않는다. 이 경우 보도자료는 배포됐으나, 실제 퍼블리시티는 되지 않은 것이다.

일반적으로 뉴스 가치가 있는 보도자료는 시의성(timeliness), 중요성(importance), 독특성(uniqueness)이 있어야 한다. 그 외에 저명성, 영향력, 흥미, 갈등도 뉴스 가치가 있다(자세한 내용은 제7장 「인쇄 미디어」에서 '뉴스 가치' 부분 참조). 이러한 요소 가운데 하나 또는 그 이상을 갖추어야 언론 미디어가 보도자료를

그림 12-11 ☞ 언론의 자유와 알 권리의 관계

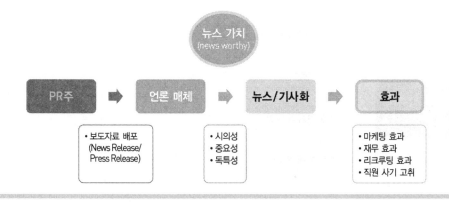

채택해 실제로 뉴스나 기사가 된다. 반면 기업이 배포한 보도자료가 뉴스 가치의 여러 요소 가운데 하나도 갖추지 못한다면 뉴스나 기사로 보도되지 않는다.

수용자의 입장에서 볼 때, 퍼블리시티는 기사나 뉴스이다. 기본적으로 광고와는 차이가 있다. 퍼블리시티와 광고는 모두 매스미디어를 통해 수용자에게 메시지를 전달한다는 점에서 공통점이 있으나, 본질적으로 두 유형은 서로 다른 특징을 갖는다. 광고와 비교할 때, 퍼블리시티의 특징은 네 가지로 구분해볼 수 있다.

광고와 비교했을 때, 퍼블리시티의 가장 큰 장점은 많은 사람에게 전달할 수 있다는 것이다. 사람들은 대체로 기사나 프로그램 같은 콘텐츠를 접하기 위해 매스미디어를 이용한다. 반면 광고는 자신이 원하는 콘텐츠를 이용하는 데 방해가 된다고 여긴다. 다시 말해 사람들은 콘텐츠에는 자발적으로 노출이 되지만, 광고에는 주로 우연하게 노출되는 경우가 많다. 따라서 신문에 게재된 광고를 보는 독자보다는 기사를 보는 독자가 훨씬 많다.

퍼블리시티의 두 번째 특징은 신뢰도가 높다는 점이다. 언론의 보도 내용은 상업적 의도가 없는 믿을 만한 정보원이라고 소비자들이 인식하기 때문에 그 신뢰도가 높다. 우리가 흔히 하는 말 중에 "그 사람이 누구인지 정확히 알려면, 그 자신보다는 주변 사람들에게 어떤 사람인지 물어보라"는 말이 있다. 즉 사

그림 12-12 ☞ 퍼블리시티의 특징

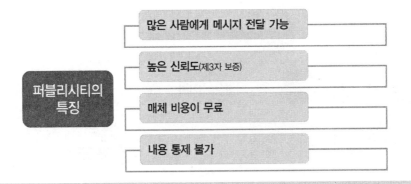

람은 누구나 자기 편향성(偏向性)을 갖기 때문에 그 사람 스스로가 말하는 것만으로는 정확하게 그 사람을 알 수가 없다. 사람은 단점과 장점 가운데 항상 자신의 장점을 더 부각하기 마련이다. 따라서 당사자보다는 제3자가 설명하는 것을 사람들은 더 잘 믿는다. 이를 '제3자 보증 효과(third-party endorsement)'라 한다. 광고주는 광고에서 자사 제품과 브랜드의 장점만을 알리려 한다. 다시 말해 당사자가 자기 이야기를 하는 것이기 때문에 사람들은 광고의 내용을 전적으로 신뢰하지는 않는다. 반면 퍼블리시티는 기사나 뉴스 형태로 나가기 때문에 제3자인 언론이나 기자가 기업과 제품을 대신 설명하는 것처럼 보인다. 그런 이유로 사람들은 퍼블리시티를 광고보다 더 잘 믿는다.

전술한 것처럼 광고는 텔레비전이나 신문 같은 매스미디어를 통해 전달되는데, 광고주 기업은 해당 매스미디어에 광고 시간과 지면에 대한 비용을 반드시 지불해야 한다. 국내에서 방송 공익광고를 제외하고 모든 광고는 매스미디어에 비용을 지불한다. 그리고 그 비용도 만만치 않다. 국내의 경우《조선일보》, 《중앙일보》, 《동아일보》에 전면 광고를 하기 위해서는 1회에 약 1억 원 정도 비용이 든다.

반면 퍼블리시티는 매체 비용이 무료이다. 예를 들어 특정 기업의 제품이 해외 유명 콘테스트에서 수상을 한 기사가 신문 1면에 머리기사로 나갔다 하더라도, 그 기사가 나간 지면 크기만큼 비용을 지불하지는 않는다. 또한 텔레비전에서 약 3분간 제품 특징과 수상 장면, 관련 인물들의 소감이 방송되더라도 3분에 대한 비용은 지불하지 않는다. 물론 언론이 자발적으로 뉴스거리나 기사거리를 취재해서 내보낸 것뿐 아니라, 해당 기업이 관련 정보를 보도자료로 작성해 언론에 제공하고 그 내용이 그대로 기사나 뉴스로 나가더라도 매체 비용은 지불하지 않는다. 언론은 큰 비용이나 수고를 들이지 않고 좋은 기사거리나 뉴스거리를 얻었으므로 비용은 따로 받지 않는다.

기업 측에서는 퍼블리시티가 신뢰도도 높고, 매체 비용도 들지 않으므로 매우 효과적인 마케팅 수단이지만, 보도되는 내용을 기업이 마음대로 통제할 수 없다는 단점이 있다. 즉 언론에 보도자료를 보낼 때는 기업의 마음대로 내용을 표현하는 것이 가능하지만, 그것이 언론을 통해 뉴스나 기사로 나갈 때는 전적으로 언론 미디어의 통제를 받는다. 이른바 게이트키핑이 되는 것이다.

이처럼 퍼블리시티는 PR주, 특히 기업의 입장에서 매우 효과적인 PR 수단이다. 이러한 퍼블리시티의 장점 외에 기업은 퍼블리시티를 통해 크게 네 가지의 효과를 기대할 수 있다. 첫 번째는 마케팅 효과이다. 퍼블리시티를 많이 하는 기업일수록 소비자 사이에서 인지도가 높아지기 때문에 그 기업의 제품이 판매될 가능성이 높아진다.

두 번째는 재무 효과이다. 일반적으로 투자자는 처음 보는 기업보다는 인지도가 높은 기업에 투자하려는 성향이 있다. 따라서 언론을 통해 널리 알려진 기업일수록 투자를 유치하는 것이 더 용이하다.

세 번째는 리크루팅(recruiting) 효과이다. 퍼블리시티를 통해 인지도와 호감이 높은 기업이 좋은 인재를 채용할 수 있다. 많은 구직자들은 채용 공고가 나왔을 때 그 기업이 얼마나 알려진 기업인지를 판단한다. 그러므로 퍼블리시티를 많이 할수록 인재를 채용하는 일이 더 수월해진다.

네 번째는 직원들의 사기 고취 효과이다. 자신이 속해 있는 기업 또는 조직이 언론을 통해 많이 알려질수록 직원들은 자긍심을 갖게 된다. 그리고 이러한 자긍심은 생산성 향상에도 도움이 된다.

3) 기타 PR 프로그램

① 공익 활동과 기부

PR주는 특정 사회문제 해결을 위해 캠페인을 기획해 기금을 모금할 수도 있고, 현물을 기증할 수도 있으며, 혹은 기타 기업의 자산을 제공할 수도 있다. 공익사업을 벌일 때나 사회에 문제가 발생했을 때(예: 자연재해 등), 직접 기부(donation)를 하기도 한다. 또한 사회문제 개선을 위해 기업이 제품을 판매한 일정 비율을 기부하는 경우도 있다. 이를 공익 연계 마케팅(CRM, Ccause-Related Marketing)이라 하는데, 일반적인 기부와는 조금 다르다. 보통 기부라

하면 아무 조건 없이 일정 금액을 제공하는 것을 뜻한다. 반면 CRM은 제품이 판매된 일정 비율을 기부하는 것이다. 즉 제품이 판매되지 않는다면 기부를 하지 않는다. 기업의 입장에서는 선행을 하면서 제품의 판매도 증가시킬 수 있기 때문에 최근 선호하는 PR 프로그램 가운데 하나이다. 소비자에게는 해당 기업의 제품을 구매하는 것 자체가 기부 행위에 동참하는 일이다 보니 제품의 판매가 증가하는 것이다.

예를 들어 르노삼성자동차는 어린이 교통사고 예방을 위해 2004년부터 '안전한 길, 안전한 어린이' 프로그램을 시행해왔다. 구체적으로 4만 5천여 개의 초등학교에 교통안전 교육교재를 전달하고, 교사와 어린이들에게 안전 교육을 진행하며 캠페인 활동을 벌였다. 2009년부터는 '에코액션'이라는 친환경 캠페인도 시행했다. 이는 '트렁크를 비워주세요', '에코 드라이빙', '타이어 공기압 매달 확인하세요', '실내 온도 적정 유지하기' 같은 프로그램을 통해 에너지 절감과 배출 가스 감소 활동을 하는 것이다. 그 외에도 2003년부터 초등학교에 영어 교재와 컴퓨터를 지원했으며, 국내 자동차 전문학교에 교육실습용 장비로 차량과 엔진, 변속기 등을 무상 지원하기도 했다.

② 후원 활동

후원 활동, 즉 스폰서십(sponsorship)은 주로 기업들이 PR 목표(이미지 제고)나 마케팅 목표(매출 증가)를 지원할 목적으로 대의(cause)나 행사(event)를 후원하는 활동이다. 특히 기업들의 최근 스폰서십 경향은 대의보다는 스포츠, 순수 문화 예술, PPL(product placement) 등에 집중하는 편이다.

먼저 스포츠 스폰서십은 크게 네 가지 유형으로 구분한다. 첫 번째는 개별 선수를 후원하는 방법이다. 가령 나이키(NIKE)가 마이클 조던(Michael Jordan)과 타이거 우즈(Tiger Woods)를 후원하는 경우를 들 수 있다. 두 번째는 스포츠 팀을 후원하는 방법이다. 예컨대 특정 스포츠 팀(첼시)의 재정을 후원하고 팀명이나 유니폼 등에 스폰서 이름(삼성)을 사용하는 경우이다. 세 번째는 스포츠 단체를 후원하는 방법이다. 예를 들어 나이키는 스포츠 협회(대한축구협회) 또는 연맹에 지원을 할 수 있다. 네 번째는 스포츠 행사를 후원하는 방법이다. 월드컵, 올림픽, 세계육상대회, F1 등의 대형 스포츠 행사에 많은 금액을 지불하고 공식 후원사로 등록하는 것이 그 예이다. 공식 후원사로 등록하면 공식 휘장과 경기장 광고판(A-board)을 사용할 권리를 획득한다.

기업은 문화예술도 후원을 한다. 이를 메세나(Mecenat)라 한다. 1967년 미국에서 기업예술후원회가 발족하면서 메세나란 단어를 처음 사용한 이후, 이 용어는 미술, 음악, 공연, 연극 등 다양한 문화 예술분야에 대한 후원 활동을 일컬어왔다. 한국에서도 1994년 '한국기업메세나협의회'가 발족했으며, 이후 '한국메세나협의회'로 개명했다. 2010년 6월 현재 203개의 회원사가 등록되어 있다. 예를 들어 현대자동차는 문화를 접할 기회가 적은 문화 소외 지역의 어린이들에게 문화예술을 접하고 누릴 수 있는 기회를 선사하기 위해 아트드림 사업을 진행한다.

최근 기업이 후원 활동에서 가장 관심을 갖는 프로그램은 바로 PPL이다. PPL은 주로 영화나 텔레비전 프로그램 제작사에 제품이나 제작비 일부를 협찬해주고 그 대가로 기업 자신이나 기업의 브랜드를 노출시키는 마케팅 전략이다. 원래 PPL은 영화의 각 장면에 사용될 소품을 적절한 장소에 배치하는 것이었으나, 영화에 나온 제품의 인지도가 올라가고 매출이 증가하자 PR과 마케팅 수단으로 주목을 받게 됐다.

PPL을 실시한 기업의 이름은 영화의 경우 엔딩 크레디트에서 확인할 수 있다. 일반적으로 제작 협찬, 소품 협찬, 의상 협찬, 장소 협찬 등의 타이틀로 기업의 명칭이 나열된다. 그중 가장 많은 제작비를 지급하는 PPL이 제작 협찬이다. 이 경우 영화나 텔레비전 프로그램에서 해당 기업의 제품이 주요 소품으로 등장하거나 기업의 로고가 자주 등장한다.

예를 들어 영화 〈아이 엠 샘(I am Sam)〉에서는 숀 팬(샘 도슨 역)의 직장으로 스타벅스가 나온다. 주인공의 직장인만큼 자주 노출이 되는데, 아마도 영화 제작비로 많은 금액을 스타벅스가 지원했을 것이다. 또한 〈아이 엠 샘〉의 앤딩 크레디트를 보면, 스타벅스 외에 조르지오 아르마니도 여주인공인 미셸 파이퍼

(리타 해리슨 역)의 의상을 협찬했음을 알 수 있다.

③ 기업광고

기업광고(corporate advertising)는 제품이나 서비스의 판매 촉진이 아닌, 기업 정체성(identity)의 형성, 변화, 유지를 목적으로 실시하는 광고를 말한다. 때때로 기관 광고(institutional ad)나 기업 이미지 광고(corporate image ad)라고도 불린다.

역사적으로 기업광고는 1950년대에 등장하기 시작했는데, 이제는 단순히 기업 이미지를 살리는 것뿐 아니라, 기업의 주요 정책이나 사회적 이슈 등을 홍보하기도 하고, 제품 판매를 지원하기도 한다. 아무래도 좋은 이미지를 지닌 기업의 제품을 소비자는 선호한다.

④ 홍보 대사

홍보 대사(PR ambassador)란 특정 조직의 대외 커뮤니케이션 과정에서 PR 효과를 제고하기 위해 기용하는 정보원(source)을 말한다. 설득 메시지의 수용도에 영향을 미치는 요소는 실로 다양한데, 그중 가장 잠재적 영향력이 높은 변인은 메시지 정보원이다. 동일한 메시지라도 정보원이 누구냐에 따라 메시지의 효과는 차이가 난다. 마찬가지로 동일한 홍보 메시지라도 홍보 대사가 누구냐에 따라 공중의 반응은 다르다.

현재 국내 조직, 특히 비영리 조직의 홍보 대사 위촉 현황을 보면, 과학적인 조사를 하거나 타당한 근거를 대기보다는 주로 인지도와 인기만을 고려해 유명인을 선정하는 경우가 다수이다. 물론 유명인 홍보 대사는 장점(높은 주목도, 긍정적 이미지 전이)도 많지만, 그에 못지않은 단점도 지닌다. 우선 홍보 대사로 기용된 유명인이 캠페인의 특성과 큰 관련이 없다면, 공중은 유명인 자체는 기억하지만 캠페인의 메시지 내용은 기억하지 못할 수도 있다. 그리고 인기가 높은 유명인은 여러 기업의 광고 모델 또는 여러 조직의 홍보 대사로 중복해서 출연하는 경우가 많은데, 이러한 중복 출연은 공중의 혼란을 가중해 설득 효과를 감소시킨다. 또한 홍보 대사로 기용되어 활동하는 기간 동안 유명인이 부정적 스캔들이나 루머에 연루되면 홍보 캠페인에도 부정적 영향을 미칠 수 있다.

무엇보다 가장 큰 문제점은 바로 높은 비용이다. 흔히 특정 유명인이 공공기관이나 비영리 조직의 홍보 대사로 위촉됐다고 하면, 대다수의 국민들은 무보수 명예 홍보 대사나 재능 기부를 떠올린다. 그러나 실제로는 모델료나 거마비 명목으로 많은 비용을 지급하는 실정이다. 따라서 홍보 대사를 선정할 때는 여러 상황을 고려해야 한다.

memo

13

언론 미디어
제도

민주주의국가에서 미디어 제도와 정책이 지향하는 바는 다양한 목소리의 미디어를 공존하게 함으로써 국민들이 여러 의견과 아이디어를 수용하게 하고 이를 통해 민주주의의 발전에 기여하는 데 있다. 세계 각국의 미디어 제도는 각 나라의 역사, 법률, 문화, 이데올로기, 정치체제 등에 따라 차이가 난다. 그러나 공통점을 살펴보면, 대체로 인쇄 미디어에는 규제를 하지 않거나 따로 정책을 세우지 않지만, 방송 미디어에는 비교적 엄격한 규제를 가한다. 이는 방송이 공공 자산인 전파를 이용하기 때문이다. 거기에 각 국가의 사회 시스템이나 국민적 합의를 바탕으로 다양한 미디어 지원 정책과 규제 유형이 추가된다. 일례로 국내의 경우 정권이 바뀔 때마다 기존 미디어 제도가 개정되거나 또는 새로운 제도가 도입된다. 다시 말해 지금 이 책에서 설명하는 미디어 제도와 정책도 불변하는 것이 아니라, 이후 다시 변경될 수 있다는 뜻이다.

제13장에서는 한국의 대표적인 미디어 제도와 정책 다섯 가지를 선정했다. 우선 방송 제도 유형과 우리나라의 방송 제도를 설명한다. 다음으로 미디어렙 제도, 신문 지원제도, 신문과 방송의 겸영과 관련한 논쟁, 이명박 정부와 박근혜 정부의 주요 미디어 정책에 대해 살펴본다.

1. 방송 제도의 유형

전술한 바와 같이 각 나라는 정치체제, 문화, 역사, 법률, 사회 시스템 등에 따라 다양한 방송 지원제도를 지닌다. 가장 일반적으로 방송은 소유와 재원 형태에 따라 국영방송(國營放送), 공영방송(公營放送), 민영방송(民營放送)으로 구분한다. 국영방송(government-run broadcasting)은 국가, 즉 정부가 소유하고 운영하는 방송이다. 방송국을 국가의 한 부서나 소속 기관으로 취급해 방송의 소유권과 통제권을 모두 정부가 갖는다. 따라서 방송의 역할은 사회 전체 및 국가의 이익을 보호하고 국가 발전에 도움을 주는 데 있다. 정부 소유이기 때문에 정권을 비판하기 힘들며, 방송은 이데올로기적 기구의 역할을 담당할 수밖에 없다. 주로 공산국가나 개발도상국 등에서 국영방송 제도를 채택한다.

공영방송(public service broadcasting)은 직역하면 '공공 서비스 방송'이라 할 수 있다. 정부가 설립한 공사가 사회 책임주의 언론 철학을 바탕으로 공공의 이익(public interest)과 다양한 문화의 전파를 위해 방송국을 운영한다. 사회의 각 이익 집단이나 미디어 종사자가 대표자를 뽑아 경영을 맡기는 형태가 많다. 주요 정책 결정은 경영위원회나 이사회 같은 대표자 모임에서 수행한다. 공영방송은 국가권력이나 특정 집단의 독주와 간섭을 막고 사회 각 계층을 대표해 편성의 자율성을 보장하는 데 근본 취지가 있다. 주요 재원은 시청료이고, 광고 수입과 정부 보조금(공적 자금) 등으로도 운영된다. 우리나라의 KBS, MBC, EBS가 대표적인 공영방송이다.

민영방송(private management broadcasting)은 상업방송(commercial broad-casting)이라고도 하는데, 사기업이 방송을 통해 상업적 이윤을 추구하는 것이다. 소유권이 개인이나 사기업에 있으며, 방송의 본질을 기업의 자유경쟁 활동으로 본다. 재원은 전적으로 광고 수입에 의존한다. 우리나라에서는 SBS와 지역 민방이 민영방송에 해당한다.

방송 선진국은 대부분 공영방송 또는 민영방송 체제를 가지며, 공영방송과 민영방송 이원 체제를 가진 나라도 많다. 역사적으로 볼 때, 유럽 국가의 경우 대부분이 공영방송 체제로 출발했으며, 미국은 대표적인 민간 상업방송 체제를 택한 나라이다. 따라서 이 절에서는 공영방송과 민영방송의 주요 특징을 살펴보고, 이들의 영향을 받은 우리나라의 방송 체제에 대해 설명하고자 한다.

1) 공영방송

앞서 설명했듯이 공영방송은 방송의 목적이 '공공성(公共性)'에 있는 방송이다. 전통적으로 방송의 공공성이란 전파 자원의 희소성과 막대한 사회적 영향력을 근거로 특정 이해관계와 사적 이익에 좌우되지 않음을 뜻한다. 나아가 방송의 공공성은 사회의 보편적인 이익과 공익 달성에 기여함을 의미해왔다. 즉 공영방송의 존재 의의는 보편성, 정치적·경제적 독립, 문화적 정체성, 다양성, 차별성 등의 추구로 종합할 수 있다.

'보편성'이란 사회 구성원 모두가 방송을 보편적으로 이용 가능함을 말한다. 즉 모든 이용자가 언제 어디서나 적절한(affordable) 요금으로 방송을 이용할 수 있어야 하는데, 여기에 지역이나 특정 계층 간 차별이 없어야 함을 의미한다. '정치적 독립'은 정부 및 정치적 집단으로부터의 불간섭을 뜻하며, '경제적 독립'은 자본의 영향을 벗어나 시청률 경쟁이 아닌 프로그램의 질적 수준 향상을 위해 경쟁함을 의미한다. '문화적 정체성'이란 국가 정체성의 확립, 지역사회와 문화 발전에의 기여, 교육 기능 등을 뜻하며, '다양성'은 소수 계층의 관심 분야도 아우르는 다양한 프로그램을 제작하고 방영하는 것을 의미한다. 마지막으로 '차별성'이란 민영방송을 비롯한 여타 미디어와 구별되는 고유의 콘텐츠를 갖추어야 한다는 뜻이다.

영국을 비롯한 유럽의 경우 대부분 공영방송 체제를 지닌다. 재원도 시청료 및 세금이 주를 이루는 경우가 많다. 하지만 국가가 방송 내용에 간섭하거나 통제를 가하지는 않는다. 영국의 경우 1922년 BBC(British Broadcasting Com-

pany)의 창사와 함께 방송이 시작됐는데, BBC는 완전한 독립 기구이며 비상
업적 방송이다.

현재와 같은 방송과 통신의 융합 시대, 다매체·다채널 시대에는 유료 방송
서비스가 일반화되고 시청률이 광고 수입과 직결되면서 상업방송의 영역이 점
차 확대되고 공영방송의 영향력은 점차 감소한다. 그렇다고 해서 방송 미디어
정책을 일반 상품처럼 시장에 모두 맡길 수는 없다. 상업주의와 시청률 지상주
의가 확대된 방송 환경 속에서는 사회 각계각층의 다양한 의견과 관심을 대변
하고, 지역·계층·빈부·성적 차별 없이 모든 국민이 보편적으로 수용할 수 있
는 프로그램을 제작하고 방영하는 것이 중요한 함의를 갖기 때문이다.

공영방송의 가장 큰 장점은 시청률을 의식하지 않아도 되기 때문에 상업방
송에서 제작하기 힘든 다양한 문화 및 교육 프로그램을 제작할 수 있다는 것이
다. 또한 새로운 형식을 도입하거나 실험적 프로그램을 편성하고 제작할 수도
있다. 그러한 프로그램이 성공하면, 민영방송 역시 경쟁력을 키우기 위해 프로
그램의 다양성을 확보하게 된다. 이는 결국 방송의 다양성과 다변화된 시청자
의 욕구 충족으로 귀결된다.

예컨대 국내 인기 예능 프로그램 중에는 영국 방송 프로그램의 판권을 구입
해 제작한 경우가 많다. 영국 ITV 〈브리튼스 갓 탤런트(Britain's Got Talent)〉는
tvN의 〈코리아 갓 탤런트(Korea's Got Talent)〉로, 영국 BBC의 〈탑 기어(Top
Gear)〉는 XTM의 〈탑 기어 코리아(Top Gear Korea)〉로, 영국 ITV의 〈팝스타 투
오페라스타(Popstar To Operastar)〉는 tvN의 〈오페라스타(Operastar)〉로 제작
되어 방송됐다. 미국이 원조로 알려진 MBC 〈댄싱 위드 더 스타(Dancing with
the Stars)〉도 사실 영국 BBC의 〈스트릭틀리 컴 댄싱(Strictly Come Dancing)〉이
원조이다. 이 프로그램은 세계 37국에 수출됐다. 인도 영화 〈슬럼독 밀리어네
어(Slumdog Millionaire)〉의 소재로 사용돼 유명해진 영국 ITV 〈누가 백만장자
가 되고 싶은가(Who wants to be a millionaire)〉 역시 전 세계에 '프랜차이즈
화'된 프로그램이다. 이처럼 다양한 형식의 프로그램 제작을 통해 시청자의 욕
구를 충족시킬 수 있었던 것은 바로 공영방송의 실험성 덕분이라 할 수 있다.

반면 공영방송의 단점으로는 시청자가 원하는 내용이 아닌 시청자에게 필요한 내용을 중심으로 프로그램을 제작하고 방송하기 때문에 다수의 시청자를 확보하기 어렵다는 것을 들 수 있다. 물론 단순한 시청률의 고저(高低)가 프로그램의 질을 평가하는 기준이 되어서는 곤란하다. 하지만 아무리 좋은 콘텐츠라도 결국 시청자가 보지 않는다면 의미가 없다. 또 다른 단점은 정부의 영향을 받을 수밖에 없다는 것이다. 공영방송이 비록 국영방송보다 정치적 독립성을 인정받기는 하지만, 상업방송에 비해 정부의 규제에 민감하다. 따라서 정부를 비판하는 데 다소 문제가 생길 여지가 충분하다.

2) 민영방송

민영방송 혹은 상업방송 제도를 택한 대표적인 나라는 미국이다. 미국 방송국은 대부분 개인 사업체가 소유하고 있다. 미국의 4대 전국 네트워크 방송인 ABC, CBS, NBC, Fox가 모두 민영방송이다. 반면 비상업적 텔레비전 방송은 대부분 PBS(Public Broadcasting Service)라고 불리는 네트워크에 가입되어 있다. 상업방송은 재원을 거의 전적으로 광고에 의존하기 때문에 방송사나 프로그램 간 경쟁이 매우 치열할 수밖에 없다. 결국 다수의 시청자가 선호하는 프로그램이나 시청률 제고를 위한 선정적 프로그램이 많이 편성되어 제작되는 편이다.

민영방송의 가장 큰 장점은 수신료나 세금으로 운영되지 않기 때문에 정부의 통제로부터 매우 자유롭다는 것이다. 또한 이용자 입장에서도 프로그램 이용료를 따로 지불하지 않으므로 이득이 된다.

반면 단점은 시청률에 매우 민감하기 때문에 작품성 있는 프로그램이나 교육 프로그램, 소수 계층을 위한 프로그램, 시사 보도 프로그램을 제작하기 매우 어렵다는 것이다. 나아가 전술한 바와 같이 방송의 상업화 및 오락화가 심해질 수밖에 없고, 시사 보도 프로그램에서도 시청률을 끌어올리기 위해 옐로우저널리즘의 경향을 보일 수도 있다.

3) 한국의 방송 제도

한국의 대표적 공영방송인 KBS는 1927년 '경성방송국'으로 라디오 방송을 송출하기 시작해, 1947년 국영 '서울중앙방송'으로 재출범했고, 1961년 텔레비전 방송을 시작했다. 그 후 1972년 12월 30일 비상국무회의에서 한국방송공사법이 제정됐고, 이듬해 3월 3일 이 법을 근거로 한국방송공사가 설립되어 국영방송에서 공영방송으로 전환됐다. 즉 KBS가 정부 조직에서 벗어나 독립된 법인으로 전환되고, 시청료 징수권을 부여받아 독자적인 회계권을 인정받음으로써 공영방송이 된 것이다. 그러나 당시만 해도 대통령이 사장을 임명하고 문화공보부 장관이 임원을 임명하는 체제였고, 예산과 회계에서도 정부의 관리하에 있었다. 공영방송이라고는 하지만 사실상 국영방송의 틀을 벗어나지 못한 셈이다.

이후 1980년 전두환 신군부가 '방송 공영화'를 명분으로 KBS를 축으로 종교방송을 제외한 모든 방송을 통폐합해 본격적인 공영방송제가 도입됐다. KBS는 TBC, DBS 등을 인수해 텔레비전 채널 두 개, 라디오 채널 네 개를 소유하게 됐다. MBC는 21개의 지방 제휴사를 주식 인수 방식으로 계열화했는데, 당시 정수장학회가 보유했던 MBC 본사 지분 가운데 70퍼센트를 KBS가 인수하는 형식으로 공영방송으로 전환했다. 이후 KBS가 보유했던 MBC 지분 70퍼센트는 방송문화진흥회로 넘어갔다. 바야흐로 한국 방송은 KBS와 MBC 양대 공영방송이 지배하는 구조로 변화했다.

영국이나 독일 등 선진국의 공영방송은 방송의 정치적 독립을 목적으로 도입됐다. 반면 한국의 공영방송은 사회적 합의를 기반으로 한 것이 아니라, 언론 장악을 위해 당시 정부가 일방적으로 추진한 정책의 산물이었다. 따라서 궁극적으로는 방송이 지배 권력 강화를 위한 도구로 귀결될 수밖에 없었다. 다만 민간 자본의 방송 진입이 배제되고, 정부 출연금이나 국고 또는 공적 자금이 투입됐다는 점에서 선진국의 공영방송과 공통점이 있다.

357

한국의 공영방송은 공영방송 제도를 채택하면서도 민간 상업방송과 같이 광고 방송을 동일하게 허용한다. 특히 MBC는 방송문화진흥회를 통한 공적 소유와 통제를 받지만, KBS와 달리 시청료 없이 상업적 재원으로만 운영되는 실정이다. KBS도 높은 광고 의존도를 보인다. 이에 공영방송의 기준이 무엇인지, 공영방송의 범위를 어떻게 설정해야 할지에 대한 논란이 계속되고 있다. 만약 시청료를 위시한 공적 재원으로 운영되거나 방송 목적이 상업적 이익이 아닌 사회 공익 추구에 있는 방송을 공영방송이라고 한다면, KBS 외에도 다양한 방송사가 공영방송에 속한다고 볼 수 있다.

1980년 언론 통폐합으로 만들어진 공영방송 KBS와 MBC의 독점 체제는 1991년 12월 9일 SBS의 개국으로 공영방송과 민영방송 이원 체제로 전환됐다. SBS는 출범 당시 서울과 경기 지역을 방송 권역으로 텔레비전 방송을 시작했

도표 13-1 ☞ 한국의 주요 공영방송 성격의 방송사

방송사	매체 성격	통제 시스템	재원
KBS	지상파	공영	수신료+상업적 재원
MBC	지상파	공영	상업적 재원
EBS	지상파	공영	수신료+광고+발전기금
아리랑 TV	케이블·위성	국영(국제방송교류재단)	국고+발전기금+상업적 재원
KTV	케이블·위성	국영(국정홍보처)	국고
NATV	케이블·위성	국영(국회)	국고+발전기금
방송대학 TV	케이블·위성	국영(교육부)	국고
사이언스 TV	케이블·위성	국영(과학기술부+YTN)	국고+상업적 재원
국군방송 TV	케이블·위성	국영(국방부)	국고
시민방송 RTV	케이블·위성	공영(재단법인)	발전기금
서울 TV	케이블·위성	서울시	시 예산
TBS 교통방송	라디오 채널	서울시	시 예산
TBN 교통방송	라디오 채널	도로교통안전관리공단	국고
국악방송	라디오 채널	국영	국고+발전기금

출처: 방송위원회, 「공영방송 정체성 확립방안 연구」, 《정책연구》 2007년 12월 호, 20쪽.

고, 이후 1도(道) 1사(社) 원칙에 의거 1995년(부산, 대구, 광주, 대전), 1997년(전주, 청주, 울산, 인천), 2001년(강원), 2002년(제주) 등 네 차례에 걸쳐 지역 민영방송이 도입됐다.

현재는 지역민방 가운데 경인방송(OBS)만 자체 편성을 하며, 나머지 방송은 SBS와 네트워크를 형성했다. 즉 경인방송을 제외한 지역 민방은 독자적이고 자율적인 방송사라기보다는 주로 SBS 프로그램을 재송신하는 네트워크 기능에 치중한다. 따라서 SBS는 형식상 지역 민영방송이지만 실질적으로는 KBS, MBC와 같은 전국 방송으로 볼 수 있다.

2. 미디어렙

1) 미디어렙의 정의와 특성

미디어렙(media rep)은 매체를 뜻하는 'media'와 대표를 의미하는 'representative'의 합성어로 매체사를 대신해서 광고주나 광고대행사에 광고 지면과 시간을 대행 판매하는 기관을 말한다. 즉 매체사의 광고 영업 부서를 아웃소싱한 외부 조직이라 할 수 있다.

미디어렙은 크게 미국형과 유럽형으로 분류한다. 상업방송이 중심인 미국은 네트워크 방송사가 직접 광고를 판매하는 부분이 많아 방송사의 영향력이 크다. 하지만 워낙 지리적으로 방대한 시장이므로 수많은 지역 방송사를 대행하는 독립 민영 미디어렙이 발달했다. 유럽은 공영방송 중심이므로 방송사가 설립한 자회사의 미디어렙, 즉 자회사 공영 미디어렙이 먼저 발달했고, 이후 상업방송이 허용된 1980년대 이후 민영 미디어렙이 생겨났다.

미디어렙은 언론 미디어의 편성과 편집, 제작을 광고 영업과 분리해 전문화

그림 13-1 👉 미디어렙 유형

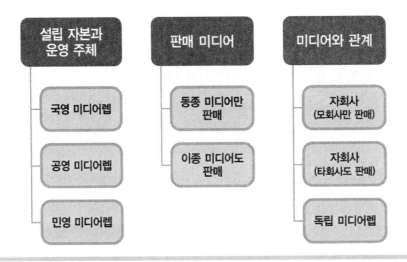

와 효율화를 추구함으로써 미디어 경영을 합리화하고 수익성을 제고한다. 또한 광고주 기업이 미디어에 광고 게재를 무기로 부당한 압력을 행사하지 못하게 해 공공성을 높인다. 또한 광고주와 광고대행사에 과학적인 미디어 관련 자료(예: 시청률 등)를 제공해 그들의 광고 전략 수립에 도움을 주고 미디어에는 광고 수주를 용이하게 해준다.

미디어렙은 설립 자본과 운영 주체의 성격에 따라 국영, 공영, 민영 미디어렙으로 구분된다. 국영 미디어렙은 국가에서 운영하는 것으로 네덜란드의 국가광고방송전담기구(STER)와 과거 한국방송광고진흥공사(kobaco)가 여기에 해당된다. 공영 미디어렙은 공영 미디어의 자회사 형식인 미디어렙이고, 민영 미디어렙은 민영 미디어에서 운영하는 자회사 형식이거나 독립된 미디어렙이다. 또한 판매하는 미디어 형태에 따라 동종 미디어(예: 방송 미디어)만을 취급하는 미디어렙과, 이종 미디어(예: 방송과 신문)도 취급하는 미디어렙으로 구분된다. 마지막으로 미디어와의 관계에 따라 미디어의 자회사와 독립 미디어렙으로 구분할 수도 있다. 또한 자회사인 경우, 모회사 미디어의 물량만 취급하는 미디어렙과 타 회사 미디어의 물량도 취급하는 미디어렙으로 구분된다.

2) 한국방송광고진흥공사

한국방송광고진흥공사(kobaco, Korea Broadcasting Advertising Corpora-tion)는 한국방송광고공사법에 따라 1981년 무자본 특수 법인으로 설립된 조직으로서 2011년까지 지상파 3사를 포함해 EBS, 지역 민방, 종교방송, 지상파 DMB의 모든 광고 판매를 독점 대행해왔다. 한국방송광고진흥공사는 방송 시급 및 광고 요금 결정, 광고 판매, 수금, 방송 광고물 운행 등 방송사가 하던 광고 영업 업무 일체를 맡아왔다. 설립 초기에는 '한국방송광고공사'로 불렸으나, 최근에는 '한국방송광고진흥공사'로 명칭을 변경했다.

한국방송광고진흥공사의 순기능부터 먼저 살펴보자 첫째, 방송의 편성과 제작에서 광고 영업을 분리해 방송의 공공성과 독립성을 가져왔다. 즉 한국방송광고진흥공사를 통해서만 광고 거래를 할 경우, 방송사가 광고를 유치하기 위해 광고주에게 압력을 행사하거나, 반대로 광고주가 광고를 빌미로 방송사에게 영향을 끼치는 것을 막을 수 있다. 둘째, 광고 요금을 적정 수준으로 유지함으로써 물가를 안정시켰다. 셋째, 방송 광고 연계 판매 등을 통해 시청률이 낮은 취약 미디어(종교방송과 지역 민방 등)의 광고 수주에 도움을 줌으로써 지역 균형 발전과 미디어 균형 발전을 도모했다. 마지막으로 공익 자금 조성을 통해 공익광고 집행과 방송 및 광고 산업의 발전에 기여했다.

반면 한국방송광고진흥공사의 역기능은 다음과 같다. 첫째, 방송 광고 영업권의 독점은 시장경제 원리에 어긋난다. 이와 관련해 헌법재판소는 2008년 11월 27일 한국방송광고진흥공사의 방송 광고 독점 판매 제도가 과잉 금지 원칙 위반과 평등권 침해에 해당한다는 판결을 내렸다. 둘째, 광고 요금을 한국방송광고진흥공사가 규제하는 것은 방송사의 수익률 악화를 초래한다는 비판이 있다. 셋째, 취약 미디어 연계 판매가 광고주로 하여금 추가 비용을 유발시키고, 때로는 지나친 광고 반복으로 광고 효과를 감소시킬 수 있다는 점이 지적됐다.

3) 민영 미디어렙

전술한 것처럼, 2008년 헌법재판소가 한국방송광고진흥공사의 '독점적 방송 광고 판매 대행'에 대해 헌법 불일치 판결을 내렸다. 따라서 2010년부터 국내 방송 광고 시장에는 한국방송광고진흥공사의 독점 체제를 끝내고 민영 미디어렙을 도입할 근거가 마련됐다.

민영 미디어렙이 도입되면, 한국방송광고진흥공사의 역기능이 어느 정도 해소되겠지만, 무엇보다 광고 요금이 상승하고, 취약 미디어가 생존하기 어려울 수 있다는 문제점이 제기됐다. 우선 인기가 많은 주 시청 시간대(평일 저녁 8~11시)의 지상파 프로그램은 인플레이션이 발생할 것이다. 결국 광고 요금 인상은 제품 가격에 연동되어 소비자에게 피해가 갈 수도 있다. 또한 민영 미디어렙이 도입되면, 지상파방송의 광고 수입은 증가하지만, 케이블방송이나 신문의 광고 수입은 감소할 수밖에 없다. 특히 그동안 지상파 광고와 연계 판매로 지원을 받았던 취약 미디어는 생존을 걱정해야 할지 모른다는 지적도 있다. 일례로 2010년 다섯 개 종교방송의 광고 매출 573억 원 가운데 연계 판매가 460억 원으로 80퍼센트를 넘었고, 지역방송도 652억 원의 광고매출 가운데 75퍼센트인 488억 원이 연계 판매를 통한 수입이었다.

헌법재판소 판결 이후 민영 미디어렙 설립과 관련해 그동안 정부와 각 정당

도표 13-2 ☞ **개정된 방송광고판매대행사법 주요 내용**

◎ KBS·MBC·EBS는 '공영으로 묶고, SBS·종편 등 '민영은 1사 1대행사 설립 가능
◎ 종편은 승인 시점에서 3년 유예해 2014년부터 적용, 3년 동안 직접 광고 영업 가능
◎ 방송사는 광고판매대행사 지분을 최대 40% 확보 가능
◎ 신문사와 통신사는 광고판매대행사 지분 10% 이상 초과 불가(종편은 가능)
◎ 지상파와 케이블 광고 교차 판매 허용, 신문과 방송 광고는 교차 판매 금지

은 다양한 방안을 모색해왔다. 그리고 논의 결과 2012년 2월 9일 당시 새누리 당이 제출한 수정안인 '1공영 다민영' 체제가 도입됐는데, 주요 내용은 다음과 같다.

첫째, 새로운 미디어렙 법안은 한국방송광고공사를 개편한 '한국방송광고 진흥공사'를 1공영 체제로 하고 다수의 민영 미디어렙 체제를 허용함으로써 민 영방송사는 자사 미디어렙을 소유할 수 있게 한다. 그 결과 2013년 현재 한국 방송광고진흥공사는 기존해 해왔던 KBS, EBS, MBC의 광고 판매를 대행하며, SBS는 자체 미디어렙인 '미디어 크리에이트'를 운영한다. 이에 반발해 MBC는 새로운 미디어렙 법이 "직업 수행의 자유, 계약 체결의 자유 및 평등권을 중대 하게 침해하고 있다"며 자사의 방송 광고 영업을 한국방송광고진흥공사에 위 탁하도록 강제한 제5조 제2항에 대해 헌법 소원 심판 청구서를 제출한 상태이 다. 또한 종합편성채널에는 한시적으로 직접 광고 영업을 허용함으로써 정부 가 특혜를 제공했다는 비판이 제기됐다.

둘째, 소유 제한 규정에서 방송사 지주 회사의 출자는 금지했지만, 방송사가 최대 40퍼센트까지 지분을 소유하도록 허용해 사실상 방송사가 자사 미디어렙 (1사 1렙)을 소유할 수 있게 했다. 이 규정이 가장 논란이 되는 부분이다. 즉 방 송사가 40퍼센트까지 지분을 소유해 최대 주주가 되면, 미디어렙이 방송사의 광고 영업 부서와 큰 차이가 나지 않으므로 미디어렙 제도의 본래 취지가 사라 진다. 따라서 프로그램의 편성과 제작에서 광고를 분리하는 등 미디어렙 체제 의 장점을 살리려면, 지상파방송사가 미디어렙 지분에 전혀 참여하지 않게 하 거나, 참여하더라도 지배권을 행사하지 못하도록 제한적으로 참여하는 방안(예: 10퍼센트 이내)이 모색되어야 한다.

셋째, 미디어렙의 지상파와 케이블 광고 교차 판매는 허용되지만, 신문과 방 송 간 교차 판매는 불가능하다. 이 규정에 따라 2013년 현재 미디어 크리에이 트는 SBS 외에 지역 민방, 케이블 PP의 광고를 대행 판매한다.

넷째, 신설되는 미디어렙은 최근 5년간 지상파방송 광고 매출액 가운데 '중 소·지역 방송'에 결합 판매된 평균 비율 이상으로 광고를 결합 판매해야 한다.

이는 기존 한국방송광고진흥공사의 지역방송이나 종교방송 같은 취약 미디어
에 대한 배려를 감안한 것이다.

3. 신문 지원제도

1) 신문 지원제도의 도입 배경

앞서 보았듯이 각 나라의 미디어 제도는 큰 틀에서 법이나 정치 시스템 등에
따라 다양하지만, 대체로 방송과 신문의 정책은 유사한 편이다. 큰 흐름에서 보
자면, 방송은 경제적·산업적 가치 외에 국민에게 미치는 문화적·도덕적·미
학적 영향력을 감안해 시기별로 규제와 탈규제를 오가는 정책을 시행한다. 반
면 신문 산업에 대해서는 자유주의와 민주주의의 기본 틀을 고수하기 위해 비
규제 및 탈규제 정책, 또는 무정책을 지향한다. 역사적으로 볼 때 신문 산업은
'개인의 표현의 자유'를 기반으로 해서 시작됐고, 사적인 개인들의 표현이 사회
전체적으로는 의견의 다양성을 구현하는 공적 기능을 수행한다는 전제와 신뢰
를 공유하기 때문이다. 즉 여론의 다양성을 확보한다는 측면에서 신문 산업은
방송 산업에 비해 상대적으로 규제를 덜 받아왔다.

그러나 여론의 다양성이 구현되지 못하는 경우, 예컨대 전체 신문 시장이 축
소되거나, 혹은 일부 언론의 독과점으로 인해 다양한 의견과 여론 구성의 통로
가 막혀 언론이 공적 기능을 수행하지 못한다고 판단되면, 각 나라의 정부는 신
문 산업을 일정 정도 지원하는 정책을 수립한다. 한국의 경우 현재 신문 시장에
서 조중동(《조선일보》, 《중앙일보》, 《동아일보》)의 점유율이 70퍼센트를 넘어 독과
점화가 매우 심각한 상태이다. 또한 경기 침체와 광고 시장의 위축, 그리고 인
터넷이나 스마트폰, 태블릿 PC 등 새로운 미디어의 등장으로 계속해서 인쇄 미

그림 13-2 🖋 주요 국가별 신문 산업 지원 배경

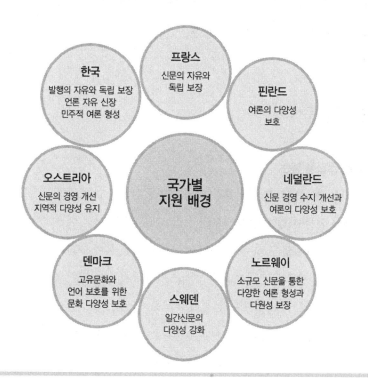

디어 독자가 감소하는 상황이다. 일례로 1933년 창간한 미국의 대표적인 시사 주간지 《뉴스위크(Newsweek)》는 발행 80년 만인 2013년부터 지면은 종간하고 인터넷 유료 미디어로 전환했다. 이러한 위기 상황에서 각 국가는 신문을 지원하는 제도나 정책을 수립해 여론의 다양성을 확보해야 한다.

국가나 시기별로 다양하게 운영되는 신문 지원제도의 기저에는 변하지 않은 믿음이 하나 있다. 그것은 바로 신문이 보호할 만한 가치가 있다는 사실이다. 이러한 믿음은 신문이 민주주의를 유지하고 발전시키는 데 반드시 필요하다는 언론의 역할에 대한 신뢰와 기대로부터 나온다. 요컨대 각 국가는 여론의 다양성 확보를 위해 신문 산업이 위기에 처하면 여러 지원제도를 수립해 지원해왔다. 이 절에서는 먼저 신문 지원제도의 문제점을 설명한다. 빛이 밝으면 그

림자도 짚듯이 다양한 의견과 여론 보장이라는 좋은 취지를 지녔음에도 신문 지원제도 역시 문제점이 나타난다. 이런 문제점을 정확히 파악해야 향후 조금 더 효과적인 개선 방안이 모색될 것이다. 다음으로 세계 주요 국가와 한국의 신문 지원제도를 살펴본다.

2) 신문 지원제도의 문제점

① 권언유착과 신문의 독립성 훼손

언론의 주요 임무 가운데 하나는 정치권력과 자본권력을 감시하고 비판하는 것이다. 이런 관점에서 신문 산업에 대한 정부의 직접 지원제도는 어떤 식으로든 언론에 대한 개입으로 이어질 수 있다. 그리고 이러한 개입은 결국 표현의 자유를 침해함으로써 정부의 행위를 견제하고 감시하는 기능의 축소로 이어져 민주주의 발전에 악영향을 미칠 수 있다. 미국 전문기자 모임(Society of Professional Journalists)의 회장 데이브 에킨스(Dave Aeikens)도 신문의 가장 큰 사회적 소임으로 사회 감시 기능을 강조하면서 정부와 관련성을 갖는 언론은 그 본연의 기능을 다할 수 없고, 대중의 신뢰도 잃을 것이라 주장했다. 다시 말해 신문에 대한 정부의 지원이 계속될수록 신문의 예속성은 커져 권력과 언론의 유착이 발생하고, 결국 표현의 자유도 위축될 수 있다.

② 지원의 형평성

신문 지원제도의 두 번째 문제점은 지원의 형평성과 관련된 것이다. 만약 모든 신문을 지원할 경우 사이비 신문이나 저질 신문도 지원 대상에 포함되는데, 이는 민주주의 실현에 큰 기여를 하지 못한다. 예컨대 2013년 1월 현재 국내 지역신문(일간지와 주간지)의 수는 약 450여개에 이른다. 그중 일부 신문은 지자체와 음성적 유착 관계를 맺고, 표현의 자유라는 미명하에 기사를 무기로 지자체의 각종 지원을 받거나 계도지 구입을 강매하기도 한다. 또한 지자체 사업에 참여하거나 강제로 광고 배정을 요구하는 경우도 있다. 이처럼 국내의 일부 지역

신문은 언론의 정도를 걷지 못하는데도 지원제도로 인해 계속해서 발행되는 경우 '언론 자유가 민주주의의 실현'이라는 공식은 해체될 수밖에 없다. 반대로 일부 신문만 선별해 지원할 경우에는 지원 대상을 선정하는 기준(예: 보호할 가치)을 어떻게 결정할지에 관한 문제가 부각된다.

3) 주요 국가들의 지원제도

① 미국의 신문 지원제도

미국의 언론 정책은 기본적으로 '표현의 자유 수호'에 근거한다. 독립선언서를 작성한 제3대 대통령 토머스 제퍼슨(Thomas Jefferson)이 표현의 자유를 주장한 구절과 수정헌법 제1조를 보면 미국은 그 어떤 나라보다 표현의 자유를 옹호하는 국가라 할 수 있다(제4장 「언론의 역할과 중요성」 참조). 미국의 신문 역시 '표현의 자유'와 '언론의 다양성 제고'라는 취지하에 몇 가지 법안을 통해 지원 수혜를 받는다.

먼저 1970년에 제정된 신문보존법(Newspaper Preservation Act)은 미국 역사상 유일하게 신문만을 그 적용 대상으로 하는 정부의 지원 정책이다. 이 법의

그림 13-3 ☞ 미국의 신문 지원제도

핵심은 신문사들의 공동운영협정(Joint Operation Agreement)을 통한 영업 활동을 반독점법(Anti-Trust Law)의 규제로부터 제한적으로 구제하는 데 있다. 당시 미국 의회는 언론의 다양성이 지역사회 발전, 나아가 민주주의 유지에 핵심적인 선행 조건이라는 논리를 내세워 이 법을 옹호하고 제정했다.

역사적으로 동일 지역 내 경쟁 신문 간의 공동운영협정은 1930년대부터 존재해왔다. 신문사는 공동운영협정을 통해 상당한 규모의 생산 비용을 절감했고, 이를 통해 단간과 폐간의 위험으로부터 벗어날 수 있었다. 그러나 미국 정부는 공동운영협정이 반독점법에 위반했다는 이유로 법원에 제소했다. 그 근거로 광고의 수주나 신문 판매를 공동으로 운영함으로써 광고나 신문의 가격 담합, 수익 공유, 시장 할당의 규정을 위반했음을 들었다. 이에 법원은 공동운영협정이 동일 시장 내 경쟁 체제를 약화시키고 협정 당사자들이 독점적인 지위를 형성할 수 있기 때문에 반독점법을 위반했다고 판결했다. 이후 신문사들은 의회에 이 판결이 부당하다며 구제를 청원했고, 의회는 청원을 받아들여 1970년 신문보존법을 제정하고, 일정한 전제 조건을 들어 동일 지역 내에서 공동운영협정을 제한적으로 합법화했다.

다음으로 미합중국 우편 서비스(USPS, United States Postal Service)를 통해 신문을 배송하는 신문사의 경우 우편 요금을 할인해준다. 미국 의회는 이러한 지원책을 마련하면서 신문의 사회적 역할 및 민주주의 체제에 대한 공헌을 그 근거로 삼았다. 다시 말해 신문은 지역적으로 넓게 분산된 대중에게 정보를 효과적으로 전달할 수 있는 매체이다. 신문은 대중에게 국가가 당면한 중요한 문제를 알림으로써 그들이 사회 구성원으로서 해야 할 바를 다하도록 돕기 때문에 결과적으로 우편 요금 할인은 민주주의 발전에 도움이 된다는 논리이다.

세제 지원 역시 신문이 사상의 자유와 민주주의 발전에 기여한다는 논리를 기반으로 하는데, 크게 판매세(sales tax) 면제와 이용세(use tax) 면제가 있다. 이러한 세제 혜택은 각 주(州)에 따라 다르게 적용되며, 각 주의 법이나 관계 법령에 의해 뒷받침된다. 예를 들어 텍사스 주에서는 신문과 함께 배달되는 광고에 판매세를 면제해주며, 신문 제작에 동원되는 재료에도 이용세를 면제해준다.

또한 2009년 9월 워싱턴 주 의회는 지역사회와 민주주의 발전에 공헌도가 높은 신문의 사회적 역할을 높이 평가하면서, 주 내의 모든 신문사에 부과되는 비즈니스 세금의 40퍼센트를 줄여주기로 결의했다. 이러한 결정은 신문 산업에 대한 정부의 매우 직접적인 지원책으로서 미국에서도 그 전례를 찾아보기 힘든 사례로 받아들여진다.

② 프랑스의 신문 지원제도

프랑스의 신문 지원제도는 크게 직접 지원제도와 간접 지원제도로 나뉜다. 직접 지원제도는 정부가 신문사의 활동에 직접 지원을 하는 방식이고, 간접 지원제도는 세금 우대 제도 등을 통해 재정에 도움을 주는 방식이다. 2005년부터 유통과 현대화에 대한 직접 지원이 대폭 확대되면서 신문에 대한 전체적인 지원금의 규모가 매우 커졌다. 프랑스의 신문 지원제도의 운영과 관리는 총리실 산하로 문화커뮤니케이션부의 직접 지휘를 받는 미디어발전국에서 담당한다.

프랑스의 신문 지원제도를 요약하면 다음과 같다. 첫째, '유통에 대한 지원'에는 철도 운송료 할인, 일간지의 분산 인쇄 지원, 유통업의 현대화 지원, 외국에서의 프랑스 신문의 유통과 마케팅 기금 지원, 신문 배달 지원, 정치와 종합 일간지의 배포에 대한 지원 등이 있다. 둘째, '다양성 유지를 위한 지원'에는 광고 수입이 적은 정치와 종합 일간지에 대한 기금 지원, 지역 주간지에 대한 지

그림 13-4 ☞ 프랑스의 신문 지원제도

총리실 산하 미디어발전국

직접 지원제도	간접 지원제도
• 유통에 대한 지원 • 다양성 유지를 위한 지원 • 현대화와 다각화를 위한 지원	• 세금 관련 지원 • 사회복지 관련 지원 • 우편 관련 지원

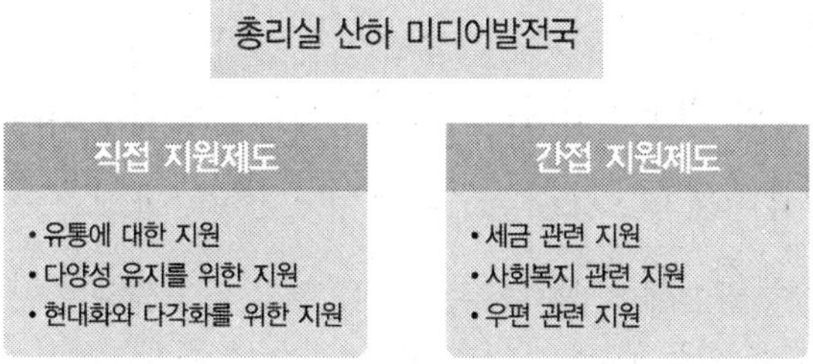

원 등이 있다. 셋째, '신문 기업의 멀티미디어를 향한 현대화와 다각화를 위한 지원'에는 신문 기업의 온라인 서비스 개발을 위한 기금 지원, 정치 정보와 종합 정보를 제공하는 일간지와 유사 일간지의 현대화를 위한 기금 지원이 있다. 넷째, '세금 관련 지원'으로는 부가가치세 감면, 투자 충당금에 대한 특별 제도 도입, 신문 출판사와 통신사의 사업소세 면세가 있다. 다섯째, '사회복지 관련 지원'으로는 신문 판매원과 배달원의 사회보험료 납부 예외, 기자들의 사회보험료 계산, 신문 지역 통신원의 사회적 신분 보장 등이 있다. 마지막으로 '우편 관련 지원'으로는 우편 우대 요금 제공이 있다.

③ 기타 국가의 신문 지원제도

프랑스와 미국을 제외한 다른 국가의 신문 지원제도 역시 크게 직접 지원과 간접 지원으로 나뉘는데, 여기서는 몇몇 국가의 지원제도를 살펴보도록 한다. 먼저 네덜란드는 '신문 기업의 경영 수지 개선과 여론의 다양성 보호'라는 배경 하에 대부분 직접 지원제도를 채택한다. 예를 들어 공영방송과 민영방송의 광고 수입을 재원으로 조성된 신문진흥기금으로 신문사에 보조금 지원, 융자금 지원, 신용 대출 등을 하는 방식이다. 또한 신문이나 시사 잡지의 창간 비용을 50퍼센트 범위 내에서 지원하기도 한다.

스웨덴은 '일간신문의 다양성 강화'를 배경으로 직간접 지원제도를 마련했다. 직접 지원으로는 재정이 어려운 신문사에 대한 자금 대출 지원, 제작비 지원, 경영 지원 등이 있다. 다음으로 여러 신문의 공동 배달을 지원하며, 핀란드어로 발행되는 소수민족 신문에는 특별 지원을 하기도 한다. 또한 간접 지원제도로서 일간신문은 일반 부가가치세를 25퍼센트 가운데 6퍼센트만 적용한다.

오스트리아 역시 직간접적인 신문 지원제도를 채택한다. 먼저 모든 일간지는 같은 액수의 지원금을 받으며, 일부 일간지는 다양성 유지를 위해 특별 선택 지원도 받는다. 주간지는 연간 발행 부수와 판매 부수에 따라 차별적 금액을 지원받는다. 또한 구독 지원으로 학교에 일간지와 주간지를 무료로 공급하는 발행인에게는 정가의 10퍼센트를 환불해준다. 학교에 일간지 및 주간지 읽기 장려를 목적으로 지정된 단체에도 활동 비용을 50퍼센트까지 보조해준다. 간접 지원제도로서 일반 부가가치세도 20퍼센트의 절반인 10퍼센트만 적용한다.

4) 한국의 지원제도

① 소극적이며 일괄적인 간접 지원제도

등록된 모든 신문에 부가가치세 면제, 우편 요금 할인 등을 일괄적으로 지원하는 방식은 다른 나라에서도 그동안 일반적으로 시행되어온 제도이다. 그러나 판매 수익에 대한 부가가치세 면제를 제외한 나머지 간접 지원 방식은 신문사 경영 개선에 큰 도움을 주지는 못한다. 예를 들어 특별소비세 면제나 도시철도 채권 매입 면제 등은 한시적이고 일시적인 혜택이다. 또한 우편 요금 할인은 신문사의 비용 절감에 큰 도움이 되는 것은 분명하지만, 가정배달 비중이 큰 한국에서는 큰 혜택이 아니다. 최근에는 신문사 재정 상황이 어려워지면서 광고 수익 부분에 대한 부가가치세 면제도 논의가 이루어졌다.

② 신문 산업 진흥을 위한 기금 지원제도

2004년 지역신문발전특별법 제정과 2005년 신문법 개정으로 지역신문발전기금과 신문발전기금이 정부 출연금으로 설치된 것은 신문 지원제도를 획기적으로 변화시켰다.

신문발전기금과 지역신문발전기금은 크게 다섯 개 영역으로 나뉘어 활용된다. 첫째는 신문 산업 진흥 및 경쟁력 강화 지원으로 여기에는 경영 컨설팅 지원, 취재 지원, 지면 개선 지원 등이 포함된다. 둘째는 조사 연구와 연수 교육 지원이다. 셋째는 정보화와 디지털화 지원으로 뉴스 콘텐츠 디지털 서비스 개발 및 도입 지원, 지역신문 공동 데이터베이스화 지원 등이 포함된다. 넷째는 공익성 구현 사업 지원으로 독자 권익 보장 사업, 소외 계층 구독료 지원 사업 등이 포함된다. 다섯째는 융자 지원으로 여기에는 구조 개선 및 신규 사업 융자 지원, 시설 도입 및 정보화 융자 지원, 인쇄 및 편집 장비 시설 도입 자금 융자

도표 13-3 🖙 신문발전기금 및 지역신문발전기금의 지원 용도

신문발전기금 지원 용도	지역신문발전특별기금 지원 용도
• 여론의 다양성 촉진과 신문 산업 및 인터넷 신문 진흥 사업 • 독자 권익 보장을 위한 사업 • 신문 유통 구조 개선 사업 • 소외계층 등에 대한 구독료 지원 사업 • 언론보고 피해자 상담 및 피해 구제에 관한 사업	• 지역신문의 경영 여건 개선 • 지역신문의 유통 구조 개선 • 지역신문의 발전을 위한 인력 양성 및 교육·조사·연구 • 지역신문의 정보화 지원 • 그밖에 지역신문의 경쟁력 강화와 공익성 제고를 위하여 필요한 사업

출처: 김영주, 「한국의 신문 지원제도」, 한국언론재단 편, 《세계의 언론법제: 신문 지원제도》 제26호, 한국언론재단, 2009, 199쪽.

지원 등이 포함된다.

지역신문발전기금과 신문발전기금의 우선 지원 대상 현황을 살펴보면, 지역신문발전기금의 경우 매년 평균 지역 일간지 20개 사 내외, 지역 주간신문 40개 사 내외로 60개 사 정도를 선정해 지원해왔다. 신문발전기금은 시행 첫해인 2005년 전국지 1개 사, 지역 일간지 7개 사, 잡지 1개 사, 인터넷 신문사 3개 사에서 2008년 전국지 5개 사, 지역 일간지 19개 사, 인터넷 신문 18개 사인 총 42개 사로 확대됐다.

특히 지역신문발전기금으로 인해 여러 가지 성과가 나타났다. 첫째, 언론으로서 갖추어야 할 기본적인 체제 정비와 개선이 이루어졌다. 개념조차 모호했던 편집 자율권이 확보됐고, 언론 윤리 강령이 제정되는 계기가 됐다. 둘째, 지역신문의 고질적인 병폐였던 각종 비리 및 불법 행위(지자체와 유착 등)가 감소했다. 셋째, 기획 취재 비용 지원, 취재 및 편집 장비 지원, 언론인 연수와 교육 지원 등으로 신문 기사의 질적 수준이 향상되고 경영 개선이 이루어졌다.

③ 유통 구조 개선 지원 사업

그동안 한국의 신문사는 개별 지국을 통한 배달 시스템을 채택했는데, 신문

사 및 지국 간 과열 경쟁으로 배달 비용이 지속적으로 증가했기 때문에 이는 신문사의 경영 구조를 악화시키는 주요 원인 가운데 하나였다. 전국 5천여 개 내외로 추산되는 신문 지국은 도급 배달 회사로 신문사 본사와 계약을 통해 신문을 공급받아 지국이 확보한 해당 신문의 독자에게 신문을 배달하고 판촉과 수금, 배달 사고 등 독자 관리까지 담당했다. 이러한 상황에서 신문 유통 구조의 개선, 독자 관리 체제 강화, 판매 촉진을 위해 지국 의존 방식의 탈피를 모색해 왔는데, 그 대안 가운데 하나가 공동 배달 시스템이다.

'신문 등의 자유와 기능 보장에 관한 법률'에 의해 설립된 '신문유통원'은 신문 공동 배달을 지원함으로써 신문 유통 구조를 개선해 신문 산업의 진흥과 국민의 정보 접근권 강화, 신문사와 잡지사의 유통 비용 절감 등을 실현했다. 신문유통원의 주된 사업은 전국적 배달망 구축을 위한 지방 센터 개설 확대 및 운영, 배달 소외 지역에 대한 공동 배달 및 수송 지원 강화, 자립 운영 기반 구축과 인프라 부가가치 제고를 위한 수익 사업 활성화, 유통 정보화 시스템 개발 및 사용 확대 추진 등이다. 신문유통원은 2005년 11월에 설립되어 2006년 4월 1호점인 광화문센터를 열었고, 2008년 4월 기준으로 공동 배달 센터 400호점이 개설됐다. 2010년에는 한국언론진흥재단으로 통폐합됐다.

그림 13-5 ☞ 신문유통원 개념도

④ 기타 지원제도

2013년 8월 현재 아직 입법이 되지는 않았으나, 국회의원이 발의한 신문 지원 관련 법안이 두 건 있다. 첫 번째는 2012년 10월 민주통합당 전병헌, 윤관석, 배재정 의원이 발의한 '신문산업 진흥에 관한 특별법안'이다. 이 법안은 미디어의 균형 발전과 여론의 다양성 확보를 위해 정부가 신문의 공동 제작(인쇄)과 유통(배달)을 지원하고, 국고와 방송통신발전기금을 활용해 신문산업진흥기금(프레스펀드)을 조성한다는 내용을 담고 있다. 전병헌 의원은 "신문업과 방송업 종사자 수는 비슷하지만 2010년 기준 공적 지원액은 각각 328억 원과 2921억 원으로 아홉 배나 차이가 난다"며 "형평성 차원에서도 신문 산업에 대한 지원이 시급하다"고 밝혔다.

두 번째는 민주통합당 윤관석 의원이 발의한 법안으로 신문 구독료에 대해 근로소득공제 혜택을 부여하는 '소득세법' 개정안이다. 이는 일간지, 전문지, 지역신문, 주간지 등 신문진흥법에서 정한 신문 구독료에 대해 연간 20만 원까지 근로소득 금액에서 공제하는 안이다. 이 소득세법 개정안이 국회를 통과할 경우 연평균 150억 원의 세금 환급 효과가 있으리라 추산되며, 그만큼 신문 구독자의 증가를 기대해볼 수 있다. 윤관석 의원은 "인터넷, 모바일 중심의 언론 소비에 따른 신문 구독률 감소로 어려워진 활자 매체 활성화와 여론의 다양성 확보, 국민의 알 권리 충족을 위해 이 같은 법안을 냈다"고 설명했다.

4. 신문과 방송의 겸영

1) 상반된 두 관점

세계 각국에서 신문과 방송, 통신의 겸영은 항상 논란의 대상이 되어왔다.

그림 13-6 📖 신문과 방송 겸영에 대한 상반된 관점

- 공공의 이익 추구
- 여론의 다양성 보호
- 소수자/사회적 약자 권리 보호
- 정치·자본 권력의 감시

공공성

산업론/신자유주의

- 탈규제, 시장 개방, 자본 시장의 유연화 (외국 자본의 방송 참여)
- 민영화(공영방송 민영화)
- 거대 언론의 여론 독과점 가능성

여기에는 크게 두 가지 관점이 있다. 첫 번째는 신문과 방송의 겸영을 허용하자는 의견이고, 두 번째는 신문과 방송의 겸영을 규제하자는 의견이다. 겸영 허용은 대체로 보수 정권과 시장주의자가 주장한다. 언론 미디어 시장도 일반 상품 시장처럼 치열한 경쟁을 해야 양질의 콘텐츠를 제공하는 미디어만 생존한다는 것이다. 이른바 시장만능주의이다. 또한 이들은 새로운 일자리를 창출하고 국가 경제에 도움이 된다는 측면에서 신문과 방송의 겸영을 지지한다. 더불어 이들은 방송의 민영화, 규제 완화, 글로벌화 등도 주장한다. 흔히 말하는 신자유주의 제도를 미디어 시장에 도입하자는 것이다.

반면 신문과 방송의 겸영을 반대하는 측은 여론의 다양성과 공익성을 강조한다. 예컨대 거대 신문사가 방송사마저 소유하면, 해당 신문과 방송에서는 동일한 목소리만 반복되기 때문에 다양한 여론 형성에 해를 끼친다는 의견이다. 또한 신문과 방송을 모두 운영하려면 막대한 자본이 소요될 수밖에 없다. 이는 대기업 같은 거대 자본만이 미디어를 소유할 수 있음을 의미한다. 따라서 개인이나 특정 집단의 사익이 아닌 공익, 즉 소수의 목소리를 대변하고 권력을 감시하며 비판하는 언론 미디어 본연의 역할을 수행하기 위해서는 신문과 방송의 겸영을 규제해야 한다는 것이 이들의 주장이다. 또한 규제주의자는 미디어 신자유주의자가 "경쟁을 거쳐야 양질의 콘텐츠를 수용자에게 제공한다"고 하는 주장도 반박한다. 언론 미디어는 일반 상품처럼 취급해서는 안 된다는 이야기이다. 경쟁 체제를 도입하는 순간 소수 미디어(예: 지역신문이나 공익 채널 등)는 생존하기 힘들며, 몇몇 거대 미디어만 남을 것이다. 전술한 권력의 감시와 비판 기능, 공공의 이익을 실현하기 위해서는 사회 각층의 다양한 목소리를 반영해야 하는데, 다양한 미디어가 존재해야 이러한 역할을 수행할 수 있다. 반면 신문과 방송의 겸영이 허용되면서 탄생한 거대 미디어는 여론의 독과점을 유발하고, 각종 부정적 영향을 끼친다. 이와 관련해서는 뒷부분에서 좀 더 자세히 살펴보자.

2) 규제에서 겸영으로

제2차 세계대전 후 서구에서는 신문, 방송, 통신의 상호 겸영을 금지함으로써 언론의 자유와 여론 형성의 다원성을 제도적으로 보장해왔다. 미국에서는 1975년부터 동일 지역에서 '신문과 지상파방송'의 겸영을 금지해왔다. 유럽에서도 대체로 신문의 방송 시장 진입은 배제되어왔다. 다만 일본은 1950년대부터 5대 유력 일간지가 5대 지상파 방송을 각각 소유했는데, 이로 인해 신문의 사회적 영향력이 가장 큰 나라에 속한다. 일본의 유력 신문과 방송에 대해서도 뒷부분에서 자세히 설명하겠다.

이처럼 미국과 유럽 등지에서는 신문, 방송, 통신의 겸영이 규제되어오다가, 1980년대 각 나라에서 보수 정권의 탄생과 신자유주의의 도입 등으로 상호 겸영 허용에 대한 논의가 시작됐다. 예를 들어 미국의 로널드 레이건(Ronald Reagan) 대통령과 공화당, 영국의 마거릿 대처(Margaret Thatcher) 수상과 보수당, 독일의 헬무트 콜(Helmut Kohl) 수상과 기독교민주당·기독교사회당 연합 정권, 일본의 자민당 정권이 대거 집권하면서 신문과 방송의 겸영 문제가 도마에 올랐다.

영국에서는 공영방송 BBC와 정치적 대립각을 세웠던 대처 정부 시절, 국제적 신문 재벌인 루퍼트 머독(Rupert Murdoch)의 언론 시장 진입이 본격화됐다. 머독은 《뉴욕 포스트(New York Post)》, 《타임스(The Times)》, 폭스 방송(Fox Broadcasting), 20세기 폭스(20th Century Fox), 스타 TV 등 52개 국에서 780여 종의 사업을 펼치는 미디어 재벌로 '뉴스 코퍼레이션(News Corporation Ltd.)'의 대표이다. 영국에서는 《뉴스 오브 더 월드(News of the World)》, 《더 선(The Sun)》, 《타임스》 등을 인수했고, 미국에서는 1985년 6개 도시의 방송국을 가진 메트로(Metro) 방송사를 20억 달러에 매입해 폭스 방송을 출범시켰다. 1990년대에 들어와서는 영국과 일본의 위성방송 BskyB, JskyB의 지분을 인수하고, 1993년에는 홍콩의 위성방송 스타 TV를 인수하는 등 위성방송을 중심으로 세계 미디어 시장을 공략했다.

독일에서는 신문사와 대기업의 방송 시장 진입과 관련해 여야가 약 3년간 크게 대립했으나, 시범 사업을 거쳐 1987년부터 신문사와 대기업의 케이블과 위성 방송 진입이 허용됐다. 미국은 1996년 신문과 방송의 겸영을 허용한 텔레커뮤니케이션법이 통과한 이후 방송 시장의 90퍼센트를 소수 미디어 재벌이 장악했다.

5. 미디어 관련 법안 및 제도 개정

1) 이명박 정부의 미디어법 개정

2008년은 미국 소고기 수입과 광우병 문제가 주요 사회적 의제였다. 다른 정책이나 정치적 이슈는 마치 사람들의 머릿속에서 지워진 듯했다. 그에 반해 2009년은 미디어법 정국이었다고 해도 과언이 아니다. 방송법과 신문법 개정을 놓고 국회에서 여야 간 난투극까지 벌어졌으며, 이는 당시 한나라당(현 새누

도표 13-4 ☞ 이명박 정부의 미디어법 주요 내용

법	분류	주요 내용		
방송법	소유 규제 완화	지상파	종편	보도
		신문사/대기업 금지→10%	금지→30%	금지→30%
		외국 자본 금지→10%	금지→20%	금지→10%
		1인 지분 30%→40%	30%→40%	30%→40%
		지상파 경영은 3년간 유보		
		구독률 20% 넘는 신문의 방송 진입 제한		
	사후 규제	재허가 규제 강화, 과징금, 광고 정지 등 규제 마련		
		시청 점유율 30% 초과 금지		
	광고 규제 완화	간접광고, 가상 광고 도입		
	기타	지상파 SO 겸영 허용(상호 33%까지 지분 소유)		
		재허가 기간 5년 범위에서 7년으로 연장		
신문법		인터넷 포털을 규제 대상으로 포함		
		신문과 방송의 겸영 허용		
IPTV법		신문, 대기업의 종편·보도 채널 지분 49%까지 허용		

리당)에 의해 단독 처리됐다. 그러자 민주당은 이를 헌법재판소에 제소한다. 헌법재판소는 미디어법 통과 절차상 문제가 분명히 존재하지만, 법 자체를 무효할 정도는 아니라는 모호한 결정을 내렸다. 이렇게 논란 속에 2009년 7월 22일 국회를 통과한 미디어법은 결국 실행되고 만다.

① 신문과 방송의 겸영 허용과 문제점

[도표 13-4]에 나타나듯이 이명박 정부에서 개정된 미디어법의 가장 큰 특징은 신문사와 대기업의 방송 시장 참여로 인한 신문과 방송의 겸영 허용, 친정

378

부적인 보수 신문들의 종합편성채널 사업자 선정과 각종 특혜 부여라 할 수 있다. 신문과 방송의 겸영 허용에서 가장 큰 문제는 여론 독과점에 대한 우려이다. 신문과 방송의 겸영으로 상호 견제가 약화되고 거대 신문사와 대기업이 방송에 참여함으로써 민주주의의 최대 장점인 '의견의 다양성'이 사라질 수 있다. 결국 여론의 독과점은 권력 감시와 소수 의견 대변이라는 언론 고유의 역할까지 제대로 수행하지 못하게 한다.

영국 러프버러대학교(Loughborough University)에 재직 중인 세계적인 미디어 정치경제학자 그레이엄 머독(Graham Murdock)은 신문과 방송의 겸영 같은 미디어 교차 소유는 "겉보기에 좋고 경영적 측면에서 합리적이라 할 수 있지만, 여론의 다양성을 위협한다"고 주장했다. 그는 "이는 방송뿐 아니라 신문, 잡지 등 다양한 언론을 소유한 루퍼트 머독이 어떻게 미디어를 경영하는지만 봐도 알 수 있다. 사유화된 미디어는 독재 권력을 가지며, 오너가 언론에까지 영향을 끼친다"라고 말했다.

1996년 신문과 방송의 겸영을 허용한 텔레커뮤니케이션법이 통과한 이후, 미국 방송 시장의 90퍼센트를 소수 미디어 재벌이 장악했다. 자본과 결탁한 미국의 거대 미디어 재벌의 여론 시장 독과점은 지역 밀착형 언론사와 소규모 언론사의 도산을 초래했다. 이들 언론사의 몰락은 미국의 정치·경제·사회 핵심 시스템에 대한 비판과 감시 기능을 약화시켰다. 미의회 조사국은 보고서에서 "미국인들의 삶에 심대한 영향을 미치는 이슈들이 제대로 걸러지지 못하고 있다"는 전문가의 의견을 전하며, 미국 민주주의 시스템이 정상적으로 작동할지 심각한 우려를 나타냈다.

이스라엘에서도 신문과 방송의 겸영이 가져오는 폐해가 극심한 것으로 드러났다. 이스라엘 언론은 1986년 정부가 민간 및 상업 언론의 설립을 허용하면서 다양화됐으나, 교차 소유의 허용으로 대기업 의존도가 커졌다. 이스라엘에서는 한 기업이 신문과 방송을 동시에 소유(수평 소유)할 수 있으며, 또한 언론사와 일반 기업을 같이 소유(수직 소유)할 수도 있다. 이스라엘 크네세트(Knesset, 이스라엘 의회)의 리서치 센터 보고서에 따르면, 수평과 수직 소유, 대

기업의 언론 시장 진입으로 언론 미디어의 다양성이 줄어든 것으로 나타났다. 이 보고서는 기업이 신문과 방송을 겸영하면서 언론사의 소유 구조가 단순해질수록 보도 내용이 언론 사주의 편의에 따라 춤을 춘다고 지적했다. 즉 정치적으로나 상업적으로도 왜곡될 소지가 있다는 주장이다.

일본 도시샤대학교(同志社大學) 미디어학과 아사노 겐이치(淺野健一) 교수는 『매스컴 보도의 범죄』 등의 저서를 통해 일본 언론의 문제점을 꾸준히 지적해왔다. 그는 1957년 시작돼 1970년대 완성된 일본의 신문과 방송 겸영 체제 탓에 일본 신문은 정부를 비판하지 못한다고 주장했다. 일본은 현재 거대 신문사들이 주요 방송국을 지배한다. 다나카 가쿠에이(田中角榮) 전 총리가 1957년 신문에 방송 면허를 준 이후, 1970년대 초반까지 지분 조정 과정을 거쳐 '요미우리-니혼TV', '아사히-TV아사히', '산케이-후지TV', '니혼게이자이-TV도쿄' 등의 겸영 체제가 확립됐다. 언론에 '당근'을 쥐어준 덕분에 자민당은 장기 집권의 길에 들어섰다. 신문사들은 권력 비판에 눈을 감았고, 권력의 언론 통제 역시 더욱 쉬워졌기 때문이다.

아사노 교수는 2004년 자위대의 이라크 파병과 3.11 동일본대지진을 겸영 체제에서 언론의 비판 기능이 실종된 대표적인 사례로 꼽았다. 그는 "이라크 전쟁 때 일본 신문들은 정부의 지침에 따르겠다는 각서에 사장의 도장과 담당 기자의 사인까지 받았다"며 "일본 언론이 문서까지 만들어 정부 통제에 따른 사실이 보도되지 않았다"고 말했다. 이 사실을 비판한 것은 방송과 겸영을 하지 않는 일부 지역신문뿐이었다. 또한 그는 "일본 정부가 후쿠시마 원전 사고 때 언론사에 보도 자제를 요청했다는 이야기를 언론계 고위 인사로부터 직접 들었다"며 "원전 사고 이후 일본은 '보도 관제' 상태"라고 지적했다.

실제로 우리나라에서도 거대 신문사들이 종합편성채널을 소유함에 따라 여론의 독과점 구조가 고착되는 상황이다. 《동아일보》가 대주주인 채널A와 《조선일보》가 대주주인 TV조선은 '신문-방송 통합 뉴스룸'이라는 협업 체제를 만들었다. 방송 보도 본부와 신문 편집국이 한 공간에 통합된 것이다. 특히 채널 A는 신문과 방송의 동일한 취재 부서를 바로 옆 공간에 배치했다. 예컨대 신문과 방송의 정치부장이 바로 옆자리에서 뉴스 아이템 선정과 보도 방향을 논의한다. 채널A는 저녁 메인 뉴스 프로그램에서 '미리 보는 동아일보' 코너를 마련해 이튿날 신문 기사의 주요 내용을 전달한다. 또한 TV조선은 〈현장추적 Why〉라는 프로그램에서 《조선일보》 주말 섹션판 기사에 등장한 사건, 인물 등의 아이템을 영상 콘텐츠로 다시 소개했다. 즉 텔레비전으로 보는 《조선일보》인 셈이다.

이처럼 신문과 방송의 겸영은 다른 국가들의 사례를 참고하더라도 여론의 다양성 확대는 고사하고 여론의 독과점을 심화할 수밖에 없다. 나아가 신문 시장의 70퍼센트를 점유한 《조선일보》, 《중앙일보》, 《동아일보》, 《매일경제》가 자사 텔레비전 채널(종합편성채널)에서 신문의 기사나 논조를 반복함에 따라 여론의 왜곡 현상이 심화될 우려도 있다.

② 종합편성채널의 출범과 특혜

종합편성채널(이하 종편)은 이명박 정부 방송 정책의 핵심 가운데 하나이다. 종편이란 KBS, MBC, SBS 같은 지상파처럼 모든 장르의 방송을 편성, 제작, 송출할 수 있는 방송 사업자를 말한다. 케이블방송, 위성방송, IPTV 등에서 방영되는 유료 채널이지만 뉴스, 보도, 다큐멘터리, 오락, 드라마 등을 다 편성할 수 있다. 종편은 원래 방송법에 규정된 방송 유형이며, 과거에도 지역 MBC 연합이 종편 신청을 하기도 했으나, 그간 종편은 한 번도 허용되지 않았다.

2007년 11월 당시 이명박 대통령 후보는 신문과 방송의 겸영 허용 정책을 내세웠고, 당선 후 대통령직 인수위원회에서도 신문과 방송의 겸영 금지 규정을 풀고, 방송 체제를 '1공영 다민영 체제'로 교체하겠다는 의견을 냈다. 대선에서 이명박을 노골적으로 지지했던 보수 신문의 오랜 요구와 주장을 정부가받아들인 것이다. 이후 한나라당은 2009년 7월 미디어법 개정안을 날치기로 처리해 신문사와 대기업의 방송 시장 진출을 허용했다. 2010년 12월 방송통신위원회는 종편 사업자로 《조선일보》, 《중앙일보》, 《동아일보》, 《매일경제》를 선정했고, 보도 채널(News Y) 사업자로는 《연합뉴스》를 선정했다. 당시 방송 광고

도표 13-5 ☞ 종편 채널의 각종 특혜

구분		내용
의무 전송		케이블·위성 방송 전송 방송법 시행령에 명시
광고 특혜	중간광고	종편은 허용/지상파는 불허
	광고 시간	종편은 24시간 기준 192분/지상파는 19시간 기준 182.5분
	공익광고	종편은 월간 전체 방송 시간의 0.05% 이상/지상파는 0.2% 이상
	광고 품목	종편은 생수 광고 허용/지상파는 생수 광고 금지, 2013년부터 허용
국내 제작 프로그램 비율		종편은 분기별 전체 방송 시간의 20~50%/지상파는 60~80%
심의		지상파에 비해 느슨한 규제
서비스 권역		종편은 전국 단일 방송/지상파는 지역별 방송 권역
직접 광고 영업		허용
추가 특혜 요구		낮은 번호의 채널 배정, 전문 의약품 및 의료 기관 광고 허용, 방송발전 기금 유예

시장이 포화상태여서 종편 사업자는 하나 정도만 시장 진입이 가능하다는 학계와 시민단체의 지적은 무시됐다. 결국 2011년 12월 1일 네 개 종편과 한 개 보도 채널이 개국했다.

사업자 선정에 이어 이명박 정부는 종편에 각종 특혜를 제공했다. 먼저 모든 케이블 및 위성 방송 사업자는 의무적으로 종편 채널을 전송해야 한다. 2011년 11월까지 종합유선방송 사업자(SO)와 일반위성방송 사업자가 의무 전송해야 하는 방송은 KBS 1TV, EBS 등 지상파방송과 공익 채널, 종교 채널 등 17개였다. 여기에 2011년 12월 종편이 개국하면서 의무 재전송 대상에 포함됐다. 방송법 시행령 제53조가 종편 채널 네 개와 보도 전문 채널 한 개를 의무 전송하도록 규정하기 때문이다.

의무 재전송(must carry rule)은 문화 다양성과 공익성 등을 고려한 시청권 보장을 위해 종합유선방송 사업자에게 반드시 채널을 포함시키라는 강제 조항이다. KBS 2TV, MBC, SBS 등 무료 지상파도 누리지 못하는 권한을 유료 방송인 종편에 특혜로 부여한 것이다. 종합유선방송 사업자가 마음만 먹으면 KBS 2TV, MBC, SBS는 방송 채널에 포함시키지 않을 수도 있다. 하지만 종편은 경쟁력 여부, 공익성 유무와 관계없이 의무적으로 전송해야 한다. 이는 명백한 특혜에 해당한다. 결국 종편은 권한만으로는 준공영방송에 가깝지만, 지상파방송도 누리지 못하는 특혜를 받는다. 따라서 이는 지상파와 동등한 규제를 받아야 한다는 '동일 서비스 동일 규제' 원칙을 위반한 것으로 볼 수 있다.

둘째, 종편에 지나친 광고 특혜를 부여했다. 지상파는 프로그램 도중에 광고를 하는 중간광고가 허용되지 않으나, 종편은 중간광고를 내보낼 수 있다. 중간광고는 프로그램 전후에 하는 광고보다 시청률이 높기 때문에 방송사에 더 높은 광고 매출을 보장한다. 그 외 전체 광고 시간의 비중은 종편이 지상파보다 낮지만, 지상파는 공익광고 비중이 크기 때문에 오히려 종편이 상업광고의 비중이 더 클 수 있다. 또한 초기에는 먹는 샘물(생수) 광고도 지상파와 달리 종편에는 허용했다.* 종편은 지상파에서는 불가능한 전문 의약품이나 의료 기관 광고를 허용해달라고 추가적으로 요구하기도 했다.

*먹는 샘물 광고는 2013년부터 지상파에서도 방송이 허용됐다.

셋째, 편성 규제에서 지상파보다 종편이 더 자유롭다. 지상파는 분기별 전체 방송 시간의 60~80퍼센트를 국내 제작 프로그램으로 편성해야 한다. 반면 종편은 국내 제작 프로그램 편성 비율이 20~50퍼센트밖에 되지 않는다. 외주 제작 프로그램 편성 비율도 지상파는 4~40퍼센트이지만, 종편에는 관련 규정이 없다. 따라서 종편은 핵심 시간대에 제작비를 많이 투입한 국내 제작 프로그램을 편성하고, 시청률이 낮은 주변 시간대에 값싼 수입 프로그램을 배치해 제작비를 절감할 수 있다.

넷째, 지상파와 달리 종편에는 직접 광고 영업을 허용해주었다. 미디어렙이 광고 영업을 대행하지 않음으로써 신문 시장의 독과점으로 인한 보도력을 이용해 종편이 광고주에게 광고 수주 압박을 가할 수 있다. 이른바 모기업인 신문사가 종편의 광고를 따기 위해 기사로 압력을 행사하는 것이다. 《경향신문》과 인터뷰를 한 대기업 광고 담당자는 "종편들의 요구를 받아들이지 않으면 방송에서 저녁 뉴스로 때리고, 이튿날 모기업 신문이 받아서 또 때리는 상황이 벌어질 것이 눈에 훤합니다"라고 말했다.

마지막으로 가장 큰 특혜는 황금 채널 배정이다. 흔히 채널 인지도는 시청률과 직접 연동될 수밖에 없고, 이는 결국 광고 매출에 영향을 미친다. 채널 인지도가 가장 높은 번호는 기존 지상파가 점유한 6, 7, 9, 11번이다.[*] 초기 종편 사업자들은 지상파 번호의 빈자리(5, 8, 10, 12)를 요구했다. 그러나 이 채널들은 거의 홈쇼핑 업체가 차지했는데, 이들은 황금 채널을 사용하는 대가로 연간 4000~5000억 원 정도의 송출료를 종합유선방송 사업자에게 지불한다. 종편의 초기 자본금이 3100~4220억 원임을 감안하면 기존 홈쇼핑 업체의 송출료를 지불하는 일은 불가능하다. 그럼에도 정부 관료나 종편 측에서 황금 채널 배정을 요구한 것은 법적 근거도 무시한 사건이라 할 수 있다. 이후 2013년 현재 종편 채널은 전국적으로 거의 동일하게 15~20번 사이에 배정된 상태이다. 이러한 배정 역시 최시중 전 방송통신위원회 위원장의 압력 때문이라는 의견이 있다.

> [*] 이 번호는 종합유선방송 사업자들의 배정에 따라 일부 지역에서는 조금씩 차이가 난다.

2) 박근혜 정부의 정부 조직법 개편

2013년 박근혜 정부가 출범한 후 여야의 정부 조직 개편 협상은 타결을 보지 못했다. 핵심은 방송 정책을 새로 출범한 미래창조과학부(이하 미래부)와 기존 방송통신위원회(이하 방통위) 중 어느 기관이 다루느냐와 관련됐다. 미래부는 장관이 모든 것을 관장하는 독임제 부처이지만, 방통위는 명목상 분명한 여야 합의제 기구이다. 따라서 주요 방송 정책을 어느 기관이 담당하느냐는 정부의 방송 장악 여부와도 관련된다.

새누리당은 방송을 미래 성장 동력이라는 산업적 관점에서 봤다. 그들은 박근혜 정부의 핵심 부처인 미래부가 총괄하는 정보통신기술(ICT)에 방송이 제외되어서는 안 된다는 입장이었다. 이에 반해 민주당은 방송을 여론 형성의 주요

도표 13-6 ☞ 박근혜 정부 방송 통신 정책 미래창조과학부 이관 여야 쟁점

기관	새누리당	민주당
기본 입장	• 미래부(독임제 부처) 이관 • 정보통신기술(ICT) 국제 경쟁력 확보	• 방통위(합의제 기구) 존치
SO 인허가권	• SO는 정치와 무관한 망 사업자 • 비보도 분야 방통 융합은 미래부 핵심	• 인허가권 불모로 친정부 방송 양산 우려(정부→SO→방송사)
IPTV 인허가권	• 현행법상 사업자의 직접 채널 운영 불가능 • 인허가권은 IPTV 사업의 요체로 양보 불가	• 거대 자본 보도 프로그램 제작 관여 • '제2의 종편' 출현 우려
방송 광고 정책	• 광고 산업 활성화는 고품질 콘텐츠 제작 위해 필수 • 최소한 광고 진흥과 편성은 미래부가 담당	• 방송사 주수입원인 광고 통해 보도 통제(정부→광고주→방송사)

미디어로 본다. 따라서 이들은 방송 정책에서는 무엇보다 정치적 중립성과 독립성 확보가 중요하다는 시각이었다.

특히 종합유선방송국(SO)과 IPTV의 인허가권 이관이 핵심 쟁점이었다. 새누리당은 이 업무가 모두 여론 형성과 공정성, 독립성에 민감한 '보도'와는 무관하므로 인허가권은 미래부 이관이 타당하다는 입장이었다. 반면 민주당은 종합유선방송이 채널 배정권을 쥐고 있는 데다 '자체 채널'을 통해 지역 뉴스를 내보낸다는 점, IPTV를 운영하는 거대 자본의 보도 프로그램 운영 가능성 등을 들어 미래부 이관을 반대했다.

이후 2013년 3월 17일 여야가 정부 조직 개편안에 합의했다. 논란이 되어왔던 종합유선방송을 비롯한 뉴미디어 관할권은 미래부로 이관하기로 결정했다. 다만 미래부가 방통위의 동의 없이 뉴미디어 허가나 재허가, 관련법 제정이나 개정은 할 수 없게 했다. 즉 방통위가 동의하지 않을 경우 미래부 독단으로 관련 업무를 추진할 수 없도록 견제 장치를 마련한 셈이다. 또한 IPTV의 경우 직

도표 13-7 ☞ **정보 조직 개편 방송 통신 분야 여야 합의 내용**

◎ **IPTV:** 미래부 이관, 직접 사용 채널·보도 채널 운영 금지 유지

◎ **SO, 위성방송:** 미래부 이관, 미래부 장관이 허가·재허가 및 관련법 제정이나 개정 시 방통위의 사전 동의 필요

◎ **비보도·상업 방송채널사용사업자(PP):** 미래부 이관

◎ **주파수:** 통신용 주파수 미래부 이관, 방송용 주파수 방통위 존치, 주파수 분배 및 재배치는 총리실에 '주파수심의위' 설치

◎ **공정 방송:** '방송공정성 특별위원회' 3월 임시국회에서 구성

접 사용 채널과 보도 채널 운영을 계속해서 금지하도록 했다. 그러나 시민단체와 학계에서는 이 정도로는 방송의 공정성 확립이 어렵다는 의견이 개진됐다. 예컨대 방통위의 사전 동의를 거쳐야 한다지만, 방통위 이사가 여야 3 대 2(대통령은 위원장 포함 두 명, 여야는 각각 한 명씩 지명)라는 수적 논리에 따라 이전처럼 여권 주도로 운영되면 정부의 정책을 견제하기 어렵다는 주장이다.

또한 방송의 공정성 보장 방안을 논의하기 위한 '방송 공정성 특별위원회'(이하 방송공정성특위)도 국회에 구성하기로 했다. 기존 새누리당의 원안을 받아들인 대신 방송의 공정성을 보장받는 선에서 야당이 합의한 것이다. 방송공정성특위는 여야 합의로 각각 아홉 명씩 참여해 구성하기로 한 한시적 위원회이며, 위원장은 민주당 전병헌 의원이 맡았다. 특위 활동 결과 법률 제정이나 개정 사항이 있을 경우 활동 종료일로부터 1개월 이내에 소관 상임위에서 법제화하기로 합의했다. 특위의 가장 큰 쟁점은 공영방송 사장 선임 등의 지배 구조 개선안이 될 전망이다. 그러나 2013년 8월 현재 여야는 다수당 중심의 불균형한 이사회 구조를 탈피하는 여야 동수 구성, 사장 선임 등에서 이사 3분의 2 이상의 동의를 필요로 하는 특별다수제 도입에 대한 이견을 좁히지 못했다. 만약 여당이 무성의하다면, 6개월 시한의 특위는 아무 활동도 할 수 없게 된다.

제1장　커뮤니케이션의 이해

김요한 · 이명천, 『광고학개론』, 서울: 커뮤니케이션북스, 2010.

정재승, 『뇌과학자는 영화에서 인간을 본다: 정재승의 시네마 사이언스』, 서울: 어크로스, 2012.

차배근, 『커뮤니케이션학개론 (상)』, 서울: 세영사, 1988.

http://terms.naver.com/entry.nhn?cid=200000000&docId=1149587&mobile&categoryId=2
00000201

제2장　커뮤니케이션의 잡음

강준만, 「소통의 정치 경제학」, 강준만 외, 『미디어문화와 사회』, 서울: 일진사, 2009, 125~156쪽.

권상희 외, 『현대 사회와 미디어의 이해』, 서울: 커뮤니케이션북스, 2005.

김완석, 『광고심리학』, 서울: 학지사, 2000.

김요한 · 이명천, 『광고학개론』, 서울: 커뮤니케이션북스, 2010.

김은규, 「지역 분권 시대의 지역 신문의 역할과 전망」, 강준만 외, 『미디어문화와 사회』, 서울: 일
진사, 2009, 172~206쪽.

차배근, 『설득커뮤니케이션이론: 실증적 연구입장』, 서울: 서울대학교출판부, 1990.

김요한, 「심리적 반발이 스팸 회피에 미치는 영향 경로에 대한 분석」, 《사회과학연구》 제36권 제
1호, 2012, 1~29쪽.

홍성묵 · 김선주 · 이만영, 「청개구리 심보: 심리적 반발심을 어떻게 측정할 것인가?」, 《한국심리학
회지》 제13권 제1호, 1994, 153~166쪽.

한국방송광고공사, 「2010 소비자행태조사보고서」, 2010.

《경향신문》 2013년 3월 27일.

Cialdini, R. B., 이현우 역, 『설득의 심리학』, 서울: 21세기북스, 2002.

Brehm, J. W., *A Theory of Psychological Reactance*, CA: Academic Press, 1966.

Brehm, J. W., & Brehm, S. S., *Psychological Reactance: A Theory of Freedom and Control*,
CA: Academic Press, 1981.

Klapper, J. T., *The Effects of Mass Communication*, NY: The Free Press of Glencoe, 1960.

Milgram, S., *Obedience to Authority*, NY: Harper & Row, 1974.

Dowd, E. T., "Psychological Reactance in Health Education and Promotion", *Health
Education Journal* 61(2), 2002, pp. 113~124.

Dowd, E. T., Milne, C. R., & Wise, S. L., "The Therapeutic Reactance Scale: A Measure of Psychological Reactance", *Journal of Counseling and Development* 69(6), 1991, pp. 541~545.

Milgram, S., "Behavioral Study of Obedience", *Journal of Abnormal and Social Psychology* 67, 1963, pp. 371~378.

Van Reijmersdal, E., Neijens, P., & Smit, E., "Reader's Reactions to Mixtures of Advertising and Editorial Content in Magazines", *Journal of Current Issues & Research in Advertising* 27(2), 2005, pp. 39~53.

제3장　　커뮤니케이션 미디어의 진화

김규회, 『상식의 반전 101: 의심 많은 교양인을 위한』, 서울: 끌리는책, 2012.

오미영, 『커뮤니케이션이란 무엇인가』, 서울: 커뮤니케이션북스, 2006.

이병섭, 『통신 역사』, 서울: 커뮤니케이션북스, 2012.

이재현, 『멀티미디어』, 서울: 커뮤니케이션북스, 2013.

차배근, 『커뮤니케이션학개론 (상)』, 서울: 세영사, 1988.

한국문학평론가협회, 『문학비평용어사전』, 서울: 국학자료원, 2006.

Gombrich, Ernst H. J., 이내금 역, 『(옛날이야기처럼 재미있는) 곰브리치 세계사 I』, 고양: 자작나무, 2005.

Lester, P. M., 금동호 · 김성민 역, 『비주얼 커뮤니케이션』, 서울: 나남, 1997.

McLuhan, M., *Gutenberg Galaxy*, Baltimore: Pelican Books, 1969.

Riesman, D., *The Lonely Crowd*, NY: Yale University Press, 1950.

Schramm, W., *Men, Messages and Media: A Look at Human Communication*, NY: Harper & Row, 1973.

Smith, K. U., & Smith, M. F., *Cybernetic Principles of Learning and Educational Design*, NY: Holt, Rinehard and Winston, 1966.

http://100.daum.net/encyclopedia/view.do?docid=b24h3194a

http://sangsangplus.kr/48509

http://terms.naver.com/entry.nhn?cid=272&docId=1530213&mobile&categoryId=272

http://terms.naver.com/entry.nhn?cid=200000000&docId=1107940&mobile&categoryId=200000936

http://terms.naver.com/entry.nhn?cid=200000000&docId=1186396&categoryId=200000936&mobile

심은식, 「[사진으로 세상보기-1] 그들은 무엇을 보고 웃는가?: 닐 울비치(Neal Ulevich)의 '방콕의 정치폭동'」, 《오마이뉴스》, 2013(http://www.ohmynews.com/NWS_Web/view/ss_pg.aspx?CNTN_CD=A0000238226).

http://www.pulitzer.org

제4장   언론의 역할과 중요성

강준만,『한국 현대사 산책: 1970년대편: 평화시장에서 궁정동까지』1, 서울: 인물과사상, 2002.

____,『한국 현대사 산책: 1980년대편: 광주학살과 서울올림픽』1~4, 서울: 인물과사상, 2003.

강현두 · 최창봉,『우리방송 100년』, 서울: 현암사, 2001.

오세경,『법률용어사전』, 서울: 법전, 2010.

김동선,「언론통폐합의 내막」,《신동아》1987년 9월 호.

김삼웅,『곡필로 본 해방 50년』, 서울: 한울, 1995.

김정훈 · 양기대 · 하종대,『도둑공화국, 권력과 재벌의 한판 잔치』, 서울: 동아일보사, 1997.

____,『한국언론의 사회학』, 서울: 나남, 1994.

김해식 · 박용규 · 주동황,『한국언론사의 이해』, 서울: 전국언론노동조합연맹, 1997.

동아일보사 노동조합,『동아 자유언론실천운동 백서』, 서울: 동아일보사, 1989.

문화방송30년사편찬위원회 편,『문화방송 삼십년사』, 서울: 문화방송, 1992.

방송문화진흥회 편,『방송대사전』, 서울: 나남, 1990.

방우영,『조선일보와 45년: 권력과 언론 사이에서』, 서울: 조선일보사, 1998.

이동형,『(영원한 라이벌) 김대중 VS 김영삼』, 서울: 왕의서재, 2011.

____,『정치과외 제1교시: 한국 남성 30~50대가 제일 재미있어하는 몇 가지 비공식 역사』, 서울: 왕의서재, 2012.

이범경,『한국방송사』, 서울: 범우사, 1994.

이재진,『한국언론윤리법제의 현실과 쟁점』, 서울: 한양대학교 출판부, 2002.

임병국,『언론법제와 보도』, 서울: 나남, 2002.

조상호,『한국언론과 출판저널리즘』, 서울: 나남, 1999.

차배근,『커뮤니케이션학개론 (상)』, 서울: 세영사, 1988.

차병직,『인권』, 살림지식총서 237, 서울: 살림, 2006.

한국기자협회 · 80년 해직언론인협의회 편,『80년 5월의 민주언론: 80년 언론인 해직백서』, 서울: 나남, 1997.

한국방송70년사편찬위원회 편,『한국방송 70년사』, 한국방송협회, 1997.

한균태 외,『현대 사회와 미디어』, 서울: 커뮤니케이션북스, 2011.

한병구,『언론과 윤리법제』, 서울: 서울대학교 출판부, 2000.

한승헌,『불행한 조국의 임상노트: 정치재판의 현장』, 서울: 일요신문사, 1997.

김승수,「한국자본주의 언론생산의 본질」,《사회비평》1989년 2권 3호.

김정남,「1980년, 언론대학살 언론인을 '배부른 돼지'로」,《생활성서》2003년 1월 호.

김주언,「80년대 언론탄압」,《사회비평》1989년 2권 3호.

김진룡,「언론통폐합의 전모 진상!: 80년 '언론대책반' 김기철씨의 증언」,《월간중앙》1990년 12월 호.

전북민주언론시민연합,「언론피해, 어떻게 구제받을 수 있나요?」,《말하라》2013년 봄 호, 10~11쪽.

《경향신문》2011년 12월 9일.

《경향신문》 2012년 2월 11일.

《경향신문》 2012년 2월 14일.

《경향신문》 2012년 3월 7일.

《경향신문》 2012년 4월 18일.

《경향신문》 2012년 8월 24일.

《경향신문》 2012년 11월 17일.

《경향신문》 2012년 12월 28일.

《경향신문》 2013년 1월 11일.

《경향신문》 2013년 3월 27일.

《경향신문》 2013년 4월 22일.

《경향신문》 2013년 5월 11일.

《경향신문》 2013년 6월 7일

《경향신문》 2013년 6월 17일.

《경향신문》 2013년 6월 20일.

《기자협회보》 2010년 8월 18일.

《말》 1987년 10월 호.

《미디어오늘》 2012년 1월 13일.

《언론사람》 2013년 4월 호, 언론중재위원회.

《언론사람》 2013년 5월 호, 언론중재위원회.

《한겨레》 2012년 7월 12일.

《한국일보》 1991년 9월 16일.

《한국일보》 1997년 11월 4일.

http://navercast.naver.com/contents.nhn?rid=47&contents_id=8098

http://terms.naver.com/entry.nhn?cid=128&docId=58138&mobile&categoryId=128

http://www.pac.or.kr

제5장   언론과 사회체제

김왕석, 『비판커뮤니케이션』, 서울: 나남, 1989.

박영학, 「뉴미디어와 사회」, 강준만 외, 『미디어문화와 사회』, 서울: 일진사, 2009, 74~97쪽.

임영일 편저, 『국가 · 계급 · 헤게모니: 그람씨 사상 연구』, 서울: 풀빛, 1985.

임영호, 『신문원론』, 서울: 한나래, 2005.

한국언론연구원, 『매스컴 대사전』, 서울: 한국언론연구원, 1993.

차형석, 「MBC 신뢰도, 2년 만에 '3분의 1토막'」, 《시사IN》 266호, 2012.

《경향신문》 2011년 10월 6일.

《경향신문》 2012년 12월 6일.

《한겨레》 2012년 12월 17일.

《PD저널》 2012년 12월 11일.

Lester, P. M., 금동호 · 김성민 역, 『비주얼 커뮤니케이션: 메시지가 있는 이미지』, 서울: 나남, 1996.

McQuail, D., 양승찬 · 이강형 역, 『매스 커뮤니케이션 이론』, 서울: 나남, 2008.

Newsom, D., Turk, J. V. & Kruckeberg, D., 박현순 역, 『PR: 공중합의 형성 과정과 전략』, 서울: 커뮤니케이션북스, 2007.

Severin, W. J. & Tankard Jr., J. W., 박천일 · 강형척 · 안민호 역, 『커뮤니케이션 이론: 연구방법과 이론의 활용』, 서울: 나남, 2004.

Althusser, L., *Lenin and Philosophy and Other Essays*, NY: Monthly Review Press, 1971.

Mill, J. S., *On Liberty*, Indianapolis, Ind: Bobbs-Merrill, 1956.

Siebert, F., Peterson, T., & Schramm, W., *Four Theories of the Press*, Urbana, Ill: University of Illinois Press, 1956.

주진우, 「3년차 직장인 MB 아들, 50억대 집 샀다」, 《시사IN》 213호, 2011년 10월 9일 (http://www.sisainlive.com/news/articlePrint.html?idxno=11373).

최형락, 「온라인 언론 〈프로퍼블리카〉 첫 퓰리처상 수상: 카트리나 덮친 뉴올리언스 병원의 긴박한 상황 다뤄」, 《프레시안》, 2010년 4월 15일(http://www.pressian.com/article/article.asp?article_num=10100415174900).

제6장　매스미디어 효과 이론

권상희 외, 『현대 사회와 미디어의 이해』, 서울: 커뮤니케이션북스, 2005.

김원용 · 이동훈, 『프레임은 어떻게 사회를 움직이는가: 프레임 이론과 커뮤니케이션』, 서울: 삼성경제연구소, 2012.

정인숙 · 오미영, 『커뮤니케이션 핵심 이론』, 서울: 커뮤니케이션북스, 2005.

차배근, 『매스 커뮤니케이션 효과이론』, 서울: 나남, 1999.

고영신, 「정권의 성격 변화와 언론 보도: 대통령 친인척 비리 보도의 뉴스 프레임을 중심으로」, 《커뮤니케이션 이론》 제3권 제1호, 2007, 156∼195쪽.

김은미 · 심미선, 「스마트미디어 서비스 이용실태 조사」, 방송통신정책연구 보고서, 2011.

이동훈, 「뉴스매체의 의제 설정 효과 연구: 포털뉴스와 종이신문의 비교를 중심으로」, 성균관대학교 박사학위 논문, 2007.

한국방송광고공사, 「2008 소비자행태조사보고서」, 한국방송광고공사, 2008.

《서울신문》 2009년 7월 1일.

《한국경제》 2007년 12월 8일.

McQuail, D., 양승찬 · 이강형 역, 『매스 커뮤니케이션 이론』, 서울: 나남, 2008.

Severin, W. J. & Tankard Jr, J. W., 강형철 · 박천일 · 안민호 역, 『커뮤니케이션 이론: 연구방법과 이론의 활용』, 서울: 나남, 2004.

Blumler, J. G., & McQuail, D., *Television in Politics*, London: Faber and Faber, 1968.

Cohen, B. C., *The Press and Foreign Policy*, Princeton, NJ: Princeton University Press, 1963.

Eliott, P., "Uses and Gratifications Research: A Critique and a Sociological Alternative", in J. G. Blumler & E. Katz(eds.), *The Uses of Mass Communications*, Beverly Hills, CA: Sage, 1974, pp. 249~268.

Goffman, E., *The Presentation of Self in Everyday Life*, NY: Doubleday, 1959.

Iyengar, S., *Is Anyone Responsible? How Television Frames Political Issues*, Chicago: The University of Chicago Press, 1991.

Katz, E., Blumler, J. G., & Gurevitch, M., "Utilization of Mass Communication by the Individual", in J. G. Blumler & E. Katz(eds.), *The Uses of Mass Communications*, Beverly Hills, CA: Sage, 1974.

Katz, E., & Lazarsfeld, P. F., *Personal Influence: The Part Played by People in the Flow of Mass Communication*, Glencoe, Ill: The Free Press of Glencoe, 1955.

Lasswell, H. D., *Propaganda Technique in the World War*, NY: Peter Smith, 1927.

Lazarsfeld, P. F., Berelson, B., & Gaudet, H., *The People's Choice*, NY: Columbia University Press, 1948.

Lippmann, W., *Public Opinion*, NY: Macmillan, 1922.

Read, J. M., *Atrocity Propaganda: 1914~1919*, New Haven: Yale University Press, 1941.

Schramm, W., & Porter, W. E., *Men, Women, Messages and Media: Understanding Human Communication*, NY: Harper and Row, 1982.

Weaver, P., *News and the Culture of Lying: How Journalism Really Works*, NY: Free Press, 1994.

Wright, C., *Mass Communication: A Sociological Perspective*, NY: Random House, 1959.

Noelle-Neumann, E., "The Spiral of Silence: A Theory of Public Opinion", *Journal of Communication* 24, 1974, pp. 43~51.

Riley, J. W., & Riley, M., "A Sociological Approach to Communication Research", *Public Opinion Quarterly* 15(Fall), 1951, pp. 445~460.

제7장   인쇄 미디어

권상희 외, 『현대 사회와 미디어의 이해』, 서울: 커뮤니케이션북스, 2005.

김은규, 「지역 분권 시대의 지역 신문의 역할과 전망」, 강준만 외, 『미디어문화와 사회』, 서울: 일진사, 2009, 172~206쪽.

박용규, 「잡지」, 유재천 외, 『매스 커뮤니케이션의 이해』, 서울: 커뮤니케이션북스, 2010, 186~204쪽.

유재천, 「신문」, 유재천 외, 『매스 커뮤니케이션의 이해』, 서울: 커뮤니케이션북스, 2010, 162~185쪽.

정진석, 『한국언론사』, 서울: 나남, 1990.

최정호 외, 『매스미디어와 사회』, 서울: 나남, 1990.

한국언론연구원 편, 『세계의 신문』, 서울: 한국언론연구원, 1986.

한균태 외, 『현대 사회와 미디어』, 서울: 커뮤니케이션북스, 2011.

《경향신문》 2012년 12월 24일.

《경향신문》 2013년 4월 5일.

《동아일보》 2010년 1월 21일.

《한국일보》 2012년 6월 17일.

http://www.cln.or.kr

제8장　방송 미디어

강준만, 「미국방송사」, 강현두 외, 한국방송학회 편, 『세계방송의 역사』, 서울: 나남, 1992, 21~96쪽.

권상희 외, 『현대 사회와 미디어의 이해』, 서울: 커뮤니케이션북스, 2005.

김은규, 『라디오 혁명』, 서울: 커뮤니케이션북스, 2013.

손병우, 「텔레비전」, 강상현 · 채백 편, 『대중 매체의 이해와 활용』, 서울: 한나래, 1996, 215~244쪽.

오미영 · 정인숙, 『커뮤니케이션 핵심 이론』, 서울: 커뮤니케이션북스, 2005.

이동형, 『정치과외 제1교시: 한국 남성 30~50대가 제일 재미있어하는 몇 가지 비공식 역사』, 서울: 왕의서재, 2012.

이정교, 『유명인 광고의 이해: 이론과 전략』, 서울: 한경사, 2012.

전석호, 『정보사회론: 커뮤니케이션 혁명과 뉴미디어』, 서울: 나남, 1995.

정윤식, 「영상 미디어와 디지털 혁명」, 유재천 외, 『매스 커뮤니케이션의 이해』, 서울: 커뮤니케이션북스, 2010, 80~105쪽.

한균태 외, 『현대 사회와 미디어』, 서울: 커뮤니케이션북스, 2011.

한진만, 「라디오」, 강상현 · 채백 편, 『대중 매체의 이해와 활용』, 서울: 한나래, 1996, 245~263쪽.

_____, 「라디오」, 유재천 외, 『매스 커뮤니케이션의 이해』, 서울: 커뮤니케이션북스, 2010, 28~51쪽.

_____, 「텔레비전」, 유재천 외, 『매스 커뮤니케이션의 이해』, 서울: 커뮤니케이션북스, 2010, 52~79쪽.

_____ 외, 『방송학 개론』, 서울: 커뮤니케이션북스, 2011.

김정기, 「텔레비전 등장인물과 청소년 시청자의 의사인간관계」, 《한국방송학보》 제19권 제1호, 2005, 255~283쪽.

안정임, 「텔레비전 프로그램 유형 분류 기준에 관한 뉴스」, 방송위원회, 1993.

하태림, 「TV 이용 현황 분석」, 《KISDI STAT Report》, 정보통신정책연구원, 2012.

방송통신위원회, 「2012년 방송산업 실태조사 보고서」, 2012.

한국케이블TV방송협회, 「2012년 10월 케이블 TV 방송 가입자 현황」, 2012.

《뉴시스》 2013년 4월 4일.

Cheil Worldwide, 「2011년 광고비, 사상 최초 9조원 돌파」, *Cheil Communications* 2012년 3월 호, 36~37쪽.

Audience Research Methods Group, 신정신 역, 『텔레비전 시청률 조사의 글로벌 가이드라인』, 서울: 한국방송광고공사, 1999.

Kern, S., 김지운 역, 『인간커뮤니케이션의 역사』, 서울: 커뮤니케이션북스, 2012.

McQuail, D., 양승찬·이강형 역, 『매스 커뮤니케이션 이론』, 서울: 나남, 2008.

Bandura, A., *Social Learning Theory*, Chicago: Aldine-Atherton, 1976.

Gerbner, G., "Growing up with Television: Cultivation Processes", in J. Bryand & D. Zillmann(eds.), *Media Effects*, Mahwah, NJ: Erlbaum, 2002, pp. 19~42.

Cohen, J., "Defining Identification: A Theoretical Look at the Identification of Audiences with Media Characters", *Mass Communication & Society* 4(3), 2001, pp. 245~264.

Fraser, B. P., & Brown, W. J., "Media, Celebrities, and Social Influence: Identification with Elvis Presley", *Mass Communication & Society* 5, 2002, pp. 185~208.

Gerbner, G., & Gross, L., "Living with Television: The Violence Profile", *Journal of Communication* 27(1), 1976, pp. 52~66.

Horton, D., & Wohl, R. R., "Mass Communication and Para-social Interaction: Observations on Intimacy at a Distance", *Psychiatry* 19(3), 1956, pp. 215~229.

http://www.agbnielsen.co.kr

http://www.fbc.or.kr

http://www.kcta.or.kr

http://www.tnms.tv

제9장   정보사회와 뉴미디어

권상희 외, 『현대 사회와 미디어의 이해』, 서울: 커뮤니케이션북스, 2005.

김중태, 『소셜네트워크가 만드는 비즈니스 미래지도』, 서울: 한스미디어, 2010.

박진우, 「정보기술론」, 전석호 외, 『정보정책론』, 서울: 나남, 1997, 271~318쪽.

방석호, 「정보법학론」, 전석호 외, 『정보정책론』, 서울: 나남, 1997, 103~129쪽.

백욱인, 『정보자본주의』, 서울: 커뮤니케이션북스, 2013.

신채호, 박기봉 역, 『조선 상고사』, 서울: 비봉, 2006.

오미영, 『커뮤니케이션 핵심 이론』, 서울: 커뮤니케이션북스, 2005.

윤승욱, 「뉴미디어와 사회」, 강준만 외, 『미디어문화와 사회』, 서울: 일진사, 2009, 74~97쪽.

이인희, 「정보사회의 새로운 패러다임」, 한균태 외, 『현대 사회와 미디어』, 서울: 커뮤니케이션북스, 2011, 51~76쪽.

이재현, 『멀티미디어』, 서울: 커뮤니케이션북스, 2013.

장훈, 「정보민주주의론」, 전석호 외, 『정보정책론』, 서울: 나남, 1997, 181~205쪽.

전석호, 『정보사회론: 커뮤니케이션 혁명과 뉴미디어』, 서울: 나남, 1995.

한국언론연구원, 『매스컴대사전』, 서울: 한국언론연구원, 1993.

금희조, 「소셜 미디어 시대, 우리는 행복한가? 소셜 미디어 이용이 사회 자본과 정서적 웰빙에 미치는 영향」, 《한국방송학보》 제25권 제2호, 2011, 7~48쪽.

김주환, 「민주주의에 있어서 대화의 중요성」, 《언론과 사회》 제13권 제1호, 2005, 75~99쪽.

김환표, 「시간낭비의 격차」, 《말하라》 2013년 봄 호, 7쪽.

배영, 「사이버 공간의 사회적 관계: 개인미디어를 이용한 관계의 형성과 유지를 중심으론」, 《한국
사회학》 제39권 제5호, 2005, 55~82쪽.

《경향신문》 2012년 1월 15일.

《경향신문》 2012년 5월 8일.

《경향신문》 2012년 6월 1일.

《경향신문》 2012년 7월 13일.

《경향신문》 2013년 3월 8일.

《경향신문》 2013년 4월 10일.

Bell, D., 김원동 역, 『탈산업사회의 도래』, 서울: 아카넷, 2006.

Blanchard, A., & Horan, T., "Virtual Communities and Social Capital", In G. D.
Garson(Ed.), *Social Dimensions of Information Technology: Issues for the New
Millennium*, PA: Idea Group Publishing, 2000, pp. 6~22.

Schement, J. R., & Lievrouw, L., *Competing Visions, Complex Realities: Social Aspects of
the Information Society*, Norwood, NJ: Ablex, 1987.

Toffler, A., *Future Shock*, NY: Bantam, 1971.

_____, *The Third Wave*, NY: Bantam, 1981.

Haythornthwaite, C., "Strong, Weak, and Latent Ties and the Impact of New Media", *The
Information Society* 18(5), 2002, pp. 385~401.

Katz, J. E., Rice, R. E., & Aspden, P., "The Internet, 1995-2000: Access, Civic Involvement,
and Social Interaction", *American Behavioral Scientist* 45(3), 2001, pp. 405~419.

Kraut, R., Patterson, M., Lundmark, V., Kiesler, S., Mukopadhyay, T., & Scherlis, W.,
"Internet Paradox: A Social Technology that reduces Social Involvement and
Psychological Well Being", *American Psychologist* 53, 1998, pp. 1017~1031.

Nie, N. H., "Sociability, Interpersonal Relations and the Internet: Reconciling Conflicting
Findings", *American Behavioral Scientist* 45(3), 2001, pp. 420~435.

Orleans, M., & Laney, M. C., "Children's Computer Use in the Home: Isolation or
Sociation?", *Social Science Computer Review* 18(1), 2000, pp. 56~72.

Simon, H. A., "The Steam Engine and Computer: What Makes Technology Revolutionary",
Computer and Society, November, 1987, pp. 7~11.

Tichnor, P. J., Donohue, G. A., & Olien, C. N., "Mass Media Flow and Differential Growth
in Knowledge", *Public Opinion Quarterly* 34, 1970, pp. 159~170.

Uslaner, E., "Trust, Civic Engagement, and the Internet", *Political Communication* 21,
2004, pp. 223~242.

http://terms.naver.com/entry.nhn?cid=391&docId=855735&mobile&categoryId=391

http://terms.naver.com/entry.nhn?cid=3940&docId=1760744&mobile&categoryId=3940

제10장　대안 미디어

강상현, 「'정보화시대'의 시민언론운동」, 한국사회언론연구회 편, 『자본주의 언론과 민주주의』, 서울: 한울, 1993.

고성국, 「한국사회개혁과 사회운동의 과제」, 나라정책연구회 편, 『한국사회 운동의 혁신을 위하여』, 서울: 백산서당, 1993.

이정춘 편, 『커뮤니케이션 사회학 세미나』, 서울: 중앙출판문화원, 1998.

정수복 편, 『새로운 사회운동과 참여민주주의』, 서울: 문학과 지성사, 1993.

강명구, 「변화하는 시민사회와 언론시민운동」, 한국언론학회 연구분과 공동발표회, 1993.

김기태, 「한국 언론수용자운동의 성격과 방향에 관한 연구: 시청료 거부운동을 중심으로」, 서강대학교 박사학위 논문, 1989.

김은규, 「한국적 대안언론의 특성에 관한 연구」, 중앙대학교 석사학위 논문, 1993.

김택환, 「새로운 사회운동과 대안언론: 하버마스의 커뮤니케이션 이론과 독일의 대안언론을 중심으로」, 《한국언론학보》 제27권, 1992, 97~119쪽.

김호기, 「포스트 맑스주의와 신사회운동」, 《경제와 사회》 1992년 여름 호, 118~119쪽.

박춘서, 「시민운동과 대안언론: 한국적 대안언론 유형의 모색」, 《한국언론학보》 제44권 제3호, 2000, 190~221쪽.

이효성, 「대안언론과 관련된 비판이론 및 급진 미디어, 시민의 미디어, 토착민보도 개념에 대한 고찰」, 《정치커뮤니케이션 연구》 제21권, 2011, 49~76쪽.

임동욱, 「한국 시민언론운동의 성격과 방향정립을 위한 시론적 논의」, 《한국언론학보》 제33권, 1995, 165~201쪽.

차형석, 「MBC 신뢰도, 2년만에 '3분의 1토막'」, 《시사IN》, 2012년 10월 22일.

《경향신문》 2013년 5월 17일.

《경향신문》 2013년 5월 23일.

《미디어오늘》 2012년 12월 29일.

《미디어오늘》 2012년 12월 31일.

《한겨레》 2013년 1월 1일.

《PD저널》 2013년 4월 15일.

Atton, C. & Hamilton, J. F., 이효성 역, 『대안언론』, 서울: 커뮤니케이션북스, 2011.

Hackett, R. A., & Carroll, W. K., *Remaking Media: The Struggle to Democratize Public Communication*, NY: Routledge, 2006.

Kim, E., & Hamilton, J., "Capitulation to Capital? OhmyNews as Alternative Media", *Media, Culture and Society*, 28(4), 2006, pp. 541~560.

http://db.kdemocracy.or.kr/

http://www.pressian.com/

제11장　정치와 미디어

권혁남, 「정치와 미디어」, 강준만 외, 『미디어문화와 사회』, 서울: 일진사, 2009, 100~124쪽.

김학량 · 노규형, 『선거와 여론조사』, 서울: 나남, 1997.

류한호, 「미디어와 정치: 정치 커뮤니케이션의 이해」, 권상회 외, 『현대 사회와 미디어의 이해』, 서울: 커뮤니케이션북스, 2005, 37~65쪽.

박정순, 「여론과 매스미디어」, 이동신 · 박기순 편저, 『정치커뮤니케이션 원론』, 서울: 법문사, 1998, 212~257쪽.

탁진영, 『정치광고의 이해와 활용』, 서울: 커뮤니케이션북스, 1999.

팽원순, 『현대신문방송보도론』. 서울: 범우사, 1989.

한국언론연구원 편, 『지방자치와 선거보도』, 한국언론연구원, 1991.

김광수, 「공격적 정치광고에 관한 연구」, 《광고연구》 1992년 가을 호, 269~303쪽.

김무곤, 「대통령 선거와 텔레비전 보도: 시민사회를 위한 미디어정치의 과제」, 한국언론학회 언론보도 객관성 확보를 위한 대토론회 자료집, 1997, 11~31쪽.

김창현, 「미국의 선거와 정치광고」, 《광고연구》 1992년 가을 호, 305~327쪽.

백승권, 「먼저 조사받아야 할 여론조사」, 《저널리즘 비평》 제23권, 1998, 31~35쪽.

심성욱, 「네거티브 정치광고의 비교 유형이 미국 대학생들에게 미치는 효과에 관한 연구: 긍정적 광고와 이슈(정책), 이미지, 혼합(이슈와 이미지) 네거티브 정치광고 비교」, 《한국언론학보》 제47권 제4호, 2003, 220~245쪽.

윤석홍, 「여론조사 보도 이대로는 안된다」, 《저널리즘 비평》 제22권, 1997, 18~24쪽.

이상회, 「정치방송의 균형과 양면성에 관한 연구」, 연세대학교 박사학위 논문, 1981.

이원열, 「제17대 국회의원 선거 정치광고의 소구형태에 관한 연구: 주요 정당의 텔레비전광고를 중심으로」, 《정치커뮤니케이션 연구》 제5권, 2006, 41~79쪽.

《경향신문》 2012년 4월 5일.

《뉴스코리아》 2012년 12월 7일.

《조선일보》 2012년 3월 28일.

Aaker, D. A., Kumar, V., & Day, G. S., *Marketing Research*, NY: John Wiley & Sons, 1995.

Auer, J. J., "The Counterfeit Debates", in S. Kraus(Ed.), *The Great Debates*, Bloomington, Ind: Indiana University Press, 1962, pp. 142~150.

Bogart, L., *Silent Politics: Polls and the Awareness of Public Opinion*. NY: Wiley-Interscience, 1972.

Converse, P., "The Nature of Belief Systems in Mass Publics", in D. Apter(Ed.), *Ideology and Discontent*, NY: Free Press, 1964, pp. 206~261.

Jensen, J. V., *Argumentation: Reasoning in Communication*, NY: D. Van Nostrand Company, 1981.

Rieke, R. D., & Sillars, M. O., *Argumentation and the Decision Making Process*, NY: John Wiley & Sons, 1975.

Singleton, R., Jr., Straits, B. C., Straits, M. M., & McAllister, R. J., *Approaches to Social Research*, NY: Oxford University Press, 1988.

Stephan, F., Jr., & McCarthy, P. J., *Sampling Opinions: An Analysis of Survey Procedure*,

NY: Wiley, 1958.

http://terms.naver.com/entry.nhn?cid=200000000&docId=1186929&mobile&categoryId=2
00000320

http://www.pac.or.kr/html/vote/vt_basis.asp

제12장   설득 커뮤니케이션

국정애 외, 『(광고인이 말하는) 광고인: 20인의 광고인들이 솔직하게 털어놓은 광고인의 세계』, 서울: 부키, 2008.

김요한 · 이명천, 『문화콘텐츠 마케팅』. 서울: 커뮤니케이션북스, 2006.

_____, 『광고학개론』. 서울: 커뮤니케이션북스, 2010.

_____, 『PR입문』. 서울: 커뮤니케이션북스, 2011.

리대룡 · 송용섭, 『현대광고론』. 서울: 무역경영사, 1985.

차배근, 『커뮤니케이션학개론 (상)』, 서울: 세영사, 1988.

_____, 『매스 커뮤니케이션 효과이론』, 서울: 나남, 1999.

최윤희, 『현대 PR론』, 서울: 나남, 1998.

송병원, 「홍보 대사 유형과 공중의 관여도에 따른 홍보 효과」, 중앙대학교 석사학위 논문, 2013.

Bernays, E. L., 강미영 역, 『프로파간다: 대중 심리를 조종하는 선전 전략』, 서울: 공존, 2009.

McQuail, D., 양승찬 · 이강형 역, 『매스 커뮤니케이션 이론』, 서울: 나남, 2008

Reuth, R. G., 김태희 역, 『괴벨스, 대중 선동의 심리학』, 서울: 교양인, 2006.

Severin, W. J. & Tankard Jr, J. W., 강형철 · 박천일 · 안민호 역, 『커뮤니케이션 이론: 연구방법과 이론의 활용』, 서울: 나남, 2004.

Aristotle, *Rhetoric, translated by Roberts*, W. R., NY: The Modern Library, 1954.

Brown, R., *Words and Things*, NY: Free Press, 1958.

Cutlip, S. M., Center, A. H., & Broom, G. M., *Effective Public Relations*, Upper Saddle River, NJ: Prentice Hall, 2000.

Kennedy, G., *The Art of Persuasion in Greece*, NJ: Princeton University Press, 1963.

Lasswell, H. D., *Propaganda Technique in the World War*, NY: Peter Smith, 1927.

_____, *Propaganda*, in E. R. A. Seligman & A. Johnson(Eds.), Encyclopedia of the Social Sciences, NY: Macmillan, 1937, pp. 521~528.

Lee, A. M., & Lee, E. B., *The Fine Art of Propaganda: A Study of Father Coughlin's Speeches*, NY: Harcourt, Brace & Company, 1939.

McCroskey, J. C., *Introduction to Rhetorical Communication*, Englewood Cliffs, NJ: Prentice Hall, 1968.

Thonssen, L., & Baird, A. C., *Speech Criticism: The Development of Standards for Rhetorical Appraisal*, NY: The Ronald Press, 1948.

http://www.prsa.org/AboutPRSA/PublicRelationsDefined/

제13장 언론 미디어 제도

강형철, 『공영방송론: 한국의 사회변동과 공영방송』, 서울: 나남, 2004.

김규 · 김영용 · 전환성, 『(디지털시대의) 방송미디어』, 서울: 나남, 2005.

김병희 외, 『한국 텔레비전 방송 50년』, 서울: 커뮤니케이션북스, 2011.

김수정 · 김영주 · 유선영 · 최민재, 『신문지원제도: 한국형 모델』, 한국언론재단, 2004.

김영주, 「한국의 신문 지원제도」, 한국언론재단 편, 『세계의 언론법제: 신문 지원제도』, 2009 하권, 통권 제26호, 한국언론재단, 2009, 183~235쪽.

김요한 · 이명천, 『광고학개론』, 서울: 커뮤니케이션북스, 2010.

김은규, 「지역 분권 시대의 지역 신문의 역할과 전망」, 강준만 외, 『미디어문화와 사회』, 서울: 일진사, 2009, 172~206쪽.

방송위원회, 『공영방송 정체성 확립방안 연구』, 정책연구 2007-12, 방송위원회, 2007.

방정배, 『미디어문화정책론』, 서울: 한울아카데미, 2004.

유세경, 『방송학 원론』, 서울: 이화여자대학교출판부, 2006.

이상기, 「미국의 신문 지원제도」, 한국언론재단 편, 『세계의 언론법제: 신문 지원제도』, 2009 하권, 통권 제26호, 한국언론재단, 2009, 150~182쪽.

이상복, 『한국의 미디어 정책』, 서울: 커뮤니케이션북스, 2010.

정수영, 「공영방송 정책」, 방정배 외, 『미디어 정책론』, 서울: 커뮤니케이션북스, 2010, 94~120쪽.

정윤식, 『방송정책』, 서울: 커뮤니케이션북스, 2013.

정인숙, 『방송산업과 정책의 이해』, 서울: 커뮤니케이션북스, 2006.

주형일, 「프랑스의 신문 지원제도」, 한국언론재단 편, 『세계의 언론법제: 신문 지원제도』, 2009 하권, 통권 제26호, 한국언론재단, 2009, 11~48쪽.

최윤정, 「방송의 이념과 제도」, 이건호 외, 『커뮤니케이션과 사회』, 서울: 이화여자대학교출판부, 2013, 181~210쪽.

남호선, 「미국, 프랑스의 Media Rep 현황과 한국의 KOBACO 독점에 주는 시사점」, 《KIEP 세계경제》 9/10월 호, 2006, 87~98쪽.

양윤직, 「다매체 시대, 미디어렙의 어제와 오늘」, 《광고정보》 2007년 11월 호, 76~81쪽.

이명천, 「미디어렙 제도: 논의의 현주소」, 한국광고교육학회 특별세미나, 2001년 3월 30일.

이효성, 「방송광고 시장에서의 경쟁방식: 미디어렙을 중심으로」, 《광고정보》 2000년 7월 호, 44~49쪽.

《경향신문》 2011년 10월 7일.

《경향신문》 2011년 10월 8일.

《경향신문》 2011년 10월 31일.

《경향신문》 2011년 11월 30일.

《경향신문》 2011년 12월 10일.

《경향신문》 2012년 2월 10일.

《경향신문》 2013년 3월 4일.

《경향신문》 2013년 3월 18일.

《미디어오늘》 2012년 7월 31일.

《한겨레》 2011년 12월 1일.

《한겨레》 2013년 4월 17일.

Summers, H. B., Summers, R. E. & Pennybacker, J. H., 김학천 역, 『현대 방송과 대중』, 서울: 나남, 1993.

Busterna, J. C., & Picard, R. G., *Joint Operating Agreements: The Newspaper Preservation Act and Its Application*, NJ: Ablex Publishing Co, 1993.

John, R. R., *Spreading the News: The American Postal System from Franklin to Morse*, MA: Harvard University Press, 1995.

Barwis, G. I., "The Newspaper Preservation Act: A Retrospective Analysis", *Newspaper Research Journal* 1(2), 1980, pp. 27~38.

http://terms.naver.com/entry.nhn?cid=200000000&docId=1205978&mobile&categoryId=2 00001178